Dorothee v. Kügelgen

Bonifatius

Apostel der Deutschen

Dorothee v. Kügelgen

Bonifatius

Apostel der Deutschen

parzellers
BUCHVERLAG

IMPRESSUM:

ISBN 978-3-7900-0524-0

Layout: Peter Link, Parzellers Buchverlag
Druck und Verarbeitung: Rindt-Druck, Fulda

Inhaltsverzeichnis

VERBUM DOMINI
MANET

Das Frankenreich vor Bonifatius

Zu Beginn des Frühmittelalters hatte das römische Reich nicht mehr die Kraft, seine Grenzen zu halten. Durch die zahlreichen Eroberungszüge waren seine Gebietszuwächse immens gewesen, nun aber musste es sich, v.a. aus den Randbereichen, zurückziehen. Britannien wurde aufgegeben, auch die Rheingrenze musste man um 400 nach Christus abschreiben. Hier hinein drängten germanische Völkerstämme, die ihrerseits dem Angriffsdruck aus östlicher Richtung wichen. Das Interesse dieser Menschen galt nicht in erster Linie dem Rauben, Morden und Brandschatzen, sie trachteten danach, innerhalb der römischen Grenzen zu leben. Man wollte an dem hohen Lebensstandard teilhaben, dessen Ruf bis zu ihnen gedrungen war. Wie sich später zeigen sollte, bedeutete dies für das niedergehende römische Reich Verjüngung und Neuchance.

Die römische Kultur war nicht mehr stark genug, diesen Einwanderern ihren Stempel aufzudrücken, abgesehen von Gebieten ganz im Südwesten, wo römisch-städtisches Wesen fortdauerte. Vielmehr siedelten die Leute sich an und behielten ihre Kulturen, ihre Sitten, ihre Rechtsgebräuche und politischen Organisationen bei. Es bildete sich nicht ein germanisches Großreich, sondern im Lauf des 5. und 6. Jahrhunderts das fränkische Gallien, das westgotische Spanien, das langobardische Italien, das angelsächsische England. Wegen der zum Teil noch intakten römischen Infrastrukturen lebte es sich in der Tat sehr gut. Nach einigen wenigen Generationen war den Menschen nicht mehr bewusst, dass sie streng genommen römische Bürger waren. Man war Gote, man war Langobarde, man war Franke.

Auch nach England, dem Geburtsland von Wynfreth, der später zu Bonifatius werden sollte, hatte es also Einwanderung von Menschen gegeben: Ab etwa 450

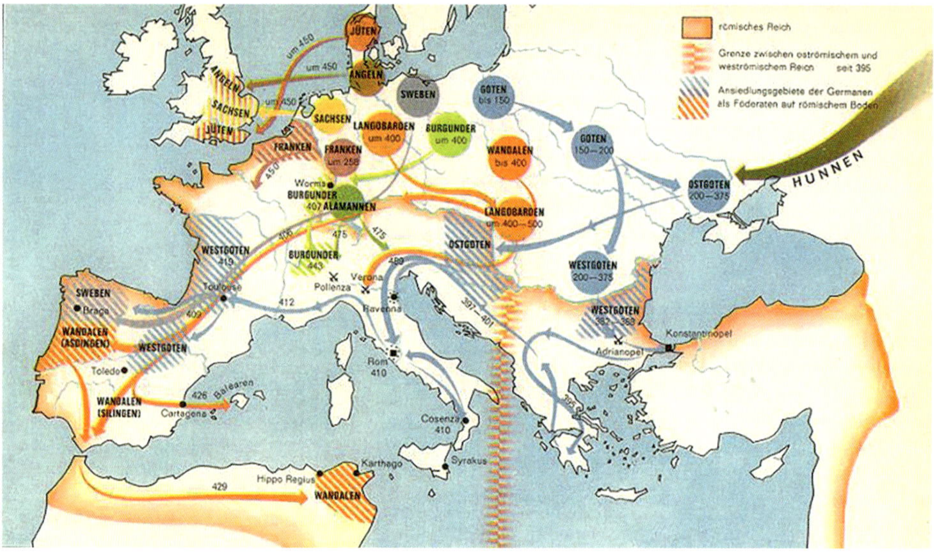

Durch den Einwanderungsdruck, den die Hunnen von Osten her ausübten, geriet seit dem Ende des 4. bis zur Mitte des 6. Jahrhunderts ganz Europa in Flucht-, Eroberungs- und Migrationsbewegung. Das spätrömische Reich hatte für die Menschen hohe Anziehungskraft. Lebte man hier doch einen vergleichbar hohen Lebensstandard. Daran wollte man teilhaben und wir sehen anhand der Pfeile die Wanderbewegungen der Stämme. Für das niedergehende Reich war dies – bei aller Zerstörung und Unordnung, die die Völkerwanderung mit sich brachte – die Chance für den Neuanfang. So kann man diese Epoche als das notwendige Bindeglied zwischen Spätantike und Frühmittelalter bezeichnen.

Wenn wir Heutigen das Wort „Völkerwanderung" hören, dann haben wir Bilder vom Hunnenanführer Attila vor Augen, der mit seinen Mordbrennern blindwütig auf Menschen und antike Kulturschätze einschlägt. In der Tat waren die Hunneneinfälle Auslöser für viele Menschen aus dem Osten, sich auf den Weg zu machen. Diese Wanderungen brachten die Zeit zwischen dem Ende des 4. bis ins 6. Jahrhundert buchstäblich „in Bewegung". Auf den Weg gemacht haben sich in erster Linie Menschen mit ihrem Traum von einem besseren Leben, das sie sich in der Ferne erhofften – in dem sagenhaften Römerreich, von dessen Reichtum und gutem Leben man sich Wunderdinge erzählte. Wie schön wäre es, daran teilzuhaben!

nach Christus waren Angelsachsen aus Angeln und Jütland, Stammesverwandte der Sachsen aus dem Süden, herübergesegelt. Sie fanden auf der Insel praktisch keine römischen Strukturen – und damit auch kein Christentum – mehr vor und breiteten sich langsam von Osten nach Westen aus.

Auf dem ganzen römischen Staatsgebiet waren mittlerweile viele Städte – mit Ausnahme der größten –, der Verkehr, die Steuer- und Geldwirtschaft, die regelgerechte Rechtsprechung, die Kunst- und Literaturproduktion, also das, was wir unter Antike verstehen, erloschen oder stark geschrumpft. Diese antike Kultur beruhte auf Schriftlichkeit. Als Schriftkultur war sie auch Trägerin des Christentums und folglich befand sich auch dieses auf dem Rückzug, denn als Schriftreligion war es existenziell auf die römische Stadtkultur angewiesen. Mit dem Wegfall städtischen Daseins wandelte sich auch die Mentalität – das Leben der Menschen wurde primitiver und simpler, man dachte kleinteiliger und regionaler. Im Jahr 476 schließlich wurde mit Romulus Augustus der letzte weströmische Kaiser abgesetzt. Erst am Weihnachtsfest des Jahres 800 sollte in der Person Karls des Großen wieder ein Kaiser eingesetzt werden. Des hl. Bonifatius' Beitrag an dieser Entwicklung soll in diesem Buch erzählt werden.

Die in großen Städten amtierenden Bischöfe waren mittlerweile an die Stelle der Statthalter des Imperiums getreten. Sie waren für Administration und Versorgung zuständig und somit zu regelrechten Stadtherrschern geworden. Die Kirche übernahm also zunehmend in weltlichen Belangen die Pflichten der ehemaligen Staatsmacht. Wo Städte verschwanden, „verpaganisierten" jedoch die ehemals christlichen Gebiete wieder. Je weiter man nach Osten und Norden ging, desto weniger gab es, was man „Stadt" hätte nennen können. In diesen Gegenden befanden sich – wenn überhaupt – großräumige Diözesen, in denen der Papst praktisch keinen Einfluss mehr hatte und so entwickelte sich die germanische Kirche weitgehend ohne päpstliche Aufsicht. Man kann sagen: Sie entwickelte sich frei. Dabei lehnte man den Papst durchaus nicht ab. Im Gegenteil. Man war grundsätzlich an diesem mächtigen und weisen Priesterkönig in Rom, Nachfolger des Hl. Petrus, interessiert. Schließlich war Rom einst Herrscherin der Welt gewesen, die Person des Papstes nahm in der Vorstellungswelt der Leute beinahe die vakante Stelle eines dort residierenden Kaisers ein. Er verkörperte neben seiner religiösen Autorität auch die alte weltliche Macht und Herrlichkeit. Das Grab Petri genoss immenses Ansehen und Petrus' Rolle als Himmelspförtner brachte ihm gehörigen Respekt ein. Es war angebracht, sich mit ihm gut zu stellen, damit er einem am Jüngsten Tag nicht die Tür vor der Nase zuschlug. Dennoch: Man war räumlich zu weit entfernt, es gab keinen regelmäßigen Kontakt, der Papst konnte, wo stadtrömische Infrastrukturen nicht mehr existierten, nicht regelnd auf die Gläubigen einwirken.

Dafür entstand langsam das, was wir heute Mittelalter nennen: Die Agrarwirtschaft steigerte ihre Erträge durch den beginnenden Dreifelderanbau. Es entfaltete sich das Grundherrschaftssystem mit seinen Lehnsverträgen, die einige Stabilität in die ansonsten sehr unsichere Zeit brachten. Aus Grundbesitz wurden Grundherrschaften, die soziale Schichtung in Adel, Freie, Halbfreie, Sklaven baute sich auf. Aus den eingewanderten Gruppen heraus etablierten sich die großen germanischen Völkerschaften: Baiern, Alemannen, Thüringer ... und die Franken. Letztere waren besonders erfolgreich. Sie hatten ihre ganz eigene Art der Fortbewegung: Sie breiteten sich aus und blieben dabei dennoch fest in ihrem Stammland am Niederrhein sitzen. Während andere Gruppen manchenteils römische Sitten angenommen hatten, blieben sie dagegen anscheinend ganz immun. Frank und frei eben – und sie gedachten, das auch zu bleiben. Vielmehr assimilierten sie andere, kleinere Stämme.

Im Wesentlichen war ihr Erfolg um 550 herum endgültig gesichert. Sie hatten die Phase der Kriegerkönige, die sich von einer Feldzugssaison zur nächsten jeweils neu durchsetzen mussten, hinter sich gelassen. Ihre Magnaten ließen sich in den Städten nieder und beanspruchten die ehemals römischen öffentlichen

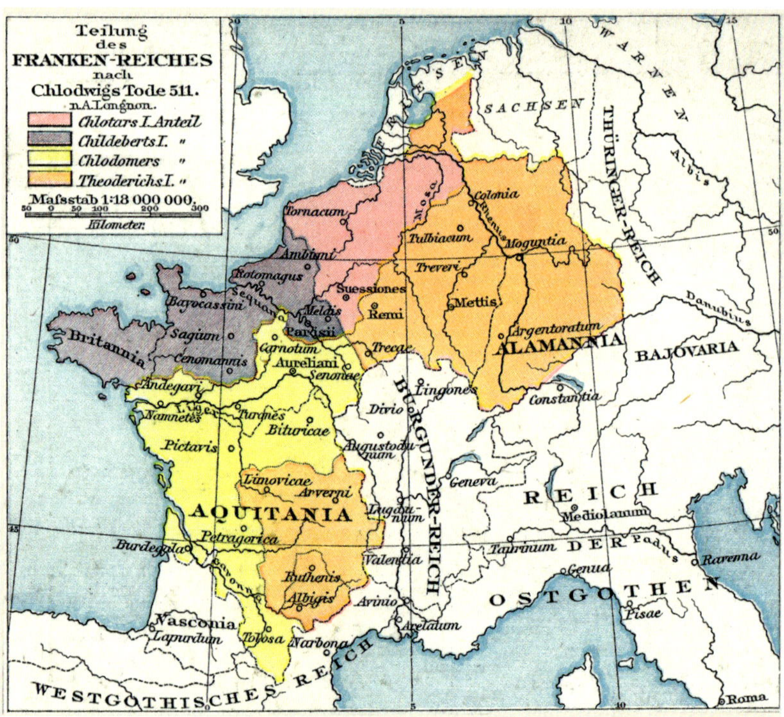

Die Franken hatten während der Völkerwanderungszeit ihre ganz spezielle Art der „Fortbewegung". Sie wanderten nicht eigentlich, sie blieben vielmehr in ihrem Stammland sitzen und breiteten sich aus. Sie waren die erfolgreichste Volksgruppe dieser Epoche, führten nicht nur siegreiche Feldzüge – das taten andere Stämme auch –, es gelang ihnen, aus ihren Gebietszuwächsen ein Reich zu formen.

Gebäude – etwa in Trier oder Köln – als ihre Herrschaftssitze. Ihre machtvollste Familie, die Merowinger, konnte sich als Herrscherdynastie etablieren. Sie hatte nämlich einen entscheidenden Schritt vollzogen: Sie führte nicht einfach einen Kriegszug nach dem anderen, um hernach die Beute zu teilen. Es gelang ihr, aus den eroberten Gebieten ein Reich zusammenzuführen. Die Völker, die sie unterwarf, verloren ihren eigenen König und wurden unter der fränkischen Herrschaft zusammengefasst. Das war der Beginn eines langen Prozesses, der unter Karl dem Großen vollendet werden sollte.

Ihr König Chlodwig war um 500 aus sehr praktischen Gründen Christ geworden. Zunächst hatte es um seine Bekehrung schlecht ausgesehen, denn seine christliche Ehefrau Chrodichilde hatte den Erstgeborenen taufen lassen und der war – noch im Taufkleid! – gestorben. In dem berühmten Geschichtenbuch des Gregor von Tours – der bedeutendsten Quelle für das Frühmittelalter, die wir kennen – wird die Geschichte erzählt. Der Christengott hatte sich in dieser Angelegenheit nicht gerade von seiner vertrauenswürdigsten Seite gezeigt und Chrodichilde bekam ernstlichen Ehekrach, *denn da schwoll dem Könige die Galle und er schalt heftig mit der Königin* (Gregor, S. 115). Sie drang aber immer weiter in den König und vor der Schlacht von Tolbiacum (= Zülpich bei Euskirchen) gegen die Alamannen im Jahr 496 schwor Chlodwig schließlich, sich im Falle des Sieges taufen zu lassen: *Als die beiden Heere zusammenstießen, kam es zu einem gewaltigen Blutbad und Chlodwigs Heer war nahe daran, völlig vernichtet zu werden. Als er das sah, erhob er seine Augen zum Himmel, sein Herz wurde gerührt, seine Augen füllten sich mit Tränen und er sprach: „Jesus Christ, Chrodichilde verkündet, Du seist der Sohn des lebendigen Gottes; Hilfe, sagt man, gebest Du den Bedrängten, Sieg denen, die auf Dich hoffen – ich flehe Dich demütig an um Deinen mächtigen Beistand: Gewährst Du mir jetzt den Sieg über diese meine Feinde und erfahre ich so jene Macht, die das Volk, das Deinem Namen sich weiht, an Dir erprobt zu haben rühmt, so will ich an Dich glauben und mich taufen lassen auf Deinen Namen. Denn ich habe meine Götter angerufen, aber, wie ich erfahre, sind sie weit entfernt, mir zu*

Im Jahr 496, vor der Schlacht bei Zülpich gegen die Alamannen, schloss der Frankenkönig Chlodwig ein Bündnis mit dem Gott der Christen: Sollte dieser ihm den Sieg schenken, so würde er als Gegenleistung Wodan abschwören und sich taufen lassen. Der zentrale Inhalt der christlichen Lehre – die Friedensbotschaft – wurde also nicht nur übersehen, sondern sogar in ihr Gegenteil umgedeutet.
Hier sehen wir Chlodwigs Taufe durch Bischof Remigius von Reims in einer Handschrift über das Leben des hl. Denis aus einem französischen Codex aus der Mitte des 13. Jahrhunderts. Neueste archäologische Forschungen haben mit großer Wahrscheinlichkeit das Taufbecken in der Kathedrale von Reims zum Vorschein gebracht.

helfen. Ich meine daher, ohnmächtig sind sie, da sie denen nicht helfen, die ihnen dienen (...). Und da er solches gesprochen hatte, wandten die Alamannen sich und fingen an, zu fliehen (Gregor, S. 117). Mit ihm erhielten seine Familie und die 3000 Mann starke königliche Garde das Sakrament durch Bischof Remigius von Reims in der dortigen Kathedrale gespendet. Wer nicht mitzog, dem erging es schlecht.

Hier zeigt sich bereits der grundlegende Irrtum, mit dem die frühmittelalterliche Christianisierung der Germanen sich herumzuschlagen hatte. Der Frieden predigende Christus wurde als siegbringender Kriegsgott wahrgenommen. Chlodwigs Taufe ging an dem tatsächlichen Inhalt der Kulthandlung also weit vorbei. Und dennoch: Sie markiert das Ende der Völkerwanderungszeit. Sein Staat war nunmehr christlich-römisch geprägt. Durch Versippung mit den spätantiken romanischen Familien und dem alten Senatorenadel war der christliche Glaube in den adligen fränkischen Familien präsent – eine Verchristlichung „von oben" also. In unserer filmgeprägten Vorstellungswelt ist der gottesfürchtige Bauer mit Ochse und Pflug auf dem Feld Träger des christlichen Gedankens. Die Wahrheit sah anders aus: Der frühe Adel – sei er germanisch, romanisch oder eine Mischung aus beidem – führte ihn aus der Spätantike ins Mittelalter. Denn nur diese Leute hatten Kontakt zu den noch verbliebenen städtischen Strukturen, die das Christentum als Basis benötigte.

Der Erfolg hatte das Ansehen der Merowinger so sehr gestärkt, dass ihre Eroberungen als Königsbeute empfunden wurde, die vererbt werden konnte. So hatte sich die Sippe über einige Generationen eine gewaltige territoriale Ausdehnung erkämpft und außerdem die unangefochtene Vormachtstellung über andere mächtige Familien.

Zu dieser Zeit gehörte Gallien zu ihrem Gebiet incl. der Provence, Alamannien, Thüringen und Bayern. Nicht jedoch Sachsen, Friesland und das ganze Skandinavien. Im Wesentlichen war das Territorium geteilt in zwei Teile:

- Austrien = alles rechts des Rheins, der Mosel und Reims
- Neustrien = Paris, Soissons, der Norden und Nordwesten Galliens und Burgund

Die Idee der Wahl wechselnder Kriegerkönige verblasste immer mehr, vielmehr erbte nun der Sohn des Machthabers die Herrscherwürde. Noch war allerdings die Sippe Trägerin des Herrschergedankens, nicht ein Individuum. Das wirkte destabilisierend, weil die Folge ein ständiger Machtkampf innerhalb der Familie war. Die Merowinger schwächten sich also mit der Zeit selbst. Die Fokussierung auf eine Person hätte einen Einheitsgedanken in sich getragen. So weit war man aber noch nicht. Etwa um das Jahr 600 bot die Familie denn auch ein trauriges Bild. Es gab verschiedene Herrscher in den Teilreichen, die Söhne starben jung. Was blieb, waren schwächliche Schatten- oder Kindkönige. Zu dieser Zeit – etwa Mitte des 6. Jahrhunderts – begann daher im Frankenreich das Hausmeierwesen. Was war das?

Der merowingische Königshof war genauso organisiert wie ein frühmittelalterlicher Großbauernhof: Den Großknecht nannte man Hausmeier, den Gesindeknecht Senneschall, der Pferdeknecht hieß Marschall. Truchseß und Mundschenk waren für die Bereitstellung von Speisen und Getränken zuständig. Diese Hofämter haben praktisch genauso bis zum Ende des Kaiserhofs in Wien im Jahr 1918 bestanden. Es gab einen Hausmeier von Austrien und einen von Neustrien. Je schwächer die Merowingerkönige wurden, desto mehr wuchs die Macht dieser Hausmeier. Es kam, wie es kommen musste: Wie auf dem Bauernhof der Großknecht manchmal fähiger ist als der Herr und mit Witwe oder Tochter gleich den ganzen Besitz übernimmt, so erging es auch den Königen. Ihre Großknechte, die Hausmeier, gewannen an Format und Macht. Damit erschienen die Karolinger auf dem Bildschirm der Geschichte. Ihre Stammväter waren Arnulf, Bischof v. Metz, und Pippin der Ältere, austrischer Hausmeier. Das war im frühen 7. Jahrhundert. Die beiden stammten ihrerseits aus machtvollen adligen austrasischen Familien mit großen Besitzkomplexen um Metz und Verdun herum, die sich im Kampf um die hohen Ämter durchgesetzt hatten. Manche Historiker sprechen ab jetzt von „Karolingern". Manche, die mehr differenzieren, bezeichnen sie bis zum Auftauchen von Karl dem Großen als „Pippiniden". Denn es wird drei Pippins in der Stammlinie geben, bis Karl um 748 geboren wird.

Die Kinder von Arnulf v. Metz und Pippin dem Älteren – Ansegisel und Begga – heirateten. Mit dieser Verbindung und der damit einhergehenden Besitzzusammenführung sollten es ihre Nachkommen endgültig hinein in die staatstragende Adelsschicht schaffen. Ihnen wurde der Sohn Pippin (der Mittlere) geschenkt. In dieser Phase war die Familie so machtvoll geworden, dass sie das Amt des Hausmeiers einfach an ihre Kinder vererbte. Dieser mittlere Pippin gewann neben dem austrischen Hausmeiertitel den neustrischen dazu, verwaltete den Kronschatz und herrschte damit praktisch über das Reich. Damit begannen die Dinge in ein Ungleichgewicht hat zu geraten. Die Macht lag de facto nicht mehr in den Händen der kraftlos gewordenen Herrschersippe, die jedoch immer noch Trägerin der priestergleichen sakralen Herrscherwürde war. Das Wohlergehen des Staates, die Fruchtbarkeit der Felder, das Kriegsglück – es lag in der heiligen Person des Königs begründet. Die aufkommende neue Familie verfügte wohl über die Macht, ihr fehlte aber diese sagenhafte Herrscheraura. Es war dringend ein Gewicht vonnöten, das die Waagschale zur einen oder anderen Seite neigen würde. Die Pippiniden hatten auch bald eines zur Hand. Eine Nebenfrau schenkte dem mittleren Pippin einen Sohn: Karl, den man später „den Hammer" nannte – Karl Martell. Mit ihm erscheint endlich der Sippenname Karl.

Die Familie verfügte offenbar über ausgezeichnete Gene. Ihre wichtigsten Repräsentanten lebten lange – sehr im Gegensatz zu den Merowingern mit ihren kränklichen Kindkönigen. Das war politisch ein unschätzbarer Vorteil. Ein langes Leben bedeutete die Möglichkeit zu größerer Machtanhäufung, höherem Ansehen, mehr Einfluss, v.a. in einer Zeit, in der die meisten Menschen mit 40 Jahren am Ende ihrer Lebensspanne angelangt waren.

Dieser „Hammer" – Karl Martell – hatte alle Hände voll zu tun. Er gewann zwischenzeitlich verlorengegangene Gebiete zurück (Burgund, Friesland, Aquitanien, Alamannien), schlug die Araber in Südgallien, führte erste erfolgreiche Feldzüge gegen die Sachsen und erwehrte sich außerdem der Neider innerhalb der Familie. Er war inzwischen in der Lage, in Austrien und Neustrien merowingische Könige nach seinem Belieben einzusetzen. Das waren seine Marionetten. Auf wichtige Verwaltungsposten, die Grafensitze, setzte er loyale Verwandte.

Das alles gab es nicht umsonst. Er brauchte Unterstützung durch die anderen adligen Sippen. Wie verschaffte er sich die? Durch Versprechen von Macht, Besitz und Einfluss, die er in Wahrheit nicht besaß, war er doch trotz allem nur Hausmeier und nicht König. So vergriff er sich an Kirchenbesitz und vergab ihn als

Karl Martell (688/691-741) war Sohn Pippins des Mittleren, der das neustrische und austrische Hausmeieramt in seiner Person zusammengeführt und auch den Kronschatz des Frankenreiches in seiner Hand hatte. Faktisch herrschte er also wie ein König. Da Karl nicht, wie seine Brüder Drogo und Grimoald, der offiziellen Ehe Pippins mit Plektrud entstammte sondern aus der etwas unklaren Verbindung mit Chalpaida, hatte er einen schweren Stand. Selbst als seine Brüder gestorben waren, gedachte man ihn zu übergehen und setzte ihn sogar fest. Es gelang ihm jedoch zu entkommen, einflussreiche fränkische Adlige hinter sich zu vereinen und das Hausmeieramt zu übernehmen. Überall im Reich musste er nun verlorengegangene Gebiete zurückerobern und muslimische Angriffe in Südgallien abwehren. Hier sehen wir, wie Carl von Steuben sich die Schlacht von Tours und Poitiers im Oktober 732 vorstellte. Mit erhobener Streitaxt verteidigt Karl das Kreuz, das hinter seinem Rücken aufgerichtet ist, gegen die anrennenden Muslime.

Lehen an militärische und politische Weggefährten. Damit gingen die reichen und prestigeträchtigen Bischofssitze an die Söhne des fränkischen Adels, sie waren geradezu Lohn und Karriereabschluss im Herrscherdienst. Zugunsten der Stärkung seiner Familie verursachte er dadurch religiöse Destabilisierung. Er selber empfand sich sicher als christlicher Herrscher, schon aus praktischen Gründen. Weil er wusste, dass das Christentum beim Zusammenhalt des Reiches half – es wirkte in der Tat wie eine Verklammerung –, war er beispielsweise jederzeit bereit, herumreisende Missionare zu unterstützen. Ja, es gehörte in hochadligen fränkischen Kreisen geradezu zum guten Ton, einen irischen Missionar im Gefolge zu haben. Die Toleranz hörte aber auf, wenn der Herrscher für seinen Machtausbau Kirchengut benötigte.

Chlodwigs Vater, König Childerich I., war im Jahr 481 oder 482 nach alter Heidenväter Sitte in einem Grabhügel zusammen mit seinem Streitross beigesetzt worden. Im Jahr 1653 stieß ein Arbeiter, der an der Kirche St. Brice in Tournai beschäftigt war, per Zufall darauf. Wegen des beigegebenen Siegelrings mit dem Abbild eines Königs und der Umschrift Childerici Regis konnte es Childerich zugeordnet werden. Das Grab enthielt seine persönliche Ausstattung: Waffen, Schild, Panzerung sowie goldene Schnallen, Fibeln, Körperschmuck, einen Beutel mit 300 Gold- und Silbermünzen und das aufwendige Zaumzeug seines Pferdes. Alles zusammengenommen war dies die Ausstattung eines hohen römischen Offiziers. Glücklicherweise war im Jahr 1655 der ganze Fund sorglich gezeichnet und publiziert worden, denn der größte Teil wurde 1831 gestohlen und eingeschmolzen.

Wie sah das Christentum zu dieser Zeit aus?

Wir hatten es schon gehört: Chlodwigs Taufe durch Bischof Remigius von Reims in den letzten Jahren des 5. Jahrhunderts war eins der Hauptereignisse des frühen Mittelalters und markiert den Beginn der fränkischen Kirche. Man stelle sich vor: Sein Vater Childerich I. war noch im Jahr 482 nach heidnischer Sitte, zusammen mit seinen Pferden und angetan mit seiner römischen Generalsuniform, unter einem Grabhügel bestattet worden. Gregor v. Tours nennt Chlodwig gar den *neuen Constantin* und das Treffen bei Zülpich die *Bekehrungsschlacht*, lädt sie also mit ähnlicher Bedeutungsschwere auf wie Constantins Schlacht an der Milvischen Brücke im Oktober des Jahres 312.

Die Sache war allerdings so: Als Chlodwig sich taufen ließ, änderte er sich nicht. Das war nicht Teil der Abmachung. Er erfüllte nur seine religiösen Handlungen nicht mehr vor Wodan oder Odin, sondern vor dem erfolgversprechenden neuen Gott, dem er den Gefolgschaftseid gelobt hatte. Sein Mann – ganz im germanischen Sinne der Vasallentreue – wollte er nun sein. Ein höheres sittliches Niveau hat Chlodwig durch die Taufe nicht erreicht: Entsetzliche Gewaltexzesse, Säuglingsmord, Fehdekultur, althergebrachte Selbsthilfe in Streitfällen – das war selbstverständlich auch weiterhin Teil seines Alltags. Die Taufe stürzte ihn sogar in ein ziemliches Dilemma, gründete sich doch seine Herrscherwürde auf seine Abstammung, auf das durch seine Adern fließende heilige Familienblut. Schließlich war sein Stammahn der sagenumwobene Halbgott Merowech. Wie passten nach der Taufe die Vorfahren ins Bild? Als Heiden waren sie doch allesamt der Verdammung anheimgegeben! Neue Leitfigur sollte schließlich Christus sein. Diesen Konflikt löste so manche hochgestellte Familie, indem sie vorsichtshalber den erbberechtigten Sohn zunächst ungetauft ließ, damit er im Notfall das Steuer noch einmal herumreißen konnte. Dennoch, in Neustrien war das Umfeld zunehmend christlich und da war es schließlich nur logisch, dass der Herrscher ebenfalls diesen Glauben annahm. Schließlich konnte er nur so kirchenpolitisch agieren, indem er etwa Bischöfe einsetzte oder Konzile einberief. Die geistliche Veredelung des christlichen Rittertums sollte erst Sache des Hochmittelalters werden.

Es gab im Übrigen, was das Niveau des christlichen Lebens betraf, ein starkes Nord-Süd und Ost-West-Gefälle. Um das Mittelmeer herum, in Südgallien oder Aquitanien, war römisches Leben immer lebendig geblieben und somit auch regelgerechtes katholisches Christentum. In Germanien allerdings hielt sich sehr lange – bis in die Salierzeit – eine wilde, freie Mischung aus germanischen und christlichen Bräuchen. Daran kann man erkennen, dass die heidnisch-germanische Religion mit ihrem Götterhimmel ziemlich attraktiv war und das Christentum in ihr lange eine mächtige Konkurrenz hatte. Den Leuten ging es gut mit ihren Natur-, Kriegs- und Stammesgöttern, mit ihrem Schöpfungsmythos, mit ihrer Vorstellung von der Ewigkeit. Das saubere römisch-apostolische Erbe wollte dort nicht recht Fuß fassen – es kam sogar wieder zu Substanzverlust. Selbst in bereits christianisierten Gebieten neigte sich im 7. und 8. Jahrhundert die Waagschale – v.a. im Norden und rechts des Rheins – in Richtung Heidentum zurück. Das war problematisch, denn innerhalb der Völkerwanderungsunordnung war die Kirche der einzig stabile Faktor, daher waren die Franken ja auch stets so interessiert, sie zur Festigung ihrer Herrschaft zu nutzen. Sie war von den politischen Unwägbarkeiten nicht so stark betroffen, weil ihre Inhalte grundsätzliche Wahrheiten betrafen und somit keinem Wandel unterlagen. Sie war ein verlässliches Element in einer unruhigen Welt, hatte sie doch gleichsam einen Fuß in der Vergangenheit und einen in der Ewigkeit. Ihr weltliches Verfassungsgerüst war um diese Zeit fest gefügt, ebenso ihre Hierarchien, Verwaltungsbezirke etc. Wo sie konnte, agierte sie mithilfe der staatsrömischen Kulturtechniken. Zwar war ihre antike Blütezeit beendet, aber sie war noch immer stark und hatte schon manchen Kampf bestanden.

Auf die Dauer hatte die heidnische Religion dagegen keine Kraft. Im Lauf der Zeit hatte sich im germanischen Götterpersonal inzwischen jeweils ein Stammesgott gegen die anderen herausgehoben, so dass die Menschen gewissermaßen auf den Monotheismus vorbereitet waren. Da sich die germanischen Stämme in der Völkerwanderungszeit in ständiger Kampfbereitschaft befanden, hatte der kriegerische Wodan sich gegen sanftere Vegetations- oder Fruchtbarkeitsgottheiten durchgesetzt.

Glaube war im Übrigen keine Privatsache, sondern immer eine politische Entscheidung. Politischer und gesellschaftlicher Zusammenhalt funktionierte über die Religion. Im gemeinsam verrichteten Kult vor der Stammesgottheit versicherte man sich immer wieder gegenseitig der Stabilität der Gruppe. Mit dem Glauben musste man auch den Stamm wechseln. Wurde der etwa besiegt, so verschwand seine religiöse Identität und ging in der des Siegerstammes auf. Teil eines funktionierenden Verbandes zu sein, war im Frühmittelalter überlebenswichtig. Kein vernünftiger Mensch wäre auf die Idee gekommen, in dieser Frage einen Alleingang zu wagen. Man konnte in dieser Zeit als Einzelindividuum praktisch nicht überleben.

Der Stammesgott der Franken war seit Chlodwigs Taufe der Christengott, d.h. mit der Taufe wurde man Franke. Ließ sich der Magnat mit seinen Vasallen taufen, dann musste das Volk mithalten. Ab diesem Zeitpunkt trat Christus an Wodans Stelle. Theodor Schieffer spricht in diesem Zusammenhang von *Gefolgschaftsglauben*. Der Stamm ging mit Gott einen Vertrag ein: Einhalten der Riten gegen Anrecht auf Schutz. Diese Art Frömmigkeit war notwendigerweise rustikal und handfest und ob wirklich christliche Inhalte verstanden wurden, ist sehr fraglich.

Unter den frühen Merowingern hatte sich bereits eine erste Zusammenarbeit zwischen Kirche und Staat ausgebildet, so standen z.B. die Synoden unter staatlichem Schutz, ebenso die meisten umherziehenden Missionare. Der Herrscher besetzte die Bischofssitze. Chlodwigs Söhne sandten Weihegaben nach Rom zum Grab Petri, man wählte sich den Hl. Martin zum Stammespatron, trug Sorge, dass sein Mantel – die capa – als Hauptstaatsreliquie stets mit dem Hof umherreiste. Der dafür zuständige Geistliche war der capellan, der Ort, wo man sie aufbewahrte, die Kapelle. Im Jahr 585 erließ König Guntram das Gebot der Sonntagsheiligung, die Könige spendeten für die Kirche, statteten Neugründungen aus. Das Zentrum dieser Aktivitäten war der Großraum südöstlich von Paris, zwischen Loire und Rhône, also etwa zwischen Tours und Lyon. Hier stand römisches Leben noch in hoher Blüte. Etwas weiter nördlich reihten sich die bevorzugten Pfalzen der Merowinger aneinander: Paris, Soissons, Reims und Metz. Hier konnte sich der spatromische christliche Senatoren- und Militäradel – Leute mit Geld und Einfluss – mit der Herrscherfamilie und den anderen aufstrebenden fränkischen Sippen vermischen. Das war das Personal, das die geistlichen und intellektuellen Kapazitäten in sich trug, Bistümer zu leiten. Hier war Kirche vermögend und äußerst attraktiv. Sie weckte Begehrlichkeiten.

Dem sogenannten Naumburger Meister wird dieses Sandsteinrelief des Hl. Martin zugeschrieben. Es wurde ursprünglich um das Jahr 1240 für den Westlettner des Mainzer Doms geschaffen, gelangte aber im Lauf des 17. Jahrhunderts in die Pfarrkirche des Ortes Bassenheim bei Koblenz. Hier wird die zentrale Szene des Martinslebens geschildert: Der noch ungetaufte römische Offizier Martinus, der in der berittenen kaiserlichen Leibgarde dient, zerschneidet in einer spontanen Geste des Mitleids seinen Mantel, um an einem kalten Wintertag eine Hälfte einem frierenden Bettler zu schenken. Drei Tage Haft wegen mutwilliger Beschädigung von Militäreigentum nimmt er als Strafe in Kauf. In der darauffolgenden Nacht erscheint ihm Christus im Traum, bekleidet mit der verschenkten Hälfte seiner roten Offizierstoga. Der Hl. Martin wurde Patron der Franken, seine Capa – der Mantel – Hauptstaatsreliquie des Reiches.

Politik und Kirchenpolitik waren hier ziemlich dasselbe. Karl Martell veranlasste den König, die Bischofsstühle an seine Parteigänger, die oftmals völlig ungeeignet waren, zu vergeben. Die führten natürlich nicht das Leben von Geistlichen, sondern das adliger Grundherren. Das hatte Auswirkungen auf die Einhaltung der kanonischen Regeln. Nachdem im ganzen 6. bis frühen 7. Jahrhundert Synoden stattgefunden hatten, wurden sie nun seltener. Schließlich traten die Bischöfe gar nicht mehr zusammen. Was hätten sie auch auf der Bischofskonferenz zu besprechen gehabt, was sie nicht genauso gut auf der Jagd oder dem gemeinsamen Kriegszug hätten klären können? Sie unterhielten aufwändige Hofhaltungen, waren leidenschaftliche Jäger, führten Ehen, unterhielten Liebschaften und produzierten Nachkommen, denen sie ihre Bischofssitze zu vererben gedachten. Nach und nach rekrutierten sich alle Bischöfe aus dieser Klientel. Die Familien beanspruchten tatsächlich bald „ihre Bistümer“, die als Erbe weitergegeben wurden. Man trachtete sogar, mehrere zu vereinen, um ganze Territorien in die Hand zu bekommen. Die Bistümer waren also zu hohen Einsätzen in der Feudalpolitik verkommen. So bildeten sich regelrechte Kirchenstaaten, an denen die Herrscher vitales Interesse hatten. Die Pippiniden spielten in diesem kirchlichen Machtpoker übrigens munter mit. Viele große Abteien waren ihnen zu lehen, wie etwa Echternach und Pfalzel, um nur zwei zu nennen, die in diesem Buch noch eine Rolle spielen werden. Über ihren Stammvater Arnulf beanspruchten sie die Bischofssitze in Metz, Maastricht und Trier. Dass es dabei nicht immer ohne Gewalt abging, können wir uns leicht vorstellen.

Immerhin: Karl Martell ließ seine Söhne Karlmann und Pippin (den Jüngeren) im Kloster erziehen. Und mit den beiden befinden wir uns mitten in der Hauptlebensspanne des heiligen Bonifatius. Denn es wurde nun höchste Zeit, dass ein Katalysator auf der Bildfläche erschien, der diese Puzzleteile aus tatsächlicher Macht, alter, sakraler Herrscherwürde und zerfallendem Christentum in Franken zu einer neuen Einheit zusammensetzte. Dafür brauchte es ein starkes Herrschergeschlecht mit Legitimation. Keine Putschistenfamilie. Es gab nur eine Macht, die den Hausmeiern die fehlende sakrale Aura einer wahren Herrscherdynastie liefern konnte: die Kirche. Dafür musste sie aber wieder aus den Fängen des fränkischen Adels befreit werden und zurück zur römisch-kanonischen Tradition finden. Die alte geistliche Macht in Rom musste mit der neuen aufstrebenden der Karolinger in Kontakt kommen. Das alles sollte Bonifatius' Lebensaufgabe werden.

In England – Kindheit und erste Lebenshälfte Wynfreth's

Dieser Mann sollte ausgerechnet aus England kommen. Ein Sohn der angelsächsischen Kirche. Er stammte höchstwahrscheinlich aus einem kleinen Ort namens Crediton bei Exeter.

Wie kam es, dass dieser Wynfreth-Bonifatius in dem fernen England katholischer war als die Franken auf dem Kontinent? Wie konnte er der entscheidende Impulsgeber für die Entstehung des karolingischen Frankenreichs sein?

Das kam so: Nach England waren etwa seit Mitte des 5. Jahrhunderts im Rahmen der großen Völkerwanderung Jüten und Angeln eingewandert, hatten sich im größten Teil des Südens und auch die Nordseeküste hinauf bis zur Grenze nach Schottland heimisch gemacht und dort überall Kleinkönigtümer gegründet. Nur ein paar keltische Reste in Wales, Cornwall und weit oben im Norden blieben von ihnen unberührt. Dorthin waren auch die Römer dazumal nicht vorgedrungen. Aber auch im angelsächsischen England gab es praktisch kein römisches Leben mehr, man war germanisch. Es gehörte überhaupt nicht zum christlichen Abendland unserer Vorstellung. Städte mit Bischofssitzen gab es nicht, hier wurde die Kirche von den Klöstern getragen. Geistige Zentren wurden nicht von Bischofskathedralen, sondern von Klöstern gebildet. Entsprechend hatte auch die Bischofswürde viel geringeren Stellenwert. Der Bischof war nur in seiner Funktion als Spender der Weihen von Interesse. Manchmal war der Abt gleichzeitig Bischof oder er bestellte einen seiner Mönche dazu. Es war also gang und gäbe, dass ein einfacher Mönchspriester Bischof und seinem Abt untergeben war. Hier waren also die Mönche Träger der Glaubens- und Bildungskontinuität. Diese Kirche war nicht apostolisch, sie bildete eine Sonderform. Ihre Klöster waren autonom, bil-

Der berühmte angelsächsische Maskenhelm aus dem Schiffsgrab von Sutton Hoo bei Woodbridge in Suffolk wurde im Jahr 1939 entdeckt. Es wird vermutet, dass er Raedwald gehörte, dem König von East Anglia, dessen Regierungsantritt um das Jahr 593 vermutet wird. Er dürfte also in den 60er bis 70er Jahren des 6. Jahrhunderts geboren worden sein. Sein Volk, das etwa 100 Jahre früher aus Dänemark gekommen war, breitete sich immer weiter nach Westen und die Ostküste hinauf nach Norden aus. Der berühmte Geschichtsschreiber der englischen Kirche, Beda Venerabilis, behauptet, dass Raedwald sich um das Jahr 605 herum taufen ließ, dem Christengott jedoch nicht recht traute. In seiner Kirche standen zwei Altäre – einer für Christus, einer für Wodan. Sicher ist sicher ... Das Schiffsgrab entsprach anglisch-heidnischer Bestattungstradition und wegen der besonders reichen Beigaben geht man davon aus, dass es Raedwald war, den man hier nach alter Väter Sitte zur letzten Ruhe gebettet hat.

deten keine Verbünde. Es gab keine Regeln, die für mehr als ein Kloster galten. Doppelklöster waren üblich, Kongregationen von Frauen und Männern, wobei nicht selten die Äbtissin die Oberleitung hatte.

Diese Gemeinschaften hatten eine starke missionarische Ausstrahlung. Dazu müssen wir uns vergegenwärtigen, dass im germanischen Volksrecht, das auf Dorf- bzw. Stammeszusammenhalt fußte, die härteste Strafe die Verbannung war. Als Einzelindividuum war der Mensch dieses gefahrvollen Zeitalters nicht denkbar. Er war maßgeblich abhängig von der Bindung an seine Gruppe. Die Familie war der Schutzverband schlechthin, die leistungsstärkste kollektive Bindung. Das Wort „Familie“ beinhaltete damals freilich nicht unsere heutige kleinteilige Bedeutung von „Verwandtschaftsgruppe". Der Begriff meinte vielmehr alle zu einem Besitztum gehörenden Leute: die Familie, die Abhängigen, die Geschäftspartner. Das Klientelwesen des antiken Rom und das germanische Vasallenwesen vermischten sich hier. Eine Person lebte niemals allein aus sich heraus. Sie war eingewebt in diese *familia* und in ihrer gesamten Existenz abhängig von ihr. Der freiwillige Verzicht auf Familie, Stamm, Heimatkloster – die Peregrinatio – war also das größte Opfer, das ein Christ bringen konnte. Vielleicht forderten die englische und die irische Insellage diesen Gedanken heraus, jedenfalls fühlten sich ab dem 6. Jahrhundert viele Mönche v.a. irischer und schottischer Klöster berufen, aufs Festland zu gehen, um dort als herumziehende Prediger zu wirken. Diese Leute waren vom Geist des Evangeliums durchglüht und die Forderung Christi, Vater und Mutter zu verlassen, um ihm nachzufolgen, nahmen sie buchstäblich. Sie kamen in hellen Scharen und wir kennen viele Namen: Kilian für Würzburg, Gallus für St. Gallen oder Columban für Luxeuil.

Dieser Columban, geboren im Jahr 540 in der Provinz Leinster in Irland, nahm insofern eine Sonderstellung unter ihnen ein, als er tatsächlich eine frühe Mönchsregel entwickelt hatte und sie mitbrachte, als er als Missionar aufs Festland ging. Sie war aber furchtbar streng, fußte auf brutaler, lebensverneinender Askese und strenger Buße für kleinste Vergehen. Es ging um Selbstkasteiung und

Columban von Luxeuil wurde im Jahr 540 in der Provinz Leinster in Irland geboren und erhielt seine entscheidende Ausbildung im Kloster Bangor in Nordirland. Diese Kaderschmiede für Missionare führt noch heute den Beinamen „Light of the World". Er ging mit einer Handvoll Freunde aufs Festland, um bei den Franken zu missionieren. Seine streng asketischen Forderungen waren ganz in der keltisch-irischen Tradition verhaftet und kaum einzuhalten. Er verließ das Frankenreich und ging nach Italien, wo er um 612 das Kloster Bobbio gründete. Dort starb er im Jahr 615. Unser Bild zeigt das Glasfenster der Krypta. In Franken hatte er jedoch Spuren hinterlassen. Er hatte die Idee der Ohrenbeichte und die Bußbücher aus Irland mitgebracht. Seine Hauptgründung in Franken, das Kloster Luxeuil, entwickelte erhebliche Strahlkraft und zog zahlreiche Töchtergründungen nach sich.

Selbstheiligung, um die Verwirklichung asketischer Virtuosität an der eigenen Person. Mit Columban begann auf dem Kontinent die Tradition der Bußbücher (Pönitentiare) und der in Irland entwickelten Ohrenbeichte – eine Sache, die den germanischen Hirnen mit ihren Volksrechten sehr entgegenkam. Eine Untat, eine entsprechende Strafe – und weiter gings in gewohnter Weise.

Seine Forderungen an die Menschen waren unbarmherzig. Er wurde nach einer gepfefferten Predigt, in der er dem fränkischen Hof seine Meinung zum moralischen Lebenswandel im Allgemeinen und der sittlichen Aufführung der Königsfamilie im Speziellen zur Kenntnis gebracht hatte, aus Franken verbannt. Er war nicht in der Lage gewesen, sein keltisches Asketentum elastisch den germanischen Gegebenheiten anzupassen. Dennoch: Der Mann hatte Einfluss genommen. Er war einer der ersten Missionare aus Irland, dessen Ideen sich über sein Erdenleben hinaus von seiner Person gelöst hatten und weiterwirkten. Verinnerlichung des christlichen Glaubens, der Bußgedanke, Klostergründungen nach seiner Regel – immerhin fast 50 im Frankenreich – stehen auf seinem Erfolgskonto. Seine zentrale Gründung war Luxeuil in den Vogesen, von dem unzählige Filialklöster ausgingen. Noch zwei Generationen nach ihm wurden Klöster in seinem Sinne gegründet, z.B. gehörte Saint Denis bei Paris, das Zentralkloster der Karolinger werden sollte, dazu. Insofern hat er eine Lücke geschlossen. Mit diesen Gründungen drang der christliche Gedanke zur Landbevölkerung vor und verlor die Abhängigkeit von der Stadt. Seine Lebensgeschichte wurde von Jonas von Bobbio aufgeschrieben.

Columban arbeitete zwar für die Ausbreitung des christlichen Glaubens und war zweifellos eine beeindruckende Persönlichkeit, aber er wirkte kontraproduktiv im Hinblick auf die Herausforderung, vor der das Frankenreich stand. Er wollte die keltische Spiritualität seines Heimatklosters, der Abtei Bangor – die man wegen ihrer missionarischen Ausstrahlungskraft noch heute „Light of the World" nennt -, nach Kontinentaleuropa verpflanzen. Die meisten seiner umherziehenden Äbte, Bischöfe und Wanderprediger waren nicht vom Hl. Stuhl autorisiert. Zwar gab es unter ihnen einen Aufschwung des Glaubens, gleichzeitig aber eine Verkümmerung des kanonischen Erbes. Diese Leute hatten keinen Sinn für Strukturen, für Dauer, für den großen Plan.

Wie konnte also dieses Klosterengland einen streng römisch-katholischen Kirchenreformer wie Bonifatius hervorbringen?

An dieser Geschichte kann man wieder einmal sehen, was eine menschliche Entscheidung für eine Tragweite haben kann: Papst Gregor der Große, der von 590 bis 604 auf dem apostolischen Stuhl saß, bis über beide Ohren verstrickt in Probleme mit Langobarden und völkerwandernden Stämmen, ständigem Ärger mit Byzanz, verfiel plötzlich auf die Idee, Missionare an den äußersten Rand der germanischen Welt zu senden. Die Legende sagt, eines Tages habe er auf dem Sklavenmarkt in Rom mit ansehen müssen, wie heidnische angelsächsische Kinder zum Kauf feilgeboten wurden. Sein Mitleid wurde so stark angerührt, dass ihm die Idee zur Missi-

Gregor I., der Große war Papst von 590 bis zu seinem Tod im Jahr 604. Auf dieser Elfenbeintafel aus dem 10. Jahrhundert, die im Kunsthistorischen Museum in Wien aufbewahrt wird, sehen wir ihn bei konzentrierter Arbeit über sein Schreibpult gebeugt. Der Hl. Geist in Gestalt der Taube sitzt auf seiner rechten Schulter und flüstert ihm ins Ohr. Der gelehrte und vielseitige Papst war ein derart fleißiger Autor, dass er sogenannte Tachygraphen beschäftigen musste – Schreiber, die Kurzschrift beherrschten. Gleich drei von ihnen mühen sich unten ab, mit ihrem Meister Schritt zu halten. Es heißt, der bedauernswerte Anblick angelsächsischer Heidenkinder, die in Rom auf dem Sklavenmarkt zum Kauf feilgeboten wurden, habe sein Herz angerührt und ihn zur Aussendung von Missionaren nach England veranlasst.

Diese Abbildung Gregors des Großen wurde im 11. Jahrhundert in Süddeutschland gemalt und wird in der Bamberger Staatsbibliothek aufbewahrt. Wir sehen den Papst mit der Taube auf der Schulter. Unten sitzt ein Herrscher (wahrscheinlich Heinrich II.), dem ein Mönch eine seiner Schriften überreicht. Gottes Hand gibt den Segen dazu. Gregor verfasste mehr als 850 Briefe, außerdem Predigten und Bibelkommentare. Maßgeblich prägte er den Kirchengesang und die katholische Liturgie bis heute.
So weit verbreitet waren seine Werke, dass er zu den vier Kirchenvätern gezählt wird. Als Verehrer des benediktinischen Mönchtums fasste er einen folgenreichen Entschluss: Im Jahr 596 entsandte er den Mönch Augustinus nach England, damit er am kentischen Hof des Königs Aethelberht das Christentum predige – eine beispiellose Erfolgsgeschichte war die Folge.

onierung dieses Volkes kam. Beim Start dieses Versuchsballons dürfte ihm kaum klar gewesen sein, welchen Glücksgriff er damit getan hatte.

In Kent herrschte damals (um 600) gerade Aethelberht, der mit einer merowingischen christlichen Prinzessin verheiratet war. Im Jahr 596 schickte Gregor also Propst Augustinus mit einigen Benediktinern als Missionare nach England. Wohl wissend, dass bei den Germanen Mission nur von oben nach unten funktionierte, stellten die sich unter den Schutz des schon halb christlichen Hofes. Dies war die Urzelle der verfassungsmäßigen, kanonischen Kirchenstruktur in England. Aethelberht und sein Hof ließen sich taufen und von dort aus entwickelte diese Mission eine starke Schubkraft nach Essex und East Anglia. Weitere Mitarbeiter kamen aus Rom. Man ging daran, das neue Gebiet in Metropolitanregionen aufzuteilen. Die grobe Planung sah vor, zwei Provinzen mit London und York als Erzbischofssitze zu bilden – also einer im Norden und einer im Süden. Aethelberht gelang es aber, den Erzbischofssitz an sein Königreich zu binden und so wurde Augustinus erster Erzbischof von Canterbury (und nicht von London) und starb dort im Jahr 604.

Die politische Macht schob sich auch nach Norden (Northumbrien) vor, wo ebenfalls eine christliche Prinzessin wirkte, in deren Gefolge sich ein römischer Geistlicher aufhielt: Paulinus, erster Erzbischof von York. Sogleich begann dort oben die Mission mit großem Erfolg. Der König ließ sich mit seinem ganzen Gefolge taufen. Die Kinder dieser neuen christlichen Führungsschicht wurden in den Klöstern erzogen.

Die altehrwürdige und wirkmächtige Klostertradition mit ihrer wunderbaren Buchkunst und hohen asketischen Gelehrsamkeit wurde von den römischen Missionaren nicht verdrängt, sondern bestand die ganze Zeit parallel. In England/Irland existierten im 7. Jahrhundert gleichzeitig nebeneinander die unabhängige

Das weltberühmte Book of Kells, das um das Jahr 800, möglicherweise im Kloster Iona auf den Hebriden, geschrieben und gemalt wurde, gilt als das schönste und reichste Beispiel keltischer Buchkunst des Frühmittelalters. Seinen Namen erhielt diese Prunkhandschrift, weil sie im Mittelalter im Kloster Kells in der Grafschaft Meath aufbewahrt wurde. Es handelt sich hier um ein Evangelienbuch, auf dessen 678 Seiten eine Unmenge Miniaturen, Symbole, ornamentierter Initiale sowie ganzseitige Abbildungen eingearbeitet wurden. Die Paläographen haben drei Künstler, den sog. „Goldschmied“, den „Illustrator“ und den „Porträtisten“ unterschieden, die bei der hier abgebildeten Seite Hand in Hand gearbeitet haben: Der „Goldschmied“ war für die Rahmungen zuständig, der „Porträtist“ für das Bild des thronenden Christus sowie die Nebenfiguren, der „Illustrator“ für das reiche Flechtwerk und die Tiere. Das Buch wurde im Jahr 2011 dem Weltdokumentenerbe zugeordnet und liegt seit dem 17. Jahrhundert im Trinity College in Dublin.

Im Inselkloster Lindisfarne an der Mündung des Tweet vor der nordenglischen Ostküste wurde dieses hochberühmte Evangelienbuch von dem Mönch Eadfrith wohl vor dem Jahr 689 geschrieben und gemalt. Er ist mithin der erste namentlich bekannte Künstler der Kunstgeschichte Englands. Neben Kanontafeln und den vier Evangelistenbildern enthält es fünf sog. Teppichseiten. Diese Seite, auf der kompliziertes Flechtwerk in angelsächsischer Manier das zentrale Kreuz umschlingt, leitet einen Kirchenväterbrief ein. Im 10. Jahrhundert wurde zwischen die Textzeilen die Übersetzung ins Angelsächsische eingefügt, womit das Buch die älteste Übersetzung der Evangelien ins Altenglische beinhaltet.
Der Codex galt als der wertvollste Besitz der Abtei und wurde daher von den Mönchen gerettet und mitgeführt, als sie im Jahr 793 vor dem berüchtigten Wikingerüberfall flohen, der in Nordeuropa die Wikingerzeit einläutete. Um die Pergamente zu seiner Herstellung bereitzustellen, war eine Herde von über 100 Kälbern nötig – ein Hinweis sowohl auf den immensen Wert dieses Buches als auf den Reichtum des Klosters Lindisfarne. Heute befindet sich das Buch in der British Library in London.

keltische Klostertradition und die neue römisch-apostolische Kirche. Diese Spannung wurde prekär, so dass man im Jahr 664 im Kloster Streaneshalch (heute Whitby), hart an der schottischen Grenze, eine Synode einberief, auf der sich die Hauptrepräsentanten der beiden Richtungen trafen. Das waren im Wesentlichen Colman aus dem Kloster Iona in Schottland und Wilfried, später Erzbischof von York, aus dem Kloster Ripon in Yorkshire. Man versuchte, sich über alle möglichen Dinge zu einigen, in denen die beiden Richtungen differierten: den Taufritus, das Aussehen der Mönchstonsur oder den Ostertermin, den man unterschiedlich berechnete. Eine Entscheidung musste her, welche der beiden Richtungen die Führungsrolle übernehmen solle. Am Ende schlug Wilfried von Ripon alle keltischen Bedenken mit folgendem schlagenden Argument in den Wind: Jesus hat Petrus die Himmelsschlüssel übergeben, dem in Rom ruhenden Apostelfürsten. Weil der im ganzen germanischen Raum verehrt wurde, gab das den Ausschlag. Englands Kirche wurde römisch und sogleich begann ihr goldenes Zeitalter. Spitzenkräfte aus Rom kamen herüber und vervollkommneten die kanonische Ordnung.
Einige wichtige Entscheidungen der Synode von Whitby:

- Der Bischof führt die Oberaufsicht. Die Geistlichen seines Bistums sind zu striktem Gehorsam und Unterordnung verpflichtet.
- Die Klöster verlieren ihre Unabhängigkeit und haben sich ebenfalls unter die Aufsicht ihres Bischofs zu beugen.
- Jährlich soll eine Gesamtsynode einberufen werden.
- Der allgemeine kirchliche Ostertermin soll eingehalten werden.
- Die Mönche werden zur stabilitas loci, also zum Verbleib in ihren Klöstern verpflichtet, wodurch das Umherwandern der Predigermönche ausgemerzt werden soll.

Whitby – der Name dieser Stadt an der nördlichen Ostküste Englands, in Yorkshire, hart an der schottischen Grenze, ist dänischen Ursprungs und bedeutet „weiße Stadt". Hier wurde im Jahr 664 Kirchengeschichte geschrieben. Auf der berühmten Synode von Whitby trafen sich die Vertreter der keltischen und der römisch orientierten angelsächsischen Kirche, um zu beraten, wie es weitergehen solle: Sollte Englands Kirche sich fürderhin in die eine oder die andere Richtung weiterentwickeln? Die folgenreiche Entscheidung lautete: Man wollte katholisch werden, also die kanonischen Regeln und Vorschriften als Leitlinien übernehmen. Das hatte nicht nur für England Folgen – schließlich wurden zahllose angelsächsische Geistliche nun nach diesem Prinzip erzogen und exportierten es im Lauf des Frühmittelalters aufs Festland hinüber.

Das Kloster Whitby hieß im Frühmittelalter Streaneshalch und ist älter als die Stadt. Es war der Ort, an dem sich Colman aus dem windumtosten Iona und Wilfried vom Kloster Ripon trafen, um über die Zukunft von Englands Kirche zu beraten. Die Abtei wurde 657 von König Oswiu von Northumbria als Doppelkloster gegründet und ihr Ruf als Bildungsinstitution und Ort vornehmer Frömmigkeit drang bis aufs Festland. Äbtissin Hilda, die eigentlich Anhängerin der keltischen Klostertradition war, beugte sich dem Beschluss der Synode und führte ihren Konvent ab dem Jahr 664 nach römisch-kanonischen Regeln. Die Ruine, die wir auf dem Bild sehen, ist der Nachfolgebau des bei einem Wikingerüberfall zerstörten ersten Klosters. Unter König Heinrich VIII. begann der Verfall, im 18. Jahrhundert stürzte das Langhaus ein, im 19. Jahrhundert der Vierungsturm. Den Rest besorgten deutsche Schlachtschiff-Granattreffer während des Ersten Weltkriegs.

In der Folge kam es zu zahlreichen Klostergründungen: z.B. Exeter und Nursling, Malmesbury und Glastonbury. Englands Kirche war lebendig. Die alten keltischen und iroschottischen Traditionen wirkten anregend und inhaltlich weiter in den neuen planvollen Strukturen.

Genau in dieser Zeit wurde Wynfreth geboren. Seine Eltern gaben ihm einen Namen, der – typisch für das Angelsächsische jener Zeit – aus zwei Bedeutungssilben besteht: wynne = Wonne und frith = Friede. Das war zwischen 672 und 675, zehn Jahre nach der Synode von Whitby. Wahrscheinlich in Crediton, einer kleinen Stadt in Devon. Der Ort hatte Zugang zur Gegend von Exeter und eine alte Römerstraße, die damals noch begangen wurde, lief westwärts daran vorbei. Es herrschte religiöse Aufbruchsstimmung in diesem Umfeld. Beide Könige von Wessex, unter denen Wynfreth lebte, Caedwalla und Ine, starben als Pilger in Rom.

Wynfreth war einer unter mehreren Söhnen einer freien, reichen Gutsbesitzerfamilie, dem niederen Adel – den ceorls – angehörend. Er selbst sagte von sich *ignobili stirpe procreatum,* also von nichtadligem Stamm. Wahrscheinlich waren seine Eltern „frische“ Christen, Siedler oder Kinder von Pionieren, die Wessex erst kurz vorher kolonialisiert hatten. Er wurde also in neueroberteses Gebiet hineingeboren und das Leben im Grenzland war hart und gefährlich. Die Menschen waren in Klassen eingeteilt, gemessen am *Wergild,* das man der Sippe bei ihrer Ermordung zu zahlen hatte. Wynfreth gehörte zur 600-shilling-Sparte. Über ihm gab es den Stand des hohen Adels, in dem der Mann 1200 Shilling wert war, darunter der einfache Freie, für den man im Tötungsfall 200 Shilling ausgeben musste. Namensforscher halten es für möglich, dass seine Leute aus der Nähe von Hampshire gekommen waren.

Man darf sich Wynfreth's Elternhaus als langes, reetgedecktes Gebäude in Ständerbauweise mit Aufliegern vorstellen, ein großes Hallenhaus, wie man sie heutzutage in Norddeutschland und Skandinavien in ländlicher Umgebung noch häufig sehen kann. Da es keine Gemeindekirchen gab, bestand das religiöse Leben auf solchen Gütern höchstwahrscheinlich aus einem hölzernen Kreuz auf dem Hofgelände, um das sich Familie und Gesinde versammelten, um dort gemeinsam Gottesdienst zu halten. Manche Familien wandelten einfach das Gehöft in ein Kloster um und lebten ein religiöses Leben mit dem Hausherrn als Abt.

Schon als Kind fühlte sich Wynfreth zum Klosterleben hingezogen, sehr gegen den Willen des Vaters, der ihn zum Erben des Guts einsetzen wollte. In der Vita Bonifatii heißt es: ... *bemühte er sich, als er ungefähr vier oder fünf Jahre alt war, sich dem Dienste Gottes zu weihen und in starkem Geistesstreben angelegent-*

Als Geburtsort Wynfreth's um das Jahr 672-675 gilt Crediton, heute eine Kleinstadt in Devon, etwa 12 km von Exeter entfernt. Hier sehen wir die Church of the Holy Cross in Crediton aus dem 12. Jahrhundert. Bonifatius scheint sich aus der Ferne um seinen Heimatort bemüht zu haben, jedenfalls nimmt man an, dass die königliche Landschenkung für eine Klostergründung im Jahr 739 auf seine Initiative zurückging. Im nahen Cornwall und Wales bevorzugte man nämlich noch lange das keltische Christentum und Bonifatius wollte wahrscheinlich einen katholischen Pflock hier einhauen. Ab 909 wurde der Ort sogar Diözesansitz. Neun Bischöfe residierten hier, bis man sich im Jahr 1015 entschloss, den Sitz ins größere und bedeutendere Exeter zu verlegen.

lich nach dem Klosterleben zu trachten und dieses täglich mit allen Kräften seines Herzens zu erstreben. (...) Nachdem er so lange in anhaltendem Geistessinnen über die himmlischen Dinge nachgedacht und sich ganz in die Zukunft versenkt und nach oben gerichtet hatte, eröffnete er auch endlich dem Vater seine Herzensangelegenheit und bat ihn, seinen Wunsch zu unterstützen. Der Vater aber, heftig durch das Gehörte verblüfft, schalt ihn tüchtig aus und verbot ihm teils durch Drohungen

Die Heiligenvita des Bonifatius berichtet, dass Wynfreth's Vater erbost war, als der Junge den Wunsch äußerte, ins Kloster zu gehen. Er drohte dem Kind mit bösen Worten und versuchte mit guten Argumenten, es von seinem Vorhaben abzubringen. Erst eine von Gott geschickte schwere Erkrankung stimmte ihn um, so dass er es schließlich – wie wir auf der rechten Bildseite sehen – als puer oblatus in das Kloster Adescancastre (heute Exeter) zu Abt Wulfhard gab. Wir sollten von dieser Erzählung Abstriche machen: In der Hagiographie, der Heiligengeschichtsschreibung, war es ein typisches Motiv, dem angehenden Heiligen starke Widerstände anzudichten, die ihn von seinem gottgewollten Leben abzubringen trachteten. In Wahrheit lag es durchaus im Interesse der Eltern, eins ihrer Kinder einer kirchlichen Karriere zuzuführen. Die Abbildung stammt aus einer Reihe von Kupferstichen zum Bonifatiusleben von J. Burger nach Entwürfen von H. Heß nach einem Relief in der Münchner Bonifatiuskirche.

ihn zu verlassen, teils versuchte er, ihm durch Schmeichelworte Lust zu den weltlichen Geschäften einzuflößen, um ihn durch die Schätze vergänglicher weltlicher Herrlichkeit zu fesseln und ihn nach seinem dermaleinstigen Tode als den Bewahrer seiner irdischen Besitzungen und sogar als deren Erben zurückzulassen. Durch viele Worte und trügerische List menschlicher Schlauheit versuchte er, den zarten Geist von der Vollendung des unternommenen Vorhabens abzuhalten (...). Die starre Haltung des Vaters wird erst gebrochen, als Gott ihm eine schwere Krankheit schickt: *Nachdem also nach dem wunderbaren Willen und der Schickung Gottes den irdischen Vater des heiligen Mannes eine gewaltige Krankheit erfasst hatte, legte dieser bald die frühere Hartnäckigkeit seines Sinnes ab und schickte den Knaben nach einer Beratung mit den Verwandten freiwillig, obschon vom Herrn gezüchtigt, nach dem Kloster, das mit seinem alten Namen Adescancastre heißt, und beauftragte treue Boten, ihn dem gläubigen Manne Wulfhard, dem damaligen Abte dieses Klosters, zu übergeben* (Willibald, S. 461-463).

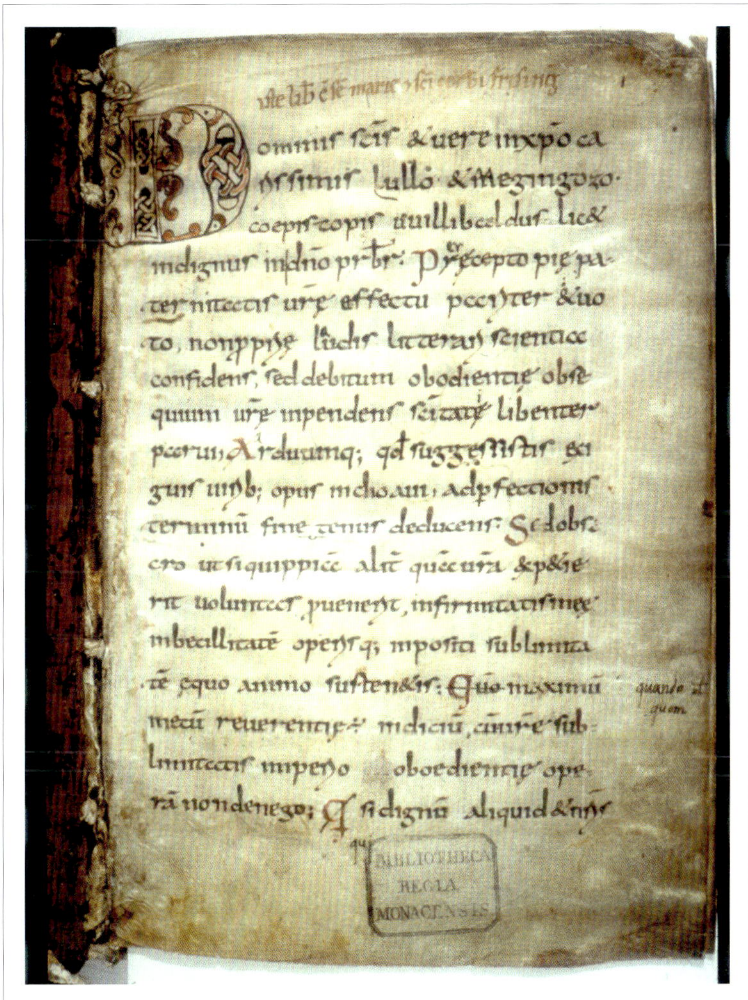

Dies ist die erste Seite der Bonifatiusvita des Mainzer Priesters Willibald in einer Abschrift aus Eichstätt aus dem ersten Viertel des 9. Jahrhunderts. Ihr beigeheftet sind die Viten von zwei Freunden des Wynfreth-Bonifatius: der Angelsachsen Willibald und Wynnebald. Sie wird in der Bayerischen Staatsbibliothek in München aufbewahrt. Aufgeschrieben wurde diese Heiligenvita in Mainz zwischen den Jahren 754 und 769 im Auftrag von Lul, Bonifatius' Schüler und Nachfolger im Mainzer Bischofsamt. Der Schreiber konnte in Mainz auf den umfangreichen Briefwechsel seines Protagonisten sowie auf zahlreiche Augenzeugen zurückgreifen. Luls Stellung in Mainz nach dem Tod seines Vorgängers war nicht ganz einfach. Die Schrift sollte helfen, seine Autorität zu festigen.

An dieser Stelle ist es angezeigt, einmal über die Überlieferung des Bonifatiuslebens und seinen Autor zu berichten: Bald nach Bonifatius' Tod wurde Lul, sein Nachfolger auf dem Mainzer Bischofsstuhl, gebeten, das Leben des Heiligen aufzuschreiben. Lul übertrug diese Aufgabe dem Mainzer Priester Willibald, ebenfalls gebürtiger Angelsachse und mit den englischen Gegebenheiten bestens vertraut. Mainz war ein gutes Umfeld, um diesen Text zu verfassen, denn dort konnte der Autor mit vielen Zeit- und Augenzeugen sprechen. Außerdem stand ihm hier die umfangreiche bonifatianische Briefsammlung zur Verfügung, die sich in Luls Besitz befand. Die Niederschrift, die die weitschweifige englische Klosterliteraturtradition nicht verleugnen kann, muss zwischen 754 – Bonifatius' Todesjahr – und 769 erfolgt sein, denn in diesem Jahr starb Bischof Megingoz von Würzburg, dem das Werk gewidmet ist. Die ältesten Abschriften, die auf uns gekommen sind, stammen aus dem 9. Jahrhundert. Die Motivation des Auftraggebers war nicht ganz uneigennützig, denn Lul hatte nach Bonifatius' Tod einen schweren Stand in Mainz und die Märtyrervita sollte helfen, das Prestige seines Bischofssitzes und seiner eigenen Person als Nachfolger des Heiligen zu festigen.

Nun sind hagiographische Schriften – Heiligenviten – eine besondere Literaturform. Bestimmte Motive finden sich immer wieder: Der Widerstand des familiären Umfeldes, den der Protagonist überwinden muss, ehe er die Nachfolge Christi antreten kann, ist beispielsweise ein typisch hagiographischer Topos. Daher dürfen wir vermuten, dass Wynfreth's Eintritt ins Kloster durchaus dem Willen der Eltern entsprach, die damit ein Opfer für ihr Seelenheil bringen wollten. Für Kinder aus gutem Hause war die Kirche überdies eine gute Alternative zum weltlichen Karrieremachen, zumal, wenn mehrere Geschwister unterzubringen waren. Die neutestamentarische Anspielung, ihn durch weltliche Versuchungen von seiner Entscheidung abzubringen, soll sein Opfer umso größer erscheinen lassen. All dies und natürlich einige Wundererzählungen dürfen nicht fehlen. Willibald arbeitete diese Anforderungen an sein Genre sorgfältig ab. Dennoch nimmt man für seine Bonifatiusvita einen hohen historischen Wahrheitsgehalt an, da sich anhand der Briefsammlung, der Lebensbeschreibungen aus dem Umfeld unseres Heiligen und anderer zeitgenössischer Primärschriften Vieles verifizieren lässt. Willibalds intime Vertrautheit mit den angelsächsischen Verhältnissen spricht für sich. Neben guter Ortskenntnis nennt er die Namen der verschiedenen Äbte samt ihrer Klöster sowie der Bischöfe mit ihren Diözesen.

Nach Willibald gab es noch mehrere andere Autoren, die Bonifatiusviten verfasst haben, so ein Utrechter Anonymus, der die berühmte Geschichte mit dem Buch erzählt und den Ort des Martyriums, Dokkum, nennt. Viel später – Mitte des 11. Jahrhunderts – machte sich Otloh von Sankt Emmeram, als er im Kloster Fulda weilte, daran, noch einmal eine Bonifatiusvita niederzuschreiben.

Doch zurück zu dem jungen Wynfreth: Um das Jahr 680 wurde er als *puer oblatus* – als „geschenktes Kind" – ins Kloster Adescancastre (heute Exeter) zu Abt

Wulfhard gegeben, wo schon die Kleinen an monastisches Leben und Gelehrsamkeit herangeführt wurden. Als junger Mann, wohl um das Jahr 700, wechselte er in das besser ausgestattete Nuthscelles (heute Nursling), in Hampshire, zwischen Winchester und Southampton. Dort wirkte Abt Wynberht, ein gelehrter Mann und kluger, in Kirchenkreisen gut vernetzter Diplomat. Noch im Alter sollte Wynfreth ihm ein dankbares Andenken bewahren. Da in germanischen Sippen Leitnamen üblich waren, ist es wahrscheinlich, dass Wynfreth und Wynberht Verwandte waren. Im frühmittelalterlichen germanischen Kulturkreis beanspruchten bestimmte Familien besondere Leitnamen oder Namenssilben, sie „gehörten" ihnen. In einer Gesellschaft ohne Nachnamen war man nur durch diese Sitte einem Verband zuzuordnen. In diesen Leitnamen lag die Eigenart - das Heil - einer Familie und jedes Mitglied hatte durch seinen Namen Teil daran.

Wynberht führte seinen Konvent wahrscheinlich nach einer stark benediktinisch geprägten Mischregel und nach den Bildungsidealen des berühmten Abtes Aldhelm von Malmesbury. In ihm sehen wir heute die prägende Gestalt der angelsächsischen Kirche: Als Erster führte er die keltische und die lateinische Bildungstradition zusammen. Von seiner für unsere Ohren etwas verschwurbelten Schreibgelehrsamkeit war Wynfreth zeitlebens beeinflusst. 20 Jahre würde Wynfreth in Nuthscelles verbringen und sich eine profunde Bildung aneignen. Hier lernte er die Weisheit der benediktinischen Regel und die Einhaltung der kanonischen Tagesstruktur kennen. Klosterregeln waren zur damaligen Zeit abhängig vom Willen und der Persönlichkeit des Gründers, von lokalen Traditionen sowie praktischen Erwägungen. Hier pflegte man den römischen Gesangsritus, hier lebte man ganz bewusst eine geistige Verbindung mit Rom.

Zunächst studierte er natürlich die Bibel, die Psalmen, die Kirchenväter, die Grammatik und Metrik und, nicht zu vergessen, auch die Überlieferungen der Kelten. Zu dieser Zeit bedeutete Studieren in erster Linie auswendig lernen und so schaffte sich der junge Wynfreth in Nursling einen wahren Schatz fürs Leben an, den er in seinem Kopf aufbewahrte und auf den er stets Zugriff hatte: Die Psalmen, ganze Bibelteile und andere zentrale Texte christlicher Überlieferung prägte er sich ein, ein Pfund, mit dem er später im täglichen Leben als Missionar und Kirchenpolitiker wuchern konnte. Die Paukerei, die sich für uns trocken und öde anhört, begeisterte ihn. Im Jahr 716 schreibt er an einen jungen Freund namens Nithard: *Denn, teuerster Bruder, was wird von jungen Leuten in geziemender Weise angestrebt oder was gar von alten Männern mit größtem Ernst besessen als die Kenntnis der heiligen Schriften? Sie wird ohne jede Havarie im gefährlichen Unwetter das Schiff unserer Seele hinsteuern zu dem Gestade des lieblichsten Paradieses und zu den ewigen Freuden der Engel im Himmel.(…) Diese habe ich von Jugend an geliebt und gesucht und bin ein Liebhaber ihrer Schönheit geworden* (Briefe, S. 27).

In diesem Zusammenhang sollten wir folgendes bedenken: Auch wenn er seit seiner Kindheit im Lesen und Schreiben unterrichtet worden war, war Wynfreth eingebettet in seine Umgebung. Er war Teil der oralen Gesellschaft des Frühmittelalters. Was auch immer es an Wissen, Kenntnissen und Vorstellungen in der Welt seiner Familie, seines Dorfes, seines Stammes gab, wurde mündlich weitergegeben – die Leute mussten es im Kopf behalten. Starb ein alter, weiser Mensch, konnte das für die Gruppe einen schwer zu ersetzenden Verlust bedeuten. Leute mit besonderen Kenntnissen waren wertvoll. Wissensvermittlung und Wissensspeicherung funktionierten ausschließlich über Sprechen und Zuhören. Verbale Kommunikation und gutes Gedächtnis waren überlebenswichtig und entsprechend trainiert dürften die Leute gewesen sein. Wer nicht lesen und schreiben konnte – und wer konnte das schon? –, hatte keine Möglichkeit, einen Wissensspeicher, eine geschriebene Notiz etwa, außerhalb seines Kopfes anzulegen. Das war das Problem der Mündlichkeit. Wir Heutigen können jederzeit unsere geistige Festplatte entlasten, indem wir etwas aufschreiben, indem wir Bücher oder das Internet als externe Speicher von Informationen benutzen. Unser Wissen geht über Generationen hinweg nicht verloren. Wir haben Zugriff auf die Kenntnisse unserer Vorväter, weil wir ihre Bücher und Erinnerungen lesen können. Dies alles war dem frühmittelalterlichen Normalmenschen nicht gegeben. Das Auswendiglernen war also eine ganz natürliche Sache für unseren jungen Heiligen. Als Teil seiner Gesellschaft war er es gewohnt. Selbst in einem gut ausgestatteten Kloster war es überdies die Regel, dass kein kompletter Bibeltext zur Verfügung stand. Man geht heute davon aus, dass Wynfreth in seinem ganzen langen Leben niemals eine Vollbibel besessen hat. Man tat gut daran, zu memorieren, soviel man konnte.

Später lernte er die Kunst der Diplomatie, das Kirchenrecht und das Predigen – schließlich wurde er selbst zum weithin geschätzten Lehrer von hoher Bildung und exzellentem Ruf, später sogar Leiter der Klosterschule.

Er begab sich in die Frauenklöster, um dort zu unterrichten. Das war eine kluge Investition von Zeit und Kraft, denn die Nonnen gaben ihr neuerworbenes Wissen an ihre Schülerinnen weiter, die es ihrerseits in ihre Familien und somit in die Welt transportierten. Er trug damit wesentlich zur Frauenbildung bei und dadurch gleichzeitig zur Festigung des römischen Glaubens im Land, denn damals wie heute wurde religiöse Erziehungsarbeit oft von den Müttern geleistet und religiöse Entwicklung spielte sich zuerst in der Kinderstube ab. Aus dieser Zeit stammen wahrscheinlich Wynfreths zahlreiche Beziehungen zu gebildeten Frauen in England, deren Belange ihm stets am Herzen lagen und deren Freundschaft er liebevoll pflegte, wie seine Briefsammlung beweist.

Auch als Schulbuchautor betätigte er sich. So stellte er gemeinsam mit seinem Schüler Dudd eine Grammatik auf Grundlage älterer Lehrbücher zusammen. Als Einleitung komponierten sie gemeinsam ein kompliziertes Figurengedicht. In der Widmung an den befreundeten Priester Sigbercht erklärt Wynfreth die Struktur dieses kunstvollen metrischen Experiments: *Nun habe ich auf die Titelseite meines Werkes ein Viereck gesetzt, das in der Mitte die Gestalt des heiligen Kreuzes enthält und die Worte „Jesus Christus" darstellt.* Der das innere Kreuz umlaufende Text bis hin zur Kreuzesmitte ist in Pentametern verfasst, eine Versform, die als unvollkommen und niederrangig beurteilt wurde. Wynfreth erklärt: *(...) Zeilen, die zwar mit dem Ruderschlag des Versfußes vorüberziehen, aber doch offensichtlich keine Hexameter und überhaupt nicht tadellos in ihrem Ablauf sind. So strebte auch innerhalb des Alten Testamentes alles, weil halbvoll und unvollkommen, nach der Erfüllung des Gesetzes, d.h. zu dem gekreuzigten Christus.* Der umlaufende Text formt und durchfließt also gleichzeitig den Namen Jesu Christi und bildet durch die beiden Versformen auch die unterschiedliche Wertschätzung des Alten und des Neuen Bundes ab. Wahrhaftig eine dichterische Meisterleistung! Das ist aber noch nicht alles: Wer genau hinschaut und die jeweils ersten und letzten Buchstaben einer Zeile von oben nach unten buchstabiert, wird folgenden Text lesen: *Uynfreth priscorum Duddo congesserat artem/Uiribus ille iugis iuauit in arte magistrum.* Das bedeutet: *Wynfreth hatte einst Dudd in der Grammatik unterrichtet/jetzt hat Dudd seinem Lehrer bei dieser Grammatik geholfen.* Man sieht Schüler und Lehrer vor sich, wie sie, hochkonzentriert, bei Kerzenschein ihre Köpfe zusammenstecken und tüfteln. Wie sie Buchstaben manövrieren, über einen gelungenen Coup jubeln und enttäuscht eine ins Nichts führende Idee verwerfen. Wären die beiden in unserer Zeit geboren, hätten sie wohl einen Heidenspaß am berühmt-berüchtigten Kreuzworträtsel der London Times gehabt. Im selben Widmungstext formuliert Wynfreth jedoch seinen Bildungsanspruch: Beim Studium der weltlichen Wissenschaften solle man stets im Gedankenkreis des katholischen Glaubens bleiben, damit – wie im Gedicht – der Gekreuzigte im Mittelpunkt stehe. Jesus Christus allein solle das Ziel jeglicher Wissenschaft sein.

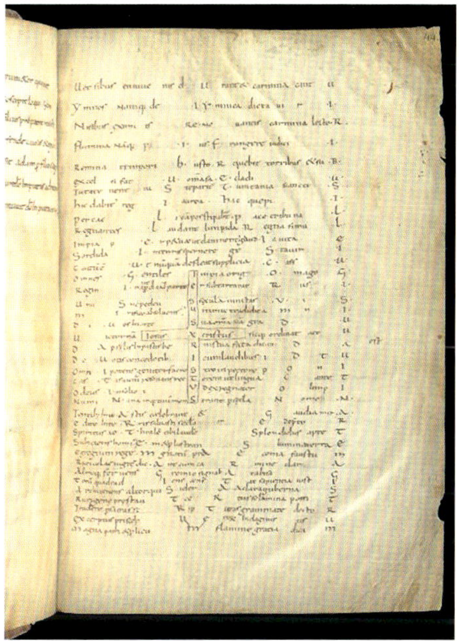

Zusammen mit seinem Schüler Dudd komponierte Wynfreth irgendwann in den 710er Jahren im Kloster Nuthscelles dieses kunstvoll verschachtelte Figurengedicht. In einem gereimten Fließtext ist zentral das Kreuz mit den Worten Jesus Cristus eingebettet. Von oben bis zur Kreuzesmitte ist der Text in Pentametern verfasst, die in der Kunst der Metrik als niederrangig galten. Erst ab dem Kreuzarm nach unten läuft der Text in den vornehmeren Hexametern. Dieser Reimwechsel soll andeuten, dass der alte Bund noch unvollkommen war und erst mit dem Erscheinen von Jesus Christus der vollkommene, neue Bund zwischen Gott und den Menschen geschlossen wurde. Das Kreuz bezeichnet auch die innerste Kammer von Wynfreth's Herz: Ziel jedes intellektuellen Strebens sollte der Gekreuzigte sein.
Wer genau hinschaut, erkennt auch an den Zeilenanfängen und -enden sowie – exakt gespiegelt – in der inneliegenden Ellipse einen eigenständigen Sinngehalt.

Die literarische Tradition des Figurengedichtes war etwa 150 Jahre zuvor am byzantinischen Kaiserhof entwickelt worden und sollte weitere 100 Jahre nach Wynfreth von Hrabanus Maurus, dem fünften Abt des Klosters Fulda, zu nie geahnten Höhen geführt werden. Doch das ist eine andere Geschichte.

Als angelsächsischer Geistlicher des „golden age“ hat Wynfreth seine Liebe zur Dichtkunst mit einem Lehrbuch zur Metrik gekrönt, das in Bruchstücken erhalten ist. Noch in seinen reifen Jahren als Bischof in Mainz hat er Hexameter im Stile Vergils geschrieben und mit elliptischen Geheimschriften experimentiert. In seine Briefe hat er immer wieder Gedichte eingefügt – offensichtlich hat ihm das Komponieren von Sprachmusik Freude gemacht. Diese Bildungshöhe hatte er sich in seinen zwanziger und dreißiger Jahren in England erworben.

Damals galt für die Priesterweihe das kanonische Alter von 30 Jahren. Das dürfte für Wynfreth zwischen 702 und 705 gewesen sein. Wenn alles nach Recht und Gesetz vor sich gegangen ist, dann hat Bischof Haeddi von Winchester die Weihe vorgenommen. Inzwischen wuchs Wynfreth´s Ruf und er wurde als durchsetzungsfähiger, gewandter Redner auch in der Kirchenpolitik eingesetzt: Als frischgebackener Priester wurde er am 15. Oktober 705 auf der Synode von Brentford von einem exklusiven Rat hoher Geistlichkeit und seinem König Ine von Wessex als Diplomat an den erzbischöflichen Hof von Canterbury gesandt, um Misshelligkeiten aus dem Weg zu räumen. Diese Gesandtschaft ist ihm gelungen und alle Welt war hochzufrieden mit ihm.

716 – die erste Reise auf den Kontinent

Das war genau der Teig, aus dem man Äbte und Bischöfe bäckt, und er war mit Sicherheit auf dem besten Weg hierzu, als im Jahr 716 die nächste Erwähnung in den Quellen erscheint: Da war er in den frühen 40ern, in einem Alter also, in dem viele Menschen des Frühmittelalters das Zeitliche segneten. Sah er seinen zukünftigen Lebensweg als Abt oder Bischof in allzu vertrauter Umgebung klar vorgezeichnet und dachte: „Das war's? Mehr kommt nicht?" Er war ein vitaler Mann, vielleicht sagte ihm sein kraftvoller Körper, dass noch viele Jahre vor ihm lägen, dass er noch etwas bewegen könne. Wynfreth war drauf und dran, sich als Bonifatius neu zu erfinden.

Ihn packte die Sehnsucht nach der Peregrinatio, also nach der Missionsarbeit in der Fremde. Das nächste, was

Dem vielseitig begabten Mönch Wynfreth winkte in Wessex eine großartige Klosterkarriere. Dem etwa 40-Jährigen war jedoch tief im Inneren bewusst, dass er mehr bewegen könne. Ihn packte die Sehnsucht nach der Peregrinatio, der Missionsarbeit in der Fremde. Fernziel war, die gottverlassenen sächsischen Stammesbrüder auf dem Festland dem rechten Glauben zuzuführen. Mit einigen Freunden machte er sich im Jahr 716 von London aus mit dem Schiff auf nach Dorestad (heute Wijk bei Duurstede) in Friesland. Viel Erfolg war dieser schlecht durchdachten Aktion nicht beschieden. In Friesland hatte die Freundesschar keinerlei staatliche Unterstützung und nach kurzer Zeit musste Wynfreth die Flagge wieder streichen und nach Hause zurückkehren.

Dorestad, heute Wijk bij Duurstede, war der Zielhafen englischer Reisender, die auf den Kontinent wollten, auch Bonifatius betrat hier zum ersten Mal Festlandboden. Südlich von Utrecht, im Mündungsdelta des Niederrheins, war es zwischen dem 7. und dem 9. Jahrhundert die bedeutendste karolingische Handelsniederlassung an der Nordsee. Hier wurden Waren von Hochsee- auf Binnenschiffe umgepackt und es wurde Handel getrieben in Richtung Gallien, England, Schottland und über Haithabu bis ins Baltikum und nach Schweden. Bonifatius konnte sich bereits auf einen regelrechten Fährfahrplan und Gasthäuser zur Überbrückung der Wartezeit verlassen. Die Friesen waren ein begabtes Händlervolk und unter Karl dem Großen war die hiesige Münze die zweitgrößte im Reich. Wer Wijk bij Duurstede heute besucht, findet eine typische wasserreiche niederländische Kleinstadt mit einem großen Bestand an schönen historischen Häusern vor.

wir wissen, ist, dass er sich mit einigen Freunden im Jahr 716 von London aus mit dem Schiff nach Dorestad (heute Wijk bei Duurstede), südlich von Utrecht im Mündungsdelta des Niederrheins, begab, um den Friesen das Evangelium zu bringen. Ihre Hauptstadt war das gesamte Frühmittelalter hindurch Drehscheibe des Nordhandels und Kontrollhafen der Nordsee. Zur Zeit Karls des Großen besaß das hier ansässige Händlervolk die zweitgrößte Münzprägestätte des Reiches, gleich nach der des Kaisers. Hier stapelte man die Waren von Flussschiffen auf seetaugliche Schiffe und umgekehrt. Wir können uns vorstellen, dass dafür Warenlager, Waagen, Maße und Zolleinrichtungen vorgehalten wurden. Man geht auch davon aus, dass Bonifatius sich an einem regelrechten Fahrplan orientieren konnte, wahrscheinlich fanden er und seine Freunde auch Unterkünfte zur Überbrückung der Wartezeit vor.

Wahrscheinlich war es damals schon sein sehnlichster Wunsch, die Sachsen zu missionieren. Warum ausgerechnet die Sachsen? Wynfreths Volk, die Angelsachsen, waren eingewanderte nördliche Sachsen aus Jütland und Angeln. Die Missionierung durch Gregor I. hatte nur England berührt, die Sachsen auf dem Festland hingen also nach wie vor ihrem alten Glauben an. Das Wissen um die Stammesverwandtschaft war in den Menschen durchaus lebendig und die Vorstellung, dass die Sachsen auf dem Festland noch heidnisch waren, schier unerträglich. Ihre Seelen mussten aus den Fängen der ewigen Verdammnis gerettet werden. Dafür fühlte man sich verantwortlich und die Verantwortung drückte. Wynfreth konnte aber bis auf Weiteres auf keinen Fall dorthin reisen, denn Sachsen war noch frei, dort gab es noch keine fränkische Staatsmacht, die Schutz bieten konnte. Eine Mission dorthin war glatter Selbstmord. Man befände sich mutterseelenallein in einem extrem verärgerten Umfeld, denn das Christentum anzunehmen war für die Sachsen gleichbedeutend mit: fränkisch werden. Und genau das wollten die stolzen Sachsen mit allen Mitteln verhindern.

Etwa 20 Jahre vorher hatten es zwei leichtsinnige Angelsachsen versucht – die sogenannten zwei Ewalde. Nach wenigen Wochen schon hatten sie das Privileg, als Märtyrer in die Geschichte einzugehen – ein völlig sinnloses Opfer! Die Zeiten, in denen man sich für seinen Glauben totschlagen ließ, waren im Frühmittelalter eigentlich vorbei. Immerhin erlangten sie als „frische" Märtyrer hohe Popularität. Ihre Leichen wurden nach Köln gebracht, wo sie bis heute in der Kirche St. Kunibert verehrt werden.

Im siebten Jahrhundert war der Märtyrertod schon selten geworden und ein „frisches Martyrium" eine echte Sensation. Nach der Ermordung der beiden Ewalde durch die Sachsen ließ Pippin der Mittlere ihre Gebeine in die Kirche St. Kunibert in Köln bringen, wo sie bis heute verehrt werden. Sie gelten als Patrone Westfalens. Der Reliquienschrein, der rechts des Hauptaltars aufgestellt ist, wurde im Jahr 1879 von Gabriel Hermeling im historisierend-mittelalterlichen Stil geschaffen.

Es heißt, einer der beiden Brüder (oder Cousins) Ewaldi sei dunkelhaarig, der andere blond gewesen, daher nannte man die beiden auch den „schwarzen" und den „weißen" Ewald. Sie gehörten zur ersten Kerntruppe von Willibrords Leuten in Friesland. Mission funktionierte damals nur mit staatlichem Rückhalt, alles andere war glatter Selbstmord. Als die beiden sich unvorsichtigerweise ins noch nicht fränkische Sachsenland vorwagten, bezahlten sie das denn auch ziemlich bald mit ihrem Leben. Beda Venerabilis erzählt uns davon, leider, ohne den Ort des Martyriums zu nennen. Es fand jedenfalls irgendwann zwischen 691 und 693 statt und die Dortmunder Gemeinde Aplerbeck erhebt Anspruch, der Ort zu sein. Zu Ehren der beiden tapferen Northumbrier, die hier ihr Leben ließen, stellte man auf dem Marktplatz dieses Doppeldenkmal auf.

Ganz so schlimm ist es für Wynfreth in Friesland nicht gekommen, dennoch: Die ganze Unternehmung war schlecht geplant und von mehr Idealismus als Verstand getragen. Man hätte sich vorher besser informieren sollen, dann hätte Wynfreth nämlich leicht erfahren können, dass Pippin der Mittlere, der mächtige fränkische Hausmeier, im Jahr 714 gestorben war. Es gab ein Machtvakuum, die Friesen hatten sogleich Morgenluft gewittert und unter ihrem Herzog Radbod prompt ihre alten Gebiete von den zunächst führerlosen Franken zurückerobert. Und das, obwohl Radbods Tochter Theudesinde und Pippins Sohn Grimoald miteinander verheiratet waren. Offenbar war versucht worden, durch dieses Ehebündnis die Friesen an das Frankenreich zu binden. Das ging gründlich schief und die Überlieferung sagt sogar, Radbod hätte seinen Schwiegersohn umbringen lassen.

Das Heidentum in Friesland feierte also fröhliche Urständ und Radbod und seine Leute schauten die kleine Schar gelehrter, etwas weltfremder angelsächsischer Mönche, die sie zu christlicher Umkehr und Buße aufforderte, scheel an. Schließlich konnte jeder vernunftbegabte Friese klar erkennen, dass der Christengott Wodan unterlegen war. Hatte man nicht gerade die Franken aus dem Land gejagt? Wahrscheinlich konnte die Gruppe froh sein, mit heiler Haut davonzukommen. Wynfreth hatte das, was man heute als karolingisches Missionskonzept versteht, noch nicht verinnerlicht. Nur unter dem Schutz des Herrschers konnte man Wirkung entfalten.

Übrigens hatte vor ihm bereits ein fränkischer Missionar – Bischof Wulfram von Sens – sein Glück bei Radbod versucht und war dabei sogar vergleichsweise weit gediehen. Radbod stand buchstäblich schon mit einem Bein im Taufbecken, als ihm einfiel zu fragen, ob er seine Vorfahren – natürlich allesamt wackere Heiden – dereinst im Himmel wiedersehen würde. Als Wulfram ihm darauf antwortete, das sei leider unmöglich, weil die samt und sonders in der Hölle schmorten, kletterte sein Täufling flugs mit den Worten aus dem Becken, unter diesen Umständen wolle er die Ewigkeit lieber mit seiner Verwandtschaft in der Hölle als unter lauter Fremden im Himmel verbringen.

Bereits für den Herbst 716 sprechen die Quellen wieder von Wynfreth in seinem Kloster Nursling. Er dürfte dort ziemlich kleinlaut eingetroffen sein und knüpfte an seine vorherige Lebensweise an: das stille benediktinische Leben mit seinem durchstrukturierten Tag, dem Beten, dem Unterrichten und den geliebten Büchern.

Es kam dann, wie es kommen musste: Im Jahr 717 starb Abt Wynberht und Wynfreth sollte sein Nachfolger werden. Nun zog sich der Strick um seinen Hals zu. Die Brüder wählten ihn zum Abt. *Darauf drangen sie alle in einmütigem Bitten und Flehen in diesen heiligen Mann, der in damaliger Zeit Wynfreth hieß, das Hirtenamt des Abtes über sie zu übernehmen. Er aber verschmähte die Stellung, die sein Vaterland ihm bot, lehnte die Oberleitung ab, entschuldigte sich, seiner Bestimmung schon gewärtig und für sie gerüstet, in eifrigem Bemühen und verzichtete auf den ganzen Bestand des einstigen Erbes* (Willibald, S. 479). Willibald beschreibt Wynfreths Kloster- und Diplomatenkarriere sehr ausführlich. Deutlich prägt sich dabei der Verzicht unseres Heiligen heraus, den er leistet, um die Peregrinatio anzutreten. Als Kind hatte er das ihm durch Geburt zustehende väterliche weltliche Erbe ausgeschlagen. Nun verzichtete er auch auf das Erbe seiner geistlichen Familie.

Im Katharinenkonvent in Utrecht wird eine Stickerei aufbewahrt, auf der Radbods verunglückte Taufe dargestellt ist. Schon mit einem Bein im Taufbrunnen, fragte er, ob er dereinst im Himmel seine Vorfahren wiedersehen werde. Bischof Wulfram von Sens antwortete, dass dies leider unmöglich sei. Als Heiden würden sie allesamt in der Hölle schmoren. Daraufhin entschloss sich der Friesenherzog spontan um, kletterte wieder hinaus und sagte, unter diesen Umständen wolle er die Ewigkeit lieber mit seinen Verwandten in der Hölle als mit einem Haufen fremder Christen im Himmelreich verbringen.

Als im Jahr 717 Wynfreth's Abt Wynberht starb, zog sich die Schlinge um seinen Hals zu: Er sollte nun selbst zum Abt gewählt werden. Da zog er die Reißleine und bat um Demission in die Peregrinatio. Diesmal machte er das ganz offiziell, holte die Erlaubnis seines zuständigen Diözesanbischofs Daniel von Winchester ein und erbat sich bei einem letzten Besuch in Canterbury auch den Reisesegen seines Metropoliten, des Erzbischofs Berchtwald. An seiner Stelle wurde ein geeigneter Mann Abt in Nursling und die Mönche verabschiedeten den rastlosen Bruder, um ihn niemals wiederzusehen. Die Reisegruppe segelte von Lundenwich (London) nach Cuentawich, das wohl das heutige Étaples bezeichnet.

Er steckte in der Klemme: Einesteils fühlte er sich seinem Kloster verpflichtet, wollte die Brüder nicht führerlos lassen, andererseits schritt das Jahr fort und ab Herbst könnte er die Überfahrt nicht mehr wagen: *(...) so dass sein Gemüt von großer Kümmernis gedrückt wurde und er nicht wusste, nach welcher Seite er sich wenden sollte. Er fürchtete nämlich, dass die Herde, die bis dahin ihrem Meister übergeben, jetzt aber ohne Schutz eines wachsamen Hirten war, nach seinem Weggange den Bissen der Wölfe preisgegeben sei, doch besorgte er wiederum, dass die Herbstzeit zur Reise in die weite Ferne nicht mehr ausreiche* (Willibald, S. 481).

Zum Glück war sein zuständiger Diözesanbischof Daniel ein verständnisvoller Mann, der einsah, dass man Reisende nicht aufhalten sollte. Er berief einen anderen zum Abt von Nursling und ließ Wynfreth in Gottes Namen gehen, sogar ausgestattet mit Empfehlungsschreiben für das Festland. Das war im Herbst 718. *(...) überlegte der vorgenannte Bischof* (Daniel von Winchester) *die Sache der Brüder in seinem Herzen und setzte einen Mann von vortrefflichen Anlagen namens*

Stephan zum Vorsteher dieser Kirche ein und sandte unseren heiligen Mann, der die langen Pfade der Pilgerschaft wandern wollte, unversehrt nach dem Orte seiner Bestimmung.

Dieser aber sagte den Brüdern Lebewohl, reistc ciligst ab und kam, wie gewünscht, nachdem er weite Landstriche durchzogen, zu dem schon erwähnten Ort Lundenwich (London)*; dort stieg er sofort an Bord eines Schnellseglers und begann des Meeres unbekannte Pfade zu durchfurchen. Und zur Freude der Schiffer schwellte ein starker Nordwest mächtig die Segel, und mit vollem Winde kam man in glücklicher Fahrt schnell an die Mündung des sogenannten Cuentflusses* (Willibald, S. 481). Der Cuentfluss? Wo verläuft der? Das ist die Canche, ein kleiner Fluss im heutigen Département Pas de Calais, der in den Ärmelkanal mündet. An ihrem Ufer lag der bedeutende fränkische Hafen Quentovic. Man weiß nicht mehr genau, wo dieser Ort einst lag – wahrscheinlich bezeichnet das heutige Étaples

„... und mit vollem Winde kam man in glücklicher Fahrt schnell an die Mündung des sogenannten Cuentflusses.“ So schreibt Willibald über Wynfreth's zweite Landung auf dem Festland. Der Cuentfluss ist die Canche und der Ort, an dem er landete, ist das heutige Étaples sur mer im département Pas de Calais an der französischen Nordküste. Im Frühmittelalter hieß der Ort Quentovich. Schon die Römer hatten hier, wo die Canche in den Ärmelkanal mündet, ihre Flotte gesammelt, um England zu überfallen. Umgekehrt war der Hafen zu Wynfreth's Zeit klassische Anlaufstelle für Pilger, die sich von England aus nach Rom aufmachten und generell ein wichtiger Hafen für die Küstenschifffahrt. Hier wartete man ab, bis sich eine Reisegruppe zusammenfand, die groß genug war, um die gefahrvolle Reise über die Alpen nach Rom zu wagen.

so ziemlich die Stelle. *Darauf landeten sie wohlbehalten an dürrem Gestade und blieben in Cuentawich, bis eine hinlängliche Zahl von Genossen sich mit ihnen vereinigte.* Quentovic war die klassische Anlaufstation für Pilger, die sich von England aus gen Rom aufmachten. Schon die Römer hatten sich hier gesammelt, um Britannien zu überfallen. Den Alpenübergang wagte man also nur in einer größeren Gruppe. *Und als sie sich alle versammelt hatten und schon des Winters Kälte einzubrechen drohte, reisten sie Tag für Tag weiter, betend, dass es ihnen vergönnt sein möge (...), der Alpen schneeige Gipfel zu übersteigen (...)* (ebenda). Wahrscheinlich ging die Reisegesellschaft über die uralte St. Bernhards-Passstraße gen Süden.

Bonifatius wird Missionar

Bonifatius hatte seine Lektion gelernt. So naiv und unvorbereitet wie im Jahr 716 würde er nicht mehr vorgehen. Er hatte eingesehen: Auf sich allein gestellt konnte man nichts bewirken. Man benötigte eine offizielle Bestallung und was die geistliche Seite betraf, so holte man sich die am besten an oberster Stelle, beim Papst. *(...) Als (sie) glücklich zu den Schwellen des seligen Apostels Petrus gekommen war(en), statteten sie sofort Christus für ihre Erhaltung unendlichen Dank ab und betraten dann voller Freude die Kirche des heiligen Petrus, des Apostelfürsten (...).*

Nach Verlauf weniger Tage jedoch erlangte der heilige Mann die Gelegenheit, den Papst des apostolischen Stuhles, Gregorius seligen Angedenkens (...) sprechen zu können, und eröffnete ihm genau die Veranlassung seiner Reise und seines Hinkommens, auch teilte er ihm mit, wie er schon längere Zeit hindurch sich in drückender Sehn-

Beim zweiten Anlauf packte Wynfreth die Sache besser an: Bevor er sich an die Missionsarbeit machte, reiste er nach Rom zu Papst Gregor II., um sich ganz offiziell den Auftrag zu seiner erwünschten Tätigkeit erteilen zu lassen. Dieser nahm ihn in Gnaden auf und schickte ihn „zu allen im Irrtum des Unglaubens befangenen Völkern". Seine Missionsbestallung trägt das Datum 15. Mai 719. Mit diesem Tag trat Wynfreth in den päpstlichen Familienkreis ein und erhielt einen neuen Namen. Der Heilige des Vortages war Bonifatius, ein Märtyrer des 4. Jahrhunderts. Unter dem Schutz dieses Namens sollte Wynfreth fortan leben. Tatsächlich benutzte er seinen alten angelsächsischen Namen fast nie mehr. Die Abbildung ist ein Detail des Titelkupfers der im Jahr 1605 besorgten ersten vollständigen Ausgabe der Bonifatiusbriefe des Mainzer Jesuiten Nikolaus Serarius.

Aus England hatte Wynfreth ein Empfehlungsschreiben seines Diözesanbischofs Daniel von Winchester bei sich, das in Rom gut aufgenommen wurde. Auf dieser Bildseite aus der Bonifatiusvita des Otloh von St. Emmeram, die er Mitte des 11. Jahrhunderts in Fulda schrieb, sehen wir, wie Gregor II. seinem neuesten Heidenmissionar Bonifatius die Aussendungsurkunde übergibt. Die Buchseite stammt aus einer Abschrift aus dem Jahr 1417. Sie wird in der Universitätsbibliothek Würzburg aufbewahrt.

sucht danach gemüht hätte. Der heilige Vater schaute daher plötzlich heiteren Gesichts und lächelnden Auges auf ihn und fragte, ob er eine Empfehlungsurkunde von seinem Bischof mitgebracht hätte. Dieser aber ergriff freudig erregt in seine Kutte und zog aus ihr das dem Brauche gemäße eingerollte und verschlossene Pergament und die Urkunde hervor (Willibald, S. 483).

Daniel von Winchesters Empfehlungsschreiben wurde von Gregor II. gut aufgenommen und einige Monate später wurde Wynfreth offiziell *mit Segen und Brief (...) von dem heiligen Vater ausgesandt, die wilden Völker Germaniens zu besuchen und zu erforschen, ob die unbebauten Gefilde ihrer Herzen von der Pflugschar des Evangeliums zu beackern seien und den Samen der Predigt aufnehmen wollten* (Willibald, S. 483). Mit der Aufnahme in die päpstliche Familie erhielt er einen neuen Namen, wie es damals Brauch war. In seinem Falle den des Heiligen vom Vortag. Da seine Missionsbestallung am 15. Mai 719 datiert ist, bot sich als Namensgeber der Heilige Bonifatius an, ein Märtyrer des frühen 4. Jahrhunderts, dessen Sterbetag auf dem 14. Mai lag.

Nun begann der langersehnte neue Lebensabschnitt. Endlich war er Mann des Papstes. Ab jetzt war er Bonifatius und benutzte seinen alten Namen praktisch nicht mehr; ganz selten nur noch in Briefen an vertraute Freunde auf der Heimatinsel. Er war buchstäblich ein neuer Mensch geworden.

Sein Missionsauftrag war recht allgemein gehalten, galt für *alle im Irrtum des Unglaubens befangene Völker, zu denen Du unter Gottes Geleit gelangen kannst* – ein weites Feld. Konkret wird er allerdings in Detailfragen: *Was die Lehre vom Sakrament der Taufe anbetrifft, an die Du Dich zu halten bemüht sein sollst bei der Aufnahme derer, die unter Gottes Führung gläubig werden wollen, so wünschen wir, dass Du auf die Amtsvorschriften unseres heiligen apostolischen Stuhles, die Dir zu Deiner Unterrichtung bereits ausgehändigt worden sind, achtest. Wenn Du aber siehst, dass Dir für die übernommene Tätigkeit etwas fehlt, so wirst Du uns davon nach Möglichkeit Nachricht geben. Leb wohl* (Briefe, S. 47).

Gregor regierte in aufreibenden Zeiten, in chronischem Streit mit Byzanz, seit neuestem auch über die Frage der Bilderverehrung, der eine immense Bedeutung

Die Aussendung als Heidenmissionar und die damit verbundene Aufnahme Wynfreth's in die päpstliche familia bedeutete traditionell eine Namensänderung. Da die Missionsbestallung am 15. Mai des Jahres 719 datiert ist, bot sich der Hl. Bonifatius von Tarsus an, dessen Gedenktag der 14. Mai ist. Im Lauf des 3. Jahrhunderts möglicherweise in Rom geboren, erlebte dieser im Jahr 306 das Martyrium von Christen mit. Der Mut, die tiefe Überzeugung und die Kaltblütigkeit dieser Leute faszinierten ihn derart, dass er sich taufen ließ und selber Christ wurde. Er wurde daraufhin seinerseits zum Märtyrer, indem er in siedendem Pech getötet wurde. Zusammen mit Pankratius, Servatius und Sophia gilt er als einer der Eisheiligen – kurios eigentlich, wenn man sein „hochtemperiertes" Sterben bedenkt.

beigemessen wurde. Den Langobarden gegenüber war er praktisch wehrlos. Zeitweise war er von allen Seiten so bedrängt, dass ihm nur noch sein Amt als Bischof von Rom blieb. Da wollte man einem Helfer, der sich freiwillig in die rauen Weiten des Nordens zu den Heiden begeben wollte, keine Steine in den Weg legen. Man hatte jedoch Wichtigeres zu tun und schickte ihn mit vielen guten Wünschen und päpstlichem Segen dorthin zurück, woher er gekommen war – über die Alpen.

Voller Begeisterung reiste der Heidenmissionar mit Zwischenstopps am langobardischen Königshof und in Bayern sogleich nach Thüringen, dem äußersten Ostzipfel des fränkischen Herrschaftsbereichs. Das Gebiet war dem Reich etwa 150 Jahre vorher einverleibt worden, der merowingische König Chlothar und die thüringische Prinzessin Radegunde hatten den Bund durch Heirat gefestigt. Ein fränkischer Herzog wurde als Verwalter eingesetzt. Zu Bonifatius' Zeit war das ein Mitglied der Hedenerfamilie, der dieses Amt von Würzburg aus versah. Noch ein wenig weiter nordöstlich hausten die Sachsen. Man darf wohl annehmen, dass Bonifatius mit begehrlichen Augen dorthin blickte und am liebsten gleich zu seinen gottverlassenen Stammverwandten aufgebrochen wäre. Aber – wie gesagt – dort hatten die Karolinger (noch) keine Macht und Alleingänge waren Selbstmord. In Thüringen fand er außerdem genug zu tun: Die Gegend war bereits vom Christentum berührt. Wandernde iroschottische Mönche hatten hier das Evangelium vor ihm verkündet. Die Art dieses Christentums allerdings war ihm, dem römisch

Für unentschlossene Kundschaft hatte ein geschäftstüchtiger Schmied dieses Glücksamulett auf Lager: einen Thorshammer inclusive eingestanztem Christenkreuz. Das Schmuckstück illustriert recht gut den Zustand des Christentums, den Bonifatius in Thüringen vorfand. Es stammt aus Haithabu, wurde im 10. Jahrhundert gefertigt und liegt im Schleswig-Holsteinischen Landesmuseum Schloss Gottorf.

orientierten Mönchspoeten, zuwider. Eine Mischung aus heidnischen und christlichen Bräuchen wurde praktiziert: Totenopfer am Götterbaum nach der Predigt, Götzendienst vor dem Idol neben dem Kruzifix waren an der Tagesordnung. Zauber- und Orakelsprüche vermischten sich mit dem Gebet, Thorsamulett und Kreuz, an einer Halskette traulich vereint, wurden umgehängt. Überdies war den Menschen nicht das römisch-apostolische Christentum gepredigt worden, sondern das der keltischen und iroschottischen Wandermönche. Bonifatius musste sie, wie Willibald schreibt, *zurückrufen auf den Weg der wahren Erkenntnis und zum Lichte der Einsicht, das sie schon lange und zum größten Teil, von schlechten Lehrern verführt, verloren hatten* (Willibald, S. 485). Er fand also weder Heidentum im Urzustand noch apostolisches Christentum vor. Lieber hätte er bei Null angefangen.

Diese Missionare praktizierten noch in der Gegend und Bonifatius legte sich prompt mit ihnen an. Ein Wesenszug wird schon jetzt deutlich: Wer nicht für ihn war, war gegen ihn, Graustufen tolerierte er nicht. Gegen Leute, die nicht hundertprozentig seine römisch-apostolische Linie vertraten, war er undiplomatisch und harsch, was ihm in der Folge so manchen Feind bescheren sollte. *Andere jedoch, die, beschmutzt und verunreinigt durch Hurerei die keusche Enthaltsamkeit, die sie als Diener der heiligen Altäre bewahren sollten, eingebüßt hatten, wandte er, soweit es in seinen Kräften lag, durch seine evangelischen Reden von den Abwegen der Bosheit wieder dem richtigen Weg der christlichen Satzungen zu, ermahnte und belehrte sie* (Willibald, S. 485). „Soweit es in seinen Kräften lag" – das klingt nicht nach einem durchschlagenden Erfolg.

Weil er inzwischen gelernt hatte, dass Mission in Germanien nur von oben funktionierte, hielt er sich zunächst an die thüringischen Magnatenfamilien und präsentierte ihnen den Empfehlungsbrief des Papstes. Sie waren nicht begeistert. Er stieß auf Widerstand. Man konnte nicht verstehen, warum das Christentum, das man gerade gelernt hatte, nicht das rechte sein sollte. Dieser neue Gott war wirklich kompliziert! Sie fanden, dass alles schon ohne diesen ausländischen Besserwessex schwer genug war, und ließen ihn ziemlich auflaufen.

Missionslehrling bei Willibrord in Friesland

Da kam ihm im Jahr 719 die Nachricht sehr gelegen, dass oben in Friesland der heidnische Friesenkönig Radbod gestorben war. Tatsächlich fielen die nun führerlosen Friesen praktisch automatisch wieder unter fränkische Herrschaft und so zog Bonifatius mit wehenden Fahnen zu seiner ersten Wirkungsstätte nach Norden. Dort, in Utrecht, wirkte schon seit langem Willibrord aus Northumbria, von Papst Sergius autorisiert und mit dem geistlichen Namen Clemens bedacht. Ein alter Hase der Missionsarbeit. Bei ihm ließ sich was lernen und so ging Bonifatius für zwei oder drei Jahre bei ihm in die Heidenmissionslehre.

Wer war Willibrord? Geboren im Jahr 658, entstammte er dem northumbrischen Adel. Als Kind war er als *puer oblatus* im Kloster Ripon – etwa 20 km nördlich des heutigen Harrogate in North Yorkshire – erzogen worden. Danach verbrachte er 12 Jahre im irischen Kloster Rathmelsigi, einer Missionarskaderschmiede, in der er von der alten keltisch-klosterkirchlichen Tradition geprägt und zum Priester geweiht wurde. Er war Schüler des Northumbriers Wilfried von York, Abt von Ripon, der selbst einige Zeit als Missionar in Friesland gewirkt und dabei gute Beziehungen zum Merowingerkönig Dagobert II. unterhalten hatte. Wir kennen ihn von der berühmten Synode von Whitby, auf der er den römisch-katholischen Standpunkt vertreten hatte. Um 690 kam Willibrord mit einigen Gefährten nach Friesland und als Mann von Adel konnte er seinerseits gute Beziehungen zu den ersten friesischen Familien knüpfen. Er stand in gutem Leumund bei Pippin dem Mittleren und konnte unter dessen Schutz nachhaltig wirken. Wegen der Ernennung eines Weihbischofes hatten die beiden dennoch Ärger miteinander.

Der Hausmeier bestand auf dem Anspruch, dass ihm eine solche Amtsvergabe zustand. Daraufhin trennte sich der abgewiesene Weihbischof Suidberht mit einer Reihe von Leuten pikiert von Willibrords Équipe und versuchte sich im Alleingang in Sachsen. Darunter die beiden selbstmörderischen Ewalde. Willibrord und sein engerer Kreis hingegen setzten sich in der Gegend von Utrecht fest und Pippin sandte ihn nach Rom, damit er dort zum Bischof der Friesen geweiht würde. Er gehorchte. Seine römische Weihurkunde stammt vom 22.11.695. Sie ist unterfertigt von Papst Sergius, der ihm gleichzeitig seinen Ehrennamen Clemens sowie das Pallium verlieh, das äußere Zeichen der Erzbischofswürde.

Der Northumbrier Willibrord wurde im Jahr 658 geboren und starb am 7. November 739 in seinem Kloster Echternach. Wir sehen ihn mit dem Pallium um seine Schultern, dem Zeichen seiner Erzbischofswürde. Die Wollstola soll das Lamm nachbilden, das Jesus um die Schultern trägt als Zeichen dafür, dass der Erzbischof in der Nachfolge Christi Hirte der ihm anvertrauten Seelen ist. Keine soll verlorengehen. Die Wolle dieser Schals wird von Lämmchen genommen, die am 21. Januar, dem Agnestag, gesegnet werden. Die sechs aufgestickten schwarzen Kreuze symbolisieren die Wundmale sowie die Dornenkrone. Nur der Papst trägt ein Pallium mit roten Kreuzen. Die Buchseite wurde um die Jahrtausendwende in Trier geschaffen und in der Bibliothèque Nationale in Paris aufbewahrt.

Was ist ein Pallium? Die deutsche Übersetzung dieses lateinischen Wortes lautet „Mantel". Es beschreibt eine schmale Wollstola, die aus der Wolle von Lämmchen gewoben wird, die am Agnestag – dem 21. Januar – gesegnet werden. Noch unvergebene Pallien werden am Petersgrab in Rom aufbewahrt. Die Stola liegt über dem Messgewand um die Schultern eines Erzbischofs, wenn er Weihehandlungen vornimmt. Sie soll das Lamm nachzeichnen, das Christus auf seinen Schultern trägt. Mit seidenem Faden sind sechs schwarze Kreuze aufgestickt, die die Wundmale sowie die Dornenkrone symbolisieren. Nur der Papst trägt ein Pallium mit roten Kreuzen.

Willibrord war ein starker, tätiger Mann mit Blick für Realitäten. Ihm stand das staatliche Steueraufkommen von Utrecht zu, von dem er die dortige Erlöserbasilika errichtete, die Martinskirche wiederaufbaute und außerdem ein Stift für seine Geistlichen und den theologischen Nachwuchs gründete. Eine Sorge aber saß ihm ständig im Nacken: Was, wenn Pippin stirbt? Er baute vor. Irmina, Äbtissin von Oeren, eine hohe Frau aus dem Kreis der frühen Karolinger, schenkte ihm ein Kloster in Echternach, heute in der schö-

Willibrord hatte schon seit langem erfolgreich in Friesland gewirkt, als Bonifatius im Jahr 719 als Mitarbeiter zu ihm stieß. Er wurde Bonifatius' Lehrmeister im Missionshandwerk, was sich mit der Zeit als Problem erwies. Der um etwa eine Generation ältere Friesenmissionar war im Kloster Ripon erzogen worden und gehörte noch zu der keltisch geprägten Missionarsgruppe, während der etwa 10 Jahre nach der Synode von Whitby geborene Bonifatius bereits ganz auf die römisch-katholische Linie eingeschworen war. Man trennte sich 721 oder 722 in Unfrieden. Hier sehen wir das Utrechter Willibrord-Standbild, das den Heiligen als willensstarken Mann mit ausdrucksvoll-energischen Gesichtszügen zeigt.

nen Luxemburger Schweiz gelegen. Er schickte einen Teil seiner Leute dorthin, damit sie Plan B vorbereiteten. Über Irmina knüpfte er auch den Kontakt zu ihren Verwandten aus dem Thüringer Adelsgeschlecht der Hedenen, der sich als nützlich erweisen sollte. Natürlich kam es, wie er es geahnt hatte: Pippin der Mittlere starb im Jahr 714 und weil mit seiner Person das fränkische Machtgefüge in Friesland stand und fiel, fiel es jetzt und genau hierauf hatte Friesenherzog Radbod gewartet. Die christlichen Kirchen wurden geschändet, die von Willibrord eben Getauften hingen sogleich wieder ihren heidnischen Kulten an. Der Hass auf das Christentum ist erklärlich, wurde es doch zu Recht als Bedrohung der religiösen Selbstbestimmung und somit der Stammesidentität empfunden.

In der Tat ist die Wut der Friesen speziell auf Willibrord nicht verwunderlich, wenn man seine rustikalen Missionsmethoden genauer betrachtet: Einmal entführte er 30 dänische Jugendliche, ließ sie zwangstaufen, in der Absicht, sie hernach als Missionare in ihrem Volk einzusetzen. Er zerstörte Heiligtümer oder hielt dort demonstrativ Taufgottesdienste ab. Sein Biograph, der große Northumbrier Alkuin, Karls des Großen Freund und Berater, erzählt folgende Episode: Eines Tages ließ Willibrord auf der Insel Helgoland die dem Heidengott Forseti geweihten heiligen Tiere schlachten. Da wurde es Herzog Radbod zu bunt, er ordnete an, Todeslose zu ritzen und der schwarze Peter fiel auf einen von Willibrords Mitarbeitern, der daraufhin ein besonders unschönes Martyrium erlitt. Es verwundert heute beinahe, dass Radbod nicht einfach die ganze Gruppe abschlachten ließ. Offenbar brachte man den wunderlichen Männern mit ihrem recht wirkmächtigen Gott, die so feurig zu sprechen wussten, eine instinktive Scheu entgegen. Man traute sich nicht recht an sie heran, bemühte sich lieber, sie loszuwerden. Taufen ließ man sich jedenfalls nicht. 716 standen die Friesen vor Köln. Das war exakt die Szene, die der schlecht informierte Wynfreth im Jahr 716 betreten und alsbald stillschweigend wieder verlassen hatte.

Die thüringischen Hedenen schenkten Willibrord am 18. April 716 Hammelburg, das für einige Zeit seine Missionszentrale wurde. Von hier aus wirkten seine Mitarbeiter in seinem keltisch geprägten Sinn, höchstwahrscheinlich dieselben Leute, über die Bonifatius sich so ärgerte.

Dann aber schlug im Jahr 719 auch für Radbod oben im Norden das letzte Stündlein und die politische Situation kehrte sich abermals um. Inzwischen saß Karl Martell im Sattel, übernahm im Handstreich das führerlose Friesland und verleibte es wiederum dem fränkischen Herrschaftsbereich ein. Der Zugang zur Nordsee, die Kontrolle über die Küstenregionen mit ihren Häfen und Fährbetrieben war zu wichtig für die Franken, als dass sie hier lange gefackelt hätten. Für die Friesen bedeutete das im buchstäblichen Sinne: Sie mussten wieder (dran) glauben.

Als Bonifatius ankam, war Willibrord bereits wieder fest etabliert und mitten in den Aufräumarbeiten. In Friesland gab es jetzt viel zu tun und unser Missionslehrling konnte aus erster Hand erleben, wie Heidenmission unter optimalen Bedingungen funktionierte: mit Unterstützung des mächtigen Hausmeiers Karl Martell und mit päpstlicher Autorisation. Willibald schreibt: *Als nun unser heiliger Knecht Gottes sah, dass die Ernte zwar groß, der Arbeiter aber wenige in ihr seien, wurde er drei Jahre hindurch der tätige Gehilfe des Erzbischofs Willibrord, erwarb mit Unterstützung des erwähnten Erzbischofs in großem Mühen um Christus eine nicht kleine Anzahl Volks dem Herrn, zerstörte die Heidentempel und erbaute Gebetshäuser* (Willibald, S. 485/487).

Die räumliche Nähe zu England ermöglichte engen Kontakt mit zuhause und der Ton der Briefe ist positiv – ein Austausch von Gedanken, lebenspraktischen Bitten und liebevollen Geschenken. Die hochadlige Nonne Heaburg, die mit Bonifatius unter ihrem Kosenamen Bugga korrespondierte, freute sich mit ihm an seinen Erfolgen. Um das Jahr 720 redet sie ihn in der Grußzeile eines Briefes folgendermaßen an: *Dem ehrwürdigen Diener Gottes, dem mit vielfachen Zierden geistlicher Weihen ausgestatteten Bonifatius oder Wynfreth, dem würdigsten Priester Gottes, Bugga, die geringe Magd, den Gruß ewiger Liebe*, um dann fortzufahren: *Kund sei der Würde Deiner Güte, dass ich dem allmächtigen Gott zu danken nicht ablasse, dass er Dir – ich entnehme es dem Schreiben Deiner*

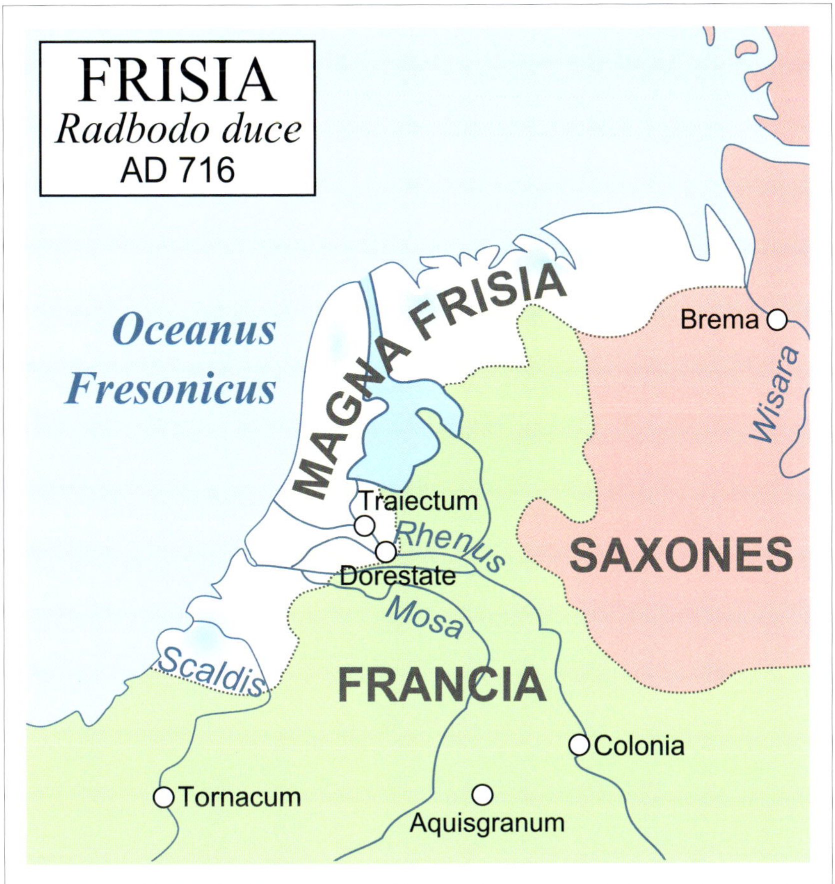

So präsentierte sich Bonifatius Friesland, als er im Jahr 716 das erste Mal Festlandboden betrat. Er hätte sich keinen ungünstigeren Zeitpunkt aussuchen können. Gerade zwei Jahre zuvor war Pippin der Mittlere gestorben und Herzog Radbod hatte das ganze riesige Gebiet prompt zurückerobert: Wir sehen Dorestad = Wijk bij Duurstede, den bedeutenden Nordseehandelshafen, wo Bonifatius anlandete und Traiectum = Utrecht, wo Willibrord seinen Bischofssitz eingerichtet hatte. Das alles wurde wieder von den Friesen kontrolliert, bis Radbod seinerseits im Jahr 719 starb. Weiter im Süden Tornacum = Tournai, Aquisgranum = Aachen und Colonia = Köln. Bremen gehörte schon zum Gebiet der Sachsen, wo man an Missionierung noch gar nicht denken konnte – das war aber Bonifatius´ Fernziel!

Glückseligkeit – vielfältig seine Barmherzigkeit gezeigt hat, wie er Dich auf Deiner Reise durch unbekannte Gaue aufs gütigste geleitet hat. Erst hat er den Bischof des ruhmreichen Stuhles veranlasst, Deinem Herzenswunsch zu willfahren, dann hat er den Feind der katholischen Kirche Rathbod vor Dir niedergeworfen. (...) Deshalb bekenne ich umso mehr, dass keine Veränderung zeitlicher Wechselfälle den Zustand meines Geistes abbringen kann von der Bewahrung der Zuneigung zu Dir, die ich mir vorgenommen habe (Briefe, S. 61).

Offenbar hatte er in einem vorhergegangenen, verschollenen Brief um Bücherabschriften aus der Heimat gebeten. In Franken fand er offenbar nicht das, was er von zuhause gewohnt war. Bugga tat ihr Bestes: *Zugleich wisse Deine Liebe, dass es mir bisher unmöglich war, die Märtyrergeschichten, um deren Zusendung Du gebeten hast, zu bekommen. Ich werde es aber, sobald ich kann, machen. (...) Durch denselben Überbringer schicke ich Dir jetzt 50 Schillinge und ein Altartuch, weil es mir nicht möglich war, größere Geschenke zu bekommen. Aber immerhin, mögen sie auch von Ansehen klein sein, sie sind mit größter Liebe übersandt* (Briefe, S. 63).

Nach zwei oder drei Jahren stellte sich ihm ein altbekanntes Problem. Willibrord wurde alt und dachte ans Kürzertreten. Was lag näher, als dass er seinen Schüler Bonifatius zunächst zum Chorbischof (= eine Art Weihbischof) weihen und ihn dann als Nachfolger im Bischofsamt von Utrecht aufbauen wollte? Es schloss sich also wiederum eine Schlinge um den Hals dieses freiheitsliebenden Mannes und drohte ihm die Luft abzuschnüren! Verzweifelt wand er sich heraus: *Dieser aber lehnte sofort in hoher Demut ab und erklärte, dass er des Bischofsamtes durchaus nicht würdig sei, er bat, man möchte nicht eine so hohe Würde ihm, der noch in den nötigen Jahren stehe, übertragen, er bezeugte, dass er noch nicht nach der Vorschrift des Kirchenrechtes das fünfzigste Jahr vollendet habe, und versuchte, sich mit allen möglichen Entschuldigungen und Weigerungen der Übernahme dieses hohen Amtes zu entziehen.* Es kam zum Zerwürfnis: Willibrord *schalt ihn mit sanften Worten und versuchte unermüdlich, ihn zur Übernahme des angebotenen Amtes zu bewegen, indem er ihm besonders die Not des untergebenen Volkes schilderte. Da er jedoch nicht einmal hierdurch bewogen wurde, seine Beistimmung zur Übernahme eines so hohen Amtes zu geben, entspann sich in dem langen Hin und Her der Worte zwischen ihnen ein Kampf des Geistes und eine den Einklang trotzdem nicht störende Entzweiung schöner Art. (...) Als sie nun schon in Wechselreden viele Gründe gegenseitig angeführt, begann unser Knecht Gottes (...) folgende Entschuldigungsrede: Oh, hochheiliger Bischof, oh Du Steuermann im geistlichen Kampf, ich trage ja von dem seligen Papst Gregor heiligen Angedenkens einen Auftrag für die Völker Germaniens mit mir, ich bin ein Abgesandter des apostolischen Stuhles zu den Barbarenvölkern des Westens, ich habe mich aus freien Stücken unter Deine Leitung gestellt und mich nach Deinem Denken und Willen mit Dir verbunden. (...) Ich beschwöre Dich also, mich, da ich durch des eigenen Gelübdes Bande gefesselt bin, zu den Landen, zu denen mich zuerst der apostolische Stuhl sandte, ziehen zu lassen* (Willibald, S. 487/489). Das Ende vom Lied war: Man schied im Streit – etwa im Jahr 721. Willibald gab sich alle Mühe, das zu bemänteln. Die Entzweiung war durchaus nicht schöner Art und Bonifatius' Entschuldigung, er sei vom Papst zu den Völkern des Westens gesandt worden, etwas lahm. Wie wir weiter oben gelesen haben, galt seine päpstliche Missionsbestallung *für alle im Irrtum des Unglaubens befangenen Völker.* Das hätte die Friesen durchaus eingeschlossen. Nein – es ging um etwas anderes: Sein Fernziel war die Sachsenmission!

Willibrord hatte unermüdlich gearbeitet, sein Missionsgebiet war gut organisiert, es musste eigentlich nur noch weitergeführt werden. Das konnte jemand anderes machen und benötigte keinen von Bonifatius' Format. Man ging im Bösen auseinander und tatsächlich taucht der Name Willibrords in der gesamten umfangreichen Korrespondenz des Bonifatius nur noch ein einziges Mal auf, und zwar in seinem allerletzten Brief, in dem er einen kleinen Abriss seiner Laufbahn niederschreibt. Dabei starb Willibrord erst viele Jahre später, am 6. November 739, mit über 80 Jahren, in Echternach.

Wie endgültig das Zerwürfnis und die Trennung waren, lässt sich aus Willibrords Testament ersehen: Seine bedeutenden Besitztümer in Thüringen (bei Arnstadt), die ihm die Hedenerfamilie geschenkt hatten, vermachte er ausdrücklich seinem Kloster Echternach und nicht dem ehemaligen Mitarbeiter Bonifatius, der doch in genau diesem Gebiet arbeitete und einen Stützpunkt dort bitter nötig gehabt hätte. Zwei starke Charaktere waren da aneinandergeraten. Unterschiedliche Auffassungen, die sich aus ihrer Erziehung und dem Generationsunterschied erklären lassen, mögen das Ihre beigetragen haben: das alte Problem zwischen dem jüngeren romorientierten Angelsachsen und dem älteren Klostermann aus Northumbria. Schließlich war Willibrord etwa sechs Jahre vor und Bonifatius zehn Jahre nach der Synode von Whitby geboren – das waren kirchengeschicht-

Das Kloster Echternach wurde Willibrord von der vornehmen Irmina, Äbtissin von Oeren, geschenkt. Es liegt in der heutigen luxemburgischen Schweiz. Als im Jahr 714 Pippin der Mittlere starb und in Friesland der heidnische Herzog Radbod wieder die Oberhand gewann, waren Willibrord und seine Leute froh, hierhin auszuweichen zu können. Zwar wendete sich mit Radbods Tod im Jahr 719 das Blatt wieder und Willibrord konnte noch viele Jahre in seinem nördlichen Missionsgebiet wirken, aber im Alter zog er sich schließlich wieder nach Echternach zurück, wo er am 7. November 739 starb und begraben wurde.

lich entscheidende Jahre, die zu einer Spaltung innerhalb der älteren und der jüngeren Missionarsgeneration geführt haben mögen. Durch seine langen Lehrjahre in Irland war Willibrord auf das alte keltische Organisationsmodell geeicht. Da die Römer sich nie auf der grünen Insel etabliert hatten, fehlten dort all die Infrastrukturen, die sich das Christentum auf dem Kontinent zunutze gemacht hatte. Es gab dort keine Straßen, keine Städte, keine straffe Gebietseinteilung. Das kirchliche Leben lag in der Verantwortung der Klöster und deren Personal. In Friesland hatte Willibrord ziemlich ähnliche Verhältnisse vorgefunden – daher funktionierte seine Arbeitsweise dort so gut. Für Bonifatius war das nichts. Er wollte in großem römischem Stil formen und gestalten. Willibrord markiert exakt die Schnittstelle zwischen der alten irischen Mission, wie Columban sie repräsentiert hatte, und den modernen Angelsachsen, deren Hauptprotagonist Bonifatius werden sollte. In seinen Augen war Willibrord „weder Fisch noch Fleisch".

Bis zu seinem Tod arbeitete Willibrord übrigens weiter erfolgreich in seinem Sprengel, von Karl Martell öfters ausgezeichnet. Tapfer wie er war, versuchte er sogar Vorstöße zu den freien Friesen. Sein Biograph, der berühmte Alkuin, berichtet von Expeditionen nach Dänemark und zur Insel Helgoland.

Bonifatius findet sein Missionsgebiet in Hessen

Er begab sich dann sogleich auf den Weg und gelangte endlich an einen Ort, den man Amanaburg (=Amöneburg) *nannte (...), dem zwei Zwillingsbrüder namens Dettic und Deorulf vorstanden und rief sie zurück von der schändlichen Verehrung der Götzenbilder, der sie, einen Rest von des Christentums Namen sehr missbrauchend, anhingen* (Willibald, S. 489).

Pfalzel ist heute ein Stadtteil von Trier. Es ist uralt: Schon im 4. Jahrhundert n. Chr. wurde hier von spätrömischen Kaisern ein Palatiolum, eine Sommerresidenz, errichtet. In der Völkerwanderungszeit zerstört, erhielt Adele, Tochter der Irmina von Oeren – Gönnerin Willibrords – die Ruine von Pippin dem Mittleren als Geschenk, um hier ein Frauenkloster zu gründen. Mutter und Tochter gehörten dem Familienkreis der aufstrebenden Karolinger an. Dies und die Verbindung zu Willibrord veranlassten Bonifatius wohl hier Station zu machen. Zu Gast war zufällig auch der junge Gregor, Enkel Adeles, der gerade seine Ausbildung an der Hofschule Karl Martells beendet hatte. Bonifatius erteilte ihm eine Lateinlektion, die er nicht vergessen sollte. Spontan schloss sich der Junge dem charismatischen Lehrer an. Kloster Pfalzel besaß einen ausgezeichneten Ruf, der weithin reichte. Wir wissen von Briefwechseln bis hinauf ins weit entfernte Kloster Whitby.

Auf dem Weg dorthin spielte sich eine vielsagende Szene ab. Bonifatius machte Rast im damals hochberühmten Kloster Pfalzel bei Trier an der Mosel, dessen Ruf bis nach Wessex und sogar bis hinauf nach Northumbria gedrungen war. Äbtissin war Adele, eine hochrangige Dame aus dem Verwandtenkreis der frühen Karolinger. Mit einiger Wahrscheinlichkeit war sie eine Tochter jener Irmina von Oeren, die wir oben als Gönnerin des Willibrord kennengelernt hatten. Bei Adele weilte gerade ihr jugendlicher Enkel Gregor, der just seine Ausbildung an der Palastschule abgeschlossen hatte. Er kam also geradewegs aus der aula regia Karl

Pfalzel, ein nördlicher Stadtteil Triers, liegt an der romantischen Mosel und seine reiche Geschichte drückt sich im Stadtbild aus. Noch heute sind bis zur Höhe von zwei Stockwerken römische Baureste erhalten. Das älteste bewohnte Steinhaus Deutschlands, das aus spätrömischer Zeit stammt, steht hier. Aber auch die Baustile der nachfolgenden Jahrhunderte über Barock und Renaissance bis heute sind in Gebäuden erhalten, so dass der Besucher die Besiedlung von der Spätantike bis in die Neuzeit nachvollziehen kann.

Martells. Hören wir, wie Liudger, der Biograph Gregors, diese Szene beschreibt: Man setzte sich gemeinsam zu Tisch und als Vorleser während der Mahlzeit bestimmte man den *auserwählten Knaben Gregor, der um diese Zeit, noch im weltlichen Gewande und etwa 14 oder 15 Jahre alt, eben von der Schule und der Pfalz zurückgekehrt und zu seiner Großmutter gekommen war, nämlich zu der Mutter seines Vaters Albrich, der oben genannten gottesfürchtigen Äbtissin Addula. Es wurde ihm ein Buch gegeben und nach empfangenem Segen begann er zu lesen und für sein Alter gut zu lesen. Nachdem er aber die Lesung beendet und nach kirchli-*

chem Gebrauche mit Gebet geschlossen hatte, sprach ihn der heilige Lehrer, der die Fähigkeit und das Geschick des Jünglings erkannt hatte, mit folgenden lobenden Worten an: „Du liesest gut, mein Sohn, verstehst Du auch, was Du liesest?" Jener aber (...) antwortete, er verstände, was er gelesen. Aber der Heilige redete nach den Regeln der Vernunft weiter mit ihm und sprach: „Sage mir, wie verstehst Du, was Du liesest?" Dieser begann seine Lesung von vorne und wollte wieder lesen, wie das erste Mal. Der treffliche Lehrer jedoch unterbrach ihn mit den Worten: „Nicht also, mein Sohn, ich bitte, sage mir jetzt, was Du gelesen, aber in Deiner Mundart und in Deiner Muttersprache." Dieser, auf richtige Weise von seinem Meister überführt, fand keinen Ausweg mehr und gestand, dass er dies nicht tun könne. Da sprach der heilige Bonifatius: „Willst Du, mein Sohn, dass ich es Dir erkläre?", worauf dieser: „Ich will". Bonifatius aber: „Wiederhole den Anfang Deiner Lesung und lies langsam", was dieser auch tat. Darauf nahm der heilige Meister das Wort und begann, mit erhobener Stimme der Mutter und der ganzen Gemeinde zu predigen und zwar so, dass er das *gelehrige und empfängliche Herz des jungen Gregor* mit solcher Macht ergriff, dass dieser *seiner Eltern und seines Vaterlandes vergaß. Von der Stunde an, wo der heilige Lehrer seinen Vortrag beendet hatte, wollte er nicht wieder von ihm getrennt sein, ging zu seiner Großmutter (...) und sagte, er wollte mit diesem Manne ziehen und, um die göttlichen Bücher kennenzulernen, sein Schüler werden. Jene aber, von fleischlicher Liebe befangen, wies ihn sofort zurück und erklärte, dies könne auf keinen Fall geschehen.* Gregor ließ es auf einen Streit mit der Großmutter ankommen: „*Wenn Du mir kein Pferd geben willst, dass ich mit ihm reiten kann, so werde ich ohne Zweifel zu Fuß mit ihm ziehen.*" So ging es eine Weile hin und her, bis Adele, *weil sie eine verständige Frau war und den unbeugsamen Sinn des Jünglings erkannte, Diener und Pferde (gab) und ihn mit dem heiligen Lehrer ziehen (ließ) (...)* (Liudger, S. 34 f.).

Diese durch großzügig eingesetzte indirekte Rede äußerst lebendig gestaltete Szene sagt viel über Bonifatius aus. Der ehemalige Klosterschuldozent, ad hoc wieder sattelfest in seinem pädagogischen Beruf, übersetzt aus dem Stand den eben gehörten Text nach allen Regeln der Kunst in die Volkssprache und legt ihn so feurig aus, dass sich ihm ein vielversprechender junger Mann spontan anschließt. Hier erkennen wir sein erfolgreiches Missionsprinzip. Die Leute sollten begreifen, nicht nachsprechen. Bonifatius' Missionare sollten den Menschen die Glaubenslehre in ihrer *Mundart und Muttersprache* nahebringen, nicht in unverstandenem und unverständlichem Latein. Dafür mussten sie die Lehrinhalte ihrerseits jedoch zuvor korrekt übertragen und gedanklich durchdrungen haben. Dieser Denkansatz faszinierte den jungen Gregor, der in der Folge einer von Bonifatius' Lieblingen wurde, stets in dessen geistlichem Familienkreis blieb und somit – und das ist wichtig! – einer seiner ersten fränkischen Anhänger wurde.

An dieser Episode werden zwei weitere Sachverhalte deutlich: Bonifatius kam nicht allein als Heidenerretter, er importierte gleichzeitig seinen hohen, lateinisch geprägten Bildungsanspruch. Dies sollte sich noch lange nach seinem Tod als ein besonderer Glücksfall für das Frankenreich erweisen, der schlussendlich in die karolingische Renaissance, die große Bildungsreform unter Karl dem Großen, münden sollte.

Außerdem zeigt sie, dass der Angelsachse überraschenderweise keine sprachlichen Verständigungsprobleme hatte. Er konnte sich mit Gregor offensichtlich in dessen *Mundart* verständigen. Seine Muttersprache war Anglisch und hatte sich in den zweieinhalb Jahrhunderten in England von der nordeuropäischen germanischen Sprachgruppe noch nicht weit entfernt. Vorderhand befand man sich hier also noch in einem funktionierenden Kommunikationsraum. Wie hat er sich aber in Gallien und bei Hof mit den Romanen unterhalten? Je weiter er sich nach Westen bewegte, desto öfter hat er wohl merowingisches Latein gesprochen. Die einfachen Leute erlebten sicher nur die Dialekte der unmittelbaren Nachbarschaft. Menschen, die im neustrisch-austrasischen Grenzland wohnten, waren wahrscheinlich zweisprachig, ebenso die Magnaten, die zwischen ihren Gütern und dem mobilen Hof umherreisten. Da es Bonifatius viel mit kirchlichen Themen zu tun hatte, bot sich Latein als Fachsprache an, schließlich waren kirchliche Worte ohnehin lateinisch geprägt, wie ecclesia, clericus, episcopus, precare, abbas usw. Er lebte genau in der Zeitspanne, in der sich die romanischen Sprachen langsam vereinzelten, sich in Gallien also nach und nach das Protofranzösische entwickelte. Aus ecclesia wurde hier église, aus clericus clerc, aus abbas abbé.

Im Osten bildete sich hingegen die „theodiske" Volkssprache heraus. Interessanterweise stammt das Wort „theodisk" aus dem nordgallischen Raum und meinte damals ganz allgemein „rechtsrheinische Lebensart", ist also abgrenzend gemeint. Sehr wahrscheinlich schwang darin auch der Inhalt „heidnisch" mit. Irgendwann später war dann das Wort „Franke" nicht mehr differenziert genug, um als Volksname zu dienen. Also bezeichnete theodisk = deutsch ganz allgemein den rechtsrheinischen Raum.

Bonifatius wandte sich also wieder zurück nach Hessen und begann hier sein eigentliches selbstständiges Wirken. Diese Gegend, hart an der Grenze zum noch nicht eroberten Sachsen, sollte sein Missionsgebiet werden, auf dass er, sobald sich eine Möglichkeit ergäbe, sogleich nach Osten zu seinen Stammesverwandten vorrücken könnte. Mit Gregor im Schlepptau kam Bonifatius schließlich dort an und begab sich als erstes auf die fränkische Festung Amöneburg, wo das Brüderpaar Dettic und Deorulf als Kommandanten eingesetzt waren. Die beiden waren angefränkelt, aber von hoher Reichskultur noch himmelweit entfernt. Sie waren getauft, hatten also dem Nächstenliebe predigenden Christus Gefolgstreue geschworen, lebten aber tatsächlich eine Art Mischreligion. Im harten Winter deckte Christus wohl die Bedürfnisse nach Sanftmut und Frieden ab. Begann im Frühjahr aber wieder die Feldzugssaison, trat er in den Hintergrund und Wodan wieder in seine Rechte. Besonders die Frauen fühlten sich vom christlichen Friedens- und

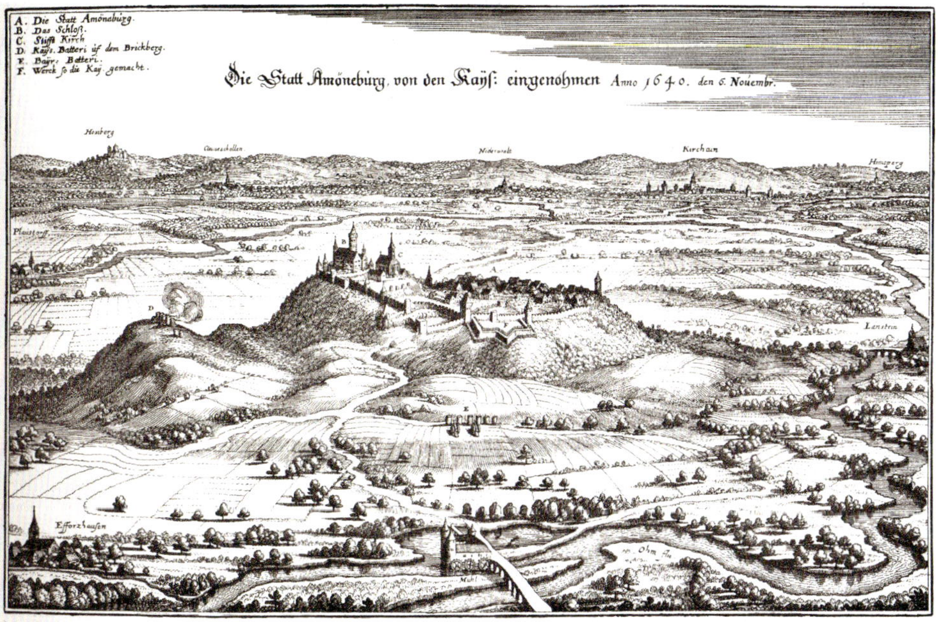

Nachdem Bonifatius den jungen Gregor in seinen Kreis aufgenommen hatte, reiste er schließlich weiter nach Hessen, wo er auf der Amöneburg Zustände vorfand, die ihm ganz und gar nicht behagten: Die dort als Festungskommandanten eingesetzten Brüder Dettic und Deorulf waren zwar fränkische Christen, aber in ihren Gottesdiensten vermischten sie munter heidnische und christliche Kulthandlungen. Es war eine schwere Aufgabe, apostolische Strukturen in diese religiöse Unordnung zu bringen.
Von der Amöneburg wird der Angelsachse sehnsuchtsvolle Blicke gen Osten geworfen haben, wo seine Stammesverwandten, die Sachsen, noch in beklagenswertem Heidentum befangen waren. Dieser Kupferstich stammt aus dem Jahr 1640.

Nach der unschönen Trennung von Willibrord begann auf der Amöneburg, etwa 16 km östlich von Marburg, Bonifatius' selbstständiges Wirken als Heidenmissionar. „Amanaburg" hieß sie zu seinen Zeiten, denn „Amana" ist das althochdeutsche Wort für die Ohm, dem Zufluss zur Lahn, die hier entlangläuft. Die Amöneburg war eine merowingische Grenzfestung und Bonifatius durfte sie als Standort nutzen. Die Burg durchlief eine lange und wechselvolle Geschichte, bestand das gesamte Mittelalter hindurch, war im Dreißigjährigen Krieg heiß umkämpft und wurde schließlich im Siebenjährigen Krieg zerstört. Endgültig abgerissen wurde sie wegen Baufälligkeit im Jahr 1839. Die Kleinstadt Amöneburg hat sich um den Berg herum gebildet.

Auf dem Brink, etwas südlich von Burgwalde im Eichsfeld, wurde im Andenken an Bonifatius´ Missionsarbeit in dieser Gegend im Jahr 1880 die Bonifatiuskapelle errichtet. Direkt dahinter liegt der mächtige Felsblock mit seiner Vertiefung, in der – wie es heißt – ganzjährig Wasser steht, selbst an den trockensten Sommertagen. In der Gegend erzählt man sich, Bonifatius habe dieses uralte heidnische Naturheiligtum in einen Taufstein umgewidmet. Alljährlich an Pfingstmontag wallen mehrere Hundert Pilger hierhin, um Gottesdienst zu feiern.

Nächstenliebekonzept und ganz speziell von der christlichen Ehemoral angesprochen. In der Gottesmutter Maria wurde ihnen überdies eine attraktive Identifikationsfigur zur Verfügung gestellt. Ob sie jedoch die Idee der Jungfrauengeburt begriffen, mag dahingestellt bleiben. Die Leute hätten den Gottessohn gerne ihrem Götterhimmel beigefügt, aber diesen Friedensprediger zum alleinigen Stammesgott zu erheben, ging doch etwas zu weit. Warum auch? Man war doch ganz glücklich im alten Glauben. Er hatte sich seit Menschengedenken entwickelt aus ihren Lebensumständen, der sie umgebenden Natur und ihren religiösen Bedürfnissen. Er war sinnlich gut greifbar, anschaulich, naturverbunden, lebenspraktisch und unkompliziert. Die konkret ausdrucksstarken Tieropfer sollten gegen die rein geistig aufzufassende Opferhandlung am Altar getauscht werden? Da konnte ein Germane sich kaum hineindenken. Im Übrigen war dieser so entwürdigend ans Kreuz genagelte Gottessohn gegenüber Wodan doch eher der Verlierertyp.

Ganz generell ließ man sich ungern in seine innersten Glaubensvorstellungen von Leuten dreinreden, die sich nicht einmal untereinander einig waren. Schließlich griffen die Missionare in das Alltagsleben und die intimsten Lebensumstände der Menschen ein, z.B. in Hinsicht auf Fehdekultur oder Ehemoral. Hatten die Iroschotten von Christus gepredigt, kam nun dieser Angelsachse daher und brachte zusätzlich noch den allweisen hohen Priester im fernen Rom – wo immer das sein mochte – ins Spiel. Was man vorher gelernt hatte, war also noch nicht ganz korrekt? Was sollte man denn nun glauben? Welch seltsamer und kapriziöser Gott war das? Mit Wehmut dachte man an die unkomplizierten Donar, Odin und Freya zurück ...

Gegen diese Verwirrung und den erklärlichen Unwillen – Folge der ungeordneten Massentaufen ohne weitere Glaubensunterweisung durch die umherziehenden Wanderpriester – war schwer anzukommen.

Bonifatius hatte seine liebe Not, hier Überzeugungsarbeit zu leisten. Er holte sich Rat bei den Vertrauten in England: Sein Freund, Bischof Daniel, setzte sich irgendwann zwischen 723 und 724 an sein Schreibpult im Bischofshaus von Winchester und verfasste einen Brief mit einigen Ratschlägen: *Darum habe ich auch in anhänglicher Freundschaft Sorge getragen, Deiner Klugheit ein paar Dinge zu unterbreiten, damit Du mehr darauf achtest, wie Du meiner Meinung nach am ehesten die Verstocktheit der Heiden rasch zu überwinden vermagst. Du sollst nämlich, was die Abstammung ihrer wenn auch falschen Götter anbetrifft, ihnen nicht das Gegenteil entgegensetzen, sondern lass sie, wie es ihrer Meinung entspricht, behaupten, dass etliche voneinander in der Umarmung von Mann und Frau erzeugt sind, um dann zum mindesten zu zeigen, dass Götter und Göttinnen, die wie Menschen geboren sind, eben Menschen und nicht Götter waren und dass sie, die vorher nicht vorhanden waren, damit erst zu sein angefangen haben. (...) wenn sie jedoch sich auf einen Wortwechsel einlassen, so frage sie, wer vor der Geburt der Götter in der Welt geherrscht, wer sie regiert habe. (...) Woher und von wem und wann aber war der erste Gott und die erste Göttin eingesetzt und geboren worden? Sind sie der Meinung, dass immer noch Götter und Göttinnen andere zeugen? Und wenn das nicht mehr der Fall ist, wann und warum haben sie das Zeugen und Gebären aufgegeben? Wenn sie es aber doch noch tun, dann ist die Zahl der Götter bereits eine unermessliche geworden. Und wer nun eigentlich unter so vielen und großen ein mächtigerer sei, das wissen die Sterblichen nicht, und man muss sich sehr in acht nehmen, dass man nicht bei einem Mächtigeren anstoße. (...) Dieses und vieles andere dieser Art, was jetzt auszuführen zu weitläufig wäre, musst Du, nicht indem Du sie verhöhnst und herausforderst, sondern gelassen und mit großer Selbstbeherrschung ihnen vorhalten. Und von Zeit zu Zeit muss man solchen Aberglauben mit unseren, d.h. christlichen Lehren vergleichen und sozusagen nur am Rand streifen, damit die Heiden mehr aus Beschämung als aus Verbitterung erröten (...).*

Wenn den Heiden angesichts solcherlei Spitzfindigkeiten schon ganz schwindelig ist, dann holt Daniel das letzte, schlagende Argument aus seinem Ideenköcher: *Wenn die Götter allmächtig, gütig und gerecht sind (...), warum verschonen sie dann die Christen, die doch fast den ganzen Erdkreis von ihrer Verehrung abbringen und die Götterbilder zerstören? Und warum besitzen diese, d.h. die*

Christen, fruchtbare Länder und Gebiete, die Wein und Öl erzeugen und mit sonstigen Schätzen im Überfluss gesegnet sind, diesen aber, d.h. den Heiden und ihren Göttern, haben sie nur die immer von Kälte starrenden Länder gelassen (...)? Auch sollte man sie öfter hinweisen auf das gewaltige Ansehen der Christenwelt. Damit verglichen ist die Zahl derer, die noch bei dem alten Irrwahn verharren, ganz gering. (...) Dieses wollte ich in Rücksicht auf meine Liebe, mein Bruder, in Kürze deiner Liebden mitteilen (...). Ich wünsche, dass es Dir in Christus wohl ergehe und Du meiner gedenkst, geliebtester Mitpriester (Briefe, S. 81/83).

Bonifatius setzte Dettic, Deorulf und deren Leute auf die römisch-apostolische Spur und etablierte auf der Amöneburg eine Mönchsniederlassung – die erste monastische Speerspitze in seinem neuen Missionsgebiet. Dafür widmete er wahrscheinlich ein kleines Kirchlein um, das vor ihm bereits die Wandermönche errichtet hatten.

Überhaupt hatte er viel zu tun. Das wird ihm gefallen haben. Er arbeitete selbstständig und hatte ein wahrhaft interessantes Wirkungsfeld. An der Grenze nach Sachsen gab es noch richtige Heiden, bei denen man ganz von vorn anfangen konnte. Er taufte viele und predigte, um seine Sache besser zu machen als seine iroschottischen Vorgänger. Echte Basisarbeit. Schade übrigens, dass Bonifatius in seinen Briefen nicht differenziert berichtet, welchem Irrglauben die ihm anvertrauten Völkerschaften eigentlich genau anhingen. Wir erfahren nicht die Namen ihrer Götter. Die Menschen hingen einem grundsätzlichen Irrtum an – da war es ihm egal, wie genau der sich darstellte.

Um aber noch mehr zu erreichen – beispielsweise Priester zu weihen –, benötigte er mehr Macht und daher schickte er seinen Mitarbeiter Bynna mit einem (verlorengegangenen) Brief nach Rom, in dem er von seinen Erfolgen berichtete und seine Hoffnungen formulierte: *Nachdem er dann viele tausend Menschen von dem alten Heidentum gereinigt und getauft, sandte er einen gewandten Boten und zuverlässigen Träger seines Briefes, mit Namen Bynna, nach Rom und eröffnete dem verehrungswürdigen Vater, dem Bischof des apostolischen Stuhles, alles der Reihe nach, was ihm durch Gottes Gnade geworden war; auch tat er ihm kund, dass eine große Menge Menschen, vom göttlichen Geiste erleuchtet, das Sakrament der Wiedergeburt empfangen habe. Doch berichtete er auch über Dinge, die den täglichen Notbedarf der Kirche Gottes sowie die Förderung des Volkes betrafen, und richtete, um darüber beraten zu werden, mehrfache Anfragen an den apostolischen Stuhl.* Bynna kehrte rasch zurück und überbrachte Bonifatius ein Antwortschreiben aus Rom. *Als nun der heilige Mann den überbrachten Brief gelesen hatte, erkannte er immer deutlicher, dass er nach Rom eingeladen sei und bestrebte sich schnell, sich ganz gehorsam zu erweisen* (Willibald, S. 489/491).

Das war ganz anders als drei Jahre zuvor! Damals war er als unbekannter Bittsteller zum apostolischen Stuhl gekommen, ohne zu wissen, ob man ihn vorlassen oder ernst nehmen würde. Nun war er eingeladen! Er trachtete, entsprechend anspruchsvoller aufzutreten, und reiste im Frühsommer 722 wiederum nach Rom, dieses Mal *in zahlreicher Gefolgschaft und umgeben von einer Schar Brüder.* Nach seiner Ankunft hatte er *kaum die müden Glieder durch Ruhe erfrischt, als dem seligen Gregor, dem Bischof des apostolischen Stuhles, die Ankunft des Gottesknechtes gemeldet wurde. Er wurde dann gut empfangen und in die Herberge geleitet.* Bald wurde Bonifatius zu Gregor vorgelassen. *Nachdem sie sich dann gegenseitig kurz mit Worten freundlichen Einklangs begrüßt hatten,* begann der Papst, seinen germanischen Heidenmissionar auf Herz und Nieren zu prüfen. Bo-

Im Jahr 722 reiste Bonifatius wiederum nach Rom. Sein guter Ruf eilte ihm voraus, sein Mitarbeiterstab war gewachsen – so konnte er dort viel selbstbewusster auftreten als noch beim ersten Mal. Um gegenüber dem fränkischen Episkopat wenigstens gleichrangig zu sein, benötigte er selbst die Bischofsweihe, die ihm Papst Gregor III. auch spendete. Seine Weiheurkunde ist datiert am 1.12.722. In seinem Bekenntnisschreiben verspricht Bonifatius, den Umgang mit den verhassten fränkischen Mitbrüdern weitgehend zu meiden und keinesfalls mit ihnen gemeinsam das Hl. Messopfer zu feiern. Bonifatius war Kirchenpolitiker – dieses Versprechen ließ sich nur schwer einhalten. Seine starre Haltung sollte ihm in den nächsten drei Jahrzehnten reichlich Probleme bereiten. Die Abbildung stammt aus dem Zyklus der Entwürfe für die Münchner Bonifatiuskirche.

nifatius verfasste ein Motivationsschreiben oder Glaubensbekenntnis, gab es ab und hoffte das Beste. *Dann musste er noch einige Tage warten und wurde endlich wiederum vorgeladen und in den Lateran geführt, wo er sich sofort gesenkten Auges zu den Füßen des apostolischen Bischofs warf und seinen Segen erbat.* Sein Schreiben war gut aufgenommen worden und während *sie fast den ganzen Tag in wechselseitigem Zwiegespräch hinbrachten,* eröffnete Gregor ihm, dass er *ihm die Würde eines Bischofs verleihen und ihn über die Völker setzen wolle, die früher, die Sorge eines Hirten entbehrend, nach den Worten unseres Herrn Gottes dalagen, wie die Schafe, die keinen Hirten haben* (Willibald, S. 491/493). Seine Bestallungsurkunde über die Weihe zum germanischen Missionsbischof ist datiert vom 1.12.722 und enthält Anweisungen, wer von der Priesterweihe auszuschließen sei (wer in Doppelehe lebt oder keine Jungfrau geheiratet hat, wer nicht lesen oder schreiben kann, wer unter einer verunstaltenden Krankheit leidet, wer einer Kirchenbuße unterliegt oder in Hofdienst steht). Dieses Dokument bietet übrigens einen interessanten Einblick in die päpstliche Kanzleiarbeit: Man benutzte auch damals schon Normdokumente. Hier wurde eines ausgewählt, dass uns zeigt, wie wenig man in Rom über die Verhältnisse in Germanien wusste. Ob die Leute, die Bonifatius zu Priestern weihte, alle lesen und schreiben konnten – und wenn ja, auf welchem Niveau – , mag dahingestellt bleiben. Dass man ihn jedoch anwies, *Afrikaner, die sich allenthalben zu kirchlichen Weihen herandrängen, auf keinen Fall anzunehmen, weil einige von diesen schon öfters als Manichäer, andere als wiedergetauft überführt worden sind* (Briefe, S. 69), entbehrt nicht einer gewissen Komik. Gleichzeitig zeigt es, mit welch vielfältigen internationalen Problemen sich der Heilige Stuhl herumzuschlagen hatte – wiedergetaufte Afrikaner auf der einen, heidnische Germanen auf der anderen Seite. Da konnte ein vielbeschäftigter römischer Kanzlist schon mal ins falsche Fach greifen.

Missionsbischof ohne festen Wohnsitz

Es wurde Bonifatius übrigens kein festes Bistum zugeordnet – *aliquas gentes in Germaniae partibus* sollte sein Arbeitsgebiet sein, also die heidnischen Völker rechts des Rheins. Er war nun also Missionsbischof ohne festen Sitz, ohne eigene Diözese. Klar, es gab ja noch gar keine Bischofssitze in seinem Missionsgebiet. Solche zu gründen, das Gebiet zu strukturieren, sollte vielmehr in Zukunft seine Aufgabe sein. Um das sicherzustellen wurden ihm Empfehlungsbriefe an die geistliche Elite und die weltlichen Granden in Germanien mitgegeben, in denen der Pontifex diese auffordert, Bonifatius *aus Liebe zu unserem Herrn Jesus Christus und aus Verehrung für seine Apostel in allem mit ganzer Kraft beizustehen und ihn in Jesu Christi Namen aufzunehmen (...).* Als Gegenleistung verspricht er: *Wenn also jemand diesem Diener Gottes, der zur Erleuchtung der Heiden von dieser apostolischen und katholischen Kirche Gottes ausgeschickt worden ist, Zustimmung und Unterstützung gewährt, der soll auf Fürbitte des Apostelfürsten die Gemeinschaft mit den heiligen Märtyrern Jesu Christi erlangen.* Der heilige Hohepriester im fernen Rom kann aber auch anders: *Wer aber, was wir nicht wünschen, versucht, seine Arbeit durch Widersetzlichkeit zu behindern oder der ihm übertragenen Tätigkeit entgegenzuwirken (...), der soll nach dem Richterspruch Gottes, vom Bannfluch getroffen, ewiger Verdammnis verfallen. Lebt wohl* (Briefe, S. 67).

Der Bischofseid des Bonifatius offenbart übrigens einen Übelstand, der ihn lebenslang quälen sollte: die fränkischen Mitbischöfe. Die kränkendsten Widrigkeiten erwuchsen ihm nämlich durchaus nicht aus unverbesserlichen Heiden oder den unwirtlichen Weiten Germaniens, sondern aus den jagenden, kämpfenden, trinkenden fränkischen Adelsbischöfen, die munter und variantenreich mit Ehefrauen oder Konkubinen zusammenlebten. Wir haben weiter oben gehört, wie sich dieser Missstand erklärt: Die frühen Karolinger, besonders Karl Martell, vergaben Bischofssitze an adlige Familien, um sich diese Leute zu verpflichten. Nicht eine ordentliche Wahl unter kanonischen Maßgaben bestimmte einen Bischof, sondern politische Rankünе. Fränkischer Grundbesitzadel übte weltliche Macht mit und auf den Diözesen aus. Direkt vor Bonifatius' Augen gingen bedeutende Bistümer ganz selbstverständlich vom Vater auf den Sohn: 720 Trier, 727 Lüttich und 738 Mainz. Von Wahl war gar keine Rede. Die Familien besaßen „ihre Bistümer" und die Söhne beanspruchten sie als Erbe. Bischof Gregor v. Tours berichtet beispielsweise voller Stolz, dass – mit Ausnahme von fünf Tourensischen Bischöfen – all seine Amtsvorgänger mit ihm verwandt waren. Man stelle sich den römisch geschulten Bonifatius angesichts solcher Zustände vor!

An dieser Stelle soll jedoch auch einmal auf die besondere Problematik hingewiesen werden, mit der diese vielgescholtene Spezies zu leben hatte: Für einen Mann seines Standes war es für den Bischof vital wichtig, dass er sowohl von Seinesgleichen wie von seinen Untergebenen ernstgenommen wurde, daher musste er zwangsläufig einen aufwendigen Lebensstil pflegen. Der religiöse Anspruch an seine Person und die administrativ-weltlichen Verpflichtungen seines Amtes standen sich notwendigerweise im Wege. Er musste Hof halten, prächtig und hochfahrend auftreten, ein Verzicht auf das ihm qua Geburt zustehende Déhors hätte ihm in der öffentlichen Wahrnehmung das Genick gebrochen. Die zeremonielle Prachtentfaltung bei kirchlichen Hochfesten war im Übrigen von der adligen Machtpräsentation nur schwer auseinanderzuhalten. Schließlich war er Grundherr, die Diözese war sein Dominium, aus dem der örtliche Graf – *der comes civitatis* – verdrängt war. Rechtsprechung, Sozialfürsorge, das Bauwesen, die Finanzen und auch die militärischen Belange unterstanden seiner Aufsicht. Auch war er mit allen Rechten und Pflichten seinem Familienverband verhaftet. Auch als Bischof – oder gerade als Bischof – konnte er hier nicht ausbrechen. Einem Schwarz/Weiß-Seher wie Bonifatius mussten diese Problematiken verborgen bleiben. Es war eben nicht jeder aus demselben Holz geschnitzt wie er, der einen klaren Schnitt gemacht und all seine Bindungen hinter sich gelassen hatte. Wäre es ihm gelungen, die Welt einmal aus den Augen dieser Menschen zu sehen – wieviel friedvoller wäre sein Leben verlaufen!

In seiner Schrift verspricht er, den Umgang mit diesen Leuten so weit wie möglich zu vermeiden. Wenn sich ein Zusammentreffen gar nicht umgehen lasse, so wolle er sogleich darüber nach Rom beichten. Es war ihm ernst: *Wenn ich aber, was ferne sei, gegen den Wortlaut dieses Versprechens irgendetwas auf irgendeine Art absichtlich oder bei Gelegenheit zu tun versuche, will ich als schuldig erfunden werden im ewigen Gericht (...)* (Briefe, S. 65). Wie oft mag er wohl während seiner Ausbildung in England den 26. Psalm memoriert haben, in dem es heißt: *Ich sitze nicht bei den heillosen Leuten/und habe nicht Gemeinschaft mit den Falschen. Ich*

Diese Statue von Karl Martell gehört zum Figurenprogramm des Schlosses Versailles bei Paris. Ludwig XIV. ließ sich hier ab dem Jahr 1668 aus dem Jagdschloss seines Vaters den weltbekannten Palast errichten, der zum Werkzeug und Symbol seiner absoluten Herrschaft werden sollte. Natürlich vergaß man nicht, sich der glorreichen Vergangenheit zu versichern und so repräsentiert hier Karl Martell – der zwar Herrscher, aber niemals König war – den Anspruch der französischen Krone, an die Genealogie der Karolinger anzuknüpfen. Karl Martell hat nie in einem Palast dieser Größenordnung residiert, sein Hof war ständig auf Reisen von einer Pfalz zur anderen. Das Reich, über das er herrschte, war jedoch um ein Vielfaches größer! Er stellte den angelsächsischen Missionar Bonifatius unter seinen „Schutz und Schirm".

hasse die Versammlung der Boshaften/und sitze nicht bei den Gottlosen. Ich wasche meine Hände in Unschuld/und halte mich, Herr, zu Deinem Altar. Das waren keine leeren Worthülsen, das war Gottes Wort und Wille, vom Klosterschüler als wertvoller Weisheitsschatz verinnerlicht. Dagegen handeln zu müssen, sollte ihn in der Zukunft in echte Gewissensnot bringen. Wie sollte er unter dem Schutz der Herrscherfamilie agieren, ohne mit deren Protegés zusammenzutreffen?

Geschmeichelt und mit neuer Autorität versehen, kehrte Bonifatius im Frühjahr 723 mit seinen Empfehlungsbriefen im Gepäck nach Germanien zurück. Vielleicht war sogar einer für den Hausmeier Karl Martell dabei. Warum „vielleicht"? Weil ein solcher, adressiert an *den ruhmreichen Herrn, unsern Sohne, den Herzog Karl* in der Briefsammlung zwar enthalten ist, die Gelehrten sich jedoch über seine Echtheit streiten. Es spricht einiges dafür, dass Otloh von St. Emmeram – ohnehin nicht unbescholten auf diesem Gebiet – ihn entweder komplett gefälscht oder zumindest verunechtet hat.

Ob mit oder ohne Brief führte Bonifatius' erster Weg an den Hof. Karl Martell stellte ihm nun seinerseits einen Schutzbrief aus, an dessen Echtheit kein Zweifel besteht. Er war gerichtet an die *heiligen und apostolischen Herren, die Väter in Christus, die Bischöfe, Herzöge, Grafen, Stellvertreter, Verwalter, all unsere Unterbeamten und Sendboten sowie unsere Freunde*, abgesendet von dem *erlauchten Mann, Karl dem Hausmeier, Euch wohlgeneigt.* Er lautete folgendermaßen: *Ihr sollt vernehmen, dass der apostolische Mann und Vater in Christus, der Bischof Bonifatius, zu uns gekommen ist und uns ersucht hat, ihn unter unseren Schutz und Schirm zu nehmen. Wir haben das, vernehmet es, mit Freuden so gemacht. Daher haben wir, wie zu sehen, ihm solches zugestanden und ihm diese eigenhändig vollzogene Urkunde ausfertigen lassen, damit er, wo immer er sich aufhält, mit unserer Zuneigung uns unter unserem Schutz und Schirm unangefochten und wohlbehalten sei, sofern er Gerechtigkeit übt und ebenso Gerechtigkeit empfängt. Und wenn irgendein Streitfall oder eine Schwierigkeit ihm entsteht (...), dann soll er unangefochten und wohlbehalten sein bis vor uns (...). Und zur größeren Glaubwürdigkeit haben wir eigenhändig unterzeichnet und mit unserem Ring unten gesiegelt* (Briefe, S. 77/79). Nun hatte Bonifatius den diplomatischen Status eines Gesandten Karls und war damit praktisch unangreifbar.

Das verschaffte ihm Gleichstellung mit den verhassten fränkischen Mitbrüdern und gleichzeitig eine gute Voraussetzung zum Weiterarbeiten. Wusste er nun doch das finanzielle und militärische Gewicht des Hausmeiers hinter sich – eine wahrhaft starke Schubkraft. Zurück in Hessen lag viel Arbeit vor ihm. Zwar hatte er schon viele bekehrt, *andere aber, deren Geist noch nicht erstarkt, verweigerten des reinen Glaubens unverletzbare Wahrheiten zu empfangen; einige auch opferten heimlich Bäumen und Quellen, andere taten dies ganz offen; einige wiederum betrieben teils offen, teils im Geheimen Seherei und Wahrsagerei, Losdeuten und Zauberwahn; andere dagegen befassten sich mit Amuletten und Zeichendeuterei und pflegten die verschiedensten Opfergebräuche (...)* (Willibald, S. 495).

Bonifatius fällt die Donareiche

In der frühchristlichen Mission war es üblich, heidnische Kultstätten zu zerstören, um auf ihren Ruinen christliche Kirchen zu errichten. In anderen Fällen wurde die bauliche Hülle erhalten, Altar und Idol entfernt und durch das Kreuz ersetzt. Auf Neudeutsch: Die Hardware blieb bestehen, neue Software wurde aufgespielt. Die frisch Bekehrten konnten sich zum Gottesdienst am gewohnten Platz zusammenfinden, wo ihnen ganz augenscheinlich verdeutlicht wurde, welcher Gott der stärkere war. Wie Willibald berichtet, hingen die Germanen Baum- und Quellenkulten an. Vielleicht waren an diesen Orten Götterbildnisse aufgestellt. Ob es irgendwelche Kultarchitekturen gab und wie sie ausgesehen haben mögen, ist unklar. Wie aber sollte Bonifatius einen Baumkult christlich umprägen? Wir kennen den durchsetzungsstarken Heiligen inzwischen gut genug, um zu ahnen, dass er keine halben Sachen machen würde.

Bonifatius fällte die Donareiche im Jahr 723. Der Legende nach zerfiel der Baum sogleich in vier gleich große Stücke, die der Heilige als Eckpfeiler der Peterskirche in Fritzlar verbaute. Diese Holzkirche wird unter dem heutigen Dom St. Peter vermutet, lässt sich allerdings archäologisch nicht mehr nachweisen. So widmete er also das alte heidnische Naturheiligtum christlich um.

Im Jahr 723 setzte er denn auch mit einer wahren Extravorstellung ein Zeichen: Er fällte – höchstwahrscheinlich in Geismar bei Fritzlar – die Donareiche, ein bedeutendes heidnisches Naturheiligtum. Hier sehen wir ihn, den Tatmenschen, so recht bei der Arbeit. Hier liefert er uns das Bild, wie wir es uns noch heute von ihm ausmalen: den abenteuernden, mutigen Mönchsmissionar, der in heiligem Zorn den verhassten Götterbaum eigenhändig mit der Axt fällt. Wie erzählt uns Willibald die Geschichte in der Vita Bonifatii? *(...) unternahm er es, eine ungeheure Eiche, die mit ihrem alten Namen die Jupitereiche genannt wurde, in einem Orte, der Gäsmere hieß, im Beisein der ihn umgebenden Knechte Gottes zu fällen. Als er nun in der Zuversicht seines standhaften Geistes den Baum zu fällen begonnen hatte, verwünschte ihn die große Menge der anwesenden Heiden als einen Feind ihrer Götter lebhaft in ihrem Innern. Als er jedoch nur ein wenig den Baum angehauen hatte, wurde sofort die gewaltige Masse der Eiche von höherem*

In Geismar, nahe Fritzlar, stand ein von den Germanen besonders in Ehren gehaltenes Baumheiligtum: die Donareiche. Hier trafen sie sich zu Ratsversammlung und Gottesdienst. Freund Daniel, Bischof von Winchester, hatte den Ratschlag erteilt, die Heiden mit guten Argumenten zu überzeugen und sie lieber „aus Beschämung als aus Verbitterung erröten zu lassen, anstatt sie zu verhöhnen und herauszufordern". Dennoch wollte Bonifatius hier ein Zeichen setzen. Der stolze Baum sollte fallen – der Christengott musste hier seine Überlegenheit über Wodan unter Beweis stellen. Ein riskanter Plan, der nur mithilfe einer starken Militäreinheit von der benachbarten Büraburg – eine der modernsten und mächtigsten Festungen Frankens – gelingen konnte. Die Abbildung stammt aus dem Zyklus der Entwürfe für die Münchner Bonifatiuskirche.

göttlichen Wehen geschüttelt und stürzte mit gebrochener Krone zu Erde, und wie durch höheren Windes Kraft barst sie sofort in vier Teile, und vier ungeheuer große Strünke von gleicher Länge stellten sich, ohne dass die umstehenden Brüder etwas dazu durch Mitarbeit getan, dem Auge dar. Als dies die vorher fluchenden Heiden gesehen, wurden sie umgewandelt, ließen von ihrem früheren Lästern ab, priesen Gott und glaubten an ihn. Darauf aber erbaute der hochheilige Bischof, nachdem er sich mit den Brüdern beraten, aus dem Holzwerk dieses Baumes ein Bethaus und weihte es zu Ehren des heiligen Apostels Petrus (Willibald, S. 495).

Hier müssen von der hagiographischen Wundererzählung wohl Abstriche gemacht werden. Das ganze Unternehmen war absichtsvoll auf größtmöglichen Eindruck

Die Franken waren bestrebt, an den Grenzen ihres Hoheitsgebietes besonders schlagkräftige Stützpunkte zu errichten, so dass in diesen Gegenden stets der letzte „state of the art" im Festungsbau zu finden war. Für Hessen und Thüringen war dies der Büraberg bei Fritzlar. Hier sehen wir die Reste des Südosttores. Die Baumeister waren erfahrene Militärs. Sie errichteten keinen Mauerkreis mit Toren, sie ließen vielmehr die aufeinander zulaufenden Mauern eine kurze Strecke parallel gehen, so dass ein schmaler Durchlass entstand. Er war so ausgerichtet, dass die Verteidiger mit der linken Schulter zur inneren Mauer und mit dem freien rechten Schwertarm gegen den eindringenden Feind anrennen konnten. Diese Baulösung schenkte ihnen das entscheidende Quentchen mehr Bewegungsfreiheit und Wendigkeit. Ohne eine Kriegereinheit von der Büraburg in der Hinterhand hätte Bonifatius das Fällen der Donareiche sicher nicht gewagt.

hin inszeniert worden. Sollte es wahr sein, dass der Baum nach wenigen Hieben bereits fiel, so müssen wir unterstellen, er sei vorher präpariert worden. Ohne eine militärische Absicherung übrigens wäre der Coup viel zu gefährlich gewesen und Bonifatius war weder schutzlos noch naiv. Er durfte hier, wie vorher auf der Amöneburg, Wohnung, Bewaffnung und Verpflegung der fränkischen Festungen nutzen. Geismar lag in Sichtweite eines solchen fränkischen Stützpunkts, der Büraburg, eine der modernsten und stärksten Festungen des Reiches überhaupt und besetzt mit einer kräftigen Heereseinheit. Man darf wohl annehmen, dass die Baumfällaktion gut angekündigt war – anderenfalls hätte man ja kein Publikum gehabt – und dass eine Mannschaft dieser Krieger in Bereitschaft stand. Man stelle sich einmal vor, die Aktion wäre fehlgeschlagen, Bonifatius und seine Männer unverrichteter Dinge von den Germanen vertrieben worden. Das hätte verheerende Folgen für seine weitere Arbeit gehabt! Nein! Der Christengott musste an diesem Tag seine Stärke beweisen und das tat er vorsichtshalber mit Hilfe fränkischer Krieger. Der ehrwürdige Baum fiel also, ohne dass Donar

Der Heil. Bonifazius in der Wagweide. Wandgemälde im Rathhause zu Erfurt von P. Janssen.

In Hessen und Thüringen hatten vor Bonifatius Willibrords iroschottische Mitarbeiter gewirkt und nur halbe Arbeit geleistet: Zwar hatten sie viele getauft, aber es hatte an der rechten religiösen Unterweisung gemangelt. Dies war der Grund für den Mix aus Heiden- und Christentum, den Bonifatius im religiösen Kult der Menschen vorfand. Hier galt es, nachzuarbeiten. So zog er also mit seinen Mitarbeitern von Ort zu Ort und versuchte, die Dinge in die rechten katholischen Bahnen zu lenken. Das war schwerer, als bei Null zu beginnen.

In der oralen Gesellschaft des Frühmittelalters hatte eine engagierte, feurige Predigt erhebliche Durchschlagskraft. Wir dürfen uns Bonifatius als begabten Rhetoriker vorstellen, der die Leute in seinen Bann schlug. Durch seine Körpergröße, seine hohe Gelehrsamkeit, sein abenteuerliches Herkommen von jenseits des Meeres und seinen Bischofsrang wurde er als außerordentlich und als Respektsperson wahrgenommen. Er hat sicherlich viele Menschen überzeugt und so manchen standhaften Heiden nach lebhaftem Streitgespräch verwirrt und verunsichert zurückgelassen. Die Abbildung stammt aus dem Zyklus der Entwürfe für die Münchner Bonifatiuskirche.

eingriff, was die Germanen schwer erschüttert haben dürfte. Der friedenbringende Christengott schien zuzeiten recht machtvoll und durchschlagskräftig zu sein. Und er hatte starke irdische Helfer.

Noch bis ins späte Hochmittelalter gedachten die Fritzlarer der Tat des Bonifatius, indem sie sich alljährlich zu einer Wallfahrt an der Stelle der alten Donareiche (auf dem Friedhof neben der Peterskirche) zusammenfanden, wo sie symbolisch zur Erinnerung einen Baum fällten.

Uns Heutigen erscheint das Fällen der Donareiche, genauso wie etwa 50 Jahre später das Fällen der Irminsul durch Karl den Großen, nicht als sympathische Tat. Der Baum war, um mit Franz Flaskamps Worten zu sprechen, *Stätte ernster und frommer Zusammenkunft.* Was hätte Bonifatius` Freund Daniel im fernen Winchester wohl dazu gesagt, wenn er von dieser mutwilligen Verletzung fremder Vorstellung gehört hätte? Er, der empfindsame Geist, dessen Ratschlag lautete, die Leute lieber durch belehrendes Gespräch *aus Beschämung erröten* zu lassen, anstatt sie zu *verhöhnen und herauszufordern*? Nun, hier wurde gehobelt, daher

Die Kirche, die Bonifatius aus dem Holz der Donareiche errichtete, wird heute als erster Vorgängerbau des Domes St. Peter in Fritzlar gesehen, wenngleich sie sich archäologisch nicht mehr nachweisen lässt. Hier wirkte der Hl. Wigbert als Abt und Lehrer, hier wurden zahlreiche Bonifatiusschüler auf Kurs gebracht. Sturmius etwa, der Gründer Fuldas, war eine Zeitlang für die Küche zuständig. Der heutige Bau ist hochromanisch und wurde im letzten Jahrzehnt des 11. Jahrhunderts begonnen. Im Jahr 775 wurde Fritzlar Reichsabtei, viele Reichsversammlungen und Synoden fanden hier statt, später wurde es sogar Kaiserpfalz. König Heinrich I., Begründer der ottonischen Dynastie, wurde hier im Jahr 919 zum König gewählt.

fielen buchstäblich Späne und das war eben der Unterschied zwischen dem Leben des Bonifatius an der germanischen Missionsfront und Daniels kultiviertem, etwas weltfremden Dasein hinter stillen Klostermauern im lieblichen Wessex.

Aus dem Holz des Baumes, den Willibald bezeichnenderweise *Jupitereiche* nennt, erbaute Bonifatius wahrscheinlich in Fritzlar seine erste kleine Bischofskirche, weihte sie programmgemäß dem Hl. Petrus und hat so also doch in bester missionarischer Tradition die „Ruinen" der alten Kultstätte christlich umgedeutet. Die heidnischen Bräuche, die er vorfand, waren ihm, der selbst germanischem Stamm entsprossen war, bestimmt noch verständlich. Er konnte sicher sein, dass seine Umwidmung verstanden wurde.

Die iroschottischen und angelsächsischen Missionare haben auf ihren Wanderungen das Volk mit Hilfe von Handglocken zur Predigt zusammengerufen. In einem Brief an seinen Freund Abt Huetberht von Wearmouth bittet Bonifatius: „Und wenn es Euch nicht Mühe macht, dass Ihr uns eine Glocke übersendet, so übersendet Ihr damit uns eine große Hilfe für die Wanderschaft." Mehrere Exemplare wurden in Irland, England und Schottland gefunden. Manche hatten sogar einen eigenen kleinen Glockenkasten, in dem sie transportiert wurden. Ob Huetberht dem Germanenmissionar wohl seine Bitte erfüllt hat?

Zwar ist seine Holzkirche archäologisch nicht mehr nachweisbar, man nimmt aber an, dass sie eine Vorgängerin des heutigen Domes ist. Diesem nachhallenden Donnerschlag folgte der Missionsalltag: Jahre, angefüllt mit Predigen, Lehren, Taufen, Firmen, Diskutieren, bei Wind und Wetter unterwegs sein und mit Stammesführern verhandeln. Die Ratschläge aus Daniels Brief mögen umgesetzt worden sein – man kann sich also regelrechte Gesprächsrunden vorstellen mit einem engagiert argumentierenden Bonifatius und nachdenklich und verwirrt zurückbleibenden Heiden. Die Wirkung einer feierlich-begeisternden Predigt bei Menschen dieses Zeitalters dürfen wir nicht unterschätzen. Sie waren auditiv leicht zu beeindrucken und Bonifatius hat seine Zuhörer sicher in Bann geschlagen. Archäologen haben mehrere Exemplare von Handglocken gefunden, die iroschottische und angelsächsische Missionare auf ihren Wanderungen mit sich führten. Es ist gut möglich, dass auch Bonifatius eine solche besaß, um mit ihrem Schall die Leute auf den Marktplätzen zusammenzurufen. Jedenfalls erbat er sich eine aus England vom Abt Huetberht von Wearmouth: *Und wenn es Euch nicht Mühe macht, dass Ihr uns eine Glocke übersendet, so übersendet Ihr damit uns eine große Hilfe für die Wanderschaft* (Briefe, S. 235).

Freunde und Mitstreiter

Sein Ruf als erfolgreicher Missionar hatte sich zuhause herumgesprochen und zahlreiche Angelsachsen zur Nachfolge inspiriert. Sie wollten nach seinem Beispiel ihr Leben der Peregrinatio weihen, sich freiwillig aus der Schutzsphäre von Familie, Stamm oder Kloster hinaus in das rastlose, gefahrvolle Leben auf dem Kontinent begeben, wo sie sich als Landfremde außerhalb jedes sozialen Gefüges befänden. Dieses Opfer ist gar nicht hoch genug zu schätzen. Starb man im 8. Jahrhundert auch nicht mehr den Märtyrertod, so wählte man mit einem solchen Dasein wahrhaftig ein Märtyrerleben. Wir kennen längst nicht alle Namen von Bonifatius' englischen Helfern. Hin und wieder scheinen in seinem

Sülzenbrücken liegt knappe 10 km nördlich von Arnstadt in Thüringen. Da die Menschen die dort bestehende Salzquelle als Kult- und Versammlungsort nutzten, war dies für Bonifatius in den späten zwanziger oder frühen dreißiger Jahren des 8. Jahrhunderts Anlass, hier eine Kirche zu errichten. Er setzte zunächst einen uns heute unbekannten angelsächsischen Mitarbeiter als Sachwalter ein, später übernahm sein Freund Wynnebald „Sulzebruggun". Hier weihte er im Oktober des Jahres 741 dessen Bruder Willibald zum Bischof. Beide waren vielleicht seine Neffen. Die romanische Kirche, die heute Bonifatius' Gründung ersetzt, stammt aus dem 12. Jahrhundert und ist dem Hl. Wigbert geweiht. Sie besitzt einen hohen Wehrturm und die Schießscharten in ihrer Mauer zeigen, dass sie eine Kirchenburg war. Die Salzquelle war Ziel von Begehrlichkeiten ...

Die mindestens 1500 Jahre alte Sülzenbrückener Salzquelle war der Grund, warum die Gegend im heutigen Nordwestrand des Ilm-Kreises seit Urzeiten besiedelt war. Man nutzte das Salz zum Konservieren von Lebensmitteln. Außerdem ist das Natrium im Salz einer der wichtigen Mineralstoffe, die den menschlichen Elektrolythaushalt am Laufen halten. Wenn wir eine Zeitlang ohne Salz auskommen müssten, würden wir uns zunehmend schlechter fühlen und könnten schließlich nicht überleben. Die Menschen kannten die Zusammenhänge nicht, spürten aber, wie lebenswichtig dieser Stoff war, den die Erde ihnen hier so freigiebig schenkte. Die Quelle galt als Geschenk ihrer Götter, sie war ihnen heilig und diente als Kultstätte. Der Verlauf der uralten Heerstraße in unmittelbarer Nähe zeigt, welche Anziehungskraft dieser Naturrohstoff damals hatte. Bonifatius machte sich den Ruf dieses Platzes zunutze und deutete ihn christlich um.

Briefwechsel Personen auf, wenn ihre Namen als Boten nach Rom oder in die Heimat genannt werden. Von Bynna, der Bonifatius' zweite Romreise eingefädelt hat, hörten wir schon. Ein Denewald war ebenfalls öfters für ihn in allen Himmelsrichtungen unterwegs. Andere machten Karriere: Witta sollte Bischof auf der Büraburg werden, Burgheard in Würzburg, Eoban in Utrecht.

Seine Gründungen in Hessen und Thüringen liegen sämtlich in der Zeit zwischen 723 und 732, also nach der Zerstörung der Donareiche. Er schlug zahlreiche Pflöcke in sein Missionsgebiet ein und schuf sich langsam eine Struktur.

Ein Ort, der sich anbot, war *Sulzebruggun*, Sülzenbrück (bei Arnstadt). Er verfügte über eine reiche Salzquelle, die gleichzeitig kultischer Versammlungsort war. Der wurde umgewidmet und Bonifatius setzte hier einen seiner Mitstreiter als Priester ein. Wir kennen seinen Namen nicht, Ende der dreißiger Jahre jedoch überantwortete er den Ort samt seinen umgebenden Kirchen Wynnebald, der vielleicht sein Neffe war. Hier weihte er auch dessen Bruder Willibald zum Bischof. Auf diesen Willibald lohnt sich ein genauerer Blick:

Er war ein Abenteurer von ausgesuchtem Schrot und Korn. Um das Jahr 700 als Sohn einer angelsächsischen christlichen Familie geboren, verbrachte er seine Kindheit als *puer oblatus* im Kloster in Südengland. Zusammen mit seinem Bruder Wynnebald und seinem Vater Richard brach er im Frühjahr 720 zur Pilgerfahrt nach Rom auf. Während Wynnebald nach der Ankunft in Rom eine theologische Ausbildung genoss, trieb es Willibald bald weiter. Mit ein paar Freunden pilgerte er über Sizilien nach Jerusalem und bereiste im Lauf der nächsten Jahre das Heilige Land, Syrien und Palästina. Auf der Rückreise lebte er als Asket zwei Jahre in

Konstantinopel. Schließlich machte er sich um das Jahr 729 auf den Weg zurück nach Italien. Dort zog es ihn zum berühmten Mutterkloster der Benediktiner auf dem Monte Cassino, das seit dem Langobardenüberfall im Jahr 577 noch darniederlag. Die nächsten 10 Jahre wirkte Willibald hier maßgeblich beim Wiederaufbau sowohl der äußeren Bauhülle als des monastischen Lebens mit, indem er als Küster und Pförtner arbeitete. 739, als er sich gerade mit seinem Abt Petronax im Rom befand, traf er dort auf Bonifatius, dem es gelang, diesem weitgereisten, charismatischen Mann ein neues Aufgabengebiet in Germanien schmackhaft zu machen. Zusammen mit Wynnebald zog er also im Tross des Bonifatius über die Alpen nach Germanien, wahrscheinlich in der Hoffnung, den Festlandsachsen das Evangelium zu bringen. Willibald wurde im Jahr 741 Klosterbischof in Eichstätt. Zusammen gründeten die Brüder das Kloster Heidenheim. Diese Geschwister sind nur ein Beispiel für ganze angelsächsische Familienverbände, die aufs Festland kamen, zunächst unter Bonifatius´ Ägide wirkten, dann selbstständig weiterarbeiteten, um schließlich eigene Schüler auszusenden. Wir wissen von

Im Jahr 1520 erteilte Gabriel von Eyb, Fürstbischof von Eichstätt, dem Maler Lukas Cranach dem Älteren den Auftrag, ihn gemeinsam mit den Diözesanheiligen Willibald und Walburga auf einem Bild zu verewigen. Die Geschwister Willibald und Walburga gehörten zum Familienkreis des Bonifatius – möglicherweise war er ihr Onkel. Willibald hatte ein wahrhaft reisefreudiges Leben: Nachdem er im Jahr 720 nach Rom gepilgert war, wollte er auch das Heilige Land sehen. Nachdem er dort ausgiebig herumgewandert war, machte er in Konstantinopel einen zweijährigen Stopp als Rekluse. Schließlich kehrte er nach Italien zurück, wo er 10 Jahre lang am Wiederaufbau von Monte Cassino mitwirkte. Während einer Dienstreise nach Rom traf er Bonifatius, schloss sich ihm an, ging mit ihm hinauf ins raue Germanien und wurde im Jahr 741 Bischof von Eichstätt. Hochbetagt starb er dort im Jahr 787. Das Gemälde wird in der Bamberger Staatsgalerie aufbewahrt.

Wynnebald, dass er im Jahr 727 eine regelrechte Werbekampagnenreise in die Heimat unternommen hat, um noch mehr Verwandtschaft aufs Festland zu holen. So konnte er seine Schwester Walburga und seine Verwandte Hugeburc zum Kommen motivieren. Nach seinem Tod im Jahr 761 übernahm Walburga das Doppelkloster Heidenheim als Äbtissin. Willibald starb über zwanzig Jahre später in hohem Alter im Jahr 787 oder 788 als Bischof von Eichstätt. Seine lebenspralle und detailreiche Vita ist ein ganz großer Wurf und steckt voller Informationen aus erster Hand. Niedergeschrieben wurde sie von Hugeburc, die mittlerweile Nonne in Heidenheim geworden war. Sie war auch Verfasserin der Vita des Wynnebald.

In Ohrdruf (etwas südlich von Gotha) gründete Bonifatius das Kloster St. Michael: *Auch wurde ein Kloster in einem Orte namens Orthorpf errichtet, nachdem man vorher eine Vereinigung von Gottesknechten und Mönchen, die in hoher Heiligkeit lebten, zustande gebracht. Diese erwarben sich nach dem Beispiel der Apostel mit ihren eigenen Händen in emsiger Arbeit Lebensunterhalt und Kleidung* (Willibald, S. 497). Willibald berichtet, dass sich in Ohrdruf bald Lehrer, Schreiber und in anderen Handwerken geübte Leute zusammenfanden. Man darf annehmen, dass dort aus Bonifatius' Lehrwerken unterrichtet wurde.

Amöneburg - Fritzlar - Ohrdruf. Langsam, aber zielstrebig schob er seine Gründungen aus dem schon etwas christianisierten Westen in den fast noch heidnischen Osten vor. Büraburg, Geismar und Fritzlar befanden sich alle in unmittelbarer Nähe zueinander und das Zentrum war Fritzlar, *Friedeslar*, seinem Namen nach ein Ort, an dem eine verabredete Friedenspflicht galt. Als ersten Abt seines Klosters um die neue Peterskirche setzte Bonifatius den älteren Wigbert ein, der aus England angereist war. Dieser hatte auf der Insel einen ausgezeichneten Ruf und Bonifatius bemühte sich, ihn für sein Missionsprogramm abzuwerben. Innerhalb seines Mitarbeiterkreises scheint Wigbert eine herausgehobene Stellung bekleidet zu haben. Er war älter als die anderen, selbst Bonifatius erkannte ihn als Autorität und Respektsperson, nannte ihn *pater* und schätzte sich glücklich, ihn als Ausbilder für den monastischen Nachwuchs einsetzen zu können. Wie sehr ihm Fritzlar am Herzen lag, kann man daran ermessen, dass er diesen herausragenden Mann zu dessen Leitung einsetzte. Es heißt, Wigbert habe Fritzlar *ad normam suae vitae* geleitet, also *nach seiner Lebensweise*. Das bedeutet, dass er zuhause nach einer Regel gelebt hat - wahrscheinlich mit benediktinischer Prägung. Seine Vita schrieb Lupus von Ferrières Mitte des 9. Jahrhunderts im Kloster Fulda im Auftrag von Abt Brunwart v. Hersfeld. Aus dem großen Kreis von Bonifatius' Mitarbeitern ragten Wigbert und Willibald hinaus und konnten es wohl als einzige mit ihm an persönlichem Format aufnehmen.

Wir kennen auch einen jüngeren Wigbert - er kam aus dem Kloster Glastonbury. Er wirkte in Fritzlar zunächst wahrscheinlich als Priester, später als Leiter der Klosterschule. Von ihm hören wir, mit welcher Freude Bonifatius Neuankömmlinge aus der Heimat begrüßt hat. Wigbert schreibt an seine Mitbrüder nach

Auch Wigbert – vor dem Jahr 670 in Wessex geboren – durchlief zunächst eine Klosterkarriere in England, bevor er sich mit etwa 50 Jahren zur Peregrinatio entschloss. Bonifatius setzte ihn als Abt in Fritzlar, später in Ohrdruf ein. An beiden Orten prägte er junge Männer im benediktinischen Geist und angelsächsischer Gelehrsamkeit. Er starb 732 oder 736 in Fritzlar und wurde dort beigesetzt. Als Bischof Lul von Mainz im Jahr 775 seine Gebeine nach Hersfeld entführte, damit sein neugegründetes Eigenkloster über prestigereiche Reliquien verfüge, nahmen ihm die Fritzlarer das sehr übel.
Die Statue wurde um 1700 als Teil einer sechsfigurigen Heiligengruppe für die Kirche St. Marien in Burlo/ Kreis Borken geschaffen.

Hause: *Den heiligen und in Christus liebwerten Herren Vätern und Brüdern im Kloster Glestingaburg der Priester Wiehtberht, gewiss Euer und der Knechte Gottes demütiger Knecht, Heil im Herrn.* Nachdem er zunächst von der glücklichen Überfahrt berichtet hat, fährt er fort: *Ihr wisst, Brüder, dass uns, die die Liebe Christi verbindet, die Entfernungen der Länder nicht voneinander scheiden. Daher bleiben immer in mir meine brüderliche Liebe zu Euch und meine Verehrung, aber auch meine Gebete für Euch zu Gott. Ich lasse Euch aber wissen, Teuerste, dass unser Erzbischof Bonifatius, sobald er von unserem Kommen hörte, in eigener Person uns eine weite Strecke entgegenzureisen und uns überaus gütig aufzunehmen*

geruhte. (...) Der allmächtige Gott verleiht in seinem Mitleid und durch Eure Verdienste unserem Werk ein gutes Gedeihen, mag es auch eine sehr gefährliche und fast in jeder Hinsicht mühselige Sache sein, unter Hunger und Durst, unter Kälte und den gegenseitigen Überfällen der Heiden zu leben. Daher bitte ich inständig: Betet für uns (...). Lebt wohl im Herrn! Grüßet die Brüder im Kreise, zuerst den Abt Ingeld und unsere Klostergemeinde, und meldet meiner Mutter Tetta und ihrer Gemeinde unsere glückliche Reise. Euch alle ersuche ich gemeinschaftlich mit dringenden Bitten, in inständigem Gebete mit uns abzuwechseln (...) (Briefe, S. 323/325).

Was scheint alles zwischen diesen Zeilen auf: der Stolz, zum Team des berühmten Bonifatius zu gehören, ein gerüttelt Maß Heimweh und Sehnsucht nach Familie und Freunden, Angst vor der eigenen Courage, schließlich auch ein bißchen Großtun vor den Daheimgebliebenen mit dem aufregenden, gefahrvollen Lebensabenteuer. Auf jeden Fall aber die Bitte um Gebetsgemeinschaft und die Versicherung, seinerseits durch Gebetsbeistand das Dasein in der Heimat zu unterstützen. In der bonifatianischen Briefsammlung spielen solche Gebetsverbrüderungen eine bedeutende Rolle. Sie spannen gleichsam über seinen ganzen Wirkungsbereich ein spirituelles Netz, das sich von England über das ganze Frankenreich, Germanien bis hin nach Rom zieht. Immerfort bat man um oder versprach anderen geistlichen Beistand. Ein Brief von König Aelbwald von Ostanglien an Bonifatius aus den späten vierziger Jahren des 8. Jahrhunderts zeigt uns, dass die Bündnisse sogar über den Tod hinaus und in die Ewigkeit hinein wirkten. Man tauschte Verstorbenenlisten aus, so dass auch die Toten sich in Gebetssicherheit wiegen durften: *Auch werden die Namen der Abgeschiedenen, die den Weg aller eingeschlagen haben, von beiden Seiten beigebracht werden (...)* (Briefe, S. 273). Solche Totenlisten haben sich aus verschiedenen Klöstern erhalten, weltberühmt geworden sind die aus dem Kloster Fulda, die von der Stunde Null ab bis zum Jahr 1065 geführt wurden und annähernd 40.000 Namen enthalten. Durch sie versicherte man sich immer wieder der geistigen Familie, der man aus freiem Willen beigetreten war. In der Fremde wusste man sich so auf allen Wegen in der Obhut kräftigender Gebetsausstrahlung.

Die Angelsachsen Tatwin, Hiedde und Geppa wurden ebenfalls Mönche in Fritzlar, was uns schließen lässt, dass bis zur Gründung von Fulda dieser Platz Bonifatius' bedeutendster Stützpunkt war. Hinzu kamen schließlich der Priester Willibald (der Mainzer Vitenschreiber) und viele andere mutige Reisende, deren Namen wir nie kennen werden. Diese Leute bildeten eine homogene Gruppe mit einer gemeinsamen Aufgabe. Sie stammten größtenteils aus derselben sozialen Schicht Südenglands, waren in weiten Teilen sogar verwandt miteinander oder hatten im selben Kloster Kindheit und Jugend verbracht. Man dachte und fühlte dasselbe. Diese angelsächsische community agierte ziemlich international und war extrem gelehrt. Man traf sich ständig in politischen und geistlichen Kon-

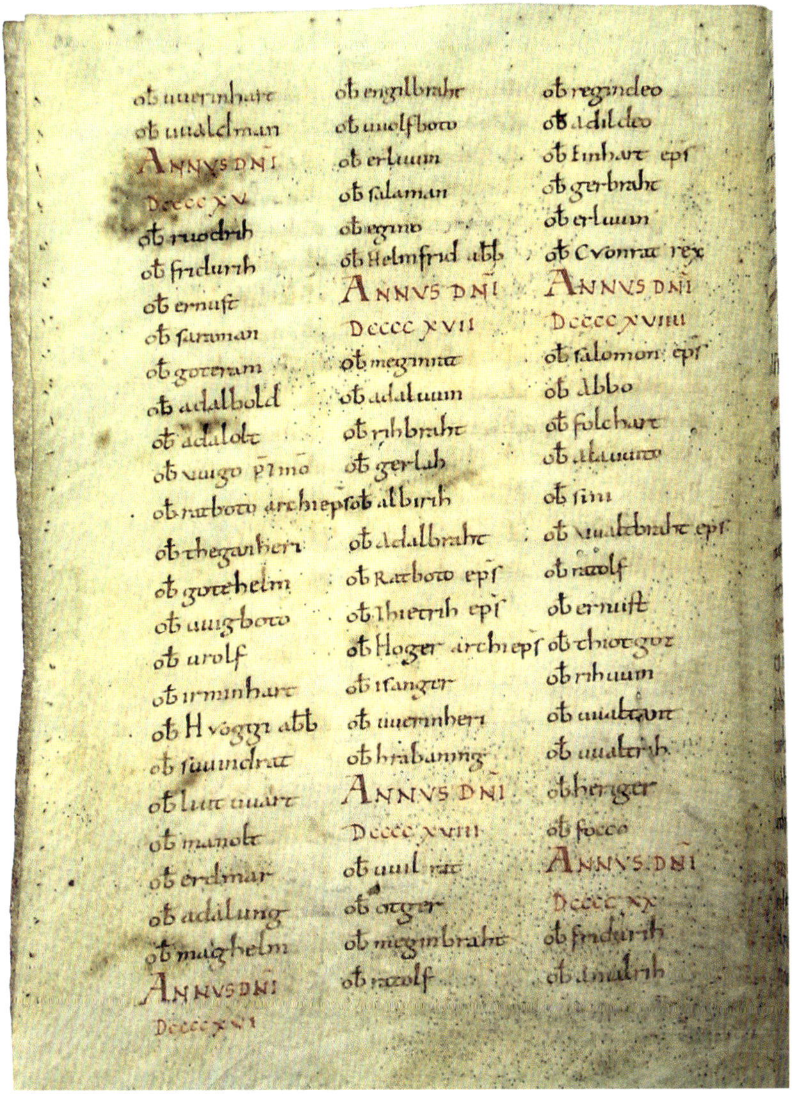

Die berühmten Fuldaer Totenannalen wurden in den Anfängen des Klosters begonnen, bis ins Jahr 1065 weitergeführt und enthalten annähernd 40.000 Namen. Hier sehen wir die Seite, auf der der Tod des ostfränkischen Königs Konrad I. eingetragen ist. Wir lesen seinen Namen in der 3. Spalte in Zeile 6 als letzten Eintrag des Jahres 918, da sein Tod im Dezember erfolgte: ob(iit) cvonrad rex = Gestorben ist König Konrad. Kurz darauf wurde er in der Fuldaer Ratgarbasilika bestattet. Nicht nur Mönche des Klosters, sondern auch Gönner und Mitglieder des Herrscherhauses wurden in diese Listen eingetragen. Welche Regeln die Liturgie für den Umgang mit diesen Büchern entwickelt hatte, ist unklar – wahrscheinlich lagen sie während der Hl. Messe auf dem Altar, damit die eingetragenen Personen gleichsam an der heiligen Handlung teilhatten. Aufgabe der modernen Namens- und Personenforscher ist es, diese nur scheinbar trockenen Listen zum „Sprechen" zu bringen. Sie sind außerdem bedeutendes Zeugnis der Sprachgeschichte.

stellationen – bei Synoden, Weihen oder bei Hof. Wir sehen also: Bonifatius besetzte sein Missionsgebiet mit Menschen nach seinem Herzen, die allein schon durch ihre hohe Anzahl die Gegend nachhaltig prägen sollten. Nicht nur durch ihr romorientiertes Christentum, sondern auch durch ihre angelsächsische Klostergelehrtheit. Es entstand in diesem Raum eine regelrechte angelsächsische Schriftprovinz, deren Zentrum das Skriptorium von Fulda werden sollte. Bonifatius war gleichsam der pater familias dieser Peregrinatiogruppe – alles Leute, die ihre Heimat verlassen hatten und nun auf eine verlässliche Gemeinschaft in der Fremde angewiesen waren. Der Personalzustrom begann in den 20er Jahren und war um das Jahr 740 abgeschlossen. Es kamen keine Leute mehr hinzu, sicher auch, weil dem fränkischen Adel diese große Gruppe zunehmend unbehaglich wurde und man gegen die geistige Bevormundung aus der Fremde aufbegehrte.

Die Gründungen in Thüringen und Hessen waren die Schmieden für den monastischen Nachwuchs und Keimzellen für die Glaubensverbreitung. Zahlreiche Bonifatiusschüler haben sie durchlaufen. Die Klöster waren außerordentlich leistungsfähige Gemeinschaften, das Leben dort war attraktiv und zog zahlreiche Söhne und Töchter fränkischer Familien an. Schließlich lebte man dort die Avantgarde in Sachen Bodenbearbeitung, Architektur, Bildung und Schriftkultur. Die international vernetzten Mönche brachten z.B. die Idee der Dreifelderwirtschaft mit ihren höheren Erträgen. Sie wohnten bequemer als der Rest der Welt. Man stelle sich vor, dass die erste kleine Mönchszelle in Fulda vom Jahr 744 bereits über einen Raum mit Hypokaustheizung verfügte. Wo es monastische Niederlassungen gab, hob sich sogleich das Know-how der Menschen und damit der Lebensstandard. Mit ihnen schob sich also auch weltlicher Fortschritt nach Osten vor.

Frauen im Umkreis des Bonifatius – Leoba

Auch die gebildeten und selbstbewussten Klosterfrauen aus England machten sich auf den Weg. Viele rüsteten sich zur Pilgerreise nach Rom, um am Grab des Apostelfürsten Petrus zu beten oder dort ihr Leben zu beschließen. Bonifatius war gar nicht dafür, kannte er doch nach mehrfachem Überqueren der Alpen die Gefahren solcher Unternehmungen. Die diesbezügliche Anfrage der Äbtissin Bugga aus den späten dreißiger Jahren beantwortet er ausweichend: *Ich wage es nicht, Dir von mir aus die Pilgerfahrt zu verbieten, aber auch nicht, sie Dir unbedenklich anzuraten. Vielmehr will ich sagen, was meine Meinung ist. (...) Du solltest Dich gedulden, bis es mit den Unruhen, Angriffen und Bedrohungen durch die Sarazenen ruhiger geworden ist* (Briefe, S. 95). Etwa zehn Jahre später schreibt er an Bischof Cudberht von Canterbury, dass er es besser fände, wenn *die Synode und Eure Fürsten den Weibern und den verschleierten Frauen dieses Reisen und den starken Verkehr auf dem Hin- und Rückweg zur Stadt Rom untersagen würden, weil sie zum großen Teil zugrunde gehen und nur wenige rein bleiben. Es gibt nämlich nur sehr wenige Städte in der Lombardei, in Francien oder in Gallien, in denen es nicht eine Ehebrecherin oder Hure gibt aus dem Stamm der Angeln. Das ist aber ein Ärgernis und eine Schande für Eure ganze Kirche* (Briefe, S. 253).

Wenn auf dem Weg nach Rom die Reisekasse klamm wurde, blieb den Frauen also nichts anderes übrig, als in der ältesten Profession ihr Überleben zu suchen. Da es aber für Bonifatius' Arbeit von immenser Bedeutung war, dass die Angelsachsen in allen Belangen – vor allem in denen der Moral und Sittlichkeit – vorbildlich für den Rest der Welt waren, machten ihm solche Zustände natürlich besonderen Kummer. Angelsächsische Prostituierte säumten praktisch den gesamten Pilgerweg nach Rom – ein Skandal!

Viele Frauen wählten die Peregrinatio und segelten über die Nordsee hinüber aufs Festland, um sich Bonifatius anzuschließen. Er nahm sie mit offenen Armen auf, wusste er doch genau, dass eine wohlfundierte religiöse Erziehung von Mädchen als Multiplikator wirkte und wahre Wunder in der Missionsarbeit bewirken konnte. Besonderes Augenmerk hatte er auf eine junge Klosterfrau geworfen,

Kloster Wimborne im Südosten der heutigen Grafschaft Dorset war eines der zahlreichen angelsächsischen Doppelklöster. Hier wirkte eine hochadlige Dame als Äbtissin über eine Frauen- und eine Männerkongregation. Geistige Freiheit und hohe Gelehrsamkeit herrschten in diesen Häusern und besonders Wimborne hatte für Germanien unschätzbare Ausstrahlungskraft. Hier wurde Leoba, die Nichte des Bonifatius, erzogen und mit ihr andere Mädchen, die sich für ein Leben als Missionarinnen in seinem Dienst entschieden. Leoba übernahm Tauberbischofsheim, Cynehild wirkte in Ohrdruf, Thekla wurde Äbtissin in Ochsenfurt und Kitzingen, Walburga leitete das Doppelkloster in Heidenheim. Sie alle waren in Wimborne von der klugen Tetta ausgebildet worden, leiteten ihrerseits Lehrerinnen an und verbreiteten so angelsächsische Bildungsideal im Schneeballverfahren über Bonifatius´ Missionsgebiet.

Trudgeba, die einzige Tochter von Dynno und Aebbe, einer Verwandten seiner Mutter. Alle Welt rief sie nur mit ihrem Kosenamen Leoba, die „Liebenswerte". Sie wurde in Wessex geboren, vielleicht um das Jahr 710 herum. Der Fuldaer Mönch Candidus Bruun bezeichnete sie in seiner Vita des Abtes Eigil *Bonifacii neptis*, also als Bonifatius´ Nichte. Als eine der bedeutenden Frauen in seinem Umkreis wollen wir sie näher betrachten.

Als kleines Mädchen wurde sie als *puella oblata* von ihren Eltern in das Kloster Wimborne gegeben, heute eine Kleinstadt im Südosten der Grafschaft Dorset. Es handelte sich hierbei um eine Kongregation, wie sie für die angelsächsische Kirche typisch war – ein Doppelkloster, in dem Mönche und Nonnen zusammenlebten, allerdings unter räumlicher Trennung. Die Leitung hatten meistens die Äbtissinnen, hochadelige Damen, oft von königlichem Geblüt. Auch hier war das der Fall. Äbtissin war Tetta, aus königlichem Haus. Wir haben sie eben in dem Brief an die Brüder in Glastonbury als Mutter des Fritzlarer Mönches Wigbert kennengelernt. Die Männerkongregation hatte dienende Funktion. In germanischer Gefolgschaftstreue stand sie zu der hohen Frau in Vasallenverhältnis. Den Männern oblagen die schwereren Arbeiten sowie alle weltlich-administrativen Aufgaben, die Priester leisteten den liturgischen Service, der ihr unterstehende Bischof nahm die Weihen vor. Hier konnte die Edelfrau unter dem männlichen Schutz ihrer eigenen Sippe ein angenehmes, eigenständiges Leben führen.

Diese Konvente wurden von männlichen Mitgliedern hochgestellter, oft herrscherlicher Familien gegründet, um die Frauen angemessen zu versorgen. Wimborne wurde Ende des 7. Jahrhunderts für Cuthburga, Schwester des Königs Ine von Wessex, gegründet. Sie war einst Königin von Northumbria gewesen und musste nach der Trennung von ihrem Mann standesgemäß untergebracht werden. Auch königliche Witwen bekamen in diesen Doppelklöstern die Möglichkeit, in Wohlstand, Sicherheit, Unabhängigkeit und ausgestattet mit nicht unerheblicher Machtbefugnis, zusammen mit ihren männlichen Verwandten zu leben. Ein ziemlich attraktives Lebenskonzept! Manch einer dürfte die Wahl zwischen diesem Dasein und einer unerwünschten Ehe nicht schwergefallen sein. Die geistlichen Frauen wurden also beschützt, ohne dass ihnen gleichzeitig ihre individuelle Handlungsfreiheit genommen wurde. Es ist wahrlich eine Ironie, dass eine benediktinische Klosterfrau von heute nicht annähernd solche Freiheiten genießt wie ihre geistlichen Schwestern im angelsächsischen Frühmittelalter. Die Hochphase dieser Doppelklöster endete mit dem Beginn der Wikingerüberfälle im 9. Jahrhundert.

Wie wir weiter oben gehört haben, war der Bildungsstandard in diesen Einrichtungen hoch, die Mädchen wurden mit größter Sorgfalt erzogen. Bedeutende Lehrer kamen zu ihnen, wie es Bonifatius getan hatte. Neben Bibelstudium und der Lektüre der Kirchenväter wurden sie in Rhetorik, Metrik und Grammatik, Musik und Mathematik unterrichtet. Auch die junge Leoba war vom Poesievirus infiziert. Sie schrieb etwa im Jahr 732 ihrem berühmten Verwandten Bonifatius ins ferne Germanien einen Brief, dem sie einen selbstgeschriebenen Vers beifügte: *Die unten folgenden Verslein habe ich der mündlichen Unterweisung in der Dichtkunst folgend verfasst, nicht im Vertrauen auf meine Kühnheit, sondern in der Absicht, meine noch wenig geschulte schwache Begabung zu üben, wozu ich Deiner Nachhilfe bedarf. Diese Kunst habe ich im Unterricht bei Eadburg gelernt.* Eadburg,

Äbtissin von Thanet, war ebenfalls eine Freundin und rege Briefpartnerin des Bonifatius. Leoba ersucht ihn sogar, ihren Briefstil zu korrigieren: *Und noch eine Bitte, Du mögest die Fehlerhaftigkeit dieses Briefes verbessern und nicht anstehen, mir als Muster einige Worte Deiner Freundlichkeit zukommen zu lassen, die zu hören ich ein gieriges Verlangen habe* (Briefe, S. 105).

Man darf sich Bonifatius als stark beschäftigten Mann mit einer Vielzahl von Anforderungen vorstellen. Da wandte sich nun seine Nichte, die er vielleicht als Baby oder Kleinkind noch in Erinnerung hatte, zutraulich an ihn – stolz, es in den Wissenschaften und schönen Künsten zu etwas gebracht zu haben – mit der Bitte, ihr metrische und grammatische Nachhilfe zu geben!

Auch Familiennachrichten fehlen nicht: *Ich bitte Deine Güte, Du wolltest der alten Freundschaft gedenken, die Du vor langer Zeit mit meinem Vater – er heißt Dynne – geschlossen hast noch in Wessex (er ist schon vor acht Jahren aus dieser Welt genommen worden), damit Du keinen Anstand nimmst, für seine Seele bei Gott Fürbitte einzulegen. Auch lege ich Dir das Andenken an meine Mutter namens Aebbe nahe, die Dir, wie Du noch besser weißt, durch die Bande der Blutsverwandtschaft verbunden ist; sie lebt noch mühselig und leidet schon lange schwer an einer Krankheit. Ich bin meinen beiden Eltern die einzige Tochter, und obwohl ich es nicht verdiene, wünsche ich, Dich an Bruders statt annehmen zu dürfen, weil ich auf keinen Menschen meines Geschlechts mit solcher Zuversicht meine Hoffnung setze wie auf Dich* (Briefe, S. 103). Was gäbe man darum, Bonifatius' Reaktion beim Lesen dieses Briefes zu sehen! Diesem Gruß aus der Heimat, von der Familie, deren nächste Generation augenscheinlich auf gutem Wege war. Diese begabte kleine Nichte würde er im Auge behalten ...

Das kanonische Alter für die ewige Profess war damals 25 Jahre, so dass man dies für Leoba um das Jahr 735 annimmt. Etwa um diese Zeit, also drei Jahre nach Erhalt des Briefes, sandte Bonifatius denn auch *in sein Vaterland Gesandte mit Briefen zur Äbtissin Tetta (...) und ersuchte sie, ihm zum Trost in seiner Pilgerschaft und zur Unterstützung in der ihm übertragenen Gesandtschaft die Jungfrau Leoba herüberzusenden, von der der Ruf ihrer Heiligkeit und die Kunde ihrer Tugenden damals durch weite Lande erschollen war und mit ihrem herrlichen Lobe viele Herzen erfüllt hatte. Die Mutter des Klosters ertrug zwar schwer ihre Abreise, weil sie aber dem göttlichen Walten nicht widerstehen konnte, so sandte sie dieselbe dem heiligen Manne seinem Wunsche gemäß ehrenvoll zu. (...) Als sie angekommen war, nahm der von Gott erfüllte Mann sie mit hoher Ehrerbietung auf, sie nicht allein wegen der zwischen ihnen von mütterlicher Seite her bestehenden Verwandtschaft liebend, sondern noch mehr wegen der Heiligkeit ihres Lebens und der Lehre der Weisheit, indem er wusste, dass sie durch diese ebensowohl wie durch das Wort und Beispiel sehr vielen einst nützen würde.* So schreibt Rudolf von Fulda in Leobas Vita. Bonifatius hatte auch gleich Arbeit für sie: *(...) die Jungfrau Leoba aber bestimmte er zur geistlichen Mutter der Jungfrauen und übertrug ihr das Kloster Biscofesheim* (=Tauberbischofsheim), *wo eine nicht geringe*

Tauberbischofsheim wird als „Biscofesheim" in Rudolfs Vita der Leoba im Jahr 836 zum ersten Mal erwähnt. Der Name deutet an, dass hier bereits vorher der Sitz eines Bischofs war – vielleicht eine von Bonifatius' Reiseresidenzen? Das würde Sinn machen, schließlich lag der Ort an der vielbegangenen Route nach Augsburg über Tirol bis hin nach Rom. Wollte Bonifatius seiner Nichte Leoba in angelsächsischer Tradition ein Eigenkloster zur Verfügung stellen, das unter seinem Schutz stand? Wir wissen es nicht. Wir lesen jedoch bei Rudolf, dass unter ihrer wohlwollenden Leitung das Kloster Tauberbischofsheim ein Ort gelehrter und heiterer Frömmigkeit war. Leoba bedeutet im Angelsächsischen „Liebling" und die Äbtissin wurde tatsächlich mehr geliebt als gefürchtet: Sie ließ zu, dass die Novizinnen Scherze mit ihr trieben und verordnete dem ganzen Konvent an den langen Sommertagen kollektiven Mittagsschlaf.

Anzahl der Mägde Gottes versammelt wurde, die nach dem Beispiel der seligen Lehrerin in den Lehren der himmlischen Weisheit unterrichtet und die durch ihren Unterricht so ausgebildet wurden, dass mehrere von ihnen späterhin Lehrerinnen der anderen wurden, so dass in jenen Landen keine oder nur sehr wenige Frauenklöster sich vorfanden, welche nicht ihre Schülerinnen zu Lehrerinnen verlangten (Rudolf, S. 94/95). Der Name Bischofsheim lässt übrigens vermuten, dass es sich hier um ein Doppelkloster nach insularem Vorbild gehandelt hat. Mindestens an ein männlich-geistliches Zentrum war Liobas Kloster wahrscheinlich angekoppelt. Eine von Bonifatius' Reiseresidenzen?

Wie erhofft, wurde so die weibliche angelsächsische Gelehrsamkeit im Schneeballverfahren auf die nächste fränkische Frauengeneration übertragen. Die Äbtissin, die nach Leobas Tod in Tauberbischofsheim folgte, war bereits keine Angelsächsin mehr, sondern eine fränkische Edeldame aus dem Hause Hohenlohe. Tauberbischofsheim als Klosterort war klug gewählt, lag es doch an der uralten und vielbegangenen Reiseroute nach Augsburg über Tirol bis nach Rom. Leoba war übrigens nicht allein gekommen, sie brachte noch mehr Verwandtschaft mit: Thekla, die später Äbtissin in Ochsenfurt und Kitzingen wurde und Walburga, die die Leitung des Doppelklosters Heidenheim übernahm. Mit von der Partie waren außerdem Cynehild, die nach Thüringen ging und ihre Tochter Berhtgit sowie Kunitrud. All diese couragierten jungen Frauen waren unter Tettas Aufsicht

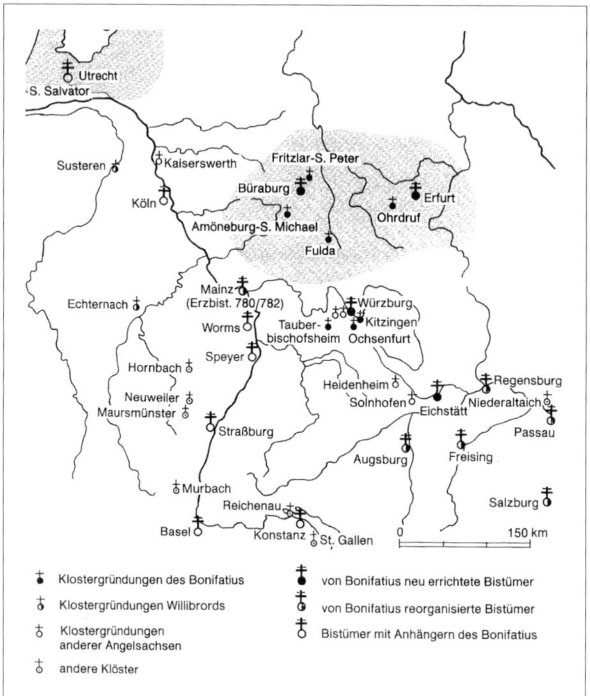

Der Strahlkraft des Bonifatius und seiner angelsächsischen Mitstreiter lässt sich auf dieser Karte gut ablesen. Das Zentrum seines Missionsgebiets wird von den sogenannten mitteldeutschen Bistümern Büraburg, Erfurt und Würzburg eingefasst, die er unmittelbar nach dem Tod des Karl Martell gründete. Hier und in den umliegenden Klosterniederlassungen hatte er angelsächsische Freunde eingesetzt.
Seine Nichte Leoba und ihre Freundinnen wirkten etwas weiter südlich in Tauberbischofsheim, Kitzingen, Heidenheim und Ochsenfurt. Diese Edelfrauen waren von Äbtissin Tetta von Wimborne vorzüglich ausgebildet worden und so strahlte deren Gelehrsamkeit bis hierher. In den Skriptorien all dieser geistlichen Niederlassungen wurde in angelsächsischer Manier geschrieben, so dass man heute von einer „angelsächsischen Schriftprovinz" spricht.
Die bayerischen Diözesen ordnete er nach der Rückkehr von seiner dritten Romreise so, wie sie heute noch bestehen: Regensburg, Eichstätt, Passau und Freising.

in Wimborne erzogen worden. Die Ausstrahlungskraft dieses Klosters für Deutschland ist gar nicht hoch genug zu schätzen.

Leoba wurde ausgesprochen populär. Ihr Kosename beschrieb ganz buchstäblich ihren Charakter. Die vornehmen Familien der Gegend sandten ihre Töchter in Scharen zur Erziehung in ihr Kloster. In die innere Schule diejenigen, die zu Nonnen herangebildet werden, in die äußere solche, die nach ihrer Ausbildung in die Welt hinausgehen, heiraten und eigene Kinder erziehen sollten. Rudolf schreibt, die Frauen hätten in Tauberbischofsheim *regularis disciplinae normam* gelebt, also wohl der Lebensweise folgend, die Leoba in Wimborne gelernt hatte. Wiederum wissen wir nicht, wieviel Benediktsregel in diesem Tagesablauf wohl gesteckt haben mag. Jedenfalls war ihr Führungsstil geprägt von Güte und gesundem Menschenverstand. So ordnete sie in den Sommermonaten mit den langen Wachzeiten kollektiven Mittagsschlaf an: *Obschon sie immer nur ein wenig ruhte, so tat sie sowohl als die anderen Schwestern es namentlich den ganzen Sommer hindurch nach dem Mittagessen, und nie gab sie zu, dass eine von ihnen desungeachtet wachen wollte, da sie behauptete, nach genossenem Schlaf werde der Sinn geschärft, vorzüglich zum Lesen.* Was für eine kluge Frau – mittägliches Powernapping im Frauenkonvent! Sie selbst ließ sich übrigens während des Schlafens von den jüngeren Mädchen aus der Bibel vorlesen. Die Backfische machten sich dabei den Spaß, ob sie ihre geliebte Mutter wohl foppen könnten, indem sie absichtlich Fehler machten: *(...) sie konnten kein Wort oder auch nur eine Silbe während des Lesens übergehen, ohne dass sie nicht von ihr, obschon sie schlief, darauf aufmerksam gemacht wurden. Denn wie die, denen dieses Amt übertragen war, nachher selbst bekundeten, hätten sie, wenn sie sie in festen Schlaf versenkt erblickt hätten, mit*

Walburga gehörte ebenfalls zum Familienkreis um Bonifatius, war vielleicht seine Nichte. Wie Leoba war sie Schülerin der Äbtissin Tetta von Wimborne. Ihr Bruder Wynnebald rekrutierte sie während seiner Werbereise in die Heimat. Die Überfahrt von England nach Antwerpen verlief so stürmisch, dass sie sie betend auf den Knien verbrachte. Diese Legende macht sie bis heute zur Schutzheiligen der Seeleute. Sie lebte zunächst in dem von Leoba geleiteten Tauberbischofsheim, nach dem Tod ihres Bruders Wynnebald übernahm sie dann die Leitung seines Klosters Heidenheim, das dafür eigens in ein Doppelkloster nach angelsächsischem Vorbild umgewandelt wurde. Dieses Kloster erlangte hohe Bedeutung und so wurde Walburga zu einer der einflussreichsten weiblichen Religiosen Europas. Sie starb wahrscheinlich um das Jahr 780 und hier sehen wir ihr Grabmal in Heidenheim.

Fleiß versucht, im Lesen Fehler zu machen, aber niemals wäre es ihnen unentdeckt hingegangen (Rudolf, S. 96/97). Den kleinen Becher, aus dem sie zu trinken pflegte, nannten alle Mitschwestern nur *der Geliebten Kleiner.* Diese von ihrem Biographen Rudolf übermittelten Anekdoten lassen noch nach über 1200 Jahren vor unserem geistigen Auge einen Klosteralltag unter weiser und wohlwollender Leitung erstehen. Catherine Wybourne schrieb: *Leoba (...) was the kind of person with whom one would gladly share eternity, or even a lifetime in community. She was a saint, but not the type whose sanctity makes heroic demand on others. She was ascetic, but she understood the value of an after-dinner-nap.* Ihr Spitzname Leoba = Liebling blieb ihr zeitlebens erhalten und lehrt uns, dass sie – auch als Äbtissin – geliebt und nicht gefürchtet wurde.

Ihre hohe Bildung und ihr vornehmes Wesen machten sie interessant für die geistlichen und weltlichen Magnaten. *Fürsten liebten sie, Vornehme empfingen sie, Bischöfe nahmen sie mit Freuden auf, unterredeten sich mit ihr über das Wort des Lebens und besprachen oft mit ihr kirchliche Einrichtungen, da sie in den Schriften sehr gelehrt und vorsichtig im Rat war.* Tatsächlich nimmt man an,

Die Fuldaer Holzplastik der Hl. Leoba aus dem 15. Jahrhundert, die noch ihre alte Farbfassung besitzt, befindet sich in der Michaelskirche. Hier sehen wir die adlige Klosterfrau, die in vornehmem Gestus ihren Mantel rafft. Tatsächlich stammten Leoba und ihre Freundinnen aus derselben begüterten Schicht in Wessex, die ihre Töchter zur Erziehung nach Wimborne unter die Fittiche der Äbtissin Tetta gaben, die zur Königsfamilie gehörte.

Wir sehen hier die Tauberbischofsheimer Leobastatue. Sie trägt den Äbtissinnenstab und eine Glocke – das ihr zugehörige Attribut. Warum eine Glocke? Die Heiligenlegende sagt, ihre Mutter Aebbe, die eigentlich nicht mehr im gebärfähigen Alter war und sich doch so sehr ein Kindchen wünschte, habe eines Nachts geträumt, in ihrem Leib würde eine Glocke läuten. Das nahm sie als Zeichen, dass der Herr ihr Bitten erhört hatte und tatsächlich: Mit dem Glockenläuten hatte sich volltönend Leobae = der Liebling angekündigt. Sie war und blieb tatsächlich bis zu ihrem Lebensende ein vielgeliebter Mensch und – wie man anhand der Votivplaketten sehen kann – ist sie es bis heute.

dass sie über ihre Filialklöster quasi bischöfliche Autorität ausübte, indem sie sie regelmäßig visitierte. Ihre hohe Bildung machte es ihr möglich, eine Rolle im kirchlich-politischen Diskurs zu spielen. Bis in die höchsten Kreise reichte ihre Beliebtheit: *Sie war nämlich von allen, die sie kannten und sogar von den Königen verehrt. Denn Pippin, der König der Franken, und sogar seine Söhne Carl und Carlmann hielten sie in hoher Verehrung, vor allem aber Carl, der nach dem Tode des Vaters und dem Abscheiden des Bruders, mit dem er gemeinsam mehrere Jahre geherrscht hatte, des Reiches Steuer alleine hielt (...) empfing die häufig zu ihm eingeladene fromme Jungfrau Gottes mit großer Ehrerbietung und beschenkte sie mit reichen Gaben, die Königin Hildegardis aber verehrte sie in reiner Liebe und liebte sie wie ihr zweites Ich, auch wollte sie, dass sie immer um sie bleibe, damit sie ihr durch Wort und Beispiel auf dem Lebenswege nütze.* Hildegard war die dritte Frau Karls des Großen, eine Edelfrau aus der mächtigen Familie der Ulrichinge und Mutter Ludwigs des Frommen. Gern hätte sie Leoba als weibliches Pendant zum Hofkaplan stets um sich gehabt, *jene aber verabscheute den Lärm des Hofes wie einen Becher Gift* (Rudolf, S. 99).

Besonders emotional wird die Abschiedsszene der Freundinnen beschrieben. Als Hildegard alt wurde und in Aachen weilte, schickte sie nach Leoba, *die sie*

Im Jahr 771 hatte Karl der Große seine große Liebe gefunden: Hildegard. Sie schenkte ihm acht Kinder und er mochte sie auch auf seinen Feldzügen nicht missen, so dass sie ihn oft begleitete. Bis hin nach Aquitanien reiste sie mit ihm, wo die Brüder Lothar und Ludwig zur Welt kamen. Leoba war Hildegards geistige Beraterin und Seelsorgerin. Gerne hätte die Königin sie – als Äquivalent zum Hofkaplan – ständig bei Hofe gewusst. Das aber kam für die Benediktinerin Leoba nicht in Frage. Hildegard überlebte ihre Freundin nur um kurze Zeit. Sie starb im April 783 und wurde in der Abtei St. Arnulf in Metz beigesetzt. Der tieftraurige Karl ordnete an, dass unaufhörlich an ihrem Grab Gebete gesprochen und Kerzen brennen sollten. Hier sehen wir das Kaiserpaar auf dem Deckengemälde von Franz Georg Hermann in der fürstäbtlichen Residenz zu Kempten.

sehnlichst zu sehen wünschte, bevor sie aus dem Leben scheide (...) sie bittend, doch zu ihr zu kommen. Obschon diese es schwer empfand, so schlug sie es doch der alten Freundschaft wegen nicht ab und reiste zu ihr. Sie wurde dann von der Königin mit der gewohnten Gnade empfangen, bat jedoch, als sie die Gründe der Einladung vernommen, um die sofortige Erlaubnis zur Rückkehr. Und als jene dringender sie bat, doch einige Tage dort zu verweilen, verweigerte sie es und fuhr heftiger als sonst die Freundin an, küsste dann ihr den Mund, Stirn und Augen, und in andauernder Umarmung verließ sie sie mit folgenden Worten: Lebe wohl, geliebteste Herrin und Schwester, lebe wohl, Du kostbarer Teil meines Ichs; Christus unser Schöpfer und Heiland gebe, dass wir uns am Tage des Gerichts ohne Erröten wiedersehen mögen. In dieser Welt werden wir vom heutigen Tage an uns niemals am gegenseitigen Anblick erfreuen (Rudolf, S. 101). Starke, unabhängige Charaktere hatten sie, diese Angelsachsen! Bonifatius wollte sich dazumal nicht von Willibrord festnageln lassen, Leoba nicht von der Königin.

Mit ihrem Mentor blieb sie in Kontakt. Wir kennen zwei Briefe von Bonifatius aus den 40er Jahren. In einem bittet er sie und die anderen Schwestern in Tauberbischofsheim um Gebetsunterstützung, in einem anderen ersucht er Leoba, sich eines Mädchens besonders anzunehmen. Briefe also, die das Tagesgeschäft betreffen. Die beiden werden sich ab und zu getroffen haben. Rudolf beschreibt besonders ihre letzte Begegnung. Bonifatius hatte Leoba zu sich gerufen, bevor er sich im Jahr 753 auf seine letzte Reise nach Friesland aufmachte: (...) *ermahnte er die zu ihm berufene Jungfrau Leoba, sie möge nicht das Land ihrer Wanderschaft verlassen, noch in der Kraft des begonnenen Unternehmens laß werden, sondern täglich das empfangene Gut mit allen Kräften mehren.* Dann befahl er sie dem Schutze Luls, seines Zöglings und Nachfolgers im Mainzer Bischofsamt, sowie den Fuldaer Mönchen und legte ihnen folgende Bitte ans Herz: *(...) wie es sein letzter Wille sei, dass nach ihrem Tode ihr Leichnam zu seinen Gebeinen in ein und dasselbe Grab beigesetzt würde, damit sie, die in gleichem Wunsch und Streben in ihrem Leben Christus gedient hätten, auch zusammen den Tag der Auferstehung erwarteten. Nach diesen Worten überreichte er ihr seine Kutte, sie wiederum ermahnend und bittend, nicht das Land ihrer Wanderschaft zu verlassen* (Rudolf, S. 98/99). Diese Mahnung des Bonifatius lässt uns aufhorchen. Wir hatten schon gehört, dass Klostergründungen in Wessex oft geschahen, um hochgestellte Frauen zu versorgen. Die Bemerkung lässt uns vermuten, dass Tauberbischofsheim Bonifatius' Äquivalent hierzu war: Er wollte der vornehmen Verwandten aus der Heimat unter seinem Schutz ihr eigenes Hauskloster bereitstellen. Angesichts seines Todes musste er nun befürchten, dass sie wieder zurück nach England gehen könnte – schlimmstenfalls unter Mitnahme der anderen Wimborner Damen. Aber er musste sich nicht sorgen: Die angesächsische community war inzwischen zu einem so dichten Netz verwoben, dass die edlen Frauen des Liobakreises seine unmittelbare Protektion nicht mehr benötigten. Überdies waren sie inzwischen gut mit dem fränkischen Adel vernetzt.

Bonifatius' Wunsch nach der gemeinsamen Grablege barg Probleme und brachte die Fuldaer Mönche in Gewissensnöte, hatten doch Frauen keinen Zutritt ins Fuldaer Kloster. Immerhin machten sie für Leoba eine Ausnahme, die selbst den Gattinnen der Kaiser nicht gewährt wurde, wenn diese in Abständen die Abtei besuchten. *Bisweilen pflegte sie auch nach dem Kloster der Fuldaer Mönche, um ihr Gebet zu verrichten, zu kommen, eine Erlaubnis, die weder früher noch spä-*

ter irgendeiner Frau gegeben wurde, da zu diesem Ort, seitdem er von Mönchen bewohnt zu werden angefangen, Frauen der Eintritt verboten war. Nur ihr allein wurde er gestattet, weil der heilige Märtyrer Bonifatius sie den Ältesten derselben empfohlen und verordnet hatte, dass einst ihr Leichnam dort begraben werde. Ihre Ankunft wurde aber in folgender Weise bewerkstelligt. Nachdem sie in einer benachbarten Zelle (wahrscheinlich Bronzell) *ihre Schülerinnen und Begleiterinnen zurückgelassen, betrat sie, von einer Älteren begleitet, nur zur Tageszeit das Kloster und, nachdem sie nach dem Gebet mit den Brüdern die Mahlzeit eingenommen, kehrte sie des Nachts stets zu ihren in der Zelle zurückgelassenen Schülerinnen zurück* (Rudolf, S. 100).

Ihren Lebensabend verbrachte Leoba nicht in ihrem Kloster Tauberbischofsheim, sondern auf dem Gut Schornsheim im heutigen Landkreis Alzey-Worms, das Karl der Große ihr geschenkt hatte. Es scheint, dass nach Bonifatius´ Tod im Jahr 754 der König an seine Stelle als ihr Protektor getreten ist. Der Ortsname „Scoranesheim" führt zurück auf das althochdeutsche Wort „Scoran" = der Geschorene, ein Geistlicher also, der die Tonsur erhalten hat. Das Gut lag mithin in einem Ort, der schon zu Leobas Zeiten auf eine klösterlich-geistliche Geschichte zurückblicken konnte. In ihrem Angedenken hat man auf dem Marktplatz den Leobabrunnen mit Brunnenfigur angelegt.

Erst im Jahr 1397 wurde dieses Verbot aufgehoben, so dass in der Tat 500 Jahre lang außer Leoba keine Frau die herrliche Stiftskirche von innen gesehen hat. Wie eine Strafe Gottes muss es dann gewirkt haben, als prompt ein Jahr nach Aufhebung des Frauenverbotes durch Fürstabt Johannes I. von Merlau das Kloster von einer verheerenden Feuersbrunst verwüstet wurde, ausgerechnet in den Tagen des Bonifatiusfestes, um den 5. Juni herum.

Leoba starb übrigens nicht in Tauberbischofsheim, sondern auf ihrem Gut Schornsheim bei Mainz, das die Herrscherfamilie ihr geschenkt hatte, damit sie im Alter einen Rückzugsort habe. Es sieht also ganz so aus, als sei kein geringerer als Karl der Große als Protektor Leobas an Bonifatius´ Stelle getreten. Als letzten Seelsorger hatte sie einen angelsächsischen Priester, Torathbraht, zu sich gebeten, einen Mann aus Bonifatius´ Umfeld. Das war *am achtundzwanzigsten Tage des Monats September* (Rudolf, S. 101), unklar, in welchem Jahr. Die Fuldaer Totenannalen notieren ihren Tod im Jahr 780, die Schenkungsurkunde Karls des Großen für Schornstein an Leoba vom 28. Juli 782 nennt sie noch lebend.

Als sie starb, stand noch Sturms erste Steinbasilika in Fulda und Bonifatius ruhte noch in seinem ersten Felsengrab am Kreuzaltar. *Ihren Leichnam nahmen die Mönche von Fulda und übertrugen ihn ehrenvoll und unter dem Gefolge edler Leute nach ihrem Kloster. Die älteren jedoch von ihnen erinnerten sich, wie der heilige Bonifatius gesagt, dass es sein Wille sei, dass jener Leichnam neben seinen Gebeinen beigesetzt werde. Weil sie sich aber scheuten, das heilige Grab des seligen Märtyrers zu öffnen, gingen sie mit sich zu Rate und begruben ihn an der Nordseite des Altars* (Rudolf, S. 101/102). Man hat Bonifatius' letzten Willen also ignoriert. Die von Rudolf angeführte Erklärung, man habe die Totenruhe nicht stören wollen, mutet etwas lahm an. Man scheute sich durchaus nicht, Heiligengräber zu öffnen, Teile zu entnehmen und weiterzugeben. Gerade Hrabanus Maurus, Rudolfs Abt, hat Bonifatiusreliquien an Filialkirchen verschenkt. Nein, man verstand dreißig Jahre nach Bonifatius' Tod nicht mehr den Wunsch des Engländers, neben der Blutsverwandten aus der Heimat zu ruhen. Man verstand nicht mehr sein Gefühl ihrer Gleichrangigkeit, den Trost in der Gemeinschaft mit ihr. Man kannte ja nicht die stolzen, mächtigen, gelehrten Äbtissinnen aus Wessex, die über Frauen wie Männer geboten! Der Gedanke eines gemeinsamen Grabes der beiden war den Fuldaer Mönchen wahrscheinlich ein Gräuel und schon schlimm genug, dass ihre Grabstätte überhaupt in der Basilika liegen sollte. Als 819 die Ratgarbasilika fertiggestellt war und die liturgische Situation in ihrem Inneren gestaltet werden musste, wurden ihre Gebeine noch weiter von Bonifatius entfernt verlegt, in den östlichen Säulengang an die Seite des Ignatiusaltars.

Nun ergab es sich jedoch, dass sich um ihre Person ebenfalls ein Heiligenkult entwickelte und besonders Frauen an Leobas Grab beten wollten. Das war in der Stiftsbasilika nicht möglich, also musste eine neue Lösung für ihre Grablege gefunden werden. Der fünfte Abt des Klosters, Hrabanus Maurus, nahm die Sache schließlich in die Hand und plante eine *elevatio*, also eine Erhebung ihrer Gebeine aus ihrem Grab, und danach eine *translatio*, also die Überführung in eine eigene Kultstätte. Diese Weihehandlung musste durch einen Bischof erfolgen. Das nennt man eine *canonisatio aequipollens*, also eine Heiligsprechung ohne Prozess und war damals, als es noch keine regelrechten Kanonisationen gab, das übliche Procedere. Was war sonst noch dafür nötig? Es musste eine Vita, eine Lebensbeschreibung, vorliegen und in dieser musste mindestens von zwei Wundern die Rede sein.

Hrabanus gab also seinem Klosterschulleiter Rudolf den Auftrag, diese Vita zu verfassen. Rudolf konnte auf ein aufgegebenes Vitenprojekt zurückgreifen, das ein anderer vor ihm begonnen hatte. Er schreibt im Vorwort: *Ich habe nämlich nicht alle Taten in Erfahrung bringen können, sondern nur einiges, was ich berichte, ist durch verehrungswürdige Männer mir mitgeteilt, die es durch die treue Erzählung von vieren ihrer Schülerinnen, nämlich der Agatha, Tecla, Nana und Eoleoba erfuhren (...). Von diesen war der fromme Mann Mago, Priester und Mönch, der vor fünf Jahren hier gestorben ist, mit den genannten Frauen überaus befreundet (...). Da er nun auch einige erwähnenswerte Taten jener erfuhr, so ließ er es sich angelegen sein, dieselben in Kürze aufzuzeichnen; doch blieben sie überaus dunkel, da er sich allzu gedrungener Kürze befleißigte (...). Ich vermute nun, dass dies deswegen geschehen, weil er (...) das Gehörte, damit es nicht aus dem Gedächtnis entschwinde, zuerst kurz aufzeichnete, in der Absicht, später in Muße es in einem Buche der Reihe nach zu ordnen (...), und dass er, von unverhofftem Tode überrascht,(...) alles verwirrt und hier und da auf Blättern aufgezeichnet, hinterlassen habe. Deswegen habe ich, nicht aus eigenem Beruf, sondern im Auftrag des verehrungswürdigen Vaters und Lehrers, meines Abtes Hraban, mir es angelegen sein lassen, alles, was von jenem (...) in kurzen Worten niedergeschrieben und auf zerstreuten Blättern nachgelassen war, zu einem Ganzen zu vereinigen, und mich bestrebt, sowohl aus dem hierin Verzeichneten als auch aus dem, was ich durch andere vernommen, kurz ein Büchlein zu ordnen und den Verlauf der Geschehnisse den Wissbegierigen zu eröffnen* (Rudolf, S. 86/87).

Hier berichtet ein Schriftsteller des 9. Jahrhunderts von Autorennöten und wie die Arbeit in einer Klosterbibliothek aussah. Aus unklaren Notizen auf einzelnen Blättern eines fünf Jahre vorher verstorbenen Mitbruders sollte er eine Lebensbeschreibung fabrizieren! Man sieht geradezu, wie sich Rudolf ratlos über seinen Notizzetteln die Haare raufte. Die Fuldaer Totenannalen melden den Tod des Priestermönches Mago für das Jahr 831, so dass 836 das Abfassungsjahr der Vita sein dürfte. Man kann annehmen, dass Rudolf die Anekdoten auf Magos Zetteln gefunden hat, und sie sind es vor allem, die Leobas Lebensbild so frisch und sympathisch machen. Demnach war ihre Kanonisation schon seit 830/31 in Vorbereitung.

Hrabanus Maurus ließ gleichzeitig östlich der Abtei, auf dem Ugesberg, eine Kirche erbauen, die auch Frauen besuchen konnten – die heutige Liobakirche. Am 28. September 838, also an Leobas Todesgedenktag, wurde das Gebäude durch den Mainzer Chorbischof Reginbald geweiht, ihre Gebeine aus der Stiftskirche erhoben und in die neue Kultstätte überführt. Außerdem sorgte Hraban dafür, dass ihr Name ins Fuldaer Martyrologium und in die Kalendare eingetragen wurde. Damit waren allen Anforderungen einer Heiligsprechung genüge getan. Das Gotteshaus wurde übrigens nicht als Leobakirche geweiht, sondern als Allerheiligenkirche, denn als „Gesellschaft" dienten Leoba die Reliquien von sieben oder acht weiteren heiliggesprochenen Jungfrauen, die in den Altar eingemauert wurden. Nach fränkischer Gepflogenheit wurden Leobas Überreste *post altare* – hinter dem Altar – in einen reich geschmückten Holzsarg und dieser wiederum in eine *arca saxa*, also einen steinernen Sarg geschlossen. Reste des Holzsarges kann man heute noch in der Krypta der Liobakirche hinter der Glaswand sehen. In der Vita des Abtes Bardo wird das Gotteshaus um das Jahr 1050 herum das erste Mal als „Peterskirche" bezeichnet. Im Lauf der Hunnenüberfälle im ersten Viertel des 10. Jahrhunderts ist es stark zerstört worden. Vielleicht wurde der Titel im Lauf dieser Geschehnisse geändert?

Der steinerne Sarg machte seine ganz eigene Karriere als Berührungsreliquie: Zu einem unbekannten Zeitpunkt des Spätmittelalters und aus unbekanntem Grund wurde Leoba wieder zurück in die Stiftskirche überführt, so dass er

Bonifatius hatte ausdrücklich den Wunsch geäußert, Leoba möge im selben Grab wie er selbst beigesetzt werden. Dem entsprachen die Fuldaer Mönche nicht, als sie 780 oder 782 starb. Immerhin bestatteten sie sie ganz in der Nähe, im östlichen Säulengang der Fuldaer Stiftskirche. Das erwies sich als Problem, denn Frauen durften das Gotteshaus nicht betreten, aber das Leobagrab übte gerade auf Frauen große Anziehungskraft aus. Der fünfte Abt von Fulda, Hrabanus Maurus, reagierte und ließ ein Nebenkloster auf dem Ugesberg (heute Petersberg) errichten, das im Jahr 838 vollendet war. Am 28. September 838 ließ er Leobas Gebeine im Rahmen ihrer Heiligsprechung dorthin verbringen. Der Petersberg vervollständigte den sakralen Landschaftsschutzraum um das Kloster Fulda in östlicher Richtung. Der Frauenberg (damals Biscofesberg) im Norden und Johannesberg im Süden waren vorausgegangen. Später sollte Neuenberg im Westen folgen. Damit waren die Abtei und die sich entwickelnde Stadt eingebettet in eine behütete und gesegnete Landschaft.

leer auf dem Petersberg verblieb. Bald entwickelte sich die Sitte, dass Mütter, deren Kinder krank waren, Kleidungsstücke der Kleinen oder die Kinder selbst hineinlegten. Der direkte Kontakt mit dem Material, auf dem der heilige Leib geruht hatte, sollte ihnen die Gesundheit zurückgeben. Daher nannte man den Sarg auch den „Schreistein". Auch er befindet sich noch heute in der Mittelnische der Petersberger Krypta. Am 30. September 1995 wurde schließlich das Haupt Leobas in feierlicher Prozession wieder auf den Petersberg zurückbegleitet und wird nun in einem von der bedeutenden benediktinischen Goldschmiedin Lioba Munz gestalteten Schrein aufbewahrt.

Mitte der fünfziger Jahre übrigens wurden Leobas Gebeine forensisch untersucht und als höchstwahrscheinlich echt befunden. Jedenfalls stammen sie von einer grazil gebauten Frau des achten Jahrhunderts, die recht alt geworden ist.

Unter dem dreischiffigen Chor der Petersberger Kirche liegt die Krypta. Sie besteht aus drei nebeneinanderliegenden Nischen mit Rundtonnengewölben. Hier sehen wir in die Mittelnische hinein und erblicken Leobas leeren Steinsarkophag, der sich an seiner ursprünglichen Stelle vor dem Ostfenster befindet. Vom Mittelalter bis in die frühen Jahre des 20. Jahrhunderts hatte er keinen Deckel und so legten besorgte Mütter ihre erkrankten Kinder oder deren Kleidungsstücke hinein, in der Hoffnung, der Kontakt mit dem geheiligten Material werde ihnen die Gesundheit zurückgeben. Nachdem im Lauf des Mittelalters Leobas Gebeine wieder in die Stiftskirche überführt wurden, kehrte ihr Haupt im Jahr 1995 zurück und wird in dem Reliquienschrein der bedeutenden benediktinischen Kunstschmiedin Lioba Munz aufbewahrt.

Alltag als Missionsbischof

Wie sah der Missionsalltag aus, dem sich Bonifatius und seine Mitstreiter Tag für Tag stellen mussten? Zwischen den Zeilen seiner Briefe nach Rom können wir Details herauslesen. Er hat engen Kontakt mit Rom gehalten, in steter Folge ganze Fragenkataloge zum päpstlichen Stuhl abgefeuert, so dass man dort eigens einen Sachbearbeiter, einen Bonifatiusbeauftragten, einsetzte – den Kardinaldiakon Gemmulus. Er wurde über die Jahre sehr vertraut mit diesem anstrengenden Angelsachsen, musste er doch dessen endlose Rechercheanfragen abarbeiten.

Bonifatius wollte alles richtig machen und zeigte angesichts seines starken und durchsetzungsfähigen Charakters erstaunliche Skrupel, wenn es um Kleinigkeiten ging. Nach Gregor II. folgte im Jahr 731 Gregor III. auf den apostolischen Stuhl, Ende 741 schließlich Zacharias. Deren Kanzleisekretäre dürften beim Erhalt der Briefe ihres germanischen Heidenmissionars in zunehmende Unlust verfallen sein, denn lange, lange Antwortschreiben auf all diese Anfragen wurden dann nötig. Gut, dass man das auf Gemmulus abschieben durfte!

Was etwa die christliche Ehe- und Familienmoral anging, so hatten die Germanen noch viel zu lernen. Im Jahr 732 rät Gregor III.: *Und wenn Du kannst, so verhüte, dass einer, dessen Frauen gestorben sind, mehr als zwei eheliche. Was aber diejenigen betrifft, welche Vater, Mutter, Bruder oder Schwester getötet haben, so erklären wir, dass keiner während der ganzen Zeit seines Lebens den Leib des Herrn empfangen darf außer am Ende seiner Zeit als Wegzehrung. Er soll sich des Essens von Fleisch und des Trinkens von Wein enthalten, solange er lebt. Er soll am zweiten, vierten und sechsten Tag der Woche fasten und unter Tränen das*

Nach Gregor II. folgte im Jahr 731 Papst Gregor der III., dessen Profil wir auf dieser Papstmedaille des 8. Jahrhunderts sehen, auf den apostolischen Stuhl. Er hatte das Pontifikat in einer besonders schwierigen Zeit inne. Wegen des Bilderstreits lag er in Dauerstreit mit Byzanz und gleichzeitig wurde er von den Langobarden bedroht. Als er Karl Martell um Schutz bat, winkte der ab. Das Werk des Bonifatius, Franken an Rom zu binden, war zwar in vollem Gange, aber noch nicht vollendet. Erst Karls Sohn Pippin würde diesen Prozess abschließen. Einstweilen musste der vielgeplagte Gregor sich mit den zahl- und detailreichen Anfragen seines Heidenmissionars herumschlagen: Darf man Pferdefleisch essen? Was soll man einem frustrierten Ehemann sagen, dessen erkrankte Frau die ehelichen Pflichten nicht einhält? Oder noch schlimmer: Wie solle man gegen den üblen germanischen Brauch vorgehen, Sklaven als Opfertiere an Heiden zu verschachern?

begangene Verbrechen sühnen. Oder: Was ist, *wenn eine Frau infolge Erkrankung ihre ehelichen Pflichten nicht erfüllen* kann? – Antwort: Gut wäre es, wenn der Ehemann bei ihr bliebe *und sich also der Enthaltsamkeit befleißige; aber weil das nur ein großer Mann kann, so soll, wer sich nicht beherrschen kann, lieber heiraten. Doch soll er den Lebensunterhalt ihr nicht entziehen, wenn nur Krankheit der Hintergrund ist und nicht etwa ein verdammungswürdiges Verschulden es unmöglich macht.*

Darüber hinaus gab es Übles zu berichten. Bonifatius dürfte angesichts folgender Gepflogenheiten seine Schwierigkeiten gehabt haben, Begriffe wie Nächstenliebe oder die Forderung „Was Du dem geringsten meiner Brüder tust, das hast Du mir getan“ unters Volk zu bringen: *Es wird unter anderen Verbrechen, wie Du gesagt hast, auch dieses in diesen Gegenden begangen, dass einige von den Gläubigen ihre Sklaven an die Heiden zur Opferung verkaufen. Wir ersuchen Dich, diese eindringlich zurechtzuweisen und es nicht weiter geschehen zu lassen; denn es ist ein Verbrechen und Gottlosigkeit* (Briefe, S. 101). In der Tat!

Im Jahr 738 mahnt Gregor in einem Brief die Hessen und Thüringer: *Wahrsager und Losdeuter, Opfer für Tote, an Hainen und Quellen, Vorzeichen, Amulette, Beschwörer, Zauberer, d.h. Behexer, und gotteslästerliche Gebräuche, wie sie in eurem Lande vorzukommen pflegen, weist zurück* (Briefe, S. 125).

Etwa 30 Jahre nach Bonifatius` Tod, irgendwann Ende des 8. Jahrhunderts schrieb ein angelsächsischer Missionar in der Abtei Fulda oder in Mainz den sogenannten *Indiculus superstitionum et paganiarum,* das heißt das *Verzeichnis des Aberglaubens und des Heidentums.* Dies war eine Art Lexikon über heidnische Gebräuche, das leider verloren ist. Immerhin ist das Deckblatt mit den 30 Überschriften erhalten, z.T. sogar mit den althochdeutschen Übersetzungen, so dass wir uns wenigstens eine Vorstellung machen können, mit was Bonifatius es zu tun hatte:

1. *Von Gotteslästerungen an den Gräbern von Toten*
2. *Von Gotteslästerungen über Verstorbenen, d.h. dadsisas*
3. *Von Unflätereien im Februar*
4. *Von den Hütten, d.h. Götzenhäuschen*
5. *Von Gotteslästerungen in Kirchen*
6. *Von den Heiligtümern der Wälder, genannt nimidas*
7. *Von dem, was sie auf Felsen verrichten*
8. *Von den Heiligtümern des Wodan und Donar*
9. *Von dem Opfer für irgendeinen Heiligen*
10. *Von Nestelknüpfen und Fesselungen*
11. *Von den Opferquellen*
12. *Von den Zaubersprüchen*
13. *Von den Zeichendeutungen aus dem Mist von Vögeln, Pferden, Rindern und dem Niesen*
14. *Von Wahrsagern und Losdeutern*
15. *Vom Reiben des Feuers aus Holz, d.h. nodfyr*
16. *Vom Gehirn der Tiere*
17. *Von dem, was die Heiden in der Pfanne beachten und wenn sie etwas beginnen*
18. *Von unbestimmten Orten, die sie als heilig verehren*
19. *unklar*
20. *Von den Festen für Donar und Wodan*
21. *Von der Mondfinsternis, genannt vinceluna*
22. *Vom Wettermachen, von Stierhörnern und Schnecken*
23. *Von den Furchen um ihre Dörfer*
24. *Von dem heidnischen Lauf namens Yrias mit zerrissenen Lappen und Schuhen*
25. *Davon, dass sie sich einen beliebigen Toten als Heiligen vorstellen*
26. *Vom Götzen aus Mehlteig*
27. *Vom Götzen aus Lappen*
28. *Von dem Götzenbild, das sie durch die Felder tragen*
29. *Über hölzerne Füße und Hände nach heidnischem Ritus*
30. *Über das, von dem sie glauben, dass die Frauen dem Mond anvertrauen, dass es die Herzen der Menschen erheben kann*

Ewig schade, dass wir nicht wissen, was sich hinter den einzelnen Kapiteln verbirgt. Zu gern hätten wir gewusst, was es mit dem *Yriaslauf mit zerrissenen Lappen und Schuhen* auf sich hatte, was für Furchen sie um ihre Dörfer zogen, was sie auf Felsen trieben und was sie in ihren Pfannen zu sehen glaubten. Was auch immer es war, Bonifatius wird das alles nicht gefallen haben. Unflätereien im Februar, Zeichendeutungen aus Rindermist und Niesen ... nicht auszudenken!

Manches allerdings können Volkskundler heute entschlüsseln und weisen sogar nach, dass wir uns in unseren Gepflogenheiten durchaus nicht weit von unseren heidnischen Ahnen entfernt haben. Mit *Götzen aus Mehlteig* sind wahrscheinlich Gebildbrote gemeint, wie unser Brauchtum sie noch immer kennt. Denken wir nur

Nummer 26 auf der Liste der heidnischen Gräuel sind die „Götzen aus Mehlteig". Höchstwahrscheinlich sind damit Gebildbrote gemeint, die an bestimmten Tagen verzehrt wurden. Auch wir backen zu Ostern das Lamm aus Hefe- und im Advent den Hl. Nikolaus aus Lebkuchenteig. Unser Brauchtum hat sich also noch nicht weit von seinen heidnischen Wurzeln entfernt und das archaische Bedürfnis, uns den heiligen Gegenstand einverleiben zu wollen, ist uns noch nicht abhandengekommen.

an unsere Lebkuchennikoläuse oder Hefeosterhasen. Wo die Kirche solche Bräuche partout nicht ausrotten konnte, hat sie sie lieber übernommen. So geht man bei den *spurcalia in februario* – den *Unflätereien im Februar* – von einem Frauen- oder Fruchtbarkeitsfest aus, das die Kirche als Mariä Lichtmess am 2. Februar in die Festreihe des Kirchenjahres integriert hat. Es lag nahe, die Pflicht der jüdischen Frauen, sich 40 Tage nach einer Entbindung einem Reinigungsritus zu unterziehen, über diesen Brauch zu stülpen. Vom 25. Dezember bis zum 2. Februar zählt man 40 Tage. In Westfalen und am Niederrhein gibt es noch heute ein altmodisches Wort für Februar: Es heißt *Spurkel*. Wenn wir an Fronleichnam singend und die Monstranz mit uns führend unsere Prozession abhalten, dürfen wir ruhig an die 28. Überschrift denken: *Von dem Götzenbild, das sie durch die Felder tragen.* Und wer hätte noch nie in einer Kirche das abgeformte Abbild eines Armes oder Fußes gesehen als Dank für eine Heilung?

All die heidnischen Gräuel, über die sich Bonifatius so ärgerte, waren im Indiculus superstitionum et paganiarum, dem Verzeichnis des Aberglaubens und des Heidentums, niedergelegt. Ein angelsächsischer Mönch hatte es Ende des 8. Jahrhunderts in Fulda oder Mainz geschrieben. Nr. 15 auf seiner Liste markiert das „nodfyr". Leider liegen uns von diesem Lexikon nur noch die Überschriften, nicht jedoch die Beschreibungen der Abläufe vor, was wirklich ewig schade ist. Vieles spricht jedoch dafür, dass wir Heutigen uns in so mancher Tradition noch nicht weit von unseren heidnischen Vorfahren entfernt haben. Im Fuldaer Land und der Rhön werden alljährlich am Hutzelsonntag, dem ersten Sonntag der Fastenzeit, auf den Berghöhen Hutzelfeuer entzündet, auf deren Scheitel der Hutzelmann verbrannt wird, das Sinnbild des Winters. Dieses Brauchtum enthält vorchristliche Elemente.

Ist das so fern von den *hölzernen Händen und Füßen nach heidnischem Ritus*, über die sich Bonifatius so ärgerte? Unsere Hutzelfeuer in der Rhön oder die Osterfeuer in Norddeutschland dürfen wir mit dem heidnischen *nodfyr* in Verbindung bringen.

Dabei ist es geradezu komisch zu lesen, dass der Papst den Altsachsen anempfiehlt, keine *von Menschenhand gemachten Bilder anzubeten, die aus Gold, Silber, Erz, Stein oder sonst einem Stoff gemacht sind* (Briefe, S. 75). Man stelle sich Bonifatius' Heiden vor – die an ihrer heiligen Quelle höchstens ein hölzernes Standbild aufbauten – wie sie vor einem goldenen oder silbernen Götzenbild beten! Von *Götzen aus Mehlteig und Lappen* ist die Rede, nicht von Gold oder Silber! Wirklich eine amüsante Vorstellung und es zeigt einmal mehr, wie wenig Ahnung man in Rom von den Verhältnissen in Germanien hatte.

Auf demselben Deckblatt, auf dem dieses Lexikon des Heidentums verzeichnet ist, hat ein wahrscheinlich angelsächsischer Schreiber uns mit dem altsächsischen Taufgelöbnis übermittelt, wie sich ein Taufzwiegespräch zwischen einem Priester und seinem Täufling anhörte. – Dies ist der älteste altsächsische Text, der uns überliefert ist und seine Entstehung wird seit neuestem mit dem engeren Bonifatiuskreis in Verbindung gebracht:

forsachistu diabolae?	Sagst Du dem Teufel ab?
et respondeat: ec forasacho diabolae.	und antwortet: Ich sage dem Teufel ab.
end allum diabolgeldae?	Und allem Teufelsdienst?
respondeat: end ec forsacho	
allum diabolgeldae	Antwortet: Und ich schwöre
	allem Teufelsdienst ab.
end allum diaboles wercum?	Und allen Teufelswerken?
respondeat: end ec forsacho	
allum diaboles	Antwortet: Und ich schwöre allen
wercum and wordum, thunaer	
ende woden	Teufelswerken und -worten ab, Donar
ende saxnote ende allum them	
unholdum, the	und Wodan, Saxnot und
	allen Unholden,
hira genotas sint.	die ihre Genossen sind.
gelobistu in got alamehtigan fadaer?	Glaubst Du an Gott, den allmächtigen
	Vater?
ec gelobo in got alamehtigan fadaer.	Ich glaube an Gott, den allmächtigen
	Vater.
gelobistu in crist, gotes suno?	Glaubst Du an Christus, Gottes Sohn?
ec gelobo in crist, gotes suno.	Ich glaube an Christus, Gottes Sohn.
gelobistu in halogan gast?	Glaubst Du an den heiligen Geist?
ec gelobo in halogan gast.	Ich glaube an den heiligen Geist.

Forsachistu diabolae? Gelobistu in crist, gotes suno?
Vor der Taufe musste der Heide seinen alten Göttern abschwören und damit er wirklich verstand, was er da versprach, wurde das Taufgespräch in der Volkssprache geführt. Bonifatius und seine Mitarbeiter mussten also versuchen, zentrale Texte des Christentums vom Lateinischen in die Volkssprache zu übertragen. Das war schwierig, denn Sprache bildet das geistige Wesen eines Volkes ab und für viele christliche Inhalte dürfte es in den germanischen Dialekten an Worten gefehlt haben. Wir dürfen also bezweifeln, dass der Krieger, der da vor Bonifatius kniet und aus dem Wasser des dahinfließenden Bachs getauft wird, sein Leben von jetzt auf gleich änderte.

Mit diesem volkssprachlichen religiösen Gebrauchstext, der zum Bestand der Biblioteca Palatina im Vatikan gehört, besitzen wir ein Fenster direkt in den Missionsalltag der Bonifatiuszeit. Erinnern wir uns an Gregors Lehrstunde im Kloster Pfalzel. Bonifatius ermunterte den Jungen, seine *Mundart und Muttersprache* zu nutzen, um Lehrinhalte zu vermitteln. Das war ein völlig neuer Ansatz und gab entscheidende Impulse, die Volkssprache in Glaubensdingen vom Lateinischen wegzuführen – eine echte Grenzüberschreitung! Anhand dieses Textes kann man das in der Praxis studieren. In der germanischen Vorstellungswelt musste man zunächst den alten Göttern - *thunaer ende woden ende saxnote* – abschwören und dem neuen die Vasallentreue geloben. Man darf zweifeln, dass den Leuten die Dreieinigkeit Gottes dabei wirklich klar geworden ist. Über dieses komplexe Thema haben sich schließlich jahrhundertelang die Gelehrten gestritten. Wahrscheinlicher ist, dass sie *got, crist ende halogan gast* als drei Götter verstanden und darüber hinaus die christliche Menukarte mit ihrem reichhaltigen Angebot an Engeln und Heiligen, Aposteln, Evangelisten, biblischen Gestalten – besonders der Gottesmutter – als ihren neuen Götterhimmel interpretierten. Das war nicht grundlegend anders als vorher, das Personal hatte jedoch gewechselt.

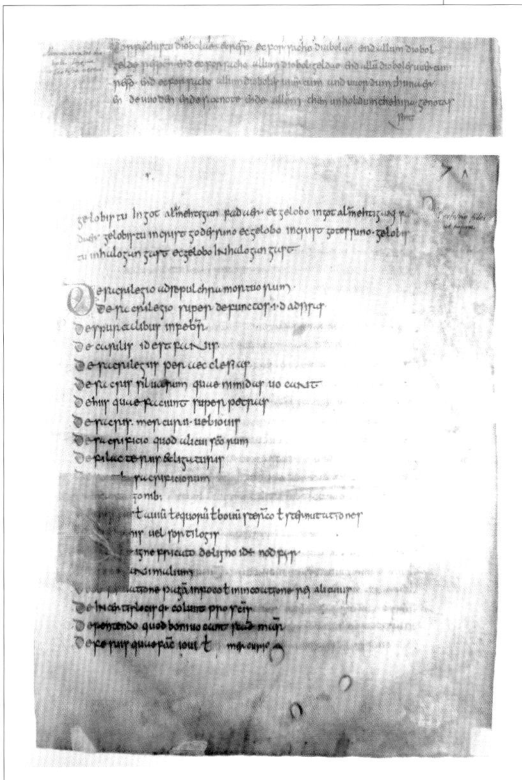

Wahrscheinlich hat ein angelsächsischer Schreiber das sogenannte altsächsische Taufgelöbnis niedergeschrieben, das uns übermittelt, wie sich das Zwiegespräch zwischen Priester und Täufling anhörte. Die neuere Forschung bringt diesen Text mit dem engeren Kreis um Bonifatius in Verbindung. Er wird in der Biblioteca Apostolica Vaticana aufbewahrt und gehört dort zum berühmten Bestand der Biblioteca Palatina, die im frühen 17. Jahrhundert unter fragwürdigen Umständen von Heidelberg nach Rom entführt wurde.

Glaubensgespräche wurden notwendigerweise in der Volkssprache geführt. Dafür mussten zunächst einmal eine Terminologie und Sprachbilder erfunden werden, um die neuen Inhalte zu transportieren. Der Durchschnittsgermane war nicht der Typ, der die linke Wange hinhielt, wenn einer ihm gerade auf die rechte geschlagen hatte. Das Christentum mit seiner Lehre der Friedfertigkeit war ihm fremd. Die germanische Lebenspraxis hatte keine Erfahrung mit Leuten, die sich freiwillig opferten. Man verfügte über keine Vokabeln zum Beschreiben vom tieferen Sinn solchen Verhaltens. Ob und mit welchen Worten Bonifatius den Germanen abstrakte Begriffe wie Gnade, Sünde, Heil oder Erlösung nahegebracht

Die Missionare hatten ihre liebe Not, den kampferprobten germanischen Kriegern die abstrakten Begriffe des Christentums wie Heil, Sünde, Gnade oder Erlösung nahezubringen. Dafür gab es im Germanischen keine Vokabeln. Der Durchschnittsgermane hielt nicht die linke Wange hin, wenn ihm einer auf die rechte geschlagen hatte. Für solches Verhalten gab es in dieser Gesellschaft keine Vorbilder und wenig Verständnis. Von dieser Problematik zeugt ein Text, den ein sächsischer Mönch im Kloster Fulda Mitte des 9. Jahrhunderts aufschrieb: der Heliand. Hier wird das Leben Christi im markigen Stil eines sächsischen Heldengedichts nacherzählt. Ein kluger Schachzug und ein wunderbares Beispiel für das, was Wissenschaftler „Inkulturation“ nennen. Der Heliand zeigt außerdem den offenen Sinn des Fuldaer Skriptoriums im karolingischen Zeitalter, wo man keine Scheu vor volkssprachlichen Texten hatte. Wir sehen hier das Textfragment, das im Deutschen Historischen Museum Berlin aufbewahrt wird.

hat, werden wir nie erfahren. Von diesen Schwierigkeiten zeugt ein Text, den ein sächsischer Mönch, der im Kloster Fulda lebte, um die Mitte des 9. Jahrhunderts dort aufschrieb. Er hatte sich ganz offensichtlich Gedanken gemacht, wie er seinen frisch christianisierten, kampflustigen Stammesbrüdern das Evangelium schmackhaft machen könne und verfiel auf die Idee, es im Stil eines sächsischen Heldengedichts umzuformen. Er schrieb den *Heliand.*

Da ziehen Maria und Josef *zur weitglänzenden Burg Betlehem*, um sich zählen zu lassen. Da wird Christus als *burgo hirti,* als „Hüter der Burg", beschrieben, auch als *landes uuard,* „Wärter des Landes" oder als *thiodcuning,* „Volkskönig". Seine Jünger stehen zu ihm in Gefolgschaftsverhältnis, sie sind seine *rinkos* oder *thegnos*, „junge Krieger" und „Helden". Sein Prozess vor Pilatus wird beschrieben wie ein *thing*, eine germanische Rechtsversammlung.

Im Jahr 1874 machten die Bauern Friedrich und Christoph Dietrich beim Umpflügen ihres Ackers bei Hornhausen, eines Stadtteils von Oschersleben in Sachsen-Anhalt, einen sensationellen Fund. Sie ahnten es jedoch nicht und verbauten den Stein als Eingangsplatte für ihren Kuhstall, wo er beinahe 40 Jahre verblieb. Erst im Jahr 1912 wurde der sogenannte Reiterstein von Hornhausen als bedeutendes Kunstwerk des 7. Jahrhunderts wiederentdeckt und löste eine großangelegte Grabungsinitiative mit reichen Ergebnissen aus. Die Forschung streitet, ob hier Gott Odin in der Bewaffnung eines adligen Kriegers auf dem Weg nach Walhall dargestellt ist oder Christus in kriegerischer Ausrüstung mit dem Speer in der Hand, worauf Kontextfunde hindeuten. Die Diskussion beschreibt recht gut die Spanne, die der Fuldaer Autor des „Heliand" noch Mitte des 9. Jahrhunderts überbrücken musste: „Wie bringe ich einem sächsischen Krieger das Evangelium nahe?"

Jesu Aufbruch zu Lazarus hört sich so an (in der Übertragung von Felix Genzmer):

„Zu diesen streitbaren Leuten, wo der Feinde so viele sind, zu fahren begehrst Du, zu den übermütigen Männern?" Doch einer der zwölf – Thomas, sprach da – er war ein trefflicher Mann, ein treuer Königsdegen: „Nicht sollen wir ihn tadeln darum, noch wehren seinem Willen, sondern wandern mit ihm, dulden mit unserem Dienstherrn. Das ist des Degens Pflicht, dass mit seinem Führer zusammen, fest er stehe bis zum ruhmvollen Tode. Tun wir nun alle so! Folgen wir seiner Fahrt! Lassen hinfort wir das Leben uns wenig wert sein! Sondern in dem Wehrvolk den Tod erleiden wir mit unserem Lenker. Dann lebt doch unser Nachruhm, Ruhmwort bei den Recken!

Die Szene von Jesu Festnahme bot sich zum Umdichten geradezu an. Der unbekannte Fuldaer Mönch in seiner dunklen Schreibstube fing sichtlich Feuer und legte sich ordentlich ins Zeug. Seine Stammesbrüder dürften von der kampfesfrohen Beschreibung gefesselt worden sein. Das war es, was sie hören wollten! *Da brauste auf der schnelle Schwertdegen Simon Petrus; ihm wallte der Mut. Kein einzig Wort konnt' er sprechen; es ward ihm Harm im Herzen, dass man seinen Herren dort binden wollte. Erbittert ging er da, der hochgemute Held, vor seinem Herren zu stehen, hart vor dem Heiland. Nicht war im Herzen ihm Furcht, nicht Zweifel noch Zagen. Sondern er zog die Klinge, das Schwert, aus der Scheide und schlug auf ihn ein, den vordersten Feind mit seiner Faust Gewalt, dass da Malchus gezeichnet ward von des Mutigen Stahl auf der rechten Seite, versehrt von der Schneide: zerhauen ward ihm das Ohr; er ward am Haupte wund, dass ihm waffenblutig Wange und Ohr in Todeswunde barst. Das Blut sprang hervor; es wallte aus der Wunde. Die Wange war zerklafft dem vordersten Feinde. Da wich das Volk zurück: sie scheuten den Schwertbiss.* Ja! So konnte man einem sächsischen Krieger das Evangelium nahebringen!

Besonders die zentralen Texte des Christentums, allen voran das *pater noster* und das *credo* mussten – sollten sie wirklich Eingang in den religiösen Alltag finden – übersetzt werden. Mit Sicherheit haben Bonifatius und seine Mitstreiter das auch getan. Mit der Mission durch die schreibgelehrten angelsächsischen Geistlichen ging also der Wille zur Verschriftlichung der Glaubenssätze in der Volkssprache einher. In einem St. Gallener Codex, der sog. Abroganshandschrift, ist uns ein solcher Versuch überliefert. Die St. Gallener Mönche übersetzten Ende des 8. Jahrhunderts vom Lateinischen ins Althochdeutsche:

Fater unseer thu pist in himile uuihi namun dinan
Vater unser, Du bist im Himmel, weihe Deinen Namen.
qhueme rihhi din uuerde uuillo diin so in himile sosa in erdu
Dein Reich komme, dein Wille geschehe, wie im Himmel, so auf Erden.
prooth unseer emez zihic kip uns hiutu
Unser tägliches Brot gib uns heute
oblaz uns sculdi unseero so uuir oblazem uns sculdicern
vergib uns unsere Schuld, wie auch wir vergeben unseren Schuldigern
enti ni unsih firleiti in khorunka uzzer losi unsih fona ubile.
Und führe uns nicht in Versuchung, sondern erlöse uns von dem Übel.

Das credo hörte sich so an:
Kilaubu in kot fater almahticum kiscat himiles enti erda
Ich glaube an Gott, den Allmächtigen, den Schöpfer des Himmels und der Erde
enti in Ihesum christ sun sinan ainacun unseran truhtin
und an Jesus Christus, seinen eingeborenen Sohn, unseren Herrn,
der inphangan ist fona uuihemu keiste
empfangen durch den Heiligen Geist,
kiporan fona mariun macadi euuikeru
geboren von der Jungfrau Maria,
kimartrot in kiuualtiu pilates

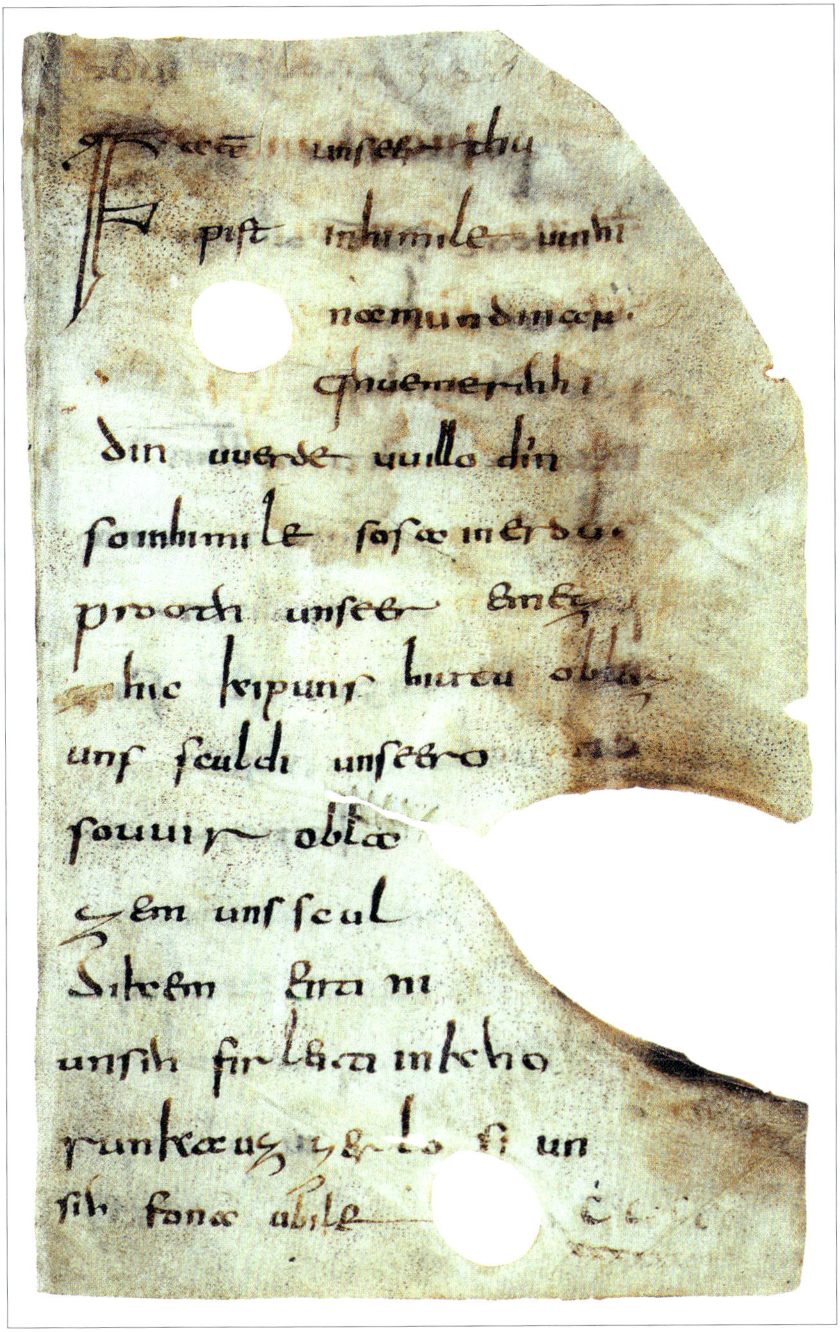

„Fater unseer thu pist in himile ..." Sollten die zentralen Texte des Christentums wirklich ins Alltagsleben der Menschen Eingang finden, so mussten sie notwendigerweise in die Volkssprache übertragen werden. Hier sehen wir das althochdeutsche Vaterunser, das ein St. Gallener Mönch um das Jahr 790 niedergeschrieben hat. Es befindet sich in der sogenannten Abroganshandschrift, die in der St. Gallener Klosterbibliothek aufbewahrt wird. Auf der Rückseite hat derselbe Schreiber die ersten Zeilen des credo, des Glaubensbekenntnisses, niedergelegt. Dies sind die ältesten althochdeutschen Textzeugnisse, die wir kennen.

gelitten unter Pilatus,
in cruce pislacan tot enti picrapan
gekreuzigt, gestorben und begraben.
stehic in uuizzi in drittin take erstoont fona totem
hinabgestiegen in das Reich des Todes, am dritten Tage auferstanden von den Toten,
stehic in himil
aufgefahren in den Himmel.
sizit az zesuun cotes fatares almahtikin
Sitzt zur Rechten Gottes, des allmächtigen Vaters.
dhana chuimftic ist sonen qhuekhe enti tote
Von dort wird er kommen, zu richten die Lebenden und die Toten.
laubu in uuihan keist in uuiha khirihhun catholica
Ich glaube an den Heiligen Geist, die heilige katholische Kirche,
uuihero kemeinitha urlaz suntikero fleiskes urstodali
die Gemeinschaft der Heiligen, Vergebung der Sünden, Auferstehung der Toten
in liip euuikan; amen
und das ewige Leben. Amen.

Das Taufgespräch sowie die zentralen Glaubenstexte wie Vaterunser und Glaubensbekenntnis wurden von den frühmittelalterlichen Missionaren in die Volkssprache überführt. Nur so konnte man erreichen, dass die Inhalte auch verstanden und in den Alltag überführt wurden. Die Hl. Messe jedoch wurde in Lateinisch zelebriert und die herausgehobene Bedeutung der Wandlung mit ihren Worten „Hoc est enim corpus meum" = „Dies ist mein Leib", blieb den Menschen unverständlich und mutete wie Zauberwerk an. Wie Hokuspokus. Dieses Amulettkreuz mit den aufgestanzten Buchstaben ABRA, ABRAC, ABRACA, die sich zu Abrakadabra zusammenführen, fand man im Jahr 1911 auf der Brust einer Bestattung im Chor der Kathedrale von Lausanne aus dem 6./7. Jahrhundert. Da war sich jemand nicht so ganz sicher ...

Die Heilige Messe jedoch wurde (noch bis in die Neuzeit) stets auf Lateinisch gelesen und da ist es nicht verwunderlich, dass die Wandlung den Menschen nicht nur wie Zauberwerk erschien, sondern dass aus der Eucharistieformel *Hoc est enim corpus meum* (= dies ist mein Leib) mit der Zeit die pseudolateinische Zauberformel *Hokuspokus* wurde ... Inhaltlich konnte dem Geschehen am Altar nur folgen, wer Lateinkenntnisse hatte. Für die Allermeisten war dies eine seltsame Veranstaltung mit magischem Charakter.

Bonifatius verstand es übrigens auch, mit den Pfunden der angelsächsischen Schreibstuben zu wuchern. Um die Heiden desto besser von der Überlegenheit des Christentums zu überzeugen, erbat er sich folgendes von Äbtissin Eadburg von Thanet: *(...) denn schon oft hat Deine Nächstenliebe meine Traurigkeit gelindert, sei es durch die Vermittlung von Büchern oder durch die Unterstützung mit Kleidern. So bitte ich auch jetzt noch zu mehren, was Du begonnen hast, d.h., mir in Goldbuchstaben die Briefe meines Herrn, des heiligen Apostels Petrus, abzuschreiben, zur Achtung und Ehrfurcht vor der hl. Schrift in den Augen der Fleischesmenschen bei der Predigt, und weil ich die Worte gerade dessen, der mich auf diese Fahrt ausgesandt hat, allzeit vor Augen haben möchte. Das für die erbetene Abschrift erforderliche Gold schicke ich durch den Priester Eoba. Mach es also, teuerste Schwester, auch mit dieser unserer Bitte so, wie Deine Güte es mit allen meinen Bitten stets zu machen pflegte, damit auch hierzulande Deine Werke in Goldbuchstaben leuchten zum Ruhm des himmlischen Vaters* (Briefe, S. 115). Er wollte also während der Predigt das Buch in die Höhe halten und die staunenden Heiden mit den goldglänzenden Zeilen und prächtigen Illuminationen beeindrucken. Nicht bibliophilem Interesse am Prachtexemplar entsprang diese Bitte, sondern sein Wunsch zu überzeugen. Weil sein Ansinnen nicht gerade unbescheiden war, gab er seinem Boten Eoban das Gold zum Schreiben gleich mit.

Dieser Brief ist einer von zahlreichen aus der regen Korrespondenz zwischen ihm und den gelehrten Klosterfrauen in England. So zahlreich sind sie, dass die bonifatianische Briefsammlung tatsächlich die bedeutendste Quelle zu den weiblichen Religiosen in Wessex des 8. Jahrhunderts darstellt. Und das, obwohl nur ein Bruchteil davon auf uns gekommen ist. Bei denen, die uns geblieben sind, fällt auf, dass die Briefpartner einander völlig gleichberechtigt gegenüberstehen, dass die Frauen dem berühmten Briefpartner auf höchstem sprachlichen Niveau selbstbewusst und auf Augenhöhe begegnen. Offenbar standen den adligen Damen im angelsächsischen England des 7. und 8. Jahrhunderts praktisch dieselben Bildungsmöglichkeiten wie den Männern offen und es wurde ihnen mit entsprechend intellektueller Hochachtung begegnet. Der vertraute Ton macht außerdem deutlich, wie eng die Verbindung zwischen Wynfreth und den Frauen vor seiner Abreise gewesen sein muss. Durch seine selbstgewählte Peregrinatio befand er sich nun in einem Gebiet beklagenswertester Bildungsarmut, da bedeutete ihm der Kontakt mit den klugen Freundinnen geradezu geistige Lebensrettung.

Bonifatius trieb ganz besonders die Sorge um, dass er den Gottesdienst korrekt nach apostolischen Regeln in seinem Missionsgebiet einführte. Wie viele Fragen hatte er! An welcher Stelle im Gottesdienst genau sollte das Kreuzzeichen gemacht werden? Und wie oft? Überhaupt viele Detailfragen zur Liturgie. Dürfen auch zwei Kelche auf dem Altar stehen? Durfte geopfertes Fleisch gegessen werden? Und wenn es Pferdefleisch war? Hier wird noch einmal deutlich, wie schwer es den Germanen fiel, den gedanklichen Wechsel zwischen der Opfergabe am Altar und dem blutigen Tieropfer zu vollziehen.

Wusste man nicht ganz genau, ob jemand von einem autorisierten Priester getauft wurde, sollte man ihn dann besser nochmal taufen? Noch im Jahr 751 beantwortet Zacharias ihm Fragen, die Lul auf mühseliger Reise nach Rom getragen hatte: Darf man den Christen erlauben, Dohlen, Krähen, Störche, Biber, Hasen oder

Wildpferde zu essen? *Vor ihrem Genuss muss man die Christen durchaus warnen,* kam zur Antwort. Wann soll das Osterfeuer entzündet werden? *Am fünften Tag der Osterwoche, wenn das heilige Salböl geweiht wird.* Dürfen sich die Nonnen oder Mönche am Gründonnerstag gegenseitig die Füße waschen? Ja, denn *das ist ein Gebot des Herrn, und wer es gewissenhaft erfüllt, wird Lob davon haben.*

So geht es seitenweise immer weiter: Darf man vor dem dreißigsten Jahr Priester weihen? Antwort: Wenn man keine geeigneten Leute im richtigen Alter findet *und die Not es erfordert, weiht man auch mit 25 Jahren.* Bei manchen Erkundigungen dürfte die Geduld des gichtgeplagten Gemmulus auf eine harte Probe gestellt worden sein: Ab wann darf man Speck essen? – Was für Probleme hatten die da in Germanien?? Der Papst wusste keine Antwort. *Uns ist dafür von den Vätern keine Weisung gegeben. Wir geben Dir aber auf Deine Bitte den Rat, ehe er über dem Rauch getrocknet oder auf dem Feuer gekocht ist; hat man aber Lust, ihn ungekocht zu essen, soll man das erst nach dem Osterfeste tun* (Briefe, S. 295/299). Nun ja. Auch bei Anfragen über den Umgang mit tollwütigen Tieren (Antwort: *in eine Grube werfen)* oder Epileptikern (Antwort: nicht verstoßen, jedoch beim Abendmahl erst nach allen anderen abfertigen) dürfte sich in Roms Kanzleistuben so manche Augenbraue gehoben haben.

Ein seltsamer Widerspruch in Bonifatius´ Charakter scheint sich da aufzutun. Der starke, charismatische Mann, gewohnt, hart durchzugreifen, war gleichzeitig ängstlich bestrebt, im kanonischen Sinn alles richtig zu machen. Uns Heutigen kommen seine Fragen angesichts seiner Lebensleistung geradezu albern vor, aber so einfach sollte man das nicht abtun. Für Bonifatius war die rechte Form der Liturgie heilsentscheidend. Die Fragen zielten auf eine Vereinheitlichung der Liturgie und auf den korrekten kanonischen und liturgischen Anschluss Germaniens an Rom ab. Schlussendlich wurde mit diesen scheinbar lächerlichen Fragen die Romanisierung der abendländischen Kirche festgeklopft! Bonifatius zwang den Papst, sich in tausendundeiner Sache festzulegen. Der katholische Glaube war international und wurde gelebt und gelehrt im Nahen Osten, in Italien, Gallien, England und – seit Neuestem – im rechtsrheinischen Germanien. Musste man für Bonifatius immerzu Detailfragen klären, dann galten die Antworten nicht nur für ihn, sie waren bindend für die ganze Kirche. Der Angelsachse zwang die Amtsschimmel in Rom – die Kanoniker und Liturgiker – die Dinge klar und deutlich zu fixieren. Sie dürften ordentlich ins Schwitzen gekommen sein. Viele Fragen – etwa des Eherechts – waren schließlich damals noch nicht verbindlich festgelegt. Was nun niedergeschrieben wurde, das galt! Bonifatius gab also, ohne es zu ahnen, durch seine Halsstarrigkeit und Erbsenzählerei den Impuls, nicht nur das rechtsrheinische Germanien in die katholische Kirche zu integrieren, sondern den ganzen sich im Wachsen befindenden bunten Koloss Kirche zu vereinheitlichen.

So verstehen wir auch, warum er sich bei seinen Freunden in England und bei Gemmulus in Rom immerfort kanonistische Schriften erbat. Seinen ersten Brief an Bonifatius beendete Papst Zacharias nach einer endlosen Liste abgearbeiteter Fragen: *Damit aber haben wir, teuerster Bruder, zu allen oben erwähnten Punkten Antwort gegeben, wie es uns der Herr eingegeben hat (...). Deine heilige Brüderlichkeit aber möge, wenn künftighin etwas vorkommt, sich, wie die heiligen Satzungen vorschreiben, darum bemühen, den Fehler bei den von Gott anvertrauten Völkern zu beseitigen. Denn es steht uns nicht zu, etwas anderes zu predigen, als was wir von den heiligen Vätern gelernt haben* (Brief 51, S. 159). Auf Neudeutsch heruntergebrochen, würde der Text etwa folgendermaßen lauten: *Du nervst. Besorg' Dir gefälligst die relevanten Unterlagen und lies selber nach. Andere Auskunft können wir Dir auch nicht geben.* Kein Wunder, dass Bonifatius verzweifelt versuchte, sich durch den Erwerb kanonistischer Texte, wo auch immer er welche herbekommen konnte, unabhängig zu machen. Der Papst im fernen Rom brauchte nur einen seiner Diakone anzuweisen, dass er ihm aus seinem gut bestückten Archiv jeden gewünschten Text bringe. Er hatte keinen Schimmer, in welchem geistigen Umfeld sich sein Germanenmissionar aufhielt. Ein stadtrömischer Geistlicher konnte sich ein Leben an einem so unwirtlichen Ort, ohne Zugriff auf Archive und Bibliotheken, einfach nicht vorstellen.

Eine Anfrage wirft ein irritierendes Licht auf die Missionsbemühungen des Bonifatius. Er hatte offenbar Skrupel, von heidnischen Slawen, die auf fränkischem Boden lebten, den Zehnt einzuziehen. Offenbar hielt er sie weder seines Interesses für würdig, noch dafür, der Kirche den Zins zu zahlen. Man fragt sich: Wieso bekehrte er sie nicht? Wenigstens hätte er sie doch taufen können! Ganz einfach: Sie waren ihm egal – sie waren von fremdem Stamm, der Aufenthaltsort ihrer Seelen nach dem Jüngsten Gericht verursachte ihm des Nachts keinen schlaflosen Augenblick. Sie waren verdammte Seelen und, was ihn betraf, konnten sie es ruhig bleiben. Selbst wenn er gewollt hätte, hätte er sie im Übrigen nicht belehren können. Warum nicht? Nach 200 Jahren in England hatte sich die Sprache der Angelsachsen noch nicht weit von dem Sächsischen und Niederdeutschen auf dem Festland entfernt – mit diesen Leuten konnte er reden. Das Slawische jedoch gehörte einer fremden Sprachfamilie an, zu der er keinen Zugang hatte. Die gemeinsame Sprache transportierte aber das Verwandtschafts- und damit das Verantwortungsgefühl. Der Papst in seiner weisen Antwort sah die Sache vom praktischen Standpunkt. Es könnte ja nach Bonifatius einer kommen, der die Slawen zu Christen machte und da wäre es schön, sie wären schon ans Zinsenzahlen gewöhnt: *Darüber bedarf es keines Rates, da die sachliche Begründung auf der Hand liegt. Wenn sie nämlich zinsfrei sitzen, werden sie später einmal dieses Land für sich als eigen in Anspruch nehmen; wenn sie aber Zins zahlen, wissen sie, dass dieses Land einen Herrn hat* (Briefe, S. 301).

Bonifatius wird Erzbischof

Dann kam es wie es kommen musste: Seine Umtriebe sprachen sich herum. Er hatte das Christentum um ein großes Stück nach Osten vorgeschoben und dieses neu christianisierte Gebiet rechts des Rheins weckte Begehrlichkeiten. Die fränkischen Bischöfe sahen mit zunehmender Unruhe dem lebhaften Treiben dieses Angelsachsen zu, der immer mehr Ausländer um sich scharte und sich mit seinen modernen Ideen in Hessen und Thüringen breitmachte. Bischof Gerold von Mainz, ganz im Revierdenken eines fränkischen Aristokraten verhaftet, wollte dieses frisch christianisierte Gebiet seiner eigenen Diözese beiordnen. Er war einer jener fränkischen Bischöfe, wie sie Bonifatius aufs Blut hasste: adeliger Kämpe, dem Karl Martell etwas schuldig war, weswegen er nun auf dem Mainzer Bischofsstuhl saß. Mit einer Konkubine hatte er den Sohn Gewilib gezeugt, dem er das Amt zu vererben gedachte. Er lebte das rustikale Leben eines fränkischen Edelmannes, dem der Zustand der ihm anvertrauten Seelen herzlich gleichgültig war. Ausgerechnet ihm sollte Bonifatius' gerade mühsam erschlossenes Hessen und Thüringen zufallen? Wir kennen den streitbaren Heiligen inzwischen gut genug, um zu wissen, dass Gerold sich da den Falschen ausgesucht hatte. Bonifatius beschwerte sich im Jahr 724 bei Gregor II. über diese Zumutung und der Papst reagierte prompt: *Weiter haben wir wegen jenes Bischofs, der es bisher aus einer gewissen Saumseligkeit heraus unterlassen hatte, bei diesem Volk das Wort der Predigt zu verbreiten, und der jetzt dieses Gebiet als zu seinem Sprengel gehörig für sich in Anspruch nimmt, an den Patricius Karl, unseren erhabenen Sohn, ein väterliches Schreiben gerichtet und ihm geraten, diesen in die Schranken zu weisen. Und wir sind der Meinung, dass er ihn anweist, es zu unterlassen. Du selber aber, ob es ihm passt oder nicht, höre nicht auf zu predigen, was das Heil erfordert* (Briefe, S. 87).

Die Affäre trug Gerold einen Rüffel von Karl Martell ein, Hessen und Thüringen blieben ihm verwehrt und Bonifatius war der lachende Dritte. Gerold starb übrigens, wie er gelebt hatte. Als Gefolgsmann Karl Martells zog er mit ihm auf einen Feldzug gegen die Sachsen und wurde dort im Kampfgetümmel erschlagen. Das Bistum fiel zu Bonifatius' Verdruss tatsächlich an den Sohn Gewilib, der nichts Besseres zu tun hatte, als den Mörder seines Vaters ausfindig machen zu lassen. Gewilib wiederum war Vasall Karlmanns, Karl Martells Sohn. Als dieser auf Sachsenfeldzug ging, kämpfte er an seiner Seite mit und erschlug den Mörder seines Vaters mit eigener Hand! Nicht gerade das friedliebende Gebaren eines frommen Kirchenmannes!

Bonifatius brauchte unbedingt die Macht, um solche Leute in ihre Schranken zu weisen. Noch war er ihnen als Bischof nur gleichgestellt. Er brauchte mehr Handlungsspielraum und machte dies in Rom deutlich. Dort war mittlerweile – am 11. Februar 731 – Gregor II. gestorben und Gregor III. an dessen Platz getreten. Er erkannte die Problematik seines Germanenmissionars, lobte seine bisherige Tätigkeit und übersandte ihm etwa im Jahr 732 das Pallium, was ihn zum Erzbischof oder Metropoliten machte. *Weil wir nun durch göttliche Belehrung in den Gleichnissen lernen, dass der, dem fünf Pfund anvertraut waren, fünf andere dazugewann, so spenden wir samt der ganzen Kirche einem so gewinnbringenden Geschäft Beifall. Wir haben Dir daher mit Recht als Geschenk das heilige Pallium übersandt, das Du Kraft Deiner Machtfülle des seligen Apostels Petrus annehmen und anlegen sollst, und wir ordnen nach Gottes Rat an, dass man Dich als einen unter den Erzbischöfen zählt* (Briefe, S. 99)

Das war natürlich sehr schön, aber noch schöner wäre es gewesen, wenn der Papst ihm ein Bistum zugewiesen hätte. Nun war er Erzbischof ohne Sitz, Missionserzbischof ohne eigene Provinz. Daher hatte er auch keine Suffragane, d.h. ihm untergebene Bischöfe. Er war Metropolitan ohne Metropole. Sollte er denn immer unstet und heimatlos bleiben? Nirgends einen Platz haben, der ihm zu eigen war? Immerhin – er war jetzt Leuten wie Gerold von Mainz rangmäßig überlegen. Diese stärkere Position war auch unbedingt notwendig, denn wenn er Strukturen schaffen wollte – und das wollte er! – war die Zeit vorbei, in der er nur hier und da ein Klösterchen oder eine Kirche gegründet hatte. Das hatten schließlich vor ihm auch schon andere getan. In Zukunft musste es vielmehr darum gehen, Kirchenprovinzen zu schaffen, Bistümer zu gründen, Bistumsgrenzen festzulegen. Da würde er manchen Leuten gehörig auf die Füße treten müssen.

Wie sehr man in Rom seine Situation verkannte, zeigt folgender Satz aus Gregors Begleitschreiben zum Pallium: *Wenn Du einen Bischof weihst, sollen zwei oder drei Bischöfe bei Dir zusammenkommen, damit, was geschieht, Gott wohlgefalle, indem Du die Weihe vollziehst nach ihrer Ankunft und in ihrer Anwesenheit* (Briefe,

S. 101). Zwei oder drei Bischöfe? In seinem ganzen Missionsgebiet gab es weit und breit keinen Bischof, schon gar nicht zwei oder drei. Wie denn auch? Der nächste Bischof war Gerold von Mainz. In dessen Beisein würde Bonifatius bestimmt keine Weihehandlung vornehmen. Nun ja – es musste Gott wohl oder übel gefallen, dass sein Knecht in Zukunft Bischöfe ohne gleichrangige Konzelebranten weihte.

Bonifatius steckte in einem echten Dilemma und das stand und fiel mit der Person Karl Martells. Wir werden feststellen, dass er zu dessen Lebzeiten überhaupt keine Bischöfe weihte. Warum nicht? Wegen des altbekannten Problems mit den fränkischen Adelsfamilien, die auf „ihren" Bistümern saßen und die sogleich Anspruch angemeldet hätten bei der Gründung eines neuen. Bonifatius war aber darauf angewiesen, dass der Herrscher, bzw. sein Hausmeier, ein neu gegründetes Bistum ausstatten würde mit Land, Leuten, Gebäuden und diversen anderen Mitteln. Das hätte Karl Martell niemals direkt vor den Nasen dieser mächtigen grundbesitzenden Familien getan, seinen Vasallen, Kampf- und Jagdgenossen. Natürlich gewährte er Bonifatius seinen Schutz, schließlich dehnte der Missionar durch sein Wirken den fränkischen Einfluss auf die heidnischen Völkerschaften aus. Wo er jedoch tatsächlich Reformen anschieben sollte, da endete Karl Martells Verständnis. Denn diese Reformen richteten sich automatisch gegen das fränkische Episkopat. Weltliche Politik und Kirchenpolitik waren zu dieser Zeit ein und dasselbe, weil sie ein und dieselbe Führungsschicht betraf.

Er hatte noch nicht im Fokus, dass feste Strukturen und eine engere Bindung an Rom ebenfalls unumgänglich für den Aufstieg seiner Familie waren. Diese Erkenntnis sollte eine Generation später erst seinen beiden Söhnen Karlmann und dem jüngeren Pippin aufgehen. Einstweilen befinden wir uns aber erst im Jahr 732 und die Jungen sind noch in der Kinderstube. Die ließ immerhin das Beste für die Zukunft erhoffen. Beide wurden im Kloster erzogen. Pippin war von Willibrord getauft und in St. Denis ausgebildet worden. Bei Karlmann ist man sich nicht sicher, ob er ebenfalls in St. Denis oder vielleicht sogar direkt unter Willibrords Aufsicht in Echternach seine Kinderjahre verbracht hatte. Man musste also noch etwas Geduld haben und Bonifatius wird innig zu Gott gebetet haben, dass er ihm genug Zeit schenken möge. Momentan jedenfalls gerieten die Dinge ins Stocken. Mehr als Schutz und Schirm für seine Person und seine Mitarbeiter war Karl der Hammer einstweilen nicht bereit zu garantieren.

Ein anderer Herrscher war in seiner Erkenntnis über die Chancen, die Bonifatius ihm bieten konnte, schon weiter gediehen: Herzog Hucbert von Bayern. Er wünschte sich eine gründliche apostolische Ordnung seines Gebiets und mit Karl Martells Erlaubnis reiste Bonifatius dorthin, um sich zunächst einmal zu orientieren. Zu missionieren gab es hier nichts mehr, das Gebiet war christlich. Es harrte nur noch der festen kanonischen Struktur. Der Herzog und Bonifatius schmiedeten also gemeinsam Pläne für die nähere Zukunft. Irgendwann in dieser Zeit ist ihm wahrscheinlich ein Junge als *puer oblatus* von seinen Eltern übergeben worden, damit er ihn mit sich nehme und ausbilde: Sturmius. Wahrscheinlich wurde er kurz nach 700 als Kind einer Adelsfamilie, möglicherweise mit verwandtschaftlicher Nähe zum Herzogshaus, geboren. Wir wissen nicht wo. Sein Biograph Eigil sagt uns das leider nicht. Der kleine Ort Aiglsdorf im heutigen Landkreis Freising macht aber Ansprüche geltend, sein Geburtsort zu sein. *(...) Dieser trat die Wanderschaft mit dem Bischof, der ihn empfangen hatte, unter den Tränen seiner ganzen Sippe freudig an. Als sie endlich, nachdem sie mehrere Provinzen durchwandert, nach Frideslar in das Gebiet der Hessen gekommen waren, wo das Kloster des heiligen Mannes sich befand, übergab der heilige Bischof den edlen Knaben einem seiner Priester mit Namen Wigbert, der sich mit Fleiß bestrebte, den Knaben Sturmi zum Dienste Gottes zu erziehen* (Eigil, S. 106/107). So beschreibt Eigil Sturms Abschied von zu Hause. Bonifatius nahm ihn also mit sich zurück nach Hessen und steckte ihn erstmal zur Ausbildung zu Wigbert ins Kloster Fritzlar. Wir werden später mehr von ihm hören.

Die bayerischen Pläne sowie seine etwas ungute Situation in Hessen/Thüringen boten reichlich Gesprächsstoff mit dem neuen Papst, dem er sich ohnehin noch nicht persönlich vorgestellt hatte, und so entschloss sich der inzwischen 65-jährige Bonifatius zu seiner dritten Romreise. Man stelle sich die Strapazen vor: noch einmal auf eigenen Füßen bzw. mit Pferd und Wagen über die Alpen! Der Angelsachse muss über eine eiserne Konstitution verfügt haben.

Die Mühe lohnte. Er reiste mit großem Gefolge und wurde in hohen Ehren empfangen. Er blieb ein ganzes Jahr und es wurde ein phantastisches Jahr, vielleicht das schönste seines Lebens – ein wahrer Triumph! Außerdem konnten sich seine müden Glieder, angegriffen vom rauen Wetter Germaniens, im milden Klima Italiens ausruhen. Wie wird das wohlgetan haben! Mittlerweile war er überdies ein populärer Mann geworden. Selbst über die Alpen hinweg war sein Ruf gedrungen. Alle Welt wollte die Geschichten über seine Erlebnisse in Germanien hören. Willibald schreibt: *Als er sich dort nach einer überaus langen Reise dem apostolischen Herrn Gregor, dem zweiten Jüngeren, vorstellte, wurde er gütig von ihm aufgenommen und von allen, sowohl von den Römern als von den Fremden, so hoch geehrt, dass viele um seiner heilsamen Lehre willen herbeiströmten und eine Menge Franken und Bayern sowie Sachsen aus Britannien und noch Abkömmlinge aus anderen Landen seiner Unterweisung ein eifriges Ohr liehen* (Willibald, S. 501). Er stand im Mittelpunkt der Aufmerksamkeit! Für uns Heutige ist es interessant zu hören, wie international Rom damals war.

Von all dem war Bonifatius begeistert und schrieb an Wigbert und die Freunde in Fritzlar: *Kund sei Euch Liebden und danket Gott dafür, dass wir glücklich zu der Schwelle des seligen Apostelfürsten Petrus gekommen sind, wo uns der apostolische Bischof wohlwollend und freudig aufgenommen, wegen unseres Missionsauftrages erfreulichen Bescheid erteilt und uns den Rat und die Weisung gegeben hat, wieder zu Euch zurückzukehren und bei der angefangenen Aufgabe zu bleiben* (Briefe, S. 121).

Freude über Freude: Gregor III. ernannte ihn zum Legaten von Germanien, also zu seinem Stellvertreter dort, allen anderen Geistlichen übergeordnet. Einen Wermutstropfen musste er aber schlucken: *Du wirst keine Erlaubnis bekommen, Bruder, in Rücksicht auf die begonnene Arbeit, an einem Ort zu verweilen. Vielmehr sollst Du die Herzen der Brüder und aller Gläubigen bestärken, die noch nicht gefestigt sind in diesen Gegenden des Abendlandes. Wo Dir der Herr einen Weg zum Heil bahnt, da steh nicht ab vom Predigen.(...) Lass es Dir nicht zu viel werden, geliebtester Bruder, beschwerliche Wege zu gehen nach verschiedenen Richtungen, damit sich der Glaube durch Deine Bemühungen weit und breit ausdehnt. Denn es steht geschrieben: Eng und schmal ist der Weg, der zum Leben führt. Vollende also, Bruder, das gute Werk, das Du begonnen hast (...)* (Briefe, S. 123). Bonifatius ging auf die 70 zu und das Wanderdasein sollte kein Ende nehmen!

In Bonifatius' Gefolge reiste Gregor. Wir erinnern uns an den Enkel der Äbtissin des Klosters Pfalzel. Nach dem Abendessen hatte der junge Lateineleve von Bonifatius eine Extralektion in Übersetzungskunst und Bibelexegese erhalten. Das war im Jahr 721, direkt nach Bonifatius' Trennung von Willibrord gewesen. Mittlerweile waren 17 Jahre vergangen und aus dem Lateinschüler war ein ausgewachsener Mann geworden, in den Bonifatius die größten Hoffnungen setzte. Nach sorgfältiger Ausbildung hatte er seinen Mentor kreuz und quer durch dessen Missionsgebiet begleitet und als persönlicher Sekretär für ihn gearbeitet. Er kannte also dessen Situation aus dem effeff. War es Bonifatius auch nicht gelungen, dem Papst einen Metropolitansitz abzubitten, so hatte er ihm in ernstem Gespräch immerhin klarmachen können, dass er in seinem Alter an einen Nachfolger denken musste, und hatte erreicht, dass er sich Gregor dafür heranziehen durfte. Der junge Mann hatte also eine große Zukunft vor sich – Missionserzbischof und Legat des Papstes in Germanien, Erbe des großen Bonifatius! Das Besondere an ihm war jedoch: Er war Franke! Keiner von Bonifatius' angelsächsischen Verwandten, die bei den germanischen Magnaten Misstrauen erregten. Dem mächtigen Verwandtenkreis um Pippins Ehefrau Plektrud angehörend, war er mit den bedeutenden fränkischen Familien verwandt oder bekannt und somit ideales Bindeglied zwischen den Angelsachsen und der fränkischen Kirche. Er war Bonifatius' Trumpfkarte in dem Vorhaben, sein Erbe einst in die Hände der Leute zu geben, die es schlussendlich anging.

Einstweilen war er jedoch noch in Rom und ihm strömten die dort weilenden Engländer und Franken in Scharen zu, um sich ihm anzuschließen – ein wertvoller Zuwachs an Leuten. Ganze Familien waren nach Rom gepilgert und ganze Familien ordneten sich ihm nun bei: z.B.: Lul, der sein Adlatus, sein Sekretär und Nachfolger als Erzbischof von Mainz werden sollte oder das Brüderpaar Wynnebald und Willibald, von dem wir schon hörten. Auch der Angelsachse Burgheard, der als Burkhard der erste Bischof von Würzburg werden sollte, kam hinzu. Besondere Freude dürfte ihm bereitet haben, dass er seine alte Brieffreundin Heaburg (mit dem Spitznamen Bugga) in Rom traf. Wir haben sie schon kennengelernt: Sie war es, die ihm einst so erfreut über seine friesischen Missionserfolge gratuliert hatte. Außerdem hatte sie ihm immer wieder Bücherwünsche erfüllt. Auch sie war übrigens eine hochadlige Dame – ihr Vater war König Centwine von Wessex, der abgedankt hatte, um in Rom als Mönch zu sterben.

Einmal musste die schöne Zeit aber zu Ende gehen und er machte sich mit seinem stark angewachsenen Gefolge auf den Rückweg. Er *durchreiste (...) Italien und betrat die Mauern der Stadt Ticena* (Pavia) *und ruhte beim verehrungswürdigen König der Langobarden Liutbrand seine schon altersmüden Glieder aus* (Willibald, S. 501). Gregor III. hatte ihm Briefe mitgegeben, die ihm sein Leben im Missionsgebiet erleichtern sollten. Er ermahnte *alle Bischöfe, Priester und Äbte*: *Und wenn etwa einer von euren Dienern sich diesem hochheiligen Mann im Dienste der Mahnung zum heiligen katholischen Glauben zugesellen will, sollt Ihr, Teuerste, ihn in keiner Weise daran hindern. Vielmehr gewährt ihm Eure Mitwirkung und teilt ihm Helfer zu aus Eurem Schafstall (...)* (Briefe, S. 123).

Den *Edlen und dem Volk in den Provinzen Germaniens* legte der Papst ans Herz: *(...) Und wenn er etwa welche* (Bischöfe oder Priester) *findet, die vom Pfad des rechten Glaubens abweichen oder von dem, was die Satzungen ehren, und er gegen diese einschreitet, soll er von Euch in keiner Weise daran gehindert werden, und was er ihnen als Buße auferlegt, sollen sie gehorsam um Gottes Willen auf sich nehmen* (Briefe, S. 125). Das fränkische Episkopat – Gerold und Consorten – wird mit den Zähnen geknirscht haben! Dieser Satz belegt, dass Bonifatius Gregor III. das Gebaren seiner fränkischen Mitbrüder beschrieben hatte. Weder der eine noch der andere machte sich mit diesem Mahnbrief in Germanien beliebt.

Den jungen Lul schickte er zur Ausbildung ins Kloster Ohrdruf, er selbst begab sich nach Bayern. Er hatte in Rom die bayerischen Pläne mit Gregor gründlich durchgesprochen und machte sich gleich ans Werk, sie umzusetzen. Dabei ordnete er die Provinz so, wie sie bis heute noch besteht. Willibald schreibt: *Dann teilte er das Bayernland mit Zustimmung des Herzogs Odilo* (der den Herzogstitel mittlerweile von seinem Vater Hucbert geerbt hatte) *in vier Sprengel, denen er vier Bischöfe vorsetzte (...). Von diesen empfing der erste namens Johannes den bischöflichen Stuhl in der Stadt, die Salzburg genannt wird, der zweite war Erembercht, der die oberste Aufsicht über die Kirche von Freysing hatte, der dritte war Gaibald, der sich das Hirtenamt und der Hut über die Kirche in der Stadt Regensburg unterzog.* Das vierte Bistum war Passau. Hier musste Bonifatius nicht tätig werden – es hatte bereits einen vom Papst geweihten Bischof, Vivilo, der an seinem Platz verblieb. Auch in Bayern hatte Bonifatius vor der Neuordnung gründlich ausgekehrt: *(...) und trieb aus die Zerstörer der Kirche und die Verderber des Volkes. Von diesen hatten einige schon seit langem fälschlich sich das Bischofsamt angemaßt, andere hatte sich des Priestertums Stellung selbst übertragen, andere wieder verführten (...) eine große Menger Volks* (Willibald, S. 503). Der Papst war hochzufrieden: *(...) so hast Du das gut und recht klug gemacht, weil Du in unserer Vertretung eine apostolische Weisung erfüllt und unserem Auftrag entsprechend gehandelt hast* (Briefe, S. 131).

738 war Bonifatius aus Rom zurückgekommen, etwa eineinhalb Jahre später war diese Arbeit getan. Solche Schubkraft konnte er entwickeln, wenn man ihm freie Hand ließ! Nachdem die Lage in Hessen und Thüringen im Jahr 740 noch immer stockte, war dies ein schöner Erfolg. Noch etwas versetzte ihn in Hochstimmung: Karl Martell plante endlich einen Feldzug gegen die Sachsen, diesmal nicht nur eine der üblichen Strafexpeditionen, sondern einen echten Eroberungszug. Der Angelsachse witterte Morgenluft, denn wäre das Gebiet seiner Stammesbrüder erst einmal militärisch gesichert, so würde er nachrücken und für die Bekehrung der Leute sorgen. Karl Martell hätte den militärischen, Bonifatius den geistlichen Teil der Aufgabe zu erledigen. Es schien, als würde sich endlich sein Lebenstraum realisieren. Das Christentum sollte einheits- und friedensstiftend für das Reich wirken. Etwas anrüchig erscheint uns Heutigen, wie gut Krieger und Missionare – ziviles und religiöses Interesse – damals zusammenwirkten. Zuerst wurde buchstäblich mit eiserner Zunge gepredigt. Kaum hatte man die Menschen mit Feuer und Schwert besiegt, machte man sich daran, ihnen Frieden, Nächstenliebe und Demut nahezulegen und dass Bedrückungen im Diesseits ihnen im Jenseits vergolten würden.

Voller Vorfreude schreibt Bonifatius Briefe nach Hause, in denen er ausnahmslos alle, vom Abt bis zum Klosterschüler, zur Gebetsunterstützung aufruft. In der Anrede nennt er sich hier nach vielen Jahren einmal wieder *Wynfreth, des gleichen Stammes Sprössling.* Und weiter *(...) der Herr Jesus Christus, der will, dass alle Menschen gerettet werden und zur Erkenntnis der Wahrheit gelangen, die Herzen der heidnischen Sachsen zum katholischen Glauben bekehre, und dass sie sich retten aus den Schlingen des Teufels, durch die sie gefangengehalten werden und sich den Söhnen der Mutter Kirche zugesellen. Habt Erbarmen mit ihnen, die ja zu sagen pflegen: Wir sind eines Blutes und eines Gebeines (...)* (Briefe, S. 135). In England war man entzückt: Aus Leicester kam ein Brief an den *Erzbischof Bonifatius, auch Wynfreth genannt,* von *Bischof Torthelm, Knecht der Knechte Gottes, Gruß im Herrn. Den ersehnten Brief Eurer Herrlichkeit haben wir erhalten. Bei seinem Lesen haben wir Deine überaus fromme Ergebenheit und die glühende Liebe erkannt, die Du um des ewigen Lebens willen hast, wie Du, von der Hand Gottes beschirmt, Tag und Nacht darauf sinnst, dass die Herzen der heidnischen Sachsen zum katholischen und apostolischen Glauben bekehrt werden, zur Erlösung Deiner Seele. Wer sollte sich nämlich nicht freuen, wenn er so willkommene Kunde erhält? Wer sollte nicht frohlocken und jubeln bei diesen Taten, dass unser Volk an Christus den allmächtigen Gott glaubt* (Briefe, S. 137)*?*
Bei den Sachsen führte Bonifatius wieder Massentaufen durch, in der Hoffnung, durch geistige Nacharbeit die Dinge später zu festigen. Er sollte keine Gelegenheit

zum Nacharbeiten erhalten. Dies war der ernsthafteste Versuch vor Karl dem Großen, die Sachsen zu unterwerfen und zu missionieren. Aber – wir Heutigen wissen es – es funktionierte nicht. Die Sachsen setzten sich erfolgreich zur Wehr und nahmen weder die Fremdherrschaft noch den neuen Glauben an. Karl der Hammer drang nicht durch und Bonifatius auch nicht. In den 80er Jahren erst sollte sein Enkel Karl der Große dieses stolze Volk unterwerfen und seinen Anführer Widukind zur Aufgabe und zur Taufe zwingen. Dies war wohl die bitterste Enttäuschung in Bonifatius` Leben. Für ihn und zu seinen Lebzeiten war der Traum von der Christianisierung der Festlandsachsen ausgeträumt.

Bonifatius und die nächste Karolingergeneration

741 kam es dann zum Generationswechsel in seinem Lebenspersonal. Kurz nacheinander starben Karl Martell (im Oktober) und Gregor III. (Ende November). Auf den Stuhl Petri folgte Zacharias, der dritte Papst, unter dem Bonifatius diente. Karl hatte in seinen letzten Lebensjahren – seit 737 – in Franken allein geherrscht. Der merowingische König Theuderich war mit 25 Jahren gestorben und dem Hausmeier hatte es beliebt, den rechtmäßigen Thronfolger Childerich III. im Kloster einzusperren und ohne König zu regieren. Durch diese vier Jahre hat Karl allen anderen Familien in Franken klargemacht, wohin der Hase lief: Die Karolinger waren der Königsclan, auf den sie sich in nicht allzuferner Zukunft einzustellen hätten. Als wäre das selbstverständlich, interpretierte er das Reich als Erbe seiner Söhne und teilte es unter ihnen auf. Aus den beiden Klosterzöglingen, Söhnen aus der ersten Ehe mit Chrotrud, waren unterdessen junge Männer geworden. Pippin, geb. 715, sollte Neustrien, der ältere Karlmann, geb. 706/8, sollte Austrien erhalten, wozu Hessen und Thüringen gehörten. Für Grifo, Sohn aus Karls zweiter Ehe mit Swanahild, war ein Mittelstück aus beiden Teilen mit einem Stück Burgund vorgesehen. Das aber wussten die Brüder zu verhindern. Sie ignorierten seine rechtmäßigen Ansprüche und organisierten, kaum dass der Vater die Augen geschlossen hatte, ihr Erbe neu nach ihren eigenen Vorstellungen. In West-Ost-Richtung ließen sie eine Grenzlinie durch Neustrien und Austrien verlaufen, die den Vorteil hatte, beiden Anteil an den Kernländern zu sichern. Grundsätzlich aber wurde der väterliche Wille insofern umgesetzt, als dass Burgund und Provence bei Pippin und Hessen, Thüringen und Alamannien bei Karlmann blieben. Grifo wurde in Neufchatel bei Laon festgesetzt.

Man könnte meinen, auf dem zentralen Thronsessel säße ein König, der Lehen vergibt. Tatsächlich erblicken wir hier Karl Martell, der seinen Tod nahen sieht und der daher seine Söhne Karlmann und Pippin zu sich gerufen hat. Er gedenkt, das Reich, das er als Hausmeier streng genommen nur verwaltet, unter den beiden aufzuteilen. Sein dritter Sohn, Grifo, wird in dieser Miniatur ignoriert. So weit war es mit den Merowingerkönigen also unter Karls Herrschaft gekommen! Karlmann und Pippin sitzen mit gefalteten Händen neben ihrem Vater. Der Ritus der Lehnsvergabe sah vor, dass der Lehnsnehmer seine gefalteten Hände in die des Lehnsherrn legte. Der Augenblick scheint kurz bevorzustehen. Das Bild stammt aus einer französischen Chronik, die in der Pariser Bibliothèque Nationale aufbewahrt wird.

Bonifatius hatte wenige Wochen nach Karl Martells Tod mit dessen Söhnen Briefkontakt. Er schrieb einen gleichlautenden Brief an alle drei, allerdings ist nur der an Grifo erhalten. Aus ihm wird deutlich, dass er durchaus mit Swanahilds Sohn gerechnet hatte. Er schreibt: *Bonifatius, Knecht der Knechte Gottes, Grifo, dem Sohn Karls, erwünschten Gruß in Christus. Ich bitte und beschwöre Eure Gottseligkeit bei Gott dem allmächtigen Vater und bei Jesus Christus, seinem Sohn und beim heiligen Geist, bei der heiligen Dreifaltigkeit und Einheit Gottes, dass Du, wenn Dir Gott die Macht gibt, bestrebt bist, den Knechten Gottes, den Geistlichen und Priestern in Thüringen zu helfen und die Mönche und Gottesmägde gegen die Bosheit der Heiden zu schützen und dem Christenvolk beizustehen, dass die Heiden sie nicht vernichten, damit Du vor Christi Richterstuhl ewigen Lohn empfangest. Und wisset, dass wir Eurer vor Gott gedenken, wie das schon Euer*

Vater, solange er noch lebte, und Eure Mutter einst mir aufgetragen haben (Briefe, S. 139). Im Gegenzug zu Grifos zukünftiger Hilfe in Thüringen erneuert Bonifatius also ein Gebetsversprechen. Hier kommt ein das ganze Mittelalter kennzeichnender Gedanke zum Ausdruck: Es gibt zwei Gruppen von Menschen, die sich gegenseitig brauchen und die sich das auch immer wieder gegenseitig versichern: eine weltlich handelnde und eine betende. Die Gruppe der Geistlichen hatte den Beruf, für diejenigen zu beten, die mit Anderem beschäftigt waren. Ihr Gebet sollte jenen samt ihrem Tun die Gnade Gottes sichern und ihre Seelen und die ihrer Vorfahren und Hausangehörigen vor der Hölle retten. Das war ein wichtiger Arbeitsanteil an der Stabilität und dem Sicherheitsempfinden der ganzen Gesellschaft. Die Sippen trachteten daher auch danach, Mitglieder in beiden Gruppen unterzubringen, damit sie allenthalben gut aufgestellt und repräsentiert waren. *Oblatio* nannte man es, wenn man ein Kind in eine geistliche Gemeinschaft gab, *commendatio*, wenn es in königlichen Dienst ging. So sicherten sich die Familien Prestige und Aufstiegsmöglichkeiten in beiden Bereichen.

Papst Zacharias, der dritte Pontifex, unter dem Bonifatius diente, folgte Gregor III. im Dezember 741 auf den Stuhl Petri. Kurz vorher, im Oktober, war auch Karl Martell gestorben, so dass das entscheidende Personal, mit dem Bonifatius zu tun hatte, wechselte. Er war zu dieser Zeit in seinen 70ern und hatte so lange warten müssen, bis er mit wirklichen Strukturreformen beginnen konnte, für die Karl noch nicht das rechte Verständnis aufgebracht hatte. Die mitteldeutschen Bistümer Büraburg, Würzburg und Erfurt wurden gegründet und von Zacharias abgesegnet, ebenso das Kloster Fulda, für das der Papst ihm das Exemtionsprivileg gewährte. Das Porträt des Papstes stammt aus der Klosterkirche Niederaltaich in Bayern.

Bonifatius hatte also einen Gebetsbund mit Grifo. Es hatte Gott aber nicht gefallen, Grifo Macht zu verleihen, und Bonifatius musste jetzt gut aufpassen, nicht als derjenige dazustehen, der sich auf die Verliererseite geschlagen hat. Dass er weiter für Swanahilds Sohn gebetet hat, wollen wir mal hoffen, politisch hat er seine Fahne jedoch zur sicheren Seite gewendet: zu Karlmann und Pippin.

Diese Wendung nahm man in Bayern übrigens mit Verärgerung zur Kenntnis. Warum? Grifos Mutter Swanahild war eine Verwandte von Herzog Odilo. Über

Grifo hatte man sich in Bayern einen Machtzuwachs und Einfluss in Franken erhofft. Dass nun Grifo komplett ausgeschaltet wurde und der päpstliche Legat das anscheinend kommentarlos guthieß, nahm man ihm übel. Odilo rächte sich, indem er den eben gewählten Papst Zacharias um einen neuen Legaten, eigens für Bayern, bat. Ohne im mindesten zu ahnen, welchen Autoritätsverlust er Bonifatius damit antat, gestand Zacharias dies tatsächlich zu und setzte einen Priester namens Sergius als päpstlichen Legaten in Bayern ein. Es kam in der Folge sogar zu einem Feldzug Pippins gegen Odilo, nachdem dieser sich mit einem empfindlichen Gebietsverlust abfinden musste. Als der Papst im Lauf der Jahre 742/743 realisierte, dass sich die politische Großwetterlage stark in Richtung Karlmann und Pippin wendete, setzte er Sergius ab und Bonifatius wieder ein. Der Schaden war aber angerichtet. In Bayern hatte Bonifatius an Prestige verloren.

Im Oktober 741 starb Karl Martell in der Königspfalz Quierzy. Zwar hatte Bonifatius einen Schutzbrief dieses mächtigen Hausmeiers, dennoch: Wirkliches Verständnis für sein Anliegen, die fränkische Kirche grundlegend zu ordnen und zu reformieren, konnte er von ihm nicht erhoffen. Zu tief war Karl Martell in die zahlreichen Vasallenverträge und Treueverpflichtungen mit den fränkischen Adelsfamilien verstrickt. Ihm fehlte das Verständnis für die Chance, die Bonifatius' Rombindung dem Reich bieten konnte. Erst der nächsten Generation ging ein Licht auf. Hier sehen wir sein Grabmal in St. Denis.

Keine andere Familie hatte gewagt, aufzumucken, als die beiden Söhne Karl Martells die Nachfolge ihres Vaters antraten. Ihr Anspruch erschien schlechterdings zwangsläufig. Alles lief jetzt auf einen Dynastiewechsel zu. Das durfte aber nicht so geschehen, wie ihr Vater es angefangen hatte – still und leise, ohne Worte, Gesten oder Symbole. Durch die Adoption Pippins durch den Langobardenkönig Liutprand hatte Karl es immerhin verstanden, ein Friedensbündnis zu schließen und gleichzeitig seine Familie durch Versippung in königliche Nähe zu rücken. Die faktische Macht hatten die Karolinger bereits. Was sie jetzt ganz dringend brauchten, war etwas, was sie nicht durch Eroberungszüge, Land- oder Ämtervergabe erreichen konnten: eine sakrale Würde, die ihre Familie umwehte und ihr Blut adelte. Der einzige, der ihnen diese fehlende Dignität verschaffen konnte, war der Papst, Gottes Stellvertreter auf Erden. Mit Bonifatius hatten sie dessen mächtigsten Repräsentanten diesseits der Alpen direkt vor Ort. Er hatte in mühevoller Arbeit in den letzten Jahren das Reich fest an Rom gebunden. Einstweilen hatten die beiden Brüder jedoch reichlich zu tun, mussten sie sich doch in ihren jeweiligen Teilreichen etablieren und sich gleichzeitig der Konkurrenz erwehren.

Die neue Situation schien für Bonifatius Gottes Antwort auf seine drängendsten Gebete zu sein: Karlmann und Pippin waren grundlegend geprägt von Willibrord, einem kanonisch agierenden Angelsachsen. Das ließ das Beste erhoffen für seine Arbeit und für die Strukturierung der germanischen Kirche. Das Beste überhaupt: Karlmann war der religiösere von beiden und für sein Gebiet zuständig. Die beiden wiederum erkannten in seiner Person das staatspolitisch nutzbare Machtmittel. Er war das Bindeglied zum Papst, dem einzigen, der ihnen die Bestätigung göttlichen Willens zur endgültigen Machtübernahme geben konnte. Wir denken heute, die Bindung zwischen Franken und Rom und damit der Beginn der Königsherrschaft der Karolinger sei ganz natürlich und gleichsam automatisch erfolgt. Mitnichten. Dafür war das Agieren von Menschen nötig. Karlmann, Pippin und Bonifatius wuchsen zu einem *Dreierbund von wahrhaft welthistorischer Bedeutung* zusammen, wie Theodor Schieffer sagt. Jeder hatte seine Eigeninteressen, aber einen gemeinsamen Feind hatten sie auch: die fränkischen Adelsfamilien. Bonifatius hasste sie aus religiösen Gründen, weil sie auf unrechtmäßig vergebenen Bischofssitzen saßen, ein unheiliges Leben führten und seine Kirchenreform blockierten. Die beiden jungen Hausmeier aus politischer Motivation, weil sie ihren Plänen zur Dynastiegründung im Wege standen. Nachdem diese Leute den Vater in den Sattel gehoben hatten, mussten die Söhne sie nun in ihre Schranken weisen.

Sie taten etwas sehr Schlaues: Karl Martell hatte König Childerich III. seinerzeit in *Sithiu,* der Abtei Saint Bertin (zwischen Dünkirchen und Calais), weggesperrt. Sie holten ihn wieder aus seinem Klostergefängnis hervor und reaktivierten den Mönch nochmals als König. Keiner dürfte überraschter gewesen sein als er selbst. Er sollte der letzte Merowinger auf dem Thron sein, der, geschmückt von seinem langen Haar, auf dem heiligen Ochsenkarren im Reich unterwegs war. Das war wirklich klug ausgedacht. Der Schattenkönig machte die konkurrierenden Adelsfamilien mundtot, denn an der Oberfläche war ja alles in Ordnung: Man hatte einen König aus der Familie, auf der das Königsheil lag und der hatte jeweils einen Hausmeier für Austrien und einen für Neustrien. Alles bestens, alles wie gehabt und kein Anlass, sich Sorgen zu machen. Der arme Childerich war jedoch nur der Schild, hinter dem die beiden in Ruhe agieren konnten. Die viel benutzte Vokabel „Schattenkönigtum" trifft die Sachlage eigentlich nicht ganz, denn die Aufgabe des armen Childerich war ja gerade, in aller Öffentlichkeit zu agieren. Bei Reichstag oder Gerichtsversammlung sollte er die ihm zugewiesene Rolle spielen, allerdings nur als Schauspieler. Das Textbuch stammte von Pippin und Karlmann. Er machte die beiden schwer angreifbar und nebenbei konnte im Volk nochmal der Gedanke reifen, dass man schließlich einen König brauchte. Fragt sich nur, aus welcher Sippe.

Der berühmte Einhard beschrieb in seiner Biographie des großen Karl die Situation im Reich mit folgenden Worten: *Das Geschlecht (...) besaß nur mehr den leeren Königstitel. Die wirkliche Macht und Autorität im Königreich hatten die Hofmeister des Palastes, die sogenannten Hausmeier, die an der Spitze der Regierung standen. Dem König blieb nichts anderes übrig, als sich mit seinem Titel zu begnügen und mit wallendem Kopfhaar und ungeschnittenem Bart auf dem Thron zu sitzen und den Herrscher zu spielen. Er durfte die Gesandten anhören, die von überall her kamen, und sie dann mit Worten entlassen, die seine eigenen zu sein schienen, die man ihm aber in Wirklichkeit vorgeschrieben und oft sogar aufgezwungen hatte. Der König besaß fast nichts, das er sein eigen hätte nennen können, außer dem wertlosen Kö-*

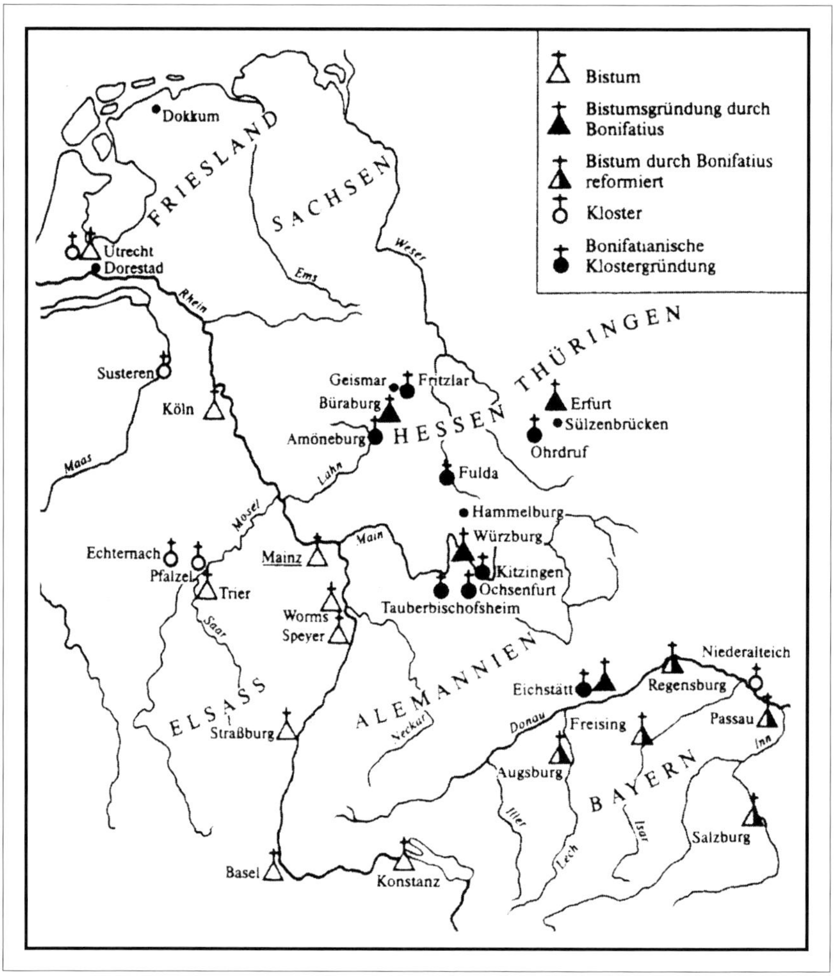

Karl Martell bot seinem angelsächsischen Heidenmissionar zwar Schutz und Schirm, was einem heutigen diplomatischen Status gleichzusetzen ist, wirkliches Verständnis brachte der Hausmeier Bonifatius' Reformbemühen jedoch nicht entgegen. So musste dieser sich bis zum Jahr 741 in Geduld üben, Bistümer in seinem Missionsgebiet zu gründen. Der Papst war über die Wahl der in seinen Augen gänzlich unbedeutenden Orte Büraburg, Erfurt und Würzburg nicht recht glücklich. Er konnte sich die Umstände im fernen Germanien eben nicht vorstellen.

nigstitel und einem unsicheren Lebensunterhalt, den ihm der Hausmeier gewährte. Auch gehörte ihm ein Landgut, das aber nur ein geringes Einkommen brachte. Auf diesem Landgut hatte er sein Wohnhaus mit einer kleinen Anzahl von Dienern, die ihm die nötigsten Dienste leisteten. Wenn er eine weite Reise machen musste, wurde er von einem Knecht nach Bauernart in einem Wagen gefahren, den ein Ochsengespann zog. So fuhr er zum Palast, so auch zu den öffentlichen Volksversammlungen (...) und so pflegte er wieder nach Hause zurückzukehren (Einhard, S. 9). Die Historiker halten diesen Text, obwohl er in tendenziöser Weise die Machtübernahme durch die Karolinger rechtfertigen soll, für ein ziemlich genaues Abbild der Zustände.

Bonifatius mit seiner neuen Erzbischofswürde konnte sich inzwischen daran machen, sein Missionsgebiet kanonisch zu ordnen, d.h. Bistümer zu gründen. Mit dem Rückhalt der beiden Hausmeier und dem Papstbrief in petto konnte er die fränkischen Familien ignorieren und dort Leute seines Sinnes einsetzen. Ein Problem hatte er trotzdem: Laut kanonischer Ordnung durften Bischofssitze nur an bedeutenden Orten errichtet werden. *Denn Du erinnerst Dich, Teuerster, was wir in den kirchlichen Satzungen zu beachten angewiesen werden, dass wir nicht für Dörfer oder unbedeutende Städte Bischöfe bestellen sollen, damit der Bischofstitel nicht in Missachtung kommt* (Briefe, S. 151), ermahnte Zacharias ihn. Aber wo – um Himmels Willen – sollte Bonifatius in Ostgermanien Städte hernehmen? Östlich von Mainz und Köln gab es nichts, was ein kultivierter Römer als Stadt bezeichnet hätte. Wieder einmal kollidierten kanonische Regeln mit der germanischen Wirklichkeit. Nun ja. Bonifatius war Praktiker. Er konnte sich beim besten Willen nicht an diese Vorschrift halten, also hielt er sich nicht dran.

Er gründete drei Bistümer in seinem Gebiet: Wir hörten schon von der Büraburg bei Fritzlar, einer der modernsten Festungen, die die Franken besaßen. Mitten darauf stand, gut gesichert, ein Kirchlein, das schon einige Zeit vor Bonifatius' Ankunft in Hessen iroschottische Wandermönche gegründet und der heiligen Birgida geweiht hatten. Dieses kleine Gotteshaus besaß in seiner unmittelbaren Nähe eine kreisrunde Wasserzisterne, die sich als Taufquelle nutzen ließ – ideale Voraussetzung für eine Bischofskirche. Hier setzte er seinen Landsmann Witta (auf angelsächsisch *der Weise*) ein.

Einen zweiten Bischofssitz gründete er in der Festung Würzburg in Unterfranken, wo er Burgheard, ebenfalls aus Wessex gebürtig, als Bischof weihte. Wir erinnern uns – Burgheard war einer der Leute, die sich Bonifatius in Rom etwa im Jahr 737 angeschlossen hatten. Durch den irischen Wanderprediger Kilian, der mit seinen Freunden Kolonat und Totnan in der Gegend gewirkt hatte, war das Gebiet etwa 60 Jahre zuvor bereits missioniert worden. Die Situation war ähnlich wie auf der Büraburg: eine fränkische Festung, die eine Kirche beherbergte. Die Kommandanten der Burg entstammten der herzoglichen Familie der Hedener, die zu Anfang des 8. Jahrhunderts auch das Kirchlein gegründet hatten. Bonifatius hatte es vorgefunden, als er zwanzig Jahre früher in die Gegend gekommen war.

Schon vor Bonifatius' Wirken in Hessen hatten inmitten der Festung Büraburg bei Fritzlar iroschottische Wandermönche ein Kirchlein gegründet, das heute noch besteht. Sie hatten es der irischen Heiligen Birgid von Kildare gewidmet. Die Kirche besaß in unmittelbarer Nähe eine Wasserzisterne, die sich als Taufquelle nutzen ließ, unbedingte Voraussetzung für einen Bischofssitz. In Ermangelung besserer Alternativen setzte Bonifatius hier seinen angelsächsischen Freund Witta als Bischof ein, obwohl die kanonischen Statuten für einen Bischofssitz eine regelrechte Stadt forderten. Zacharias genehmigte Büraburg denn auch mit wenig Begeisterung. Das neue Bistum hatte keinen Bestand, nach Wittas Tod ging es wieder ein.

Erfurt in Thüringen war der dritte Ort, an dem er einen Bischof einsetzte, und zwar Willibald, einen der beiden angelsächsischen Brüder, von denen wir schon hörten. Erfurt war im noch relativ frisch angeschlossenen thüringischen Reichsteil eines der größten Zentren und verfügte möglicherweise auch schon seit dem Jahr 725 über einen ersten kleinen Kirchenbau.

Bonifatius hatte nun also sein Missionsgebiet in drei Diözesen eingeteilt: Büraburg für Hessen, Würzburg für Thüringen und Erfurt für das nördliche Thüringen. Würdige Städte im kanonischen Sinn waren das bestimmt nicht. Erfurt war ein Handelsort, Würzburg und Büraburg Festungen mit einer Kirche. Wo die Diözesangrenzen genau verliefen, ist unklar, wahrscheinlich orientierten sie sich an Stammesgrenzen und geographischen Gegebenheiten – dem Thüringer Wald oder dem Lauf von Flüssen, z.B. der Fulda.

Ganz deutlich bemerkt man, dass Bonifatius bis zum Winter 741 ungeduldig abgewartet hatte. Kaum hatte Karl Martell seine Augen für immer geschlossen, war er in Aktion getreten. Schon Mitte des Jahres 742 begrüßt er brieflich den neuen Papst Zacharias und berichtet stolz: *Mit zum Himmel erhobenen Händen (haben wir) Gott gedankt (...) dafür, dass der höchste Richter Eurer milden Väterlichkeit die kirchlichen Satzungen zu handhaben und das Steuer des apostolischen Stuhles zu führen überlassen hat.* Gleich im Anschluss berichtet er: *Wir*

Erfurt war das nächste Bistum, das Bonifatius in seinem Wirkungsbereich gründete. Der Ort „Erphesfurt" in Thüringen war in dem noch recht frisch angekoppelten Reichsteil das größte Zentrum und besaß möglicherweise bereits seit etwa 725 einen ersten kleinen Kirchenbau. Bonifatius setzte hier Willibald als Bischof ein, der es aber alsbald wieder verließ, um nach Eichstätt zu gehen. Eine wirkliche Chance als Bistum hat diese bäuerliche Handelsniederlassung wohl nie gehabt. Zu jung war das Christentum noch in dieser Gegend. Auch der Papst hatte Bedenken, „ob die Orte und die Einwohnerzahlen so sind, dass sie Bischöfe zu haben verdienen". Seit dem Jahr 1994 ist die Marienkirche mit ihrem gotischen Erscheinungsbild wieder Bischofskirche des neu geschaffenen Bistums Erfurt.

müssen auch Eurer Väterlichkeit mitteilen, dass wir durch Gottes Gnade für die Völker Germaniens, die einigermaßen aufgerüttelt und zurechtgewiesen sind, drei Bischöfe bestellt und die Provinz in drei Sprengel eingeteilt haben, und jetzt bitten und wünschen wir, dass die drei Orte oder Städte, in denen sie eingesetzt und bestellt sind, durch Urkunden Eurer Machtfülle bestätigt und gesichert werden. Ein Bischofssitz, so haben wir bestimmt, soll in der Burg sein, die Würzburg heißt; und die zweite in der Stadt, die Büraburg heißt, eine dritte an einer Stelle, die Erfurt heißt, diese war ehedem eine Stadt ackerbautreibender Heiden. Wir fordern dringend die Bestätigung und Sicherung dieser drei Plätze in einer besonderen Urkunde (...) (Briefe, S. 141).

Wir sehen Gemmulus in seiner römischen Kanzleikammer geradezu vor uns: *in castello quod dicitur Wirzaburg? Et alteram in oppido, quod nominatur Buraburg, tertiam in loco, qui dicitur Erphesfurt, qui fuit iam olim urbs paganorum rusticorum?* Was waren denn das für Ortsnamen? Nie gehört! *Urbs paganorum*

Von den mitteldeutschen Bistümern, die Bonifatius im Jahr 742 gegründet hatte, überdauerte nur Würzburg. Etwa 60 Jahre zuvor hatte hier der Ire Kilian mit seinen Freunden gute Vorarbeit geleistet, so dass die Gegend auf eine christliche Tradition zurückblicken konnte. Die Situation auf dem „castello Wirzaburg" war ansonsten mit der auf der Büraburg vergleichbar: Festungsbau mit Ansiedlung und Kirche. Die hier als Kommandanten eingesetzte Hedenerfamilie hatten sich als christliche Gönner erwiesen und so konnte sich Würzburg zu einem Bistum entwickeln, das bis heute Bestand hat. Der Bau – das viertgrößte romanische Bauwerk Deutschlands – stammt aus Zeit der salischen Kaiser und ist den irischen Märtyrern Kilian, Totnan und Kolonat geweiht.

Dieses Kreuz in der Krypta des Würzburger Kiliansdomes ist uralt und stammt aus der Merowingerzeit. Bonifatius hat es womöglich schon vorgefunden und – wer weiß? – vielleicht hat er davor gebetet. Als Bischof hatte er in „Wirzaburg" seinen angelsächsischen Freund Burgheard eingesetzt, den er im Jahr 738 in Rom getroffen und in seinen Personalstamm übernommen hatte. Burgheards Nachfolger war der Franke Megingoz – Bonifatius´ Saat ging auf: Die von den Angelsachsen geschulten Franken übernahmen langsam das Ruder!

rusticorum? Das hörte sich übel an! Wie sollte er das bloß dem Papst beibringen? Mit sorgsam dosiertem Enthusiasmus schrieb der denn auch zurück: *Wir haben auch aus dem Wortlaut Deines Briefes ersehen, dass Du drei Bischöfe, jeden an einem anderen Ort, eingesetzt hast, die diesem Volk vorstehen sollen (...). Und Du hast darum gebeten, dass durch den Machtspruch unseres Sitzes die Bischofssitze ebenda bestätigt werden. Deine heilige Brüderlichkeit möge jedoch reiflich überlegen und nach genauer Prüfung entscheiden, ob es zweckmäßig ist oder ob sich erweisen lässt, dass die Orte und die Einwohnerzahlen so sind, dass sie Bischöfe zu haben verdienen.* Was sollte man machen? Etwas Besseres konnte Bonifatius nicht bieten und so blieb es einstweilen dabei. *Aber, durch Dein wahrheitsgetreues und von uns geschätztes Schreiben veranlasst, lassen wir unverzüglich deiner Bitte Genehmigung zuteil werden und kraft apostolischer Machtvollkommenheit setzen wir fest, dass daselbst Bischofssitze sein sollen (...)* (Briefe, S. 151). Begeisterung hört sich anders an.

Wie es mit den drei mitteldeutschen Bistümern weiterging, ist rasch erzählt: Büraburg ging als Bistum unmittelbar nach Wittas Tod wieder ein. Erfurt wurde von Willibald nur kurz bezogen und erlosch sogleich wieder. Wahrscheinlich war seine Lage nahe bei den Sachsen zu gefährlich. Die beiden Orte besaßen außerdem noch nicht genügend religiöse Identität. Willibald ging bald darauf nach Eichstätt. Nur Würzburg konnte sich halten, dessen christliche Tradition Dank Kilian immerhin schon etwa 60 Jahre länger bestanden hatte.

Eine leichte Verstimmung Zacharias` mag auch dem Umstand geschuldet gewesen sein, dass sein germanischer Legat, kaum dass er genug gejubelt und Gott mit erhobenen Händen für die gute Wahl gedankt hatte, recht harsch mit ihm ins Gericht gegangen war. Von heimkehrenden Reisenden hatte er nämlich gehört, dass in Rom zur Neujahrsnacht heidnische Tänze und Riten praktisch unter den Augen des Papstes stattfänden. Er stellte Zacharias zur Rede: *Zum Beispiel behaupten sie, mit angesehen zu haben, wie jedes Jahr in Rom, unweit der Kirche des hl. Petrus, wenn das neue Jahr kommt, bei Tag und Nacht nach heidnischer Sitte auf den Plätzen getanzt wird und nach Heidenart Zurufe und gotteslästerliche Lieder ertönen (...)* (Briefe, S. 147). Skandalös! Solche Nachrichten waren fatal für seine Arbeit. Wie sollte er seinen Schäfchen kanonische Lebensweise predigen, wenn's in Rom drunter und drüber ging? Die Antwort des Papstes auf diese Anschuldigung umweht ein gereizter Zwischenton. *Wegen des Neujahrsfestes und wegen der anderen Wahrsagereien, Amulette, Zaubereien und verschiedenen anderen Bräuchen, von denen Du behauptet hast, sie würden in heidnischer Weise beim seligen Apostel Petrus oder in der Stadt Rom gefeiert, so erklären wir das für abscheulich für uns und alle Christen und für verderblich nach dem Wort Gottes. (...) Denn auch in einer Verfügung unseres Vorgängers und Nährvaters heiligen Angedenkens, des Herrn Papst Gregorius, ist dies alles in frommer und getreuer Weise beseitigt worden (...)* (Briefe, S. 157).

Auch eine andere Sache war dumm gelaufen: Wir erinnern uns an Gregor, den Bonifatius zu seinem Nachfolger und Erben bestimmt hatte. Papst Gregor III. hatte das gestattet. Was war inzwischen passiert? Etwas denkbar Unangenehmes. Gregors Bruder hatte im Streit einen Onkel des Hausmeiers Karlmann totgeschlagen. Bonifatius berichtet: *Ferner halte ich es für notwendig, in einer Angelegenheit um Euren Rat zu fragen und eine Erlaubnis einzuholen, deswegen, weil Euer Vorgänger verehrungswürdigen Angedenkens, wie Ihr gehört habt, in Eurer Gegenwart mir die Weisung erteilt hat, einen Priester zu bestimmen, der nach meinem Hinscheiden nach Gottes Willen im kirchlichen Amte mein Erbe und Nachfolger sein solle. Und damit bin ich, wenn es Gottes Wille ist, einverstanden. Aber jetzt hege ich Bedenken und weiß nicht, ob das möglich ist, weil seither sein Bruder den Oheim des Frankenherzogs erschlagen hat, und wir wissen noch nicht, wie man diese Fehde beilegen und beenden kann (...), denn so wie seither gedacht, scheint es nicht möglich zu sein, wenn der Fürst dagegen ist.* (Briefe, S. 145).

Was für ein Pech! Gregor, dem Enkelsohn der Adele von Pfalzel, hatte eine glänzende Karriere bevorgestanden. Er sollte der Erbe des großen Bonifatius werden. Als fränkischer Edelmann mit besten Verbindungen war er jahrzehntelang für diese Stellung ausgebildet worden und wäre in der Tat der Traumkandidat gewesen. Bis sein Bruder im Streit einen Onkel des Hausmeiers Karlmann erschlug. Durch diese Tat wurde seine Sippe geächtet und er selbst persona non grata. Er konnte sich auf keinem Reichstag oder Synode mehr blicken lassen und jede politische oder kirchenpolitische Tätigkeit – was damals auf das gleiche hinauslief – war für ihn unmöglich. Sein Leben verlief in der Folge denn auch deutlich weniger spektakulär als erhofft. Ihm blieb das Abbatiat des Klosters St. Martin in Utrecht. Zwar leitete er das Bistum Utrecht, offiziell trug den Bischofstitel jedoch ein angelsächsischer Bonifatiusschüler. Völlig schuldlos war er Opfer der germanischen Fehdegesetze geworden.

Man konnte diese Fehde weder beilegen noch beenden und Gregor war – völlig unschuldig – auf einen Schlag in der angespannten politischen Gemengelage Frankens für ein entscheidendes geistliches Amt *persona non grata* geworden. Es wäre so schön gewesen – ein von Bonifatius ausgebildeter fränkischer Edelmann als Nachfolger und Erbe! Was für ein Pech! Gregors Karriere verlief in der Folgezeit denn auch längst nicht so spektakulär, wie sie hätte sein können: Er wirkte weiter als Leiter der Mission in Friesland, wurde Abt des Klosters St. Marien in Utrecht und verwaltete die dortige Diözese. Mehr war für ihn nicht mehr drin. Für einen Mann, der Bonifatius´ Rang einnehmen sollte, war es unumgänglich, Zugang zum engsten Kreis des Herrschers zu haben. War dies gestört, so hatte er keinerlei Handlungsspielraum. Eine Familienfehde wie die, die Gregors Verwandte losgetreten hatten, versperrte diesen Zugang ein für allemal. Gregors Erscheinen bei Hofe, auf einer Reichsversammlung oder einem Gerichtstag, hätte zu demütigenden Szenen geführt. Für alle sichtbar hätte der Herrscher ihn geschnitten. All seine Großen hätten es ihm gleichgetan. Gregor war der schuldlos-tragische Verlierer und wirklich zu bedauern. Er starb im August des Jahres 775 oder 776 in seinen hohen 60er Jahren und wurde in der Abtei Susteren bei Maastricht begraben. Sein Schüler Liudger von Münster schrieb seine Vita.

Gregor starb im August 775 oder 776 und wurde in der Abtei Susteren in der niederländischen Provinz Limburg begraben. Er hätte allen Grund gehabt, verbittert und enttäuscht zu sein, in seiner vita, die sein Schüler Liudger schrieb, ist davon jedoch nichts zu lesen. Die Abtei Susteren wurde Anfang des 8. Jahrhunderts von Pippin, dem Vater Karl Martells, und seiner Frau Plektrud an Willibrord gegeben und diente den Friesenmissionaren als Rückzugsort. Die Wikinger zerstörten das Kloster im 9. Jahrhundert und das heutige Erscheinungsbild der dreischiffigen Basilika über kreuzförmigem Grundriss stammt aus dem 11. Jahrhundert. Eine stark in die Bausubstanz eingreifende Restaurierung im Geschmack des späten 19. Jahrhunderts hat den Charakter des Bauwerks verändert.

Der missgelaunte Papst wiederrief in der Folge nicht nur die Erlaubnis, Gregor als Nachfolger zu bestimmen, er widerrief die Erlaubnis als solche: *Was aber das anbetrifft, dass Du davon gesprochen hast, Dir einen Nachfolger zu bestellen und man möge schon zu Deinen Lebzeiten einen Bischof auf Deinen Platz auswählen, das lassen wir auf keinen Fall geschehen, da es offensichtlich jeder kirchlichen Ordnung und den Weisungen der Väter widerspricht.* Das war eine herbe

Enttäuschung. Bonifatius befand sich mittlerweile in den 70ern. Er war müde, die Lage war kompliziert und er wusste nicht, wie es nach ihm weitergehen würde. Wie beruhigend wäre es gewesen, hätte er seine Arbeit in den Händen Gregors gewusst. Schließlich war da ja auch noch die Verantwortung für die vielen angelsächsischen Helfer, die auf seinen Ruf hin nach Germanien gekommen waren. Wie sollte es mit ihnen weitergehen ohne einen wohlwollenden Nachfolger? Andererseits konnte Bonifatius, der bei anderen immerzu auf korrekte Einhaltung kanonischer Regeln bestand, keine Extrawurst für sich selbst beanspruchen. Etwas brüsk gestand Zacharias ihm immerhin zu, er dürfe sich im Geiste einen Nachfolger auswählen und *wenn aber Gottes Gnade es will, dass dieser den Tag Deines Hinscheidens überlebt, so erkläre ihn, wenn Du ihn als tauglich kennst und es Dein fester Wille ist, in der Stunde, da Du erkennen wirst, dass Du aus dieser Welt scheiden wirst, in Gegenwart aller für Deinen Nachfolger, damit er zur förmlichen Bestellung hierher komme, ein Zugeständnis, das wir keinem anderen machen, das wir aber Dir zu gewähren für gut gehalten haben aus Liebe zu Dir* (Briefe, S. 155). In der Todesstunde ... Wie sollte man denn sowas planen? Das war vage und reichlich unsicher. Immerhin: Lul, der sich, wie wir uns erinnern, in Rom angeschlossen hatte, war mittlerweile in Ohrdruf zu einem ordentlichen Sekretär ausgebildet worden und kam nun als Ersatz für Gregor ins Spiel.

Das concilium Germanicum von 743 und die regula Benedicti

Der erste Briefaustausch zwischen Bonifatius und Zacharias war inhaltsreich. Über ein weiteres entscheidendes Thema wurde aus Germanien berichtet: *Kund sei ebenso Eurer Väterlichkeit, dass der Frankenherzog Karlmann mich zu sich entboten und gebeten hat, in dem seiner Gewalt unterstehenden Teil des Frankenreiches den Zusammentritt einer Synode einzuleiten. Und er hat das Versprechen gegeben wegen der Kirchenverfassung, die schon lange, nämlich mindestens sechzig oder siebzig Jahre, mit Füßen getreten und zerrüttet war, in einiger Hinsicht eine Besserung und Regelung zu veranlassen. Darum muss ich, wenn er auf Gottes Geheiß wahrhaftig dieses Versprechen erfüllen will, einen Rat und eine Anweisung von Eurer Machtfülle, d.h. vom apostolischen Stuhl, bekommen und Bescheid wissen. Die Franken haben nämlich nach Aussage älterer Männer seit über achtzig Jahren keine Synode abgehalten, keinen Erzbischof gehabt und keine kirchenrechtlichen Bestimmungen irgendwo begründet oder erneuert. Jetzt aber sind zum größten Teil die Bischofssitze in den Städten Laien überlassen, die nach dem Besitz trachteten, oder eingedrungenen, der Unzucht und dem Wucher frönenden Geistlichen, zu weltlichem Genusse. Wenn ich nämlich auf Ersuchen des genannten Herzogs durch Euer Wort diese Sache in Gang bringen und anfassen soll, möchte ich eine Anweisung und Entscheidung des apostolischen Stuhles nebst den kirchenrechtlichen Bestimmungen zur Hand haben* (Briefe, S. 143).

Karlmann meinte es also ernst mit der kanonischen Neuordnung seines Reichsteiles und rief den fast 40 Jahre älteren Bonifatius zu sich an den Hof, um ihm diese Idee zu unterbreiten. Er sollte als der ranghöchste Geistliche das erste Mal seit über 80 Jahren in Franken eine Synode einberufen. Auf der rechtsrheinischen Seite war dies die erste Synode überhaupt. Deshalb wird sie bis heute *concilium Germanicum* genannt, denn es ist die erste Bischofskonferenz auf dem Gebiet der späteren deutschen Kirche.

Die Forschung sieht ein Problem darin, diese Synode zu datieren. Fand sie im April 742 oder 743 statt? Die Urkunde beginnt *In nomine domini nostri Jesu Christi. Ego Karlmannus dux et princeps Francorum, anno ab incarnatione Christi* **septingentesimo XLII.** ... also *Im Namen unseres Herrn Jesus Christus. Ich, Karlmann, Herzog und Fürst der Franken, habe im Jahr* **742** *nach der Fleischwerdung Christi am 21. April unter dem Beirat der Knechte Gottes und meiner Großen die Bischöfe meines Reiches mit ihren Priestern in der Furcht Christi zu einem Konzil und einer Synode versammelt, und zwar den Erzbischof Bonifatius und Burghard, Reginfred, Winta, Willibald, Dadanus und Edda mit ihren Priestern, um mit mir zu beratschlagen, wie das Gesetz Gottes und die kirchliche Ordnung, die unter den früheren Fürsten sich aufgelöst hat und zusammengebrochen ist, wiederhergestellt werden soll und wie das christliche Volk zum Seelenheil gelangen kann, statt, von falschen Priestern verführt, zugrunde zu gehen* (Briefe, Akten u. Dokumente, S. 379). Nun könnte man meinen, die Ziffernfolge XLII reiche uns, um sicher zu sein: Die erste germanische Synode trat 742 zusammen. So steht es schließlich in der Urkunde. Da ergeben sich jedoch eine ganze Reihe Probleme: Anwesend waren die drei neuen Bischöfe *Burghard, Winta* (=Witta) *und Willibald*, von denen wir ja wissen, dass sie erst im Lauf des Jahres 742 geweiht worden sein können. Schließlich ist Bonifatius' Brief mit der Bitte, sie einsetzen zu dürfen, erst Mitte 742 geschrieben worden. Wie kommt es also zu der Unklarheit? Die Datierung nach den Inkarnationsjahren Christi war damals eine ganz moderne Sache – die Angelsachsen hatten diese Tradition begründet und sie wurde in dieser Urkunde das erste Mal überhaupt in Franken angewendet. Üblicherweise datierte der Papst nach den Herrscherjahren des Kaisers in Byzanz, die Franken nach den Herrscherjahren ihres Königs. Die hier verwendete Zählweise war also noch ganz ungewohnt. Wie leicht lässt sich da ein Strich vergessen, so, dass aus einer III eine II wird. Es könnte sein, dass das hier passiert ist. Im Übrigen ist das päpstliche Schreiben mit der Vollmacht, die Synode abzuhalten, datiert auf den 1. April 743. Wollte man also der Urkundendatierung folgen, müsste man ziemlich viele Unwahrscheinlichkeiten in Kauf nehmen.

Nehmen wir also an, dass das *concilium Germanicum* am Sonntag nach Ostern des Jahres 743 stattgefunden hat. Wo? Das wissen wir nicht. Die Versammlung setzte sich zusammen aus dem *Beirat der Knechte Gottes und meiner Großen, den Bischöfen meines Reiches mit ihren Priestern.* Wieso waren Karlmanns *Große*, also seine Adligen, anwesend? Man hielt die Synode gleichzeitig ab mit Reichsversammlung und Heerschau, dem jährlichen Märzfeld zu Beginn der Feldzugssaison. Da hatte man automatisch alle wichtigen Leute beisammen. Karlmann

Wahrscheinlich hatte Bonifatius dem Hausmeier Karlmann die Idee in den Kopf gesetzt, im Jahr 743 eine Generalversammlung von Magnaten der Kirche, des Adels und des Militärs zusammenzuführen. Die bedeutendsten Vertreter dieser drei Gruppen sollten hier Reformen beschließen und sie durch ihre Anwesenheit bestätigen und bekräftigen. Diese Art der Versammlung hatte in Bonifatius´ Heimat Tradition. Man nannte sie „Witenagemot" und sie war typisch für die angelsächsischen Kleinreiche vom 7. bis ins 11. Jahrhundert. Das Wort setzt sich zusammen aus „wita" = weise und „gemot" = Versammlung; es war also ein Treffen der Weisen. Der König rief diese Versammlungen zusammen und sie blieben bestehen, bis die Normannen England im Jahr 1066 überfielen. Abbildung: Darstellung eines biblischen Pharaos als angelsächsischer König in einem Witenagemot. Englischer Hexateuch, 11. Jahrhundert.

konnte allen zeigen, dass er es mit der Kirchenreform ernst meinte. Die gefassten Beschlüsse würden schließlich alle angehen und es war gut, wenn die maßgeblichen Leute anwesend wären, sie anzuhören. Staatslenker, Militär und Kirche sollten sich hier gegenseitig bekräftigen und bestätigen. Karlmann war an diesem Tag oberster Repräsentant der weltlichen, Bonifatius oberster Repräsentant der geistlichen Macht und der Katalysator, der diese Kräfte zusammenbrachte. Es spricht viel dafür, dass dieses Zusammentreffen aller Autoritäten auf sein Betreiben hin geschah. Jedenfalls entsprach es genau dem Ablauf der *Witenagemots* in seiner Heimat. Was war ein Witenagemot? Eine Zusammenkunft der mächtigsten geistlichen und weltlichen Entscheidungsträger im angelsächsischen England. Der Name sagt es uns: *wita = weise, gemot = Versammlung.* Diese Idee ist sicher bei Karlmann auf fruchtbaren Boden gefallen, war es doch besonders nützlich für die karolingischen Dynastiepläne, wenn er sich den fränkischen Familien als Vorsitzender in einer kirchlich-religiösen Aura präsentierte.

Von der Geistlichkeit waren anwesend: Burgheard von Würzburg, Witta von Büraburg, Willibald von Erfurt, Heddo von Straßburg, Reginfrid von Köln und Dadanus von Utrecht. Im wesentlichen also Bonifatius´ Angelsachsen und zwei eifrige fränkische Anhänger – insgesamt sechs Bischöfe plus Bonifatius als Vorsitzender. Das war nicht überwältigend. Es fehlten die üblichen Verdächtigen: Gewilib von Mainz und ein Mann gleichen Schlages, Milo, Bischof von Trier und Reims. Sie ahnten, dass ihrem Dasein hier ein Ende bereitet werden sollte, und wollten dabei nicht anwesend sein. Außerdem fehlten die verärgerten bayerischen Bischöfe und die aus Alamannien. In der Kommunikationsform des Frühmittelalters war das Fernbleiben dieser ganzen Gruppe gleichbedeutend mit der Ablehnung der Beschlüsse. Man stellte sich als Zeuge und Befürworter dieser Veranstaltung nicht zur Verfügung. Immerhin: Die Anwesenden standen voll und ganz hinter Bonifatius und seinem Reformprogramm. Und wer die Abstimmung schwänzt, soll sich nachher nicht beschweren ...

Die Beschlüsse, die an diesem Tag gefasst wurden, veröffentlichte Karlmann als Herrscherkapitularien, das waren Verordnungen, die ihre Rechtskraft durch den Herrscher erhielten.

Capitular 1a. lautet: *Und wir haben nach dem Rat der Priester und meiner Großen in den Städten Bischöfe eingesetzt und über sie als Erzbischof den Boni-*

Eines der außergewöhnlichsten Buchkunstwerke des Frühmittelalters ist der Utrechter Psalter, der im Reichsmuseum im Katharinenkonvent in Utrecht aufbewahrt wird. 166 lebendige, beinahe impressionistische Federzeichnungen – keine davon in Farbe! – illustrieren die Psalmen. Auftraggeber war um das Jahr 820 Ebo, Erzbischof von Reims, ehemals von Karl dem Großen freigelassener Leibeigener und Bibliothekar bei Hof in Aachen. Er geriet in den Streit zwischen Ludwig dem Frommem und dessen Söhnen und wurde bis nach Ludwigs Tod im Kloster Fulda in strenger Klosterhaft gehalten. Der Hauptmeister des Utrechter Psalters gilt als einer der besten Zeichner der abendländischen Kunstgeschichte. Hier sehen wir, wie er sich eine Bischofssynode vorstellte.

fatius bestellt, den Abgesandten des heiligen Petrus. Das hieß: Austrien wurde ein Metrolpolitanverband mit Bonifatius als übergeordnetem Erzbischof.

Im Absatz b. beschloss man, von nun ab jedes Jahr eine Synode abzuhalten, wie es das Kirchenrecht vorschreibt.

Absatz c. behauptet vollmundig: *Und das entzogene Vermögen der Kirchen wird den Kirchen wieder zugestellt und zurückgegeben.* Das stimmte natürlich nicht und ließ sich auch so einfach nicht machen. Die Aussage an sich war aber bedeutsam, formulierte sie doch das Eingeständnis der Schuld des Vaters und den Willen zur Wiedergutmachung. So manche Magnatenfamilie, die Karl Martell Treue geschworen und dafür Kirchengut erhalten hatte, saß nun auf unsicherem Boden. Die Karlssöhne konnten die Leute jedoch nicht einfach vertreiben. Damit hätten sie ihr adliges Stützgerüst zum Einsturz gebracht. Aber immerhin: Das unrechtmäßig genommene Kirchengut wurde in zinspflichtiges Lehen umgewandelt und klargemacht, dass es sich hier nicht um Schenkungen handelte. So hatte die Kirche wenigstens Zinseinkünfte aus ihrem Besitz. Insgesamt kam auf diese Weise das Lehnsprinzip mehr in Mode, auch der Herrscher tat es jetzt öfter mit königlichem Gut. So wurde ganz beiläufig das Lehens- und Vasallenprinzip befördert – die wichtigste Rechtsform und ein starker Pfeiler des europäischen Mittelalters. Hieran kann man einmal erkennen, wie sehr die bonifatianischen Aktionen auch die weltliche Geschichte mitgeprägt haben.

Absatz d. sagt: *Falschen Priestern und ehebrecherischen oder unzüchtigen Diakonen und Klerikern haben wir ihre kirchlichen Pfründe entzogen, sie abgesetzt und zur Buße genötigt.* Das richtete sich gegen Gewilib, Milo und Konsorten, die z.T. ohne irgendeine kirchliche Weihe – weder zum Priester noch gar zum Bischof – nicht aus Eignung, sondern wegen ihrer Treuegelöbnisse für Karl Martell auf ihren Bistümern saßen. Im Falle des Widonen Milo sogar schon in der dritten Generation. Es konnte natürlich gar nicht die Rede davon sein, dass man ihnen *ihre Pfründe entzogen, sie abgesetzt und zur Buße genötigt* hatte, aber als Herrscherkapitular war die Aussage starker Tobak und der wehte diesen Leuten als steife Brise entgegen.

Capitular 2a. und b. beschäftigen sich mit allgemeinen Anstandsregeln für Geistliche: *Allen Dienern Gottes haben wir es durchaus untersagt, Waffen zu tragen, zu kämpfen, ins Feld und gegen den Feind zu ziehen (...).* Wenn wir uns erinnern, dass Gewilib womöglich gerade unmittelbar vor der Synode den Mörder seines Vaters eigenhändig totgeschlagen hatte, können wir uns vorstellen, wer gemeint war. *Wir haben auch allen Dienern Gottes das Jagen und Herumstreifen in den Wäldern mit Hunden untersagt, ebenso das Halten von Habichten und Falken.* Schluss sollte sein mit dem herrschaftlichen Wohlleben in den Bischofshäusern! Das tat weh! Die Teilnahme an Kampf und Jagd gehörte ganz existenziell zum Dasein eines fränkischen Adligen, der unter seinesgleichen akzeptiert werden wollte. Mit diesem capitular kratzte man wirklich am Selbstverständnis dieser Leute und stürzte sie in ein echtes Dilemma. Bonifatius und seine Schüler, die von weit her kamen und in Franken keine bindenden Familienverpflichtungen zu beobachten hatten, machten es sich ziemlich leicht, anderen ihre Lebensvorstellungen aufzuzwingen und wir wundern uns, dass Karlmann in dieser Sache so rücksichtslos mit seinen Bischöfen umsprang.

Capitular 3. befasst sich mit der Aufsichtsbefugnis des Bischofs über seine Priester und die Pflicht, regelmäßig auf Visitationsreise durch sein Bistum zu ziehen, außerdem mit dem jährlichen Rechenschaftsbericht der Priester: *Wir haben auch gemäß den Satzungen der heiligen Apostel verordnet, dass jeder Priester innerhalb seines Bezirks dem Bischof, in dessen Bezirk er ansässig ist, untergeordnet sein soll.* Schluss also auch mit den frei umherwandernden Priestern, die auf Freelance-Basis ihr eigenes Süppchen kochten. Sie hatten in Bonifatius' Augen schon genügend Schaden angerichtet. Besonders der iroschottische Wanderbischof Clemens war ihm ein Dorn im Auge. Er lehnte das kanonische Kirchensystem ab, lebte in Ehe, hatte Kinder und glaubte an göttliche Vorherbestimmung, die es auch Heiden erlaubte, ins ewige Himmelreich einzugehen. Solche Leute mussten unbedingt ausgeschaltet werden! Dieser Absatz macht klar, dass nur noch kanonisch orientierte Priester praktizieren durften: *Und immer in der Fastenzeit soll er dem Bischof einen Rechenschaftsbericht über seine Amtsführung vorlegen, über die Taufen, die katholische Glaubenslehre und die Gebets- und Messordnung.*

Capitular 4. sagt, dass fremde Priester oder Bischöfe nur nach Synodalbeschluss zugelassen werden dürfen. Capitular 5. befasst sich noch einmal mit den immer noch virulenten heidnischen Gebräuchen in Austrasien. Kirche und Welt werden aufgefordert, hier zusammenwirken: *Wir haben beschlossen, entsprechend der Satzungen, dass jeder Bischof in seinem Bezirk unter Mitwirkung des Grafen, der der Beschützer der Kirche ist, dafür zu sorgen hat, dass das Volk Gottes nichts Heidnisches treibe, sondern allen Unflat des Heidentums ablege und von sich weise, als da sind Totenopfer, Losdeuterei, Zauberei, Amulette, Wahrsagerei, Beschwörungen, Schlachtopfer, die von törichten Menschen nach heidnischem Brauch neben den Kirchen im Namen der heiligen Märtyrer und Bekenner vorgenommen werden, womit sie den Zorn Gottes und seiner Heiligen herausfordern, oder jene gotteslästerlichen Feuer, die man Niedfyr nennt, und überhaupt sollen sie jeglichen heidnischen Brauch, welcher Art er auch sei, gewissenhaft unterbinden.* Wer ein paar Seiten zurückblättert, wird feststellen, dass die Aufzählung dieser heidnischen Untaten der des *indiculus superstitionum* aus Fulda recht nahe kommt.

Schlecht sollte es nach Capitular 6. Geistlichen gehen, die unzüchtig lebten: *Wir haben ebenso beschlossen, dass (...) jeder Diener Gottes und jede Magd Christi, die sich der Unzucht schuldig machen, in Kerkerhaft bei Wasser und Brot Buße tun sollen; und wenn es ein geweihter Priester ist, soll er zwei Jahre im Kerker sitzen und zuvor blutig gegeißelt werden, und nachher soll der Bischof dies noch*

Der heilige Benedikt von Nursia mit Abtsstab und einer aufgeschlagenen Abschrift seiner Mönchsregel in Händen. Er gilt als Vater des abendländischen Mönchtums und als Patron von Europa. Um das Jahr 480 wurden er und seine Zwillingsschwester Scholastika in dem kleinen Ort Norcia in Umbrien geboren. Der begabte Junge wurde zum Studium nach Rom geschickt, wo ihn jedoch die losen Sitten seiner Kommilitonen abstießen. Er zog sich in eine einsame Höhle bei Subiaco zurück und lebte dort ein strenges Asketendasein, dem sich immer mehr Menschen anschlossen. Im Jahr 529 ging er nach Monte Cassino, südöstlich von Rom, und gründete dort das Kloster, für das er seine regula Benedicti niederschrieb, die für das ganze Abendland maßgeblich wurde. Er starb am Gründonnerstag des Jahres 547. Hier sehen wir ihn mit seinem Lieblingsschüler, dem er ob seiner schwarzen Haare liebevoll den Namen „Maurus" gab. Die Tafel ist der rechte Teil eines Triptychons von Giovanni Bellini in der Sakristei der Kirche Santa Maria Gloriosa dei Frari in Venedig.

verschärfen. Wenn aber ein Kleriker oder Mönch in diese Sünde fällt, soll er nach dreimaliger Geißelung in den Kerker geführt werden und dort ein volles Jahr büßen. Ebenso sollen auch Nonnen mit Schleier derselben Buße verfallen und kahl geschoren werden. Das verhieß dem fidelen Leben auf so manchem fränkischen Bischofssitz eine traurige Zukunft ... Capitular 7a. geht in dieselbe Richtung. Es beschäftigt sich mit der Kleiderordnung für Geistliche – *nicht kurze Kleider wie Laien, sondern lange Gewänder* – und *dass keiner ein Weib in seinem Hause wohnen lasse.*

Capitular 7. sollte für das ganze Mittelalter von entscheidender Bedeutung sein: *Und dass Mönche und Gottesmägde in Klöstern nach der Regel des heiligen Benedikt geleitet werden, damit sie ihr eigenes Leben darnach zu richten trachten* (Briefe, Akten u. Dokumente, S. 379/381).

Die Synode unter Karlmanns Vorsitz verfügte also, dass alle Klöster von nun an unter der Regel des Hl. Benedikt stehen sollten. Nicht nur eine straffe kanonische Organisation der Landeskirche wurde also beschlossen, auch das Leben der Mönche und Nonnen wurde vereinheitlicht. Es hatte ja weit vor Bonifatius schon

Um das Jahr 290 wurde Pachomius als Sohn koptischer Eltern in Oberägypten geboren. Bevor er sich für einen komplett neuen Lebensentwurf als Mönch entschied, hatte er eine erfolgreiche Militärkarriere absolviert. Seine Klosterregel sah einen militärisch-straff organisierten Tagesablauf vor, der Abt glich dabei dem Lagerkommandanten. Die Tageshoren – Matutin/Laudes, Prim, Terz, Sext, Non, Vesper und Komplet – waren bereits enthalten und wurden durch einen Trompetenton angezeigt. Das Kloster war von einer Mauer umgeben, eine Kirche befand sich darin – es gab also schon eine Klausur. Die Forderungen nach Gehorsam, persönlicher Armut, Keuschheit und mäßiger Askese waren Bestandteile dieser Lebensweise. Auch die Pflicht zur täglichen Lektüre, zur Meditation und zur Arbeit sowie das zeitweise Schweigen beinhaltete seine Regel.

Klostergründungen gegeben. All diese Klöster hatten ihre *consuetudines*, d.h. ein Regelwerk mit jeweils ausgeprägten Gewohnheiten. Mischregeln waren das Übliche, zusammengeführt aus allen möglichen Einflüssen. Nun sollte die Königin der Regeln, die *regula Benedicti*, überall eingeführt werden. Nach ihr lebten die Mönche der stadtrömischen Abteien und v.a. die Geistlichen in St. Peter. Alle Pilger, die zum Apostelgrab zogen, konnten diese Lebensweise also erleben. Man bezeichnete sie daher damals auch als die „römische Regel". Es wundert uns nicht, dass Bonifatius sie in Franken einführen wollte.

Was ist so Besonderes an der *regula Benedicti*?

Als Sohn eines Landadeligen in Nursia (heute Norcia in Umbrien) um das Jahr 480 geboren, studierte Benedikt Jura in Rom, floh aber vor dem Stadtleben und zog sich als Einsiedler in die Berge zurück. Bald wurde er als heiliger Einsiedler verehrt und eine große Anzahl Anhänger unterschiedlichster Provenienz scharte sich um ihn, vom barbarischen Goten bis zum verhätschelten römischen Senatorenzögling. Sie alle wollten nach seinem Beispiel leben und für sie musste er eine Regelung erfinden, die für jeden gut war. Dazu fasste er das Beste zusammen, was Ordensgründer vor ihm formuliert hatten:

Pachomius vor allem, der ägyptische Soldat, um das Jahr 290 als Sohn koptischer Eltern in Oberägypten geboren, hatte eine straff organisierte, am militärischen Lagerleben angelehnte Lebensform entwickelt, in der der Abt die Funktion eines Kommandanten hatte. Seine Anweisungen waren knapp. Die Tageshoren – im Wesentlichen waren Matutin/Laudes, Prim, Terz, Sext, Non, Vesper und

Komplet bereits angelegt – wurden von einem Trompetenton angezeigt. Berufsgruppen, unterscheidbar durch Abzeichen an der Kutte, lebten, mit jeweils einem Vormann an der Spitze, in Häusern zusammen. Wochenweise abwechselnd mussten die Bewohner der Häuser anfallende Arbeiten erledigen. Das Kloster war von einer Mauer umgeben, eine Kirche befand sich darin – es gab also schon eine Klausur. Die Forderungen nach Gehorsam, persönlicher Armut, Keuschheit und mäßiger Askese waren bereits Bestandteil der Lebensweise. Auch die Pflicht zu täglicher Lektüre, zur Meditation und zur Arbeit sowie das zeitweise Schweigen beinhaltete seine Regel. Sie funktionierte gut, solange er lebte. Bald nach seinem Tod ging sie jedoch ein. Sie war nicht kräftig genug, um selbstständig zu werden, sondern zu sehr an seine starke Persönlichkeit gebunden. Benedikts erste Klostergründungen waren stark an Pachomius´ Vorbild ausgerichtet.

Basilius wurde um das Jahr 330 als Kind einer christlichen und gebildeten Familie in Cäsarea in Kappadozien geboren und wurde in Athen und Konstantinopel zum Juristen ausgebildet. Eine glänzende weltliche Laufbahn lag vor ihm, er jedoch entschloss sich, Mönch zu werden. Eine Zeitlang lebte er in Ägypten in verschiedenen Klöstern mit pachomianischer Ausrichtung. In dem militärisch geprägten Tagesablauf dieser Einrichtungen fand er offenbar nicht, was er suchte. Um das Jahr 355 gründete er selbst ein Kloster, für das er die pachomianische Tageseinteilung als Struktur verwendete, jedoch seinen hohen Bildungsanspruch, die Konzentration auf das Evangelium und die Forderung nach Werken der Nächstenliebe hinzufügte. Sein Kloster sollte nicht nur der Selbstheiligung der Mönche dienen, sondern positive Ausstrahlung nach außen haben. In der orthodoxen Kirche ist seine Regel noch heute die führende.

Im Jahr 330 wurde Basilius als Kind einer christlichen und sehr gebildeten Familie in Cäsarea in Kappadozien geboren. In seiner Jugend genoss er eine gediegene Ausbildung zum Juristen in Konstantinopel und Athen. Vor seinem Entschluss, Mönch zu werden, lebte er eine Zeitlang in pachomianischen Klöstern in Ägypten. Um 355 gründete er dann selbst ein Kloster in Kappadozien und übernahm dafür viele Vorschriften des Pachomius. Allerdings fügte er seine klassische Bildung, seine Hinwendung zum Evangelium sowie den hohen Stellenwert der Nächstenliebe hinzu. Sein Kloster sollte nach außen wirken und Segen für die Weltleute ausstrahlen. Seine Regel ist noch heute die führende in der orthodoxen Kirche.

Der Hl. Augustinus schließlich, der große Kirchenlehrer, wurde etwa 354 in Nordafrika, dem heutigen Algerien, geboren. Auch er schrieb eine Regel, fußend

Augustinus wurde im Jahr 354 im heutigen Algerien geboren. Er gehört aufgrund seiner annähernd 100 maßgeblich auf das abendländische Denken wirkenden Schriften als einer der vier Kirchenväter, seine „confessiones" gelten als das Urbild autobiographischer Literatur. Er war auch Klostergründer und lebte mit der Gruppe der „servi dei" = „Gottesdiener", die sich auf die Fahne geschrieben hatte, ein Leben in Vollkommenheit zu führen, zuerst auf seinem Landgut und später in Hippo ein zönobitisches Leben. Gottes- und Nächstenliebe sowie gemeinschaftliches Arbeiten waren Inhalt seiner Klosterregel, die großen Einfluss auf die regula Benedicti hatte. Als man ihm das Bischofsamt aufnötigte und somit eine Vielzahl an weltlichen Anforderungen auf ihn hereinbrach, war es freilich mit dem Mönchsdasein vorbei. Er starb im Jahr 430 als Bischof von Hippo. Dieses Altarretabel von Simone Martini wird in Cambridge aufbewahrt.

auf den vorhergehenden. Gottes- und Nächstenliebe und gemeinsames Tun fügte er als grundlegende Forderungen hinzu. Er führte das Mönchsleben wieder zurück in die Städte, also in den Bereich von höheren Lebens- und Kulturansprüchen mit gemäßigter Askese. Mönchs- und Priestertum fanden näher zusammen. Während die basilianische Regel das orthodoxe Mönchsleben bis heute bestimmt, hatte die augustinische großen Einfluss auf die westliche, v.a. auf die benediktinische Regel.

Benedikt führte in seinem Musterkloster Montecassino (zwischen Rom und Neapel) seine neue Regel ein, die das Beste aus den vorangegangenen sowie der sogenannten Magisterregel zusammenführte. Das war im Jahr 529. Als zentralen Charakter fügte er das Verständnis der Kongregation als Familie mit dem Abt als liebendem Vater und den Mönchen als gehorsamen Söhnen hinzu. Die Regel dieser Klostergemeinschaft lehnte sich also an die Funktionsgruppe „Familie" an. Nach dem Ausscheiden aus der natürlichen Familie trat der Novize wiederum einer Gruppe mit ähnlicher Struktur bei. Die einzelnen Klöster sind autonom, wenn auch die benediktinische Idee an sich weltumspannend und universell ist. Dieser familiäre Charakter der Regel ist sicher der Unordnung der Völkerwanderungszeit und der allgemeinen Unsicherheit während des Untergangs des Römischen Reiches geschuldet. Zwar war der fränkische Staat an die Stelle des niedergegangenen weströmischen Reiches getreten, hatte aber bei weitem nicht dessen organisatorische Leistungskraft. Persönliche Unversehrtheit des Einzelnen etwa konnte er keinesfalls bieten. Eine tiefe Sehnsucht nach Geborgenheit und Sicherheit liegt dieser Regel zugrunde.

Die von Gregor dem Großen um das Jahr 600 ausgesandten Missionare hatten die *regula Benedicti*, die den Ruf der römischen Normregel genoss, nach England gebracht, Bonifatius hatte sie in seiner Kindheit und Jugend in Nursling kennen und lieben gelernt und wieder zurück auf den Kontinent importiert. Tatsächlich liegt die älteste uns erhaltene Abschrift in England. Sie ist um das Jahr 730 in der Gegend von Worcester entstanden und liegt heute in der Bodleiana in Oxford. Nun hatte Bonifatius erreicht, dass sie für das ganze Frankenreich gelten solle. Eine Generation später – unter Karl dem Großen – waren Mönchsdasein und Benediktinertum praktisch synonym geworden. Für den annähernd 70-jährigen Bonifatius dürfte der 21. April 743 einer der besten Tage gewesen sein. Sein Reformwerk bekam an diesem Tag enormen Aufwind.

An dieser Stelle sei einmal die Frage gestattet, nach welcher Regel eigentlich Bonifatius sein Dasein gestaltete. Schließlich lautet ja eine zentrale Forderung der *regula Benedicti* die *stabilitas in congregatione*, also das Zusammenleben der Brüder in der Klausur eines Klosters. Er sowie sein Mitarbeiterstab entzogen sich ja dieser Forderung. Sie mochten wohl die Gebetszeiten einhalten, aber durch ihren Entschluss zur Peregrinatio mussten sie wohl oder übel die *stabilitas* als innere Verortung, sozusagen als geistige Heimat uminterpretieren. Sie wurde vom geographischen Ort umgedeutet hin zur inneren Regeltreue. Eigentlich lebte Bonifatius ein Paradox: die *stabilitas in peregrinatione*! Sie wurde als besonders harte Variante des Mönchslebens allgemein akzeptiert und hochgeachtet. Man musste sich hierfür die Erlaubnis einholen. Wie wir wissen, tat Bonifatius das auch ganz korrekt bei Daniel von Winchester und traf dazumal vor seiner Abreise aus England sogar nochmal seinen Erzbischof Berchtwald von Canterbury, um sich den Reisesegen ganz offiziell erteilen zu lassen.

In Fritzlar konnte er unter seinen angelsächsischen Freunden dann und wann Ferien von der ewigen Wanderschaft machen und sich zur Erholung eine zeitlang in ein geordnetes Mönchsdasein einfügen. Ansonsten nämlich nahm man es mit der Forderung der *stabilitas* sehr genau. Im Jahr 726 hatte Bonifatius einmal bei Gregor II. nachgefragt, *wenn eine ansteckende Krankheit oder ein Sterben eine Kirche oder ein Kloster befallen hat, ob die noch nicht Betroffenen zur Vermeidung der Gefahr von diesem Orte fliehen sollten.* Die Antwort des Papstes war bündig und harsch: *Das erscheint recht töricht, denn niemand vermag der Hand Gottes zu entfliehen.*

Die Doppelsynode von 744

Man machte im Jahr darauf mit dem Capitular 1.b. ernst und berief die nächste Synode ein, diesmal kennen wir den Tagungsort: Auf austrasischer Seite fand sie am 1. März 744 in Les Estinnes im Hennegau im heutigen Belgien statt. Dort gab es eine karolingische Pfalz, die *Villa Listinas*, auf der sich ziemlich dieselben Leute wie im Jahr zuvor trafen. Wieder war also die Reichsversammlung mit Märzfeld und Synode kombiniert. Von kirchlicher Seite war Bonifatius als Erzbischof und Legat Roms wiederum der ranghöchste Teilnehmer. Karlmann musste ohnehin gerade seine zweite Heerfahrt gegen die Sachsen vorbereiten, da war es sinnvoll, beide Termine zusammenzulegen und auch die Magnaten zusammenzurufen.

Auch die Capitularien dieser Synode sind erhalten. Sie bestätigen im wesentlichen und z.T. mit demselben Wortlaut die Beschlüsse des Vorjahres. Was das vollmundige Versprechen betraf, unrechtmäßig genommenes Kirchenvermögen zurückzugeben, ruderte Capitular 2. zurück: *Wir haben auch unter dem Beirat der Diener Gottes und des christlichen Volkes bestimmt, dass wir wegen der drohenden Kriege und der Einfälle der Völker ringsum einen Teil des kirchlichen Vermögens mit Gottes nachsichtiger Duldung als zinspflichtige Landleihe zur Unterstützung unseres Heeres für einige Zeit zurückbehalten, unter der Bedingung, dass jährlich von jeder Hofstatt ein Schilling zu zwölf Pfennig an die Kirche oder das Kloster bezahlt werden soll. Wenn der stirbt, an den das Gut geliehen war, soll die Kirche wieder in den Besitz ihres Gutes kommen. Und wiederum, wenn die Not dazu zwingt, dass der Fürst es befiehlt, soll die Landleihe wiederholt und erneut beurkundet werden. Und im Ganzen soll darauf gesehen werden, dass Kir-*

chen und Klöster, deren Land verliehen ist, nicht Mangel und Not leiden, sondern dass in zwingenden Notfällen der Besitz ungeschmälert der Kirche oder dem Gotteshaus zurückgegeben wird. Wenn der Lehensnehmer starb, ging also das Gut nicht an seinen Erben, wie es sich zuvor eingebürgert hatte, sondern zurück an die Kirche. Zustände wie in Mainz oder Trier waren damit ein für allemal vorbei. Wurde im Notfall doch einmal ein Kirchengut neu als Lehen vergeben, dann musste darüber auch ein neuer Vertrag aufgesetzt werden. Nun gut, die Kirche erhielt dann ihren jährlichen Zins – damit konnte man leben.

Das Eherecht wurde ganz unter die Jurisdiktion der Kirche gestellt: Capitular 3a.: *Wir haben ebenso angeordnet, dass entsprechend den Konzilsbeschlüssen Ehebruch und blutschänderische ungesetzliche Ehen verboten und nach dem Urteil der Bischöfe gebüßt werden.* Offenbar war man überdies eines schlimmen Übelstandes noch immer nicht Herr geworden, so dass der Hausmeier per Capitular eingreifen musste: Nr. 3b. sagt *und dass christliche Sklaven nicht an Heiden übergeben werden dürfen.* Offenbar wurden in Austrien im Jahr 744 also immer noch Unfreie als „Opfertiere“ an Heiden verschachert – das war wirklich unerträglich! Überhaupt waren die heidnischen Bräuche nach wie vor ein Problem. Nun verfügte man bei Zuwiderhandlungen Geldstrafen: Capitular 4.: *Wir haben beschlossen, was mein Vater schon früher angeordnet hat, dass jeder, der in irgendeiner Hinsicht heidnischen Brauch übt, zu einer Strafe von 15 Schillingen verurteilt werden soll* (Briefe, Akten u. Dokumente, S. 383). Wir würden heute zu gerne wissen, wie man etwa einem thüringischen Bäuerlein, dessen Frau die Zukunft aus ihrer Pfanne gelesen hatte, so viel Geld abnehmen wollte. Äußerst aufschlussreich in diesem Zusammenhang ist, dass zusammen mit den Aufzeichnungen zur Les-Estinnes-Synode der *indiculus superstitionum et paganiarum* aufbewahrt wird. Die Dokumente haben eine gemeinsame Heftung. Wie praktisch: So hatte man alle 15-Schilling-würdigen Vergehen gleich zur Hand!

Insgesamt war die Synode von Les Estinnes für Bonifatius eine schöne Bestärkung der Vorjahresbeschlüsse.

Dieses Mal zog Pippin auf seiner neustrischen Reichsseite mit. Zwei Tage später, am 3. März 744, hielt er seinerseits Reichsversammlung und Synode ab, seit 80 Jahren die erste! Beide zusammen nennt man heute die „Doppelsynode von 744“. Auch hier kennen wir den Ort: Soissons in der Picardie, im Grenzbereich zwischen Neustrien und Austrasien. Schon zu Römerzeiten eine Stadt – *Augusta Suessionum* –, war Soissons unter den Merowingern ein Hauptort mit mächtiger Pfalz. Erst in den letzten Jahren des fünften Jahrhunderts entwickelte sich Paris zur Hauptstadt. Bonifatius konnte unmöglich so rasch eine so weite Reise zwischen den Versammlungsorten gemacht haben, Soissons gehörte ja ohnehin nicht zu seinem Metropolitanverband. Er war also höchstwahrscheinlich nicht anwesend. Das Dokument spricht im letzten Absatz von 23 anwesenden Bischöfen, also deutlich mehr als auf austrasischer Seite, was nicht verwunderlich ist – schließlich

Unter den späten Merowingern und der Herrschaft der Pippiniden als Hausmeier war das kanonische Leben in Gallien ziemlich vor die Hunde gekommen. Seit mehr als 80 Jahren hatte es keine Synode gegeben. Kein Wunder: Die Bischöfe lebten als weltliche Herren und konnten alles Wesentliche auf der Jagd, der Reichsversammlung oder auf dem Feldzug besprechen. Bonifatius grauste vor diesen Zuständen! Nach dem concilium Germanicum vom Jahr 743 zog man daher in Neustrien nach und so wurden unter Pippins Oberaufsicht am 3. März 744 in Soissons Reichstag und Synode zusammengerufen. „Augusta Suessionum" lag im Grenzgebiet zwischen Neustrien und Austrasien in der heutigen Picardie und war schon unter den Merowingern eine mächtige Pfalz gewesen. Auf dem Foto sehen wir die Ruine der ehemaligen Abtei Saint-Jean-des-Vignes, die im Jahr 1076 gegründet wurde.

gehörte dieser Reichsteil noch zur kirchlichen Einflusssphäre des antiken Rom. Hier lagen die zahlreichen altehrwürdigen Bischofssitze, die die Spätantike überdauert hatten und hier übte der gemäßigte Pippin das Hausmeieramt aus.

Die beiden Brüder haben sich über die zu beschließenden Capitulare mit Sicherheit untereinander verständigt, anders wäre nicht zu erklären, dass die Synode von Soissons in weiten Teilen gleichlautend ist mit dem *concilium Germanicum*. Der unterschiedliche Charakter der Geschwister zeigt sich aber deutlich in der Datierung der Dokumente. Während der religiösere Karlmann das Datum allein an der Inkarnation Christi orientierte, hatte Pippins Kanzlist Anweisung, die Realitäten im Reich nicht aus den Augen zu verlieren: *Im Namen des dreieinigen Gottes. Im siebenhundertvierundvierzigsten Jahr nach der Menschwerdung Christi, am 23. März und am 13. des Mondes, im zweiten*

Jahr Childerichs des Frankenkönigs, ich, Pippin, Herzog und Fürst der Franken (Briefe, Akten u. Dokumente, S. 385). Man wollte schließlich niemanden verärgern.

Die jährliche einzuberufende Synode und die Einrichtung eines Metropolitansystems sind auch hier Inhalt der Capitulare. Man suchte Leute nach Bonifatius' Herzen aus: In Reims sollte sein Freund, der Angelsachse Abel, den verhassten Milo ersetzen. Hartbert – ebenfalls Angelsachse – sollte Sens übernehmen und Grimo, Abt von Corbie, sollte Rouen bekommen. Drei Erzbischöfe also für Neustrien, zwei davon aus Bonifatius' Heimat und seinem unmittelbaren Freundeskreis entstammend. Bei 23 anwesenden Bischöfen kann man davon ausgehen, dass viele vom alten Schlag dabei waren, Freunde des Milo, Kampfgenossen der karolingischen Familie. Denen wurden jetzt also als Erzbischöfe zwei Angelsachsen vor die Nase gesetzt. Diese Entscheidung barg Explosivkraft und würde sich nicht so leicht durchsetzen lassen. Bonifatius sollte das nur allzu bald merken. Die Situation war auf dieser Reichsseite grundlegend anders. In seinem eigenen Gebiet mit den wenigen und zum Teil noch ganz frischen Bistümern mochte das angehen. Die Bischofssitze Neustriens aber waren uralt. Seit zahllosen Generationen saßen hier Bischöfe, die das Schiff der Kirche durch die Jahrhunderte ins Frühmittelalter gesteuert hatten. Warum sollten sie diese beiden Zugereisten als Vorgesetzte akzeptieren? Man würde Widerstand leisten.

Das Capitular über die Übernahme der *regula Benedicti* als einzig gültiger Klosterregel in Franken nahm man ohne Weiteres an. Das Verbot für Geistliche, an der Jagd und an Kriegszügen teilzunehmen, Waffen zu tragen, Jagdtiere zu halten sowie sich der Zurückhaltung in Fragen der Kleidung zu befleißigen auch, aber bestimmt mit hörbarem Zähneknirschen. Die Formulierung über die Frage des entfremdeten Kirchenguts legte man deutlich zurückhaltender an. Capitular IIIc.: *und von dem entfremdeten Kirchengut sollen die Mönche und Gottesmägde unterstützt werden, bis es ihrem Bedürfnis genügt, und was darüber ist, davon soll ein Zins erhoben werden* (Briefe, Akten u. Dokumente, S. 387). Die „Mönche und Gottesmägde" – hier ist also nur von den Klöstern die Rede und nicht von den Kirchen. Bezog sich der Satz nur auf entfremdetes Klostergut? Überhaupt ist die Ausdrucksweise unklar. Wie hoch schätzte man wohl die *Bedürfnisse der Mönche und Gottesmägde* ein? Schließlich hatten die ja geschworen, in Armut zu leben. Das konnte man sicher flexibel auslegen. Von Rückerstattung ist gar nicht die Rede. Pippin war eben Realpolitiker. Er hatte das große Ziel vor Augen und fürchtete den Widerstand seiner Magnaten. Bloß keine zu weitgehenden Zugeständnisse an die Kirchenreformer!

Bemerkenswert ist Capitular VI b, in dem es heißt, die Bischöfe sollen *ein jeder in seiner Stadt in rechtmäßiger Weise Markt und Maß einrichten* (Briefe, Akten u. Dokumente, S. 387). In spätantiker Tradition oblag den Bischöfen also die Oberaufsicht über Markt und Maß.

Die Aufsichtspflicht der Bischöfe und die Gehorsamspflicht der Priester wurden aus dem concilium Germanicum übernommen. Ebenso das Gebot der Ehelosigkeit und die Aufgabe, heidnische Gebräuche zu unterbinden. In Soissons wird in diesem Zusammenhang einmal ein Name genannt: der des Wanderpriesters Aldebert, der durch Franken geisterte und Bonifatius schlaflose Nächte bereitete. Er erteilte Lossprechung der Sünden ohne Beichte, weil er als Seher ohnehin alle Geheimnisse kenne. Er leugnete die Autorität des Papstes, errichtete Kreuze auf Hainen und bei Quellen. Er hatte im typischen Vitenstil seinen eigenen Lebenslauf verfasst und wurde von den Leuten schon zu Lebzeiten als Heiliger verehrt. Bitter beschwerte Bonifatius sich über ihn in Rom und bei den Hausmeiern. Auf der Synode von 744 nimmt Pippin mit dem Herrschercapitular 2. zum ersten Mal in der Geschichte der Franken klar Stellung gegen Häretiker: *...und damit sich nicht mehr im Volke die Ketzerei erhebe, wie wir sie bei Adlabertus gefunden haben, den öffentlich einstimmig 23 Bischöfe und viele andere Priester verurteilt haben; mit Zustimmung von Fürst und Volk haben sie diesen Adlabertus so verdammt, dass künftig das Volk nicht mehr, durch falsche Priester getäuscht, zugrunde geht. (...) Ebenso haben wir festgesetzt, dass die Kreuze, die Adlabertus in den Sprengeln aufgepflanzt hatte, alle durch Feuer vernichtet werden* (Briefe, Akten u. Dokumente, S. 385/387).

Auch mit der Doppelsynode von 744 konnte Bonifatius sehr zufrieden sein. Wenn man mal über Pippins butterweiche Formulierung über die Kirchengutsfrage hinwegsieht, hatte er viel erreicht: Sein ärgster und mächtigster Widersacher, Milo, Bischof von Trier und Reims, sollte zumindest in Reims ersetzt werden. Mit Hartbert, Abel und Grimo sollten Sens, Reims und Rouen Erzbischöfe nach seinem Sinn erhalten. Dem nervtötenden Aldebert wurde der Stachel gezogen. Die *regula Benedicti* wurde auch in Neustrien eingeführt. Die kanonischen Lebensregeln für Bischöfe und Priester wurden auch hier eingefordert, das Heidentum unterdrückt. Alles gut also? Er sollte bald feststellen, dass er – vor allem in Westfranken – mächtige Gegner hatte, die seine Arbeit hintertrieben und ins Stocken geraten ließen.

Zunächst einmal berichtete Bonifatius im Juni 744 stolz und froh nach Rom und erbat für die drei neuen Erzbischöfe die Pallien. Zacharias schrieb erfreut zurück: *Als aber der Inhalt Deines Schreibens uns im Einzelnen eröffnet wurde, haben wir uns noch weit mehr im Herrn gefreut, der geruht hat, Dir seine Gnade in solchem Maße zu schenken (...). Du hast uns weiter angezeigt, wie und in welchem Grade Gott an die Herzen unserer erlauchtesten Söhne Pippin und Karlmann rührte, dass sie durch Gottes Eingebung sich bemühen, Dir bei Deiner Verkündigung Genossen und Helfer zu sein. Reicher Lohn wartet ihrer im Himmel (...). Was aber die Metropolitanbischöfe anbelangt, den Grimo, den wir schon kennen, den Abel und den Hartbert, so bestätigen wir diese auf Dein Zeugnis hin und übersenden ihnen die Pallien zu ihrer zuverlässigsten Bestätigung und zum Wachstum der Kirche Gottes (...)* (Briefe, S. 167).

Und noch mehr: Im nächsten Brief schreibt er: *(...) nicht nur Bayern, sondern auch die ganze Provinz Gallien sollst Du an unserer Statt, solange Gottes Erhabenheit Dich am Leben lässt, vermöge des Dir übertragenen Predigtamtes, wo immer Du etwas siehst, was gegen die christliche Religion verstößt, auf geistlichem Wege auf den richtigen Weg zurückführen* (Briefe, S. 173). Damit war der letzte Karriereschritt vollzogen: Bonifatius war päpstlicher Stellvertreter für Germanien, Bayern und Gallien. Nun hat ein solcher Lebenshöhepunkt leider den Nachteil, dass es nur noch bergab gehen kann. Für Bonifatius sollten von nun an schwere Zeiten anbrechen.

Bonifatius wird Legat für ganz Franken – die Gründung des Klosters Fulda

Was hat eigentlich Sturmius, den wir nach Bonifatius' Bayernreise im Jahr 733 ins Kloster Fritzlar haben verschwinden sehen, die ganze Zeit über getrieben? Er, der zu dieser Zeit zwischen 15 und 18 Jahre alt gewesen sein dürfte, war dort unter Abt Wigberts Leitung in angelsächsischer Manier gründlich ausgebildet worden und hatte an Bonifatius' Missionswerk in Hessen mitgewirkt. In einem Brief, über dessen Datierung die neue Forschung in Widerspruch geraten ist, ordnet Bonifatius die Ämter in seinem Kloster Fritzlar und sagt darin: *Styrme in coquina sit = Sturmius sei in der Küche.* (Briefe, S. 120). Da dieser Name so außergewöhnlich selten ist, dass er in dem riesigen Bestand der Fuldaer Totenbücher nur ein einziges Mal vorkommt, gehen wir davon aus, dass es sich bei jenem *Styrme* in der Fritzlarer Klosterküche um den jungen bayerischen Adeligen handeln muss. Wir wissen nicht, wann genau er zum Priester geweiht wurde.

(...) tief in seinem Gefühl, scharf in seinen Gedanken, klug in der Rede, gewann er bei seinem schönen Äußeren, dem wohlgefälligen Gange, den edlen Sitten, bei seinem unbefleckten Lebenswandel, seiner Liebenswürdigkeit, seiner Bescheidenheit, Milde und Munterkeit die Liebe aller. Zuletzt – wahrscheinlich um das Jahr 736 herum – hatte er beschlossen, mit einigen Freunden in der Wildnis bei Hersfeld, nahe der Sachsengrenze, *das härtere und rauere Leben eines Einsiedlers zu führen* (Eigil, S. 108). Bonifatius hatte andere Pläne für ihn. Jetzt, wo die Regel des Hl. Benedikt im ganzen Reich Standard für das Klosterleben werden sollte, wäre es sinnvoll, er verfügte über ein Musterkloster, in der monastisches Leben in vorbildlicher Weise geführt würde. Am besten im Osten, irgendwo in sei-

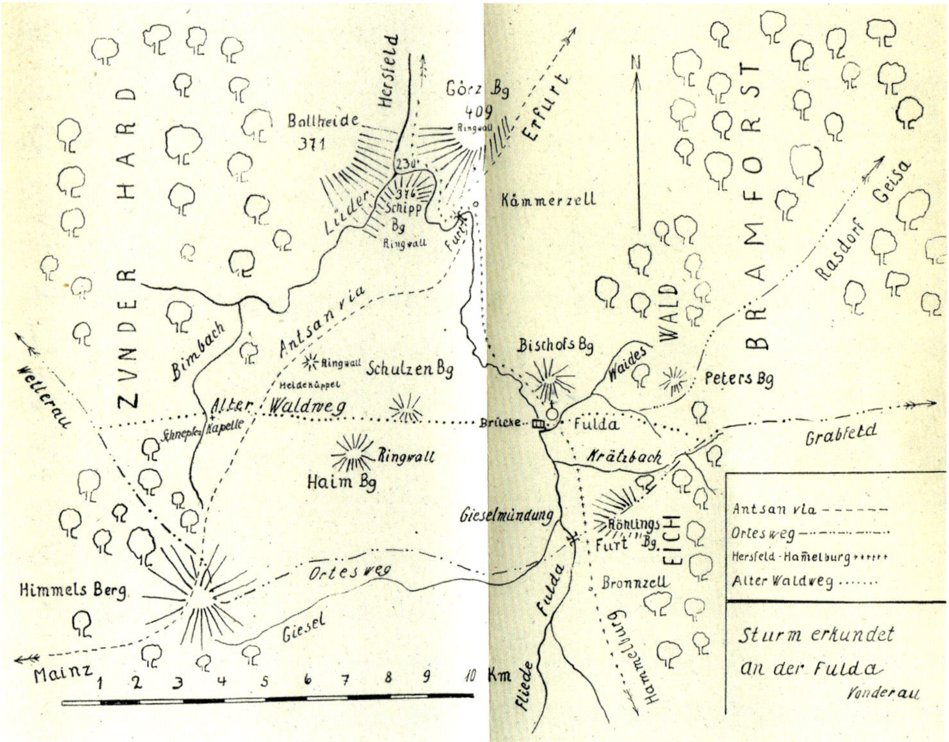

Als Bonifatius Sturmius ausschickte, den geeigneten Platz für sein benediktinisches Musterkloster im Osten des Frankenreiches zu suchen, schickte er ihn keineswegs einfach ins Blaue, wie uns die Sturmiusvita des Eigil glauben machen will. „Der Ort, den Gott in der Einöde bereitet hatte", war ihm wohl kaum in einer Vision erschienen, vielmehr hatte er ihn höchstwahrscheinlich mit eigenen Augen gesehen oder mindestens ganz dezidiert von ihm gehört. Schließlich war er ständig kreuz und quer in seinem Missionsgebiet unterwegs. Fast zwangsläufig musste er dabei einmal an dem verlassenen Siedlungsplatz in der Buchonia vorbeigekommen sein, an dem schließlich Fulda gegründet werden sollte. Diese Karte mit den alten Wegen um Fulda hat der Fuldaer Vorgeschichtsforscher Prof. Josef Vonderau im Jahr 1941 gezeichnet.

nem Missionsgebiet – ein benediktinischer Brückenkopf also an der Grenze zu den Sachsen. Man könnte nun mit einigem Recht annehmen, all diese Anforderungen würden punktgenau auf Fritzlar passen. Fritzlar hatte die Rolle des Zentralorts monastischen Lebensideals in der Region schließlich seit den 20er Jahren inne. Das zönobitische Dasein hatte sich dort schon eingespielt. Allerdings eben nicht rein benediktinisch. Höchstwahrscheinlich wurde hier nach englischem Vorbild eine benediktinisch beeinflusste Mischregel praktiziert. Nein – Bonifatius wollte etwas ganz Neues! Fritzlar war ihm außerdem nicht zentral genug. Er hatte einen ganz bestimmten Ort vor Augen.

Wenn man seine Reisewege einmal nachzeichnen würde, also ein Itinerar erstellte, dann wäre das damalige christliche Nordeuropa von einem Netz seiner Fußstapfen überzogen. Besonders dicht geknüpft wäre es in seinem Missionsgebiet Hessen/Thüringen. Der Fuldaer Altertumsforscher Prof. Dr. Josef Vonderau hat uns gezeigt, welche uralten Straßen Bonifatius damals zur Verfügung standen. Wann immer er durch die Buchonia reiste, muss ihm aufgefallen sein, dass es dort eine Zentralstelle gab, an der sich alle Wege trafen: die Antsanvia vom Rhein-Maingebiet über Erfurt zur Elbe, der Ortesweg vom Grabfeld nach Mainz sowie zwei weitere kleinere Straßen. Wahrscheinlich hatte er sogar davon gehört, dass hier vor nicht allzu langer Zeit Menschen gelebt hatten, dass es Überbleibsel einer Ansiedlung gab. Hier, dachte er sich, wäre der ideale Platz zur Gründung seines Klosters, eines Musters benediktinischer Lebensweise nördlich der Alpen. Der Ort wäre ideal. Er lag genau in der Mitte seiner Missionsvölker: Sachsen, Hessen, Thüringen und Ostfranken. Außerdem genau in der Mitte seiner drei neuen Bistümer Erfurt (im Osten), Büraburg (im Westen) und Würzburg (im Süden).

Die Entscheidung des *concilium Germanicum* für die Benediktsregel bedeutete für Sturmius in seiner Hersfelder Waldhütte also die Lebenswende. Er ahnte nur noch nichts davon. Bonifatius informierte ihn nur allzubald. Als er – wahrscheinlich im Frühjahr oder Sommer 743 – einmal in Fritzlar weilte, ließ er Sturmius zu sich rufen und warnte ihn: *Dass Ihr an dem von Euch gefundenen Ort Euch niederlasst, scheint mir bedenklich wegen der Nachbarschaft heidnischen Volkes, es hausen ja, wie Ihr wisst, dort sehr nahe die wilden Sachsen. Suchet deswegen einen entfernteren und tiefer in der Einöde gelegenen Ort, den Ihr ohne Gefahr für Euch bewohnen könnt* (Eigil, S. 109). Er schickte ihn also los, den Ort für sein Kloster zu suchen, von dem er genau wusste, dass er irgendwo südlich Hersfelds in der Buchonia liegen müsse.

So sah der Fuldaer Barockmaler Johann Andreas Herrlein die Aussendung des Sturmius durch Bonifatius, den Bauplatz für das künftige Kloster Fulda zu suchen. Im Hintergrund sehen wir den einsamen Wanderer auf seinem Esel, wie er die Fuldaauen durchforscht. Das Bild gehört zur Ausstattung des Priesterseminars. Ehemals war dieser Raum der Speisesaal des Konvents. Johann Andreas Herrlein (geb. 1723) war Schwiegersohn und Werkstattmitarbeiter des fürstäbtlich fuldischen Hofmalers Emanuel Wohlhaupter. Nach dem Tod des Schwiegervaters hatte er das Amt des Fuldaer Hofmalers inne, das mit ihm nach einer 50-jährigen reichen Schaffenszeit unterging, als er im Jahr 1796 starb.

Eigils *Vita Sturmi*, die diese Suche beschreibt, ist eine der schönsten Heiligenviten des Frühmittelalters – lebensnah, spannend – eine wahre Abenteuergeschichte. Mit Sinn fürs Anekdotische und Episodenhafte und dabei ein ganz eigenständiges und unabhängiges Stück biographischer Literatur. In der Komposition höchstens an angelsächsische Vorbilder angelehnt. Geschrieben zwischen 792 und 800 im Kloster Fulda durch den Fuldaer Mönch – später Fuldaer Abt – Eigil, der wahrscheinlich ein Neffe des Sturmius war. Es wird ihr ein hoher Wahrheitsgehalt beigemessen und sie ist ein Paradebeispiel für den Satz, dass gute Hagiographie nicht notwendig schlechte Geschichtsschreibung sein muss. Das Werk beschreibt, wie Sturm mit zweien seiner Freunde zunächst mit einem Boot die Fulda hinauffährt, wie sie hin und wieder aussteigen und zu Fuß die Gegend absuchen. Bis Fraurombach bei Schlitz gelangen sie auf diese Weise und überlegen, ob dies wohl der gedachte Ort sein könne. Sie verwerfen den Gedanken jedoch und kehren unzufrieden zu ihrer Zelle nach Hersfeld zurück. Bonifatius ist ungeduldig. Er lässt Sturmius wiederum zu sich nach Fritzlar rufen. Der Bote meldet: *Unser Bischof, der verehrungswürdige Vater, wünscht sehnlichst, Dich zu sehen und lässt Dich bitten, wenn es Dir nicht beschwerlich fällt, zu ihm zu kommen, da er mit Dir viele notwendige Dinge zu besprechen hat* (Eigil, S. 111). Bonifatius kann es kaum abwarten, Neuigkeiten zu hören. Nachdem er Sturmius bewirtet hat *und das Essen abgetragen war, erhob sich der Bischof und nahm ihn mit sich in einen geheimeren Ort, in seine einsame Stube, wo sie lange über geistliche Angelegenheiten verhandelten und über das Mönchsleben weitläufig sich unterredeten. Es war nämlich der heilige Bischof in seinem Geiste überaus darauf bedacht, wie es nachher aller Welt klar wurde, in der Einöde das Mönchstum einzuführen; weshalb er auch jetzt im Verlaufe des Gespräches unter anderem fragte, was er in betreff der Aufsuchung eines Ortes getan hatte.* Man kann sich das Thema dieses *weitläufigen* Gesprächs leicht vorstellen. Bonifatius musste Überzeugungsarbeit leisten, hatte doch Sturmius mittlerweile etwa acht Jahre lang als Eremit gelebt. Zwischen seinem bis dahin gelebten Ideal der einsamen Gottesschau und dem fruchtbar nach außen wirkenden Mönchsdasein in einer großen regelorientierten Kongregation bestand ein himmelweiter Unterschied. Es ging um die Diskrepanz zwischen eremitischem und zönobitischem Leben. Es galt, aus dem Einsiedler Sturmius den Benediktiner Sturmius zu formen.

Dieser berichtete von seiner erfolglosen Suche. *Der heilige Bischof sah ein, dass der von Gott vorbestimmte Ort noch nicht entdeckt sei, und sprach zu ihm mit den prophetischen Worten: Der Ort ist von Gott in der Einöde bereitet und wenn Christus will, wird er ihn seinen Knechten zeigen; wolle er also nicht vom Suchen ablassen, wisse und glaube, dass Du ihn ganz gewiss dort finden wirst* (Eigil, S. 112/113). Hier wird uns Bonifatius als Heiliger präsentiert, dessen prophetisches Auge den von Gott bereiteten Ort bereits erblickt hat. Wahrscheinlicher ist, dass er ganz dezidiert von einem Ort wusste. Er hat Sturmius nicht ohne konkretes Ziel in die Einöde geschickt.

Sturmius machte sich also noch einmal auf den Weg, dieses Mal allein. Er packte Proviant auf seinen Esel, dem charakteristischen Transportmittel des frühmittelalterlichen Mönches, und zog los. *Da musterte der eifrige Forscher mit scharfem Blick Berge und Ebenen und zog weiter, indem er Gebirge, Hügel und*

Täler beschaute, Quellen, Bergbäche und Flüsse betrachtete. Sturmius ging also klug und planvoll vor, orientierte sich an Bachzuflüssen in die Fulda, wusste er doch durch seine eigenen Lebenserfahrungen genau, wie existenziell wichtig fischreiches Frischwasser für eine Mönchsniederlassung war. *(...) Dort nur ruhte er, wo ihn die Nacht zum Halten trieb. Wenn er wo übernachtete, schlug er mit dem Beil, das er in der Hand trug, Holz ab und erbaute eine kreisförmige Verzäunung zum Schutze seines Tieres, damit nicht die dort allzu zahlreichen Raubtiere es zerrissen. (...) Im weiteren Verlauf seiner Reise kam er eines Tages an die Straße, auf welcher die Kaufleute von dem Gebiet der Thüringer bis nach Mainz ziehen, und an der Stelle, wo sie über den Fuldafluß geht, fand er eine große Menge Slawen, die im Bette desselben Flusses badeten und ihre Körper wuschen; vor ihren nackten Körpern begann das Tier, auf dem er saß, zu scheuen und zu zittern.* Die Straße, die von Thüringen bis nach Mainz verlief, war die alte Antsanvia oder Hohe Straße, die seit Urzeiten begangen wurde und die schon die Kelten benutzt hatten. Sie hatte eine Furt bei Kämmerzell, wo Sturmius auf die badenden Slawen stieß. Solche noch heute nachvollziehbaren exakten geographischen Lokalisationen seiner Wanderung lassen auf den hohen Wahrheitsgehalt von Eigils Schilderung schließen, der als Mönch und späterer Abt von Fulda die Gegend selber genau kannte. Er hatte sich von seinem Blutsverwandten, dem Abt Sturmius, den ganzen Ablauf sicher haarklein erzählen lassen.

Auch der Gottesmann selbst schreckte vor ihrem Gestank zurück. Als sie nach Art der Heiden den Knecht des Herrn verhöhnten und ihm zu Leibe gehen wollten, wurden sie durch die Macht Gottes behindert und niedergehalten. Einer von ihnen jedoch, ihr Dolmetscher, fragte ihn, wohin er zöge. Er antwortete jenem, dass er in den oberen Teil der Wüste gehen wolle (Eigil, S. 113/114). Weiter oben hatten wir bereits von der negativen Einstellung des Bonifatiuskreises gegenüber den heidnischen Slawen gehört. Sogar das unwissende Tier schreckte vor ihnen zurück. Nun, angesichts des freundschaftlichen Gesprächs über das Woher und Wohin werden die friedlich plantschenden Leute nicht allzu gefährlich gewesen sein. Dass sie hier badeten, lässt im Übrigen darauf schließen, dass das Wetter angenehm warm war. Das Jahr war also noch nicht weit fortgeschritten. Die Episode zeigt besonders deutlich den Sinn des Autors für die charakteristische Momentaufnahme, für die lebendige Heraushebung eines Augenblicks.

Am vierten Tag seiner Reise schoss Sturmius buchstäblich über sein Ziel hinaus, einfach, weil er sich auf der falschen Seite der Fulda befand. Er hatte, von seiner Klause ausgehend, die Flussseite noch nicht gewechselt. Anders ist es nicht erklärlich, dass er den gesuchten Ort übersah: *Am vierten Tage endlich kam er an der Stelle vorbei, wo jetzt das Kloster liegt, und zog nach den oberen Gegenden, wo ein Flüsschen, Gysilacha genannt, sich ins Bett der Fulda ergießt.* Bis zur Gieselmündung war er also gelangt. *Noch ein wenig weiter höher ziehend, kam er nach Sonnenuntergang an den Fußsteig, der mit seinem alten Namen Ortesveca genannt wird und dachte dort daran, sich und seinen Esel gegen die nächtlichen Fährnisse zu sichern. Als er dort damit umging, sich durch Umzäunungen für die Nacht zu sichern, hörte er in nicht weiter Ferne ein Geräusch von Wasser, von dem er nicht wusste, ob es durch wilde Tiere oder Menschen verursacht sei. Ruhig stehend, horchte er mit aufmerksamen Ohren und hörte wiederum das Wassergeräusch. Da nun der Gottesmann nicht rufen wollte, so schlug er mit dem Eisen, das er in seiner Hand führte, an einen hohlen Baum, indem er einsah, dass Gott ihm einen Menschen zugeschickt* (Eigil, S. 114/115). Wahrscheinlich bei Bronnzell gab es eine Fuldafurt, an der sich die alte Straße von Hammelburg nach Hersfeld mit dem Ortesweg kreuzte. Diese alte Handelsstraße führte vom Marburger Land ins Grabfeld. Wenn Sturmius dort Wasserplätschern hörte, dann war wahrscheinlich gerade jemand durch diese Furt unterwegs. *Als dieser den Schall der Schläge vernommen hatte, näherte er sich und rief ihn an, und als er herangekommen war, sahen sie einer den anderen und begrüßten sich gegenseitig. Als der Gottesmann ihn befragt hatte, woher er käme, antwortete er, er käme aus der Wedereiba und führte an seiner Hand ein Pferd seines Herrn Ortis.* Der Mann war also auf dem Ortesweg unterwegs, kam aus der Wetterau und wollte mit dem Pferd seines Dienstherrn vielleicht Richtung Bischofsheim weiterziehen. *So miteinander sich unterhaltend, blieben beide diese Nacht dort, da jener Mann die Gegenden der Einöde ungemein gut kannte. Nachdem nun der Gottesmann ihm Absicht und Tun enthüllt, begann jener ihm die Namen der Orte zu bezeichnen und den Lauf der Bäche und Quellen zu beschreiben. Da nun diese beiden in dem Orte, der mit seinem alten Namen Aihloh genannt wird, geweilt hatten, brachen sie am Morgen von da auf, segneten sich gegenseitig und sogleich begann der weltliche Mann seines Wegs weiter nach dem Grapfelt zu ziehen* (Eigil, S. 115).

Der Mann mit seiner guten Ortskenntnis war buchstäblich vom Himmel geschickt, denn er hat Sturmius offenbar den Tip gegeben, seinerseits die Furt zu benutzen, auf dem anderen Fuldaufer dieselbe Strecke zurückzureiten und bei der Einmündung der Waides nochmal genauer hinzusehen. *Der Gottesknecht Sturmi aber kehrte von dort zurück, empfahl dem Herrn Christus seinen Weg und seine ganze Hoffnung und begann seinen Zug durch die Einöde, wie er es gewohnt war, allein fortzusetzen. Als er das Aihloh durchwandert und die Gegend ihm missfallen, kam er zu einem Bergbach, der bis heute Grezzibach genannt wird, und nach Besichtigung der Lage des Ortes und der Beschaffenheit des Landes verweilte er da kurze Zeit.* Wie der Mann ihm geraten hatte, näherte er sich also, rückwärtsziehend, seinem Ziel: *Von dort ein wenig sich zurückbegebend, gelangte er an den gesegneten und von dem Herrn schon lange vorbereiteten Ort, wo jetzt das heilige Kloster gelegen ist* (Eigil, S. 115/116).

Auf diese Weise also stolperte er praktisch über den Platz, den Gott in der Einöde bereitet hatte. Vom falschen Fuldaufer aus hatte er ihn am Vortag nicht sehen können. Höchstwahrscheinlich war es eine verlassene Ansiedlung, möglicherweise aus dem Kreis der Hedenerfamilie. Bei Grabungen vor dem Fuldaer Dom in den frühen 1940er Jahren stieß Prof. Josef Vonderau auf uralte Fundamente, auf deren unterstem Fußboden eine Brandkohleschicht lag. Vielleicht war also diese Ansiedlung einer Brandkatastrophe zum Opfer gefallen, womöglich im Zuge eines Sachsenüberfalls. Jedenfalls war der Ort nun verlassen, irgendwie hatte Bonifatius davon gehört und ihn als idealen Klosterbauplatz auserkoren. *Froh und erhoben* ging Sturmius umher *(...) und je länger und weiter er schritt, desto mehr wünschte er sich Glück und als er dort, von der Schönheit des Ortes entzückt, einen beträchtlichen Teil des Tages mit Herumstreifen und Erforschen verbracht, den Ort gesegnet und sorgfältig bezeichnet hatte, begab er sich freudig von dort auf die Rückreise* (Eigil, S. 116). Neben der unbestrittenen Schönheit des Ortes dürfte ihn besonders entzückt haben, dass dort noch brauchbare Gebäudereste herumstanden, die sich nutzen ließen. Der Platz war wirklich ideal. Er lag ziemlich mittig zwischen dem Ortesweg, der etwas unterhalb ins Grabfeld und weiter nach Thüringen führte und der nordöstlich laufenden Antsanvia, die gen Erfurt ging. Mitten hindurch verlief eine Neben- oder Abkürzungsstrecke - die semita antiqua. Andere hatten schon die schwerste Rodungsarbeit erledigt. Der Waideszufluss und die noch heute hinter dem Dom am Eingang zur Tränke kräftig sprudelnde Kronhofquelle sorgten für Frischwasser.

Es ging nun alles sehr schnell. Eigil schreibt, Sturmius sei bereits *am zweiten Tage* wieder in Hersfeld bei seinen Freunden eingetroffen, die er dort, *in heiligem Gebet verharrend,* antraf. Im Vollgefühl seines Erfolgs musste er sich ja nicht mehr suchend durch die unwegsamen Auen der Fulda schlagen, sondern konnte den bequemen Höhenweg nehmen. Sogleich verließ er die Brüder aber wieder, machte sich auf zu Bonifatius und sprach zu ihm: *Ich bin der Meinung, dass der Ort nun gefunden ist. (...) gemeinsam sich Glück wünschend, hatten beide unter sich ein sehr langes süßes Gespräch über das Leben und den Wandel der Mönche* (Eigil, S. 116/117). In diesem *süßen Gespräch* wurde Sturmius wohl auf seine zukünftige Karriere als Klosterbaupionier in Fulda eingeschworen. Er übernahm den Auftrag, das benediktinische Musterkloster an der östlichen Grenze des Frankenreichs zu gründen. Das war im Sommer oder Spätsommer 743.

Er hatte genau ins Schwarze getroffen. Bonifatius fuhr sofort zu Hofe, begab sich stracks zum Hausmeier *und sprach demütig und weise zu demselben: Zu Eurer Wiedervergeltung im Jenseits gedenke ich, wenn es so im Willen des allmächtigen Gottes liegt und Eure Hilfe dazukommt, im östlichen Teil Eures Reiches eine Mönchssiedlung einzurichten und ein Kloster zu gründen, wie es in vergangener Zeit vor uns niemand begonnen hat. Deshalb erbitten wir zu diesem frommen Werke Eure Beihilfe (...). Wir haben nämlich in der Einöde, die Buchonia genannt wird, neben dem Fulda genannten Fluss, einen zur Wohnung der Knechte Gottes geeigneten und unter Eurer Herrschaft stehenden Ort gefunden. Jetzt bitten wir Eure Frömmigkeit, uns jenen Ort zu schenken, damit wir in ihm unter Eurem*

Schutz Christo dienen können (Eigil, S. 117/118). Bonifatius dachte also, es würde sich hier um Königsbesitz handeln. Ganz so einfach lagen die Dinge freilich nicht. Karlmann war aber sehr erfreut, von diesen Plänen zu hören, stimmte die Idee des römischen Legaten mit der Klostergründung an der Ostgrenze doch genau mit seinen eigenen Wünschen zur Sicherung und Christianisierung seines Grenzgebiets überein. Eigil gibt seine Antwort wieder: *Der von Dir erbetene Ort, der, wie Du versicherst, Eihloha genannt wird und am Ufer des Flusses Fulda liegt, sowie alles, was ich dort heutigen Tages als Eigentum zu besitzen vermeine, gebe ich ganz und gar aus meinem Recht in das des Herrn, und zwar so, dass die Mark des Ortes sich im ganzen Umkreise, von Ost nach West, von Nord nach Süd bis auf viertausend Schritte erstreckt* (Eigil, S. 118).

Die etwas vage Formulierung, *was ich dort heutigen Tages zu besitzen vermeine,* deutet an, dass die Eigentumsverhältnisse unklar waren. Die offenbar recht anspruchsvollen Ruinen und Gebäudereste an der Siedlungsstelle ließen Bonifatius wohl vermuten, es handele sich um Königsbesitz. Mit seiner Schenkung trat Karlmann denn auch prompt dem tatsächlichen Besitzer – vielleicht der Hedenerfamilie – auf die Zehen. Dass sie ihre mit viel Mühe gerodete und sorgsam errichtete Hofstelle auf einige Zeit verlassen hatten, bedeutete schließlich noch lange nicht, dass sie ihnen nicht mehr gehörte. Eigil erzählt: *(...) erregte der Teufel, der Feind aller guten Dinge, der da den Wandel der Knechte Gottes in der Einöde scheute, den Sinn schlechter Menschen, den Knechten Gottes den geheiligten Ort versagen zu wollen* (Eigil, S. 117). Auf der austrischen Synode im nächsten Frühjahr, am 1. März 744 in Les Estinnes, waren alle Magnaten – sicherlich auch jene *schlechten Menschen* – um den Hausmeier versammelt. Er konnte sie davon überzeugen, sich seiner Schenkung anzuschließen. *(...) alle edlen in dem Bezirke Grapfelt wohnenden Leute zu versammeln, um sie in seinem Namen zu bitten, wie er es getan, alles Eigentum, was sie an dem betreffenden Ort zu haben glaubten, dem Kloster zu übertragen. (...) Es ist sein Wunsch und Befehl, dass jeder sein ganzes Eigentum, was er an dem Eihloha genannten Ort zu besitzen meint, den Knechten Gottes zum Bewohnen schenke* (Eigil, S. 119). So geschah es. Es war Karlmanns *Wunsch und Befehl,* da konnte sich niemand ernsthaft verweigern.

Die Klärung der rechtlichen Situation hatte einige Monate in Anspruch genommen. Sturm lebte in dieser Zeit wieder mit seinen Freunden in der Hersfelder Klause. Etwa acht Jahre lang hatten sie als Eremiten dort verbracht. Nun hieß es, Abschied zu nehmen von dieser Lebensform. Die Zeit war vorbei. *Als nun diese Übertragung von allen Seiten rechtlich gesichert und jener Ort aus dem Recht der Menschen in das Gottes übergegangen war, begab sich der heilige Sturmi (...) sieben Brüder mit sich nehmend (...) nach dem Ort, wo nun das heilige Kloster liegt und betrat so im siebenhundertvierundvierzigsten Jahr nach der Fleischwerdung des Herrn, während der Herrschaft der beiden Brüder Karlmann und Pippin in diesem Frankenreich, in der zwölften Indiktion, dem ersten Monat und dem*

Der Bauplatz des Klosters Fulda war nicht die Einöde, die in der Sturmiusvita beschrieben wird. Es standen vielmehr verlassene, aber noch brauchbare Ruinen darauf. Die Ansiedlung war irgendwann vor dem Jahr 743 einer Feuersbrunst zum Opfer gefallen. Obwohl die härteste Rodungsarbeit vorher bereits durch andere erledigt worden war, hatten Sturmius und seine sieben Freunde alle Hände voll zu tun, den Ort wieder wohnlich zu machen.

zwölften Tage desselben den geheiligten und von Gott schon lange vorbestimmten Ort (Eigil, S. 119). Das war der 12. März 744. Die Inbesitznahme der Karlmannschenkung gilt als der Gründungstag des Klosters und somit der Stadt Fulda. Mit diesem Tag begann hier das monastische Leben. Am 12. März 744 schlugen die acht Freunde das Kreuz hier ein und lasen die erste Hl. Messe.

Im Sommer 743 scharte Bonifatius an Mitarbeitern um sich, was er auftreiben konnte und begab sich mit ihnen zum Bauplatz des neuen Klosters am Fluss Fulda, wo er Sturmius und seine Freunde bei eifriger Tätigkeit vorfand. Dieser Arbeitertross half, die Anfangsphase rasch zu überwinden. Die Erwähnung der Grube zur Kalkbereitung in der Bonifatiusvita beweist, dass von Anfang an ein Steinbau in Fulda geplant war. Allein dieser Anspruch hob Fulda über die anderen bonifatianischen Gründungen hinaus. Zu dieser Zeit war Bonifatius bereits in seinen Siebzigern. Um ihn vor der Unruhe und dem Lärm auf der Baustelle zu schonen, errichtete man ihm eine kleine Unterkunft nebst Bethaus auf dem nahegelegenen Berg, der daher Biscofesberg genannt wurde. Heute wird er Frauenberg genannt. Sicher besuchte Bonifatius oft seine Leute, gab seinen Segen und vergewisserte sich der Fortschritte. Die Abbildung stammt aus dem Titelblatt der Briefausgabe des Nikolaus Serarius von 1605.

Sogleich begannen sie, sich einzurichten. *(...) Sie mühten sich mit eigener Hände Arbeit, den Wald zu fällen und den Ort, soweit sie es mit ihren Kräften vermochten, zu säubern.* Bonifatius trommelte an Leuten zusammen, was er kriegen konnte, brachte alle zur Baustelle, damit die Anfangsphase dort so schnell wie möglich überwunden wäre. *Nachdem jedoch zwei Monate verflossen waren, zog der verehrungswürdige Erzbischof Bonifatius mit einer großen Menschenmenge zu ihnen, und nachdem er alle Vorteile jenes Ortes erschaut und den unermesslichen Nutzen desselben erkannt, jauchzte er im heiligen Geiste auf und brachte Christus Dank und Lob dar, der seine Knechte gewürdigt hatte, in der Einöde einen solchen Wohnplatz zu erlangen. Den mit ihm gekommenen Leuten aber befahl er, an der Stelle, wo es ihm und mit ihm den Knechten Gottes gut erschien, eine Kirche zu errichten, den Wald auszuroden und alle Bäume zu fällen; er selbst begab sich auf den Berg, der bis zum heutigen Tage der Bischofsberg genannt wird, dort betete er anhaltend zum Herrn und las emsig in den heiligen Schriften. Deswegen bekam der Berg dann auch seinen Namen* (Eigil, S. 119/120). Auf dem Bischofsberg/Frauenberg hatte man dem greisen Bonifatius eine primitive Wohnstatt nebst Kapellchen errichtet, damit er sich dort ausruhen und dem Baulärm entfliehen konnte. *Bis zum heutigen Tage* meint etwa das Jahr 820, in dem Eigil die Vita seines Onkels verfasste. Heute nennen wird den Berg „Frauenberg" und es erhebt sich dort, an der Stelle von Bonifatius`provisorischer Unterkunft, seit dem 17. Jahrhundert ein stolzes Franziskanerkloster.

Nach Verlauf einer Woche, in der man eine unzählige Menge der Bäume des Waldes gefällt und eine Grube zur Kalkbereitung angelegt, wanderte der Bischof, nachdem er die Brüder gesegnet und den Ort Gott empfohlen hatte, mit den mitgebrachten Arbeitern dorthin zurück, woher er gekommen war (Eigil, S. 120). Interessant ist die Erwähnung der *Grube zur Kalkbereitung*, denn das beweist, dass man von Anfang an plante, etwas Dauerhaftes, Bedeutendes zu bauen. Hier sollte also keine Holzkirche entstehen, hier wurde eine Basilika aus Stein geplant. Sie wurde in etwa 10-jähriger Bauzeit als dreischiffige Basilika mit halbrundem Chorabschluss zu Ehren des Erlösers errichtet und Bonifatius weihte selbst im Herbst 751 den Kreuzaltar, unter dem er einst beerdigt werden wollte. Prof. Josef Vonderau fand zwei frühmittelalterliche Kalköfen, einen unterhalb der Michaelskirchenbalustrade und einen zwischen Hinterburg und Michaelskirche. Als Bonifatius nach etwa einem Jahr wiederkam, stellte er fest, dass man bereits begonnen hatte, das Kloster *nach dem Fluss Fulda zu nennen* (Eigil, S. 120).

Bonifatius hat das Kloster Fulda von Anfang an geliebt und zugesehen, dass er so oft wie möglich Zeit dort verbringen konnte, schließlich hatte der Legat für ganz Gallien und Germanien noch immer keinen festen Sitz. Hier konnte er dann und wann benediktinisches Leben nach allen Regeln der Kunst genießen. Es wurde sein Rückzugs- und Erholungsort und er bestimmte es zu seiner zukünftigen Grablege. Auffallend ist, dass Sturmius erst nach Bonifatius´ Tod als Abt bezeichnet wird. Solange Bonifatius lebte, galt er nur als Vorsteher des Konvents. Bonifatius wollte sichergehen, dass hier höchster benediktinischer Standard Einzug hielte. Eigil berichtet in Sturms Lebensgeschichte: *Nachdem* (Bonifatius) *die Brüder gesehen und begrüßt, verlebte er mehrere Tage mit ihnen, in denen er die neuen Mönche zu unterrichten sich angelegen sein ließ und eifrig darauf bedacht war, die Vorschriften der Ordensregel gemäß der Überlieferung der heiligen Schrift bei ihnen zu festigen. Als er nun den Brüdern die heiligen Schriften auseinandergesetzt und ihnen vorgelesen, dass den Mönchen stets der Genuss des Weines verboten sei, wurde durch gemeinsamen Beschluss aller bestimmt, dass bei ihnen niemals starke Getränke, die Trunkenheit erzeugen, sondern nur dünnes Bier getrunken werden solle* (Eigil, S. 120). Man beschloss auch, Frauen keinen Zutritt zu gestatten. Das Verbot schloss auch die Kirche ein. Diese beiden Verordnungen gehen über die Benediktsregel hinaus. *Nach kurzer Zeit hatte er mit Sturmi eine geheime Unterredung, in der er ihn darüber belehrte, wie er den anderen vorstehen müsse.* Ja, er schickte ihn sogar für zwei Jahre – von 747 bis 748 – auf Praktikumsreise durch ausgewählte Benediktinerklöster nach Rom, auch nach Montecassino, damit er dort, in der Urzelle des Ordens, die Regel von der Pike auf lernen konnte. *Dieser reiste, nachdem er das für den Weg Nötige vorbereitet und zwei Brüder mit sich genommen, im vierten Jahre nach dem Einzuge an diesen Ort nach Rom und alle Klöster in diesem Lande besuchend, aller dort befindlichen Brüder Sitten und Wandel und die althergebrachten Einrichtungen der Klöster vollkommen erler-*

nend, verweilte er in denselben ein ganzes Jahr und begab sich von dort im zweiten Jahre, nachdem er alle Vorzüge, die er dort erschaut, in sich aufgenommen, auf die Heimreise. Sein erster Weg nach der Rückkehr führte ihn zu Bonifatius, dem er von seiner lehrreichen Reise berichtete: Der trug ihm auf: *Geh und richte das neue Kloster Fulda nach den Sitten der Mönche, deren Leben Du dort betrachtet hast, so gut Du es vermagst, ein* (Eigil, S. 121/122). Bonifatius' Musterkloster wurde also ganz bewusst an die große Tradition von Montecassino angelehnt, durfte sich gleichsam als Filialkloster verstehen. Tatsächlich darf man Fulda als das erste Großkloster Nordeuropas bezeichnen, das den Schritt zur Befolgung der reinen *regula Benedicti* tat. Das konnte nur funktionieren, weil es eine komplette Neugründung war. Es war traditionslos und konnte daher benediktinisch werden – ein modernes Versuchslabor an der Ostgrenze des Reichs.

Daheim in Fulda ging Sturm dann mit gutem Beispiel voran. Er setzte seinen Mitbrüdern *alles, was er in den Ländern Italiens und den Klöstern der Provinz Tuscien von den heiligen Vätern erlernt hatte, mit klugen Worten auseinander (...). Jede Vorschrift, die er den Brüdern auferlegte, prüfte er zuerst durch Übung an sich selbst, damit nicht einer von ihnen sagen könne: Warum tust Du nicht selbst, was Du lehrst* (Eigil, S. 122)*?*

Das Kloster wurde vorbildlich geführt und erwarb sich schnell den besten Ruf, besonders seine Schreibschule, in der die vielen Angelsachsen, die hier fern der Heimat lebten, ein Zentrum kentisch-wessex'scher Kultur etablierten. Die wenigen erhaltenen in Fulda geschriebenen Codices mit ihrer feinen angelsächsischen Minuskel sind heute weltberühmt und von zeitloser Schönheit. Bonifatius kam nicht nur als Missionar, sondern auch als Transporteur dieser speziellen Gelehrsamkeit, die sein Kloster und damit zahllose Schüler der Fuldaer Klosterschule über Generationen prägen sollte. Diese ihrerseits gingen hinaus, lehrten und schrieben, trugen ihr Wissen weiter und gestalteten so ganz wesentlich mit, was wir heute die karolingische Renaissance nennen, den allgemeinen Aufschwung des kulturellen Lebens unter den Karolingern. Der fünfte Abt, Hrabanus Maurus, wird noch heute als *praeceptor Germaniae = Lehrer der Deutschen* bezeichnet. Unter ihm war 100 Jahre später die Klosterschule zur bedeutendsten im ganzen Frankenreich geworden. Sie verfügte über ein Skriptorium von höchstem Rang. Mit der Ratgarbasilika, die seit dem Jahr 819 Sturms Steinkirche ersetzte, besaß das Kloster die mächtigste Basilika nördlich der Alpen, erbaut nach dem letzten Know-how der Architekturkunst. In jeder Hinsicht setzte dieses Kloster im 8. und 9. Jahrhundert die höchsten Standards. Sturmius' Gründung, ganz am östlichsten Rand der Kulturwelt, hatte wahrhaft befeuernde und befruchtende Wirkung entwickelt.

Liudger, Bischof von Münster, schrieb in seiner Vita des Gregor: *Was aber Sturmi, der ehrwürdige Abt (...) in seiner Einöde Gutes bewirkt hat, das bezeugt der Wald Bocanna* (Buchonia), *der früher gänzlich unbewohnt und wüst war, jetzt aber von Ost nach West und von Nord nach Süd mit Kirchen Gottes und erlesenen Rebzweigen von Mönchen erfüllt ist. Dieser Abt Sturmi (...) machte (diesen Ort) so angesehen und berühmt, dass er vor seinem Abscheiden von dieser Welt in dem am Flusse Fulda erbauten Kloster der Vater und Lehrer von ungefähr vierhundert Mönchen war, die Novizen und andere geringere Leute, deren es sehr viele gab, nicht eingerechnet* (Liudger, S. 43). Liudger ist ein zuverlässiger Zeuge, engster Vertrauter des Gregor. Er hatte den greisen Bonifatius noch selbst gekannt: *Bonifatius (...), den ich noch mit eigenen Augen selbst gesehen habe als einen silberhaarigen, vom Alter gebeugten Greis, reich an Tugenden und Verdiensten* (Liudger, S. 47). Tatsächlich ist sogar Bonifatius die eigentliche, heimliche Hauptfigur seiner Gregorvita, nicht umsonst trägt sie den Untertitel *Commemoratio de sancto Bonifatio atque Gregorio*. Mit großer Wahrscheinlichkeit war er nicht nur einmal, sondern mehrfach Gast im Kloster. Seine Zahlenangabe gilt als realistisch.

Sturmius starb nach einer Erkältung, die er sich auf der Eresburg, der alten sächsischen Volksburg am Obermarsberg – erst kurz zuvor durch Karl den Großen erobert – zugezogen hatte. Der fuldische Abt hatte den Frankenkönig auf seinen

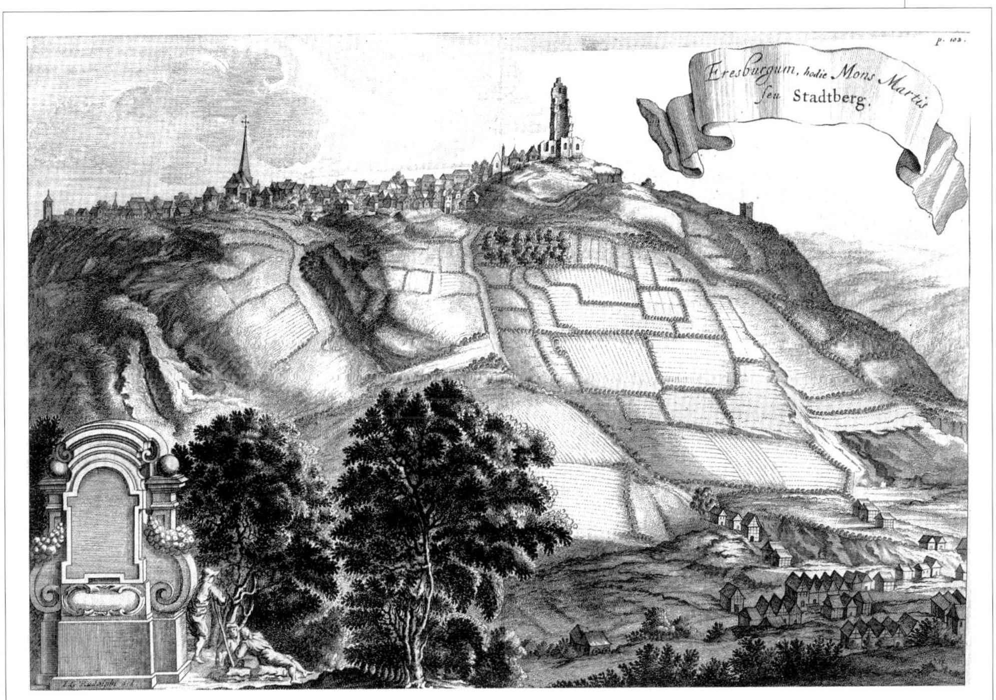

Hier auf dem Obermarsberg im Hochsauerlandkreis fing sich Sturmius die Erkältung ein, die ihn am 17. Dezember 779 das Leben kosten sollte. Was machte der fuldische Abt hier? An dieser Stelle, auf dem etwa 400 m hohen Tafelberg über der Diemel, befand sich die Eresburg, die größte sächsische Volksburg, die das Grenzgebiet zu den Franken kontrollierte. Karl der Große hatte sie kurz zuvor erobert, das Irminsulheiligtum zerstört und Sturmius als Burgkommandanten installiert. So endete das Leben des Bayern, der eigentlich nichts lieber als ein stilles Eremitendasein führen wollte, in missionarisch-militärischer Aktion.

Sachsenfeldzug dorthin begleiten müssen, war sogar zum Burghauptmann eingesetzt worden. Um sein Leben zu retten, wurde eigens Wintar, der Leibarzt Karls des Großen, zugezogen. Allein – *während er ihm jedoch eines Tages einen Trank seiner Kunst, ich weiß nicht, was für einen, eingegeben, mehrte er die Schwäche, die er dadurch verhindern sollte, so sehr, dass die schwere Krankheit in höherem und stärkerem Grade vermehrt wurde* (Eigil, S. 137). Auffallend hierbei ist, dass Sturmius in dieser Zeit in seinen Siebzigern war, ein ungewöhnlich hohes Alter für einen Menschen seiner Zeit. Dennoch macht Eigil nicht etwa sein gesegnetes Alter, sondern ausschließlich den Arzt für die Verschlimmerung der Krankheit verantwortlich. Trotz oder wegen dieses allerhöchsten ärztlichen Beistands starb Sturmius jedenfalls am 17. Dezember 779. Etwa 35 Jahre nach der Gründung Fuldas waren aus den acht Gefährten etwa 500 Leute geworden, ihr Abt in militärisch-politischer Mission im Dienste des Herrschers unterwegs.

Dass das Kloster in seiner Lebenszeit einen so enormen Aufschwung erlebte, lag sicher nicht allein in der Anziehung begründet, die das Bonifatiusgrab ausübte, sondern auch in Sturms Persönlichkeit. Er war ein willensstarker Asket, hervorragender Organisator und pflegte ein sehr gutes Verhältnis mit den Karolingern. Auch wenn er den Kopf im Himmel hatte, so standen doch seine Füße stets auf dem Boden der Tatsachen. Vor allem in Bayern schien er gut vernetzt gewesen zu sein. Man nimmt an, dass er eine ganze Adelsgruppe aus der Heimat in Fulda etabliert hatte, zu der nicht nur die beiden späteren Äbte Eigil und Hrabanus Maurus gehörten, sondern auch andere namentlich bekannte Fuldaer Mönche. Der unbekannte Autor des berühmten Hildebrandliedes, einer der raren Schätze althochdeutscher Heldendichtung, die uns erhalten sind, lebte und arbeitete in Fulda. Manche Forscher nehmen an, er habe zu dieser Familiengruppe gehört und der Text sei eine regelrechte Sippendichtung aus diesem Sturmius-Familienkreis. Auch seine Vita, die Eigil im Auftrag der virgo Angildruht, die ebenfalls diesem Verwandtenkreis angehörte, verfasst hat, deutet in diese Richtung.

Der arme Sturmius! Hatte er sich doch einst nichts mehr als ein Leben als Eremit in der kompromisslosen Einsamkeit Hersfelds gewünscht! Dann war Bonifatius mit dem Himmelfahrtsauftrag gekommen, irgendwo tief im buchonischen Urwald nach dem Bauplatz für ein Kloster zu suchen. Es hatte im Interesse des weitsichtigen Bonifatius gelegen, einen Franken ans Ruder dieser seiner Lieblingsgründung zu setzen und Sturmius, den er in angelsächsischer Tradition in Fritzlar hatte ausbilden lassen, war die ideale Besetzung für diesen Posten. Da wurde nicht gefragt, ob das große Projekt mit dessen persönlicher Lebensplanung kompatibel war.

Sturmius galt übrigens bis ins hohe Mittelalter nicht als Heiliger. Wahrscheinlich, weil in seiner realistisch-abenteuerlichen Lebensbeschreibung die geforderten Wundererzählungen so gänzlich fehlen. Erst spät, am 19. April 1139, wurde sein Name von Papst Innozenz II. auf der zweiten Lateransynode feierlich in das

Als im 12. Jahrhundert die finanzielle Situation der Abtei prekär war, beauftragte Abt Marquardt den Mönch Eberhard, alle Schenkungen, Güter und Einkünfte des Klosters aus den unzähligen Einzelurkunden in eine Sammlung in Buchform zusammenzufassen: In sehr elastischer Auslegung der Tatsachen – natürlich zugunsten seines Klosters! – entledigte sich Eberhard dieser Aufgabe. Das Widmungsbild zeigt oben mittig Christus, eingefasst von einem halbrunden Spruchband, links Bonifatius, kenntlich durch Pallium und Bischofshut, rechts Sturmius in einfacher Mönchskutte. Zu ihren Füßen liegend ist Eberhard eingezeichnet. Am Ende seines Lebens war aus dem einstigen Eremiten Sturmius der Abt über 500 Mönche geworden! Der Codex Eberhardi wird im Hessischen Staatsarchiv Marburg aufbewahrt.

Verzeichnis der Heiligen eingetragen. Als Eigil Abt wurde, *schrieb er vor, dass* alljährlich an Sturmius' Todestagsgedächtnis, dem 17. Dezember, *jenes Buch, das er mit Gottes Gnade über das Leben des (Styrmi) und die Anfänge des (…) Klosters geschrieben hatte, den Brüdern bei Tisch vorgelesen werde, damit sie die Wunder der göttlichen Wahrheit hörten und Gott dafür Dank sagten und so alle Freude an dieser Feier in sein Lob ausklinge* (Candidus Brun, S. 68/69). Das schreibt Eigils Biograph Candidus Brun.

Im Jahr 751 berichtet Bonifatius seinem Papst über die Gründung: *Es ist weiterhin ein Waldgebiet da in einer Einöde von ungeheurer Weltverlassenheit inmitten der Völker unseres Missionsgebietes, in dem wir ein Kloster erbaut und*

Mönche angesiedelt haben, die nach der Regel des heiligen Vaters Benedikt leben, Männer von strenger Enthaltsamkeit, ohne Fleisch und Wein, ohne Met und Knechte, zufrieden mit dem, was sie mit eigener Hand erarbeiten. Die besonders strenge klösterliche Zucht in Fulda wurde in dem Brief an den Papst von Bonifatius also eigens betont. *Dieses genannte Gebiet habe ich von dem ehemaligen Frankenfürsten Karlmann durch redliche Bemühung erworben und zu Ehren des heiligen Erlösers geweiht. Hier habe ich mit Zustimmung Eurer Huld mir vorgenommen, für einige Zeit oder auch nur für ein paar Tage den vom Alter matt gewordenen Leib in der Stille sich erholen und nach meinem Tode ruhen zu lassen. Es wohnen nämlich, wie bekannt, die vier Völker, denen wir das Wort Christi durch Gottes Gnade verkündet haben, im Umkreis um diesen Ort, und mit Eurer Gunst kann ich diesen, solange ich lebe und geistig imstande bin, nützlich sein* (Briefe, S. 291).

Fulda lag im Jurisdiktionsbereich des Bistums Würzburg, wo sein Freund Burgheard Bischof war. Von ihm hatte sein geliebtes Fulda nichts Übles zu befürchten. Ganz allgemein blies ihm aber in Franken aus den Bistümern starker Gegenwind entgegen und man konnte nicht in die Zukunft schauen. Schließlich lebte man nicht ewig. Wer würde in der nächsten Generation in Würzburg Bischof sein? Das konnte man unmöglich wissen. Weil er aber Fulda unbedingt für jetzt und immer schützen wollte, bat er Zacharias, es exemt zu machen. Was ist das? Die Exemtion ist ein Privileg, das eine Kirche oder Kloster aus dem kanonischen Verbund heraushebt und es direkt dem Papst unterstellt. Nur der Papst kann dieses Privileg erteilen. Für den kirchenverwaltungsgläubigen Bonifatius eigentlich eine ganz unmögliche Idee. Er hebelte damit seine eigenen Prinzipien aus. Die strenge Auffassung vom Einhalten der Regeln, die er jedem anderen auferlegte, sollte in diesem speziellen Fall nicht für seine eigene Gründung gelten. Fulda gehörte ins Bistum Würzburg. Der dortige Bischof wäre von Rechts wegen oberster Hirte des fuldischen Abtes. Zu seinen Obliegenheiten hätte es gehört, dort z.B. Weihen vorzunehmen. Man kann Bonifatius' Bitte nur verstehen, wenn man seine zunehmende Feindschaft mit dem Großteil des fränkischen Episkopats und seine Zukunftssorgen in Betracht zieht.

Im November 751 übersandte Zacharias ihm das Privileg:

Papst Zacharias an Bischof Bonifatius und durch ihn an die Äbte in dem von ihm errichteten Kloster in ihrer Folge für alle Zeiten. Da man immer gestatten soll, was vernünftigen Bitten entspricht, darf der demütigen Bitte des Begründers einer frommen Stiftung die Ermächtigung in Form einer Privilegienerteilung nicht versagt werden. Weil Du nun uns darum gebeten hast, dass das von Dir erbaute Erlöserkloster, das in einer Gegend namens Buchonia am Ufer des Flusses Fulda liegt, mit der Zierde eines Privilegs des apostolischen Stuhls ausgezeichnet werde, damit es, unter die Gerichtsbarkeit unserer heiligen Kirche, der wir nach Gottes Ratschluss dienen, gestellt, den Entscheidungen keiner anderen Kirche un-

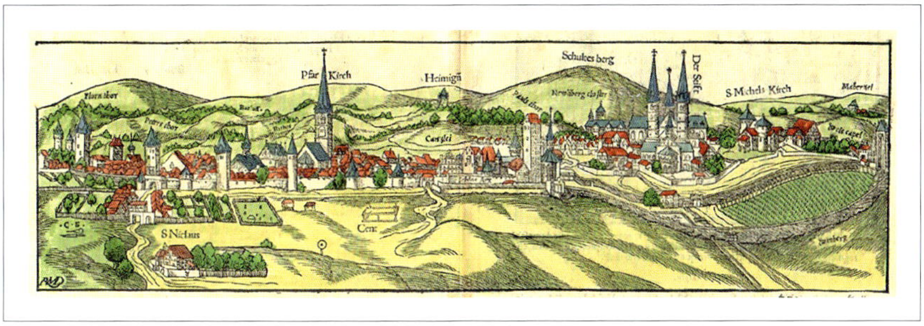

Diese Stadtansicht Fuldas von Osten her gesehen steuerte der im Jahr 1495 in Fulda geborene Hans Brosamer zum 4. Band der „Cosmographia universalis“ des Sebastian Münster bei, die 1550 in Basel erschienen ist. Von 1536 bis 1550 war Brosamer für den fürstäbtlichen Hof in Fulda tätig und so wie auf seinem Holzschnitt auf der rechten Seite unter der Beischrift „Der Stift“ dargestellt, präsentierte sich ihm Bonifatius´ Lieblingsgründung. Freilich war zu dieser Zeit Sturmius´ dreischiffige erste Basilika schon längst gefallen und seit dem Jahr 819 durch die mächtige Ratgarbasilika ersetzt. Die Bezeichnung „Stift“ erklärt sich aus dem Umstand, dass die Gründung Fuldas auf der Landstiftung Karlmanns vom Jahr 743 beruht.

terworfen wird, so bringen wir dementsprechend, indem wir Deinem frommen Wunsche willfahren, durch diese unsere Willenserklärung, was gefordert wird, zur Ausführung. Und somit verbieten wir kraft dieser Urkunde jedem Priester irgendeiner Kirche, den apostolischen Stuhl ausgenommen, in dem genannten Kloster irgendwelche Herrschergewalt auszuüben, in der Weise, dass einer unter keinen Umständen auch nur die Feier der Messe dort zu begehen sich unterfangen soll, außer, wenn er vom Abt des Klosters dazu aufgefordert worden ist, damit es wirklich als dem apostolischen Stuhl unterstellt, gestützt auf die Festigkeit des Privilegs, unangefochten bevorzugt bleibe. Wir setzen das fest durch diese schriftliche Ausfertigung unseres Beschlusses und verbieten durchaus allen

Weil Bonifatius seine Lieblingsgründung Fulda vor dem Zugriff der fränkischen Bischöfe schützen wollte, erbat er sich von Papst Zacharias im Jahr 751 das Exemtionsprivileg, das eine Kirche oder ein Kloster aus dem kanonischen Verbund heraushebt und es direkt dem Papst unterstellt. Nur der Papst kann dieses Privileg erteilen. Zacharias schrieb: „Und somit verbieten wir kraft dieser Urkunde jedem Priester irgendeiner Kirche, den apostolischen Stuhl ausgenommen, in dem genannten Kloster irgendwelche Herrschergewalt auszuüben (...).“ Fulda ist das erste Kloster nördlich der Alpen, dem dieses Privileg verliehen wurde. Das Exemtionsprivileg und die Schenkungsurkunde Karlmanns waren die beiden zentralen Dokumente Fuldas. Hier sehen wir, wie der Fuldaer Barockmaler Johann Andreas Herrlein diese entscheidende Szene der Geschichte Fuldas aufgefasst hat.

Über einem Apollotempel errichtete der Hl. Benedikt von Nursia im Jahr 529 sein Kloster, das Keimzelle des abendländischen Mönchtums werden sollte. Es blickt auf eine lange und dramatische Geschichte zurück. Zum ersten Mal zerstörten es die Langobarden im Jahr 577. Erst im frühen 8. Jahrhundert wurde es wieder in Betrieb genommen. Von 729-739 wirkte Bonifatius' Freund Willibald hierbei maßgeblich mit. Im Jahr 883 zerstörten es dann die Sarazenen und 1349 fiel es einem Erdbeben zum Opfer. Nach jeder Katastrophe zog jedoch wieder neues Leben im Geist des Gründers ein. Nachdem es im Stil von Renaissance und Barock wiedererrichtet worden war, stand es beinahe 600 Jahre in Ruhe bis zum verhängnisvollen 15. Februar 1944, an dem amerikanische Bomber es binnen dreier Stunden mittels 435 Tonnen Sprengstoff in Schutt und Asche legten. Sie hegten den Verdacht, die Abtei sei Unterschlupf deutscher Soldaten und Magazin für Kriegsgerät. Glücklicherweise war das Inventar vorher ausgelagert worden und ebenso die detaillierten Baupläne, so dass es ab 1945 detailgetreu wiedererbaut werden konnte.

Bischöfen irgendwelcher Kirche oder den mit der Machtbefugnis irgendwelcher Rangstellung ausgestatteten Priestern unter Androhung des Bannes für jeden, der sich unterfangen sollte, als Verletzer dieses gegenwärtigen von uns dem genannten Kloster gewährten Gnadenbeweises aufzutreten. Leb wohl (Briefe, S. 307).

Fulda ist das erste Kloster nördlich der Alpen, dem dieses Privileg verliehen wurde. Vorher war nur Columbans Kloster Bobbio in Oberitalien die gleiche Ehre zuteil geworden. Das Exemtionsprivileg und die Schenkungsurkunde Karlmanns waren die beiden zentralen Dokumente Fuldas, in höchsten Ehren gehalten durch die Jahrhunderte. Die Exemtion wurde von Papst zu Papst neuerlich bestätigt. An wichtigen Terminen wurden diese Urkunden feierlich entrollt und dem ganzen Konvent verlesen, an hohen Gerichtstagen wurde ihre Präsenz eingefordert. Schon bald nach Bonifatius' Tod sollte die Papsturkunde ihre erste große Rolle spielen. War Fulda bis dahin unter den bonifatianischen Gründungen – Fritzlar, Ohrdruf, Amöneburg usw. – nur eine unter mehreren, so hob dieses Dokument es aus der Gruppe heraus. Fulda wurde prima inter pares.

Schwere Jahre

Die Gründung und die ersten Jahre des Klosters Fulda bis hin zur Erteilung der Exemtion fallen in die Jahre 744 bis 751. Wie ging es inzwischen mit dem Plan weiter, in Neustrien die drei Erzbistümer Reims, Sens und Rouen an die beiden Angelsachsen Abel, Hartbert und den Franken Grimo zu geben? Wir hatten weiter oben gelesen, dass der Papst drauf und dran war, die Pallien zu übersenden. Leider ging es damit überhaupt nicht voran. Die fränkischen Bischöfe ließen sich diese neuen Chefs nicht bieten. Höchstwahrscheinlich hat Milo, Bischof in Personalunion von Reims und Trier, seine Macht ausgespielt – und die war beträchtlich. Wer war eigentlich dieser Milo? Milo war Bonifatius' Alptraum. Seine hochadlige Familie hatte seit jeher in der vordersten Reihe des fränkischen Machtpokers mitgespielt. Seine Schwester Chrotrud war die erste Frau von Karl Martell. Die Sippe gehörte seit Generationen zu den Kampf- und Jagdgenossen der frühen Karolinger. Milo hatte ein Bistum auf neustrischer Seite (Reims), eins auf austrischer Seite (Trier), bereicherte sich völlig ungeniert an diesem Kirchengut, herrschte dort wie ein Tyrann und hatte ansonsten mit kirchlichen Inhalten nicht viel am Hut. Auch die frühmittelalterlichen Quellen wissen von ihm nur Übles zu berichten: Er habe zahlreiche Kirchen und Klöster beraubt und sie in ihrer Existenz bedroht. Er starb übrigens irgendwann zwischen 758 und 762 wie er gelebt hatte: bei einem Jagdunfall in der Nähe von Trier.

Wir können uns vorstellen, wie ihm nach der Synode von Soissons zumute war. Von diesem hergelaufenen Angelsachsen würde ein Mann seines Schlages sich seinen Sitz in Reims nicht nehmen lassen. Er würde keine angelsächsischen

Vorgesetzten akzeptieren. Bonifatius hatte sich bei Zacharias über *Milo und seinesgleichen* im Zusammenhang mit der Pallienvergabe an die neustrischen Erzbistümer bitter beschwert. Es ist also wahrscheinlich, dass Milo seinesgleichen um sich geschart hatte, damit man die Sache gemeinsam hintertreibe. Liudger spricht gar von einem Mordkomplott gegen den römischen Legaten: *(...) jene falschen Lehrer und Schmeichler (...), die ihn sogar zu ermorden suchten. Aber der Herr, sein Beschützer, ließ ihn nicht in ihre boshaften Hände fallen* (Liudger, S. 40/41). Liudger wird sich das nicht aus den Fingern gesaugt haben. Ein Mordkomplott wäre genau die Handlungsweise, mittels derer man in diesen Kreisen mit lästigen Zeitgenossen aufräumte. Trier gehörte zur Einflusssphäre des Karlmann, daher wurde es wahrscheinlich zur Disposition gestellt. Auf neustrischer Seite hatte aber Milo besonders großen Einfluss und Pippin konnte ihn nicht einfach übergehen. Man war schließlich verwandt, hatte Seite an Seite so manchen Keiler oder Sachsen erlegt. Von dem Brüderpaar war er ohnehin der realistischer denkende, der seine Pläne nicht nach einem Ideal, sondern nach der Wirklichkeit ausrichtete. Und die sah nun einmal so aus, dass man, wollte man König werden, vorher nicht alle Welt um sich herum verärgern durfte. So fest saßen die Hausmeier denn doch nicht im Sattel. Das Lehensgebäude ruhte auf der unbedingten Loyalität zwischen Lehnsherrn und Klient. Auch die Pippiniden waren dicht verwebt in dieses Netzwerk und hatten zahlreiche Verträge und Absprachen zu berücksichtigen. Bonifatius konnte nicht ernsthaft verlangen, diese in Frage zu stellen. Wenn das bedeutete, dass die kanonische Neuordnung des Reiches dem päpstlichen Legaten nicht rasch genug vonstatten ging, nun, so musste der sich eben in Geduld fassen. Das wiederum war Bonifatius' Stärke nicht. Verständlich. Er wurde alt. Er konnte nicht warten.

Schon bald nach der Synode wurde deutlich, dass alles beim Alten bleiben würde. Wenn überhaupt, sollte nur Grimo die Stelle in Rouen bekommen. Bonifatius' Widersacher hatten sich einstweilen durchgesetzt. Zacharias war schwer verschnupft über das mangelnde Durchsetzungsvermögen seines Stellvertreters. Im November 744 schrieb er an Bonifatius: *Als wir das Schreiben Deiner heiligsten Brüderlichkeit durch den Überbringer dieses gegenwärtigen Briefes empfingen und den Inhalt lasen, gerieten wir in ziemliches Erstaunen und große Verwunderung, weil man fand, dass es in starkem Widerspruch stehe zu dem Schreiben, das von Deiner Brüderlichkeit im verflossenen Monat August an uns gerichtet worden war.* (Der Brief ist verloren.) *Darin hast Du uns mitgeteilt, dass mit Gottes Hilfe und unter Zustimmung und Mitwirkung Karlmanns die Kirchenversammlung stattgefunden hat und hast uns eröffnet, (...) dass Du drei Erzbischöfe für die einzelnen Metropolen bestellt hättest, nämlich Grimo in der Stadt Rouen, als zweiten Abel in der Stadt Reims, endlich als dritten Hartbert in der Stadt Sens. (...) Nun aber, als wir wieder ein Schreiben von Dir erhielten, waren wir, wie gesagt, sehr erstaunt, dass Du zuerst, zusammen mit den genannten Fürsten Galliens, uns um drei Pallien angegangen hast und nachher nur um das für Grimo* (Briefe, S. 171).

Bonifatius war in seiner Entrüstung, übervorteilt worden zu sein, offenbar zu weit gegangen – es ist wirklich ein Jammer, dass ausgerechnet dieser Brief verloren ist. Wir hätten ihn zu gerne gelesen. Anscheinend hat er in seinem Zorn nämlich sogar in Rom Widerstand und Verrat gewittert und tatsächlich den Papst beschuldigt, das Pallium für Grimo gegen Geld vergeben zu haben: *Wir haben auch in Deinem erwähnten Schreiben gefunden, was uns sehr beunruhigt hat, dass uns von Dir Dinge berichtet werden, als seien wir Verderber kirchlicher Satzungen und suchten die Überlieferung der Väter zu vernichten und gerieten infolgedessen, was fern von uns sei, mit unseren Geistlichen in die Ketzerei der Simonie, indem wir Belohnungen entgegennehmen und diejenigen, deren Pallien wir verleihen, uns solche auszuzahlen nötigen, indem wir Geld von ihnen einfordern. Indes, teuerster Bruder, wir fordern Deine Heiligkeit auf, dass Deine Brüderlichkeit uns in Zukunft derartiges auf keinen Fall schreibt, weil wir es als widerwärtig und beleidigend empfinden, wenn uns zur Last gelegt wird, was wir durchaus verabscheuen. (...) Es sei ferne von uns, wenn uns von Deiner Brüderlichkeit, was man Simonie heißt, zum Vorwurf gemacht wird, denn wir bannen jeden, der es wagt, die Gabe des heiligen Geistes um Geld zu verkaufen* (Briefe, S. 171/173). In seiner Ungeduld hatte es sich Bonifatius nun mit allen Seiten verscherzt. Sein Verhältnis zu Zacharias war nie ganz spannungsfrei gewesen. Nun war es auf seinem Tiefpunkt angelangt.

Noch Jahre später hatte sich in der Erzbistumsfrage in Neustrien nichts getan. Milo und sein Kreis hatten Oberwasser. Etwas verschämt musste Bonifatius im Jahr 751 dem Papst gestehen: *Was aber das anbelangt, dass ich bereits in vergangener Zeit über die Erzbischöfe und die von der römischen Kirche zu erbittenden Pallien gemäß den Zusagen der Franken Eurer Heiligkeit Nachricht gegeben habe, bitte ich um die Nachsicht des apostolischen Stuhles, weil sie säumig sind und das, was sie versprochen haben, nicht erfüllt haben; auch jetzt noch wird die Sache hinausgeschoben und erörtert, und man weiß nicht, was sie davon ausführen wollen. Aber nach meinem Willen wäre das Versprechen erfüllt worden* (Briefe, S. 291). Das war sieben Jahre nach der neustrischen Synode – kein schönes Bild, das der römische Legat da von seiner Autorität an den Tag legte. Immerhin gab der Papst sich – der Sache langsam überdrüssig – langmütig und erkannte wenigstens den guten Willen an: *Wegen der fränkischen Bischöfe und der Pallien hast Du geschrieben, dass sie noch nicht gemäß ihrem Versprechen erfüllt haben. Wenn sie ihr Wort getreu erfüllen, werden sie davon Lob haben, andernfalls werden sie selbst sehen. Denn wir geben umsonst, was wir durch Verleihung der Gnade umsonst empfangen haben. Jedenfalls ist Dein guter Wille in dieser Angelegenheit von uns anerkannt worden* (Briefe, S. 295). Den kleinen Seitenhieb *wir geben umsonst* konnte Zacharias sich wohl nicht verkneifen ...

Bonifatius wird Bischof von Mainz

Dass Bonifatius´ Missionsgebiet so nahe an der sächsischen Grenze lag, rächte sich im Jahr 745. Er musste nach Rom berichten, dass es einem Sachsenangriff zum Opfer gefallen war, der manch neu erbautes Kirchlein in Schutt und Asche gelegt haben dürfte. Der Papst, dessen Stadt schon ganz anderes erlebt hatte, schrieb gelassen zurück: *Den Einfall, den die Heiden in Deine Gemeinden gemacht haben, müssen wir zwar bedauern, aber dieses Unglück soll auf keinen Fall Deine Brüderlichkeit beirren. Denn auch die Stadt Rom ist infolge vorgekommener Untaten öfters verheert worden und doch hat Gott im Himmel sie infolge seiner Allmacht zu trösten für richtig gehalten. So glauben wir denn, dass er auch Euch trösten wird. (...) Dich aber sollen, wie gesagt, Rückschläge auf keinen Fall beirren, sondern Du sollst in dem guten Werk, das Du begonnen hast, durchaus nicht ermatten* (Briefe, S. 175/177).

Wenn es denn bei diesem Rückschlag geblieben wäre! Eine andere Sache lief jedoch auch gründlich schief. Was war geschehen? Alles hatte gut angefangen: Man hatte sich, wie beschlossen, im Jahr 745 wieder zu einer Synode zusammengefunden, dieses Mal sogar zu einer gesamtfränkischen. Pippin und Karlmann hatten einen gemeinsamen Feldzug vorzubereiten, wieder verband man die Frühlingsheerschau mit Reichstag und Synode. Hier wollte man die Beschlüsse des *concilium Germanicum* umsetzen und ernstmachen gegen die schlechten Priester und Bischöfe. Tatsächlich ließ man ein paar besonders schlimme Exemplare über die Klinge springen. Der Papst war zufrieden. Endlich mal wieder ein lobendes Wort aus Rom: *Was aber die in der Provinz Franken durch Vermittlung unserer vortrefflichen Söhne Pippin und Karlmann entsprechend der Weisung in unserem Schreiben zusammen-*

getretene Synode anbelangt, wobei Deine Heiligkeit uns vertreten hat, so haben wir vernommen, wie Du verfahren bist und unserem allmächtigen Gott Dank gesagt, der ihre Herzen stärkte, dass sie bei diesem frommen Werk mithalfen. Und Du hast alles vortrefflich und nach den kirchlichen Satzungen ausgeführt, sowohl, was die falschen, unzüchtigen und abtrünnigen Bischöfe anbetrifft, als auch die übrigen, die unter priesterlichem Namen gegen die Anordnungen der Kirchengesetze handelten oder gegen die katholische und apostolische Kirche Gottes (Briefe, S. 177).

Tatsächlich ging es nun Gewilib von Mainz an den Kragen, der sich mit dem Rachemord an dem Mörder seines Vaters unmöglich gemacht hatte. Er wurde aus seinem Amt entfernt. Man soll aber nicht glauben, dass er nun klein beigegeben hätte. Nein – er reiste nach Rom, um sich dort zu beschweren. Bonifatius kündigte ihn an und der Papst erwartete ihn schon: *(...) hast Du uns Nachricht gegeben von einem Verführer namens Geoleob, der seither zu Unrecht die Stellung eines Bischofs innehatte, und dass er jetzt, ohne jemand um Rat gefragt zu haben, auf dem Weg zu uns ist. Wenn er nun kommt, wird ihm geschehen, wie es Gott gefällt* (Briefe, S. 180). Immerhin erreichte Gewilib, nicht auf immer irgendwo in Klosterhaft zu verschwinden. Man scheute sich wohl, allzu grob mit ihm umzuspringen. Er durfte seinen Lebensabend – und das waren immerhin noch ganze vierzehn Jahre – recht behaglich auf seinem Gut Sponsheim bei Bingen am Rhein und als Eigenkirchenherr von Kempten verbringen. So weit, so gut.

Noch eine andere Sache wurde auf dieser Synode besprochen. Wie auf der neustrischen Seite, sollte auch in Karlmanns Reichsteil ein Metropolitansitz eingerichtet werden. Dies sollte die kirchliche Zentrale für Austrien werden. Köln

Was für eine Enttäuschung! Metropolitansitz in Karlmanns Reichsteil sollte Köln werden und wer, wenn nicht der ranghöchste Geistliche des Frankenreiches, sollte Erzbischof dieser prestigeträchtigen uralten Bischofsstadt werden? Alles schien abgemacht und auch der Papst hatte Bonifatius für dieses hohe Amt abgesegnet. Aber die fränkischen Bischöfe ließen sich den Angelsachsen als Chef der austrischen Bischöfe nicht bieten und intrigierten so lange, bis sie erreicht hatten, dass Köln normales Bistum blieb, das nicht Bonifatius, sondern der Reformbefürworter Agilolf erhielt. Bonifatius wurde mit Mainz abgespeist, aus dem man gerade den unmöglichen Gewilib entfernt hatte. Mainz war kein Metropolitansitz und den römischen Legaten für Gallien und Germanien hier einzusetzen, grenzte schon stark an Beleidigung. Bonifatius empfand diese Zurücksetzung sehr stark und litt darunter. Hier sehen wir das ungeliebte Mainz in dem Stich von Matthäus Merian.

Nachdem er so oft darum gebeten hatte, einen Ort zu bekommen, der ihm unterstand und an dem er sich nach seinem langen, unsteten Wanderleben niederlassen konnte, wäre Bonifatius tatsächlich lieber weiter als Missionar herumgereist, als ausgerechnet hier in Mainz zu verweilen. Er fragte das auch tatsächlich beim Papst an, der ihm jedoch gebot, an Ort und Stelle zu bleiben. Der gehorsame Benediktiner fügte sich. Der Hohe Dom zu Mainz, den wir hier sehen, ist eine dreischiffige romanische Pfeilerbasilika und dem Hl. Martin von Tours, dem fränkischen Staatsheiligen, geweiht. Zu Bonifatius´ Zeiten hatte es hier schon seit etwa 150 Jahren Bischöfe gegeben, Erzbistum wurde es erst unter Lul, seinem Nachfolger.

bot sich an. Dieser altehrwürdige Bischofssitz mit seiner bis in die Römerzeit reichenden Tradition hatte hohes Prestige und Bonifatius´ Missionsgebiete waren von hier aus gut zu erreichen. Den Rhein als Verkehrsweg gab es praktisch inklusive und es war nicht weit zur Maas, auf der man nach Neustrien fahren konnte. Die Diözesen Mainz, Worms, Speyer, Tongern, Utrecht sowie die drei neuen Bistümer Würzburg, Erfurt, Büraburg sollten Suffragane sein. Bonifatius war der ranghöchste Geistliche weit und breit und es war selbstverständlich, dass Köln ihm zustünde, dass er hier endlich seinen ersten eigenen Sitz bekommen müsse. Nach mehr als 35 Jahren heimatlosen Umherziehens, im Alter von beinahe 75 Jahren. So wurde es also beschlossen und Papst Zacharias begrüßte das in seinem Brief vom 31.10.745: *Was Deine Mitteilung anbelangt, dass alle Frankenfürsten eine Stadt ausgewählt haben, die an die Gebiete der Heiden und an die der germanischen Völker angrenzt, wo Du seither gepredigt hast, damit Du dort für alle Zeiten Deinen Metropolitansitz haben und von da aus die übrigen Bischöfe auf den rechten Weg führst, so haben wir diesen Beschluss mit Freuden vernommen, weil er nach Gottes Fügung gefasst worden ist. (...)* (Briefe, S. 177). *Was die Stadt anbetrifft, die früher Agrippina, jetzt Köln, heißt, so haben wir sie auf Ansuchen der Franken durch Anordnung unserer Machtvollkommenheit für Deine Person als Metropolitansitz bestätigt und Deiner Heiligkeit ein Schreiben über den Fortbestand dieser Metropolitankirche für künftige Zeiten zukommen lassen* (Briefe, S. 181). Auf der Synode hatte es offenbar Auseinandersetzungen über diesen Tagesordnungspunkt gegeben. Wo die Widerstände lagen, können wir uns leicht denken. Der Papst war davon unterrichtet, denn er schreibt weiter: *Andererseits haben das falsche und abtrünnige Priester zu verhindern gesucht, deren vergebliches Ringen der Herr vereiteln und dem Bestand verleihen wird, was zugestandenermaßen im Einklang steht mit den Satzungen der heiligen Väter.*

Doch, ach! Das Ringen der falschen und abtrünnigen Priester war durchaus nicht vergeblich und der Herr hat nicht vereitelt, dass sie erfolgreich gegen Bonifatius intrigierten. Die Machtvollkommenheit des Papstes in Rom war dem fränkischen Episkopat herzlich egal. Sie liefen Sturm gegen den Plan. Der Angelsachse als Chef aller austrischen Bischöfe? Niemals! Auf der gesamtfränkischen Synode von 745 war Pippin, der Realpolitiker, anwesend. Er benötigte Ruhe im Reich, um seine Übernahmepläne reifen zu lassen. Das Letzte, was er brauchen konnte, war eine Horde aufgebrachter Magnatenfamilien, die ihm wegen einer kirchlichen Personalentscheidung zürnte. Es mochte ja sein, dass dieser zunehmend anstrengender werdende römische Legat prinzipiell Recht hatte mit seiner kanonischen Ordnungswut. Er hatte ja auch gar nichts dagegen, im Gegenteil: gegenüber Rom zu zeigen, dass man bereitwillig kirchliche Normen umsetzte, war durchaus in seinem Sinn. Aber musste das alles so schnell gehen? Sollte man deswegen so viele einflussreiche Leuten vor die Köpfe stoßen? Er konnte doch nicht zulassen, dass Bonifatius in seiner Starrsinnigkeit das ganze Staatsprojekt gefährdete! Pippin und Bonifatius waren sich nicht wirklich uneins. Das Problem war nur: Pippin brauchte Zeit, Bonifatius hatte keine. Pippin nahm Tempo aus dem Prozess.

Im Jahr 746 zeigte sich, dass die fränkischen Bischöfe obsiegt hatten. Es wurde für dieses Jahr keine neue Bischofskonferenz einberufen und der letztjährige Beschluss schlicht ignoriert – Köln wurde nicht Metropolitansitz, sondern blieb ganz normales Bistum. Wenigstens wurde dort mit dem Franken Agilolf ein Reformbefürworter installiert. Klug gehandelt von Pippin! Weder die angelsächsische Avantgarde noch Milo und seinesgleichen bekamen den Zuschlag, sondern ein Mitglied der neuen Gruppe gemäßigter Reformer wurde auf diesem wichtigen Sitz installiert. Was bekam Bonifatius? Durch Gewilibs unfreiwilliges Ausscheiden war Mainz freigeworden. Dorthin setzte man den greisen Angelsachsen. Das war noch nicht einmal ein Erzbischofssitz und wahrhaftig eine demütigende Herabsetzung für Roms Stellvertreter in Gallien und Germanien! Weil Bonifatius den Rang eines Erzbischofs innehatte, war er zwar Erzbischof von Mainz, der Titel war aber an seine Person und nicht an den Ort gebunden. Sofort nach seinem Tod wurde Mainz wieder ganz normaler Bischofssitz.

Das verflixte 746. Jahr

Wir hatten schon früher gelernt, dass in Bayern auch nicht alles rund lief. Erinnern wir uns: Bonifatius hatte das ganze Gebiet kanonisch geordnet und Bischöfe für Freising, Passau, Regensburg und Salzburg geweiht. Im Lauf der Grifoaffäre 742-743 hatte Papst Zacharias Bonifatius in Bayern als römischen Legaten zunächst ab- und kurz darauf wieder eingesetzt. Keine guten Voraussetzungen für die Leute dort, ihn als kirchliches Oberhaupt und Papststellvertreter wahrzunehmen. Das bedeutendste Bistum war Salzburg. Als im Jahr 746 der von Bonifatius dort installierte Johannes I. starb, kungelten Herzog Odilo und Pippin miteinander und setzten dort *Feirgil* (Virgil) ein. Das war ein irischer Missionar, ehemals Abt des Klosters *Aghaboe* (im heutigen County Laois) und somit einer der Geistlichen, die Bonifatius' Gegenpart darstellten. Der bedeutende Universalgelehrte repräsentierte die alte keltische Kirche, von der die Synode von Whitby sich im Jahr 664 abgesetzt hatte. Er hatte also noch die alte keltische Auffassung vom Bischofsamt. Er agierte eigentlich eher als Abt, delegierte z.B. die bischöflichen Aufgaben an einen Mitarbeiter – völlig unmöglich in Bonifatius' Augen. Virgil war außerdem Mann Pippins, zwei Jahre lang hatte er an seinem Hof gelebt. Es war eine offene Herausforderung, an Bonifatius vorbei diesen Mann in Salzburg einzusetzen. Gleichzeitig zeigt es, wie wenig Einfluss er in diesem Gebiet besaß. Dem Papst gegenüber, der nicht ganz unschuldig an der verfahrenen Situation war, hatte sich Bonifatius beklagt. Der schrieb zurück: *Nun ist uns auch das von Deiner brüderlichen Heiligkeit mitgeteilt worden, dass jener Virgilius (ob er Priester heißt, wissen wir nicht) auf Dich böse ist, weil er von Dir überführt wurde, von der katholischen*

Bonifatius hatte in den späten 40er Jahren des 8. Jahrhunderts die bayerische Provinz kanonisch geordnet und in den vier Bistümern Salzburg, Passau, Freising und Regensburg Bischöfe eingesetzt oder bestätigt. Das bedeutendste der vier war Salzburg und als im Jahr 746 Bischof Johannes starb, musste Bonifatius erleben, wie der bayerische Herzog Odilo und der Hausmeier Pippin hinter seinem Rücken und gegen seinen Willen den Iren Feirgil dort installierten. Dieser repräsentierte die irisch-keltische Kirchentradition und war insofern ein Widerpart des Bonifatius. Während der Ire ein freidenkender Universalgelehrter mit Sinn für weltliche Wissenschaften war, wollte Bonifatius jegliche Gelehrsamkeit ausschließlich auf das Verständnis der Hl. Schrift fokussieren. Hier sehen wir den gelehrten Virgil auf einem Fresko des 12. Jahrhunderts in der St. Johannes-Kapelle in Pürgg in der Steiermark.

Lehre abgeirrt zu sein und nun beim Herzog Odilo von Bayern hetzt, um zwischen Dir und ihm Hass zu säen, indem er behauptet, er sei von uns losgesprochen und dazu bestimmt, nach dem Hinscheiden des einen von den vier Bischöfen, die Deine Brüderlichkeit dort geweiht hat, die Leitung zu übernehmen. Das trifft keineswegs zu, weil sich Schlechtigkeit das ausgedacht hat (Briefe, S. 267).

Virgil trachtete nicht nur, Hass zwischen Bonifatius und Odilo zu säen, er versuchte auch, ihn beim Papst anzuschwärzen. Ein indigniertes Schreiben Zacharias' an Bonifatius war die Folge: *Die in der Provinz der Bayern lebenden frommen Männer Virgilius und Sidonius haben ein Schreiben an uns gerichtet, in dem sie uns mitgeteilt haben, Deine ehrwürdige Brüderlichkeit mache ihnen zur Auflage, Christen zum zweiten Male zu taufen. Diese Kunde hat uns sehr erstaunen lassen und wir sind auf die verwunderte Frage gekommen, ob es sich so verhält, wie man gesagt hat* (Briefe, S. 211). Was hatte den Papst in solche Verwunderung versetzt? In Bayern wirkte damals ein braves Priesterlein, dessen Lateinkenntnisse nicht ganz auf wünschenswerter Höhe waren, so dass er die Leute mit den Worten taufte *Baptizo te in nomine patria et filia et spiritus sancti* = Ich taufe Dich im Namen des Vaterlands, der Tochter und des heiligen Geistes. Virgil behauptete nun, Bonifatius habe befohlen, solche Menschen noch einmal zu taufen. Das ist sehr unwahrscheinlich, weil Jahre zuvor Bonifatius bereits bei Gregor III. wegen des gleichen Problems nachgefragt hatte. Dieser hatte eine zweite Taufe nur wegen eines Sprachproblems klar abgelehnt. Wieso hätte Bonifatius gegen dieses Gebot verstoßen sollen? Virgil behauptete das aber. Und Zacharias war verstimmt: *Aber, heiligster Bruder, wenn der Taufende, ohne eine Irrlehre oder Ketzerei einzuschieben, sondern bloß wegen seiner Unkenntnis des römischen Ausdrucks, die Sprache misshandelnd, bei der Taufe (...) gesprochen hat, dann können wir Dir nicht zustimmen, dass deshalb die Taufe wiederholt werde. (...) Wenn es sich, heiligster Bruder, so verhält, wie dieser Bericht an uns sagt, dann soll von Dir dieses und anderes dieser Art nicht mehr verkündet werden, sondern Deine Heiligkeit sei bemüht, an dem festzuhalten, was die heiligen Väter lehren und verkünden* (Briefe, S. 211).

Das war alles höchst lästig und überflüssig – in Bayern hatte er nun also Ärger mit dem Herzog, dem Bischof von Salzburg und wegen falscher Nachrede nun auch noch mit dem Papst. Dazu die Kränkung wegen der Abfuhr in Köln und der allgemeine und immerwährende Verdruss mit den fränkischen Mitbrüdern. Kaum war ein mühsamer Schritt nach vorne gelungen, schien es wieder zwei zurückzugehen.

Man sollte glauben, das sei genug für einen alten Mann. Aber nein – es braute sich noch mehr Unbill zusammen. Diesmal zuhause in England. Dort, am Königshof, schien es der Herrscher mit seinen Großen wie in Sodom und Gomorrha zu treiben. Aethelbald, König von Mercia, hatte den Ruf, ein sehr fröhliches Dasein zu führen. Anstatt sich eine Frau zu nehmen, lebe er mit einer Reihe von Gespielinnen, ja, man behauptete sogar, er vergnüge sich mit Nonnen. Wie sollte man als Angelsachse vorbildhaft auf dem Festland wirken, wenn man sich allerorten solches Benehmen der kentischen Eliten weitererzählte? Das konnte verheerende Wirkung auf seine Arbeit haben. Bonifatius rief also eine kleine Synode, bestehend nur aus angelsächsischen Bischöfen und Priestern, zusammen.

Gemeinsam verfassten sie ein gepfeffertes Mahnschreiben an Aethelbald, um ihn an seine Pflichten als christlicher Herrscher und Vorbild für die Festlandstämme zu gemahnen. Vorneweg sandte Bonifatius dem König als Zuckerbrot ein Geschenk: *Inzwischen haben wir als Zeichen wahrer Liebe und Freundschaft Dir einen Habicht und zwei Falken übersandt sowie zwei Schilde und zwei Lanzen.* Dies waren eigentlich keine Gaben, die man von einem Geistlichen erwartet hätte. Sie fungierten aber als wichtiges Zeichen der Freundschaft und Huld des berühmten Heidenmissionars. *Fürchte Gott und halte seine Gebote. Falls ein Schreiben von uns durch einen anderen Boten zu Deinen Händen überbracht wird, so bitten wir, Du mögest ihm Gehör schenken und Dir angelegen sein lassen, es voll Eifer anzuhören* (Briefe, S. 213). Kurz darauf kam tatsächlich der Erzbischof von York zu Aethelbald. Er hatte den Brief im Gepäck.

Aethelbald, König von Mercia, lebte an seinem Hof in Kent ein lockeres Leben und erhielt im Jahr 746 von Bonifatius ein geharnischtes Mahnschreiben. Nachdem er im Jahr 757 gestorben war, wurde er in der angelsächsischen Krypta der St. Wystan-Kirche in Repton (heutiges Süd-Derbyshire) begraben. Im Erdboden vor der Kirche wurde im August 1979 ein skulpturierter Stein gefunden, eins der seltenen Beispiele für vornormannische Skulptur in England. Einige Forscher gehen davon aus, dass der berittene bärtige angelsächsische Krieger König Aethelbald darstellt.

Das Schreiben war verfasst im Stil eines pädagogischen Sandwiches – immer abwechselnd etwas Lob und geistige Aufmunterung, um dazwischen den Tadel unterzubringen: *Wenn aber zu unseren Ohren die Kunde kommt, es sei Euer Liebden eine Unbill widerfahren hinsichtlich der Lage Eurer Herrschaft oder des Ausganges von Kriegen oder, was noch schlimmer ist, es sei großer Schaden angerichtet worden an Eurem Seelenheil, so versetzt uns das in Trauer und Betrübnis. (...) Wir haben gehört, dass Du sehr viel Almosen gibst. Dazu beglückwünschen wir Dich (...). Wir haben auch gehört, dass Du Diebstähle und Rechtswidrigkeiten, Meineid und Raub kräftig verhinderst, als Beschützer der Witwen und Armen bekannt bist und den Frieden in Deinem Reich aufrecht erhältst. Und auch darüber haben wir uns, Gott preisend, gefreut (...).* Aber jetzt kommt's: *Aber darunter ist auch eine Nachricht zu unseren Ohren gekommen, die ein schlechtes Licht auf den Lebenswandel Eurer Gottseligkeit wirft und wir wurden, als wir sie vernahmen, mit Trauer erfüllt und wünschen, dass sie nicht der Wahrheit entspricht. Denn aus vielfachen Berichten wissen wir, dass Du noch nie eine Frau als Deine rechtmäßige Gattin zu Dir genommen hast. Das ist aber doch von Gott dem Herrn schon bei Beginn der Welt so angeordnet worden (...).* Das war noch nicht alles: *Wenn Du aber, was ferne sei (doch viele sagen so), weder ein rechtmäßiges Weib genommen, noch um Gottes Willen keusche Enthaltsamkeit geübt hast, sondern als Sklave Deiner Wollust im Laster der Unzucht und des Ehebruchs den guten Ruf Deines Namens vor Gott und den Menschen zuschanden machst, so sind wir darüber sehr betrübt, weil es unzweifelhaft sowohl vor den Augen Gottes eine Sünde als auch vor den Menschen ein Schandfleck auf Eurem Namen ist.* Es sollte noch schlimmer kommen: *Und dazu fügen, was noch schlimmer ist, die solches erzählen, noch hinzu, dass diese lasterhafte Sünde vor allem mit heiligen Nonnen und gottgeweihten Jungfrauen in den Klöstern begangen wurde.* Anhand von Zitaten aus den Apostelbriefen wird dem Sünder nun vor Augen geführt, was die Heilige Schrift über solches Verhalten zu sagen hat, um zu enden: *Darum bitten und beschwören wir (Dich), teuerster Sohn (...), wenn dies wahr ist, dass Du in diesem Laster lebtest, Dein Leben durch Reue zu ändern und durch Reinigung zu bessern und daran zu denken, dass es unschicklich erscheinen muss, dass Du das Ebenbild Gottes, das in Dir erschaffen ist, durch Ausschweifung verwandelst in das Ebenbild und die Gestalt des bösen Teufels (...)* (Briefe, S. 217/219).

Bonifatius hält Aethelbald vor Augen, er habe selbst bei den Heiden eine höhere Sexual- und Ehemoral vorgefunden, als sie offenbar am Königshof von Mercia vorherrsche. *Das wird nicht nur von Christen, sondern auch von Heiden als Schimpf und Schande angesehen. Denn selbst die Heiden, die den wahren Gott nicht kennen, beachten in dieser Sache aus natürlichem Antrieb das, was zum Gesetz gehört und was Gott von Anfang an bestimmt hat, weil sie den eigenen Frauen den Ehebund halten und Hurer und Ehebrecher bestrafen.* Wie sie das tun, wirft ein interessantes Bild auf die Sitten der Festlandsachsen im Frühmittelalter: *Denn wenn in Altsachsen ein Mädchen das Haus ihres Vaters durch Buhlerei befleckt oder eine verheiratete Frau unter Verletzung des Ehebundes Ehebruch begeht, so zwingt man sie zuweilen, eigenhändig ihrem Leben durch Erhängen ein Ende zu machen, und an dem Platz, wo man die Leiche angezündet und verbrannt hat, hängt man ihren Verführer auf. Zuweilen rotten sich die Weiber zusammen, um sie auszupeitschen, dann führen die Frauen sie unter Rutenstreichen überall herum in den Dörfern, wobei sie ihr die Kleider am Gürtel abschneiden und mit ihren Messerchen ihr den ganzen Körper zerschneiden und zerstechen und treiben sie, aus kleinen Wunden blutend und zerfetzt, von Gehöft zu Gehöft. Und vom Eifer für die Sittsamkeit getrieben, treten immer neue Frauen auf, um sie zu schlagen, bis sie sie entweder tot oder kaum noch lebend liegenlassen, damit die anderen Angst vor Ehebruch und Unzucht bekommen.*

Selbst die Wenden, dieses gottverlassene Volk, das sogar Bonifatius nicht bekehren wollte, befolgte strengere Sitten: *Auch die Wenden, der hässlichste und geringste Menschenschlag, bewahren die gegenseitige Liebe in der Ehe mit solchem Eifer, dass eine Frau nach dem Tode ihres Mannes nicht mehr weiterleben will, und rühmenswert erscheint ihnen die Frau, wenn sie sich eigenhändig den Tod gibt und zusammen mit ihrem Mann auf einem Scheiterhaufen brennt.* Für Aethelbald war jetzt hohe Zeit zur Umkehr: *Wenn also die Heiden, die Gott nicht kennen (...), von Natur aus tun, was zum Gesetz gehört (...), so ist es jetzt Zeit, Deines Herrn eingedenk, Dich aus den Stricken des Teufels loszumachen und Deine vom Schmutz der Ausschweifung besudelte Seele zu waschen (...)* (Briefe, S. 219/221). Selbst den übelsten Heiden ist also ein Moralempfinden angeboren, das dem des Königs von Mercia überlegen ist!

Eine weitere Konsequenz seines Handelns führte Bonifatius dem König vor Augen: *Auch ist noch zu bemerken, dass in diesem Laster noch ein anderes schreckliches Verbrechen verborgen ist, nämlich der Mord, weil diese Dirnen, sei es in Klöstern, sei es in der Welt, indem sie die im Bösen empfangenen Kinder in Sünden gebären, sie auch oft zu einem großen Teil töten und so nicht die Kirchen Christi mit aufgenommenen Söhnen füllen, sondern die Gräber mit Leichen und die Hölle mit armen Seelen vollstopfen* (Briefe, S. 223).

Schließlich wird deutlich, worum es ihm eigentlich geht: *Wenn nämlich das Volk der Angeln, wie in diesen Provinzen das Gerücht verbreitet ist und uns in Francien und in Italien zum Vorwurf gemacht wird (...), wie das Volk von Sodom ein schändliches Leben führt, so werden, wie sich abschätzen lässt, aus solcher Vermischung mit Huren entartete, ruhmlose und von Sinneslust rasende Menschen gezeugt werden und zuletzt das ganze Volk (...) weder bei den Menschen geehrt noch von Gott geliebt sein* (Briefe, S. 221). Und das durfte auf keinen Fall geschehen. Die Angelsachsen hatten momentan auf dem Festland einen schweren Stand. Bonifatius konnte auf keinen Fall zulassen, dass ihr Ruf noch mehr in Misskredit geriet. Hier ging es weniger darum, sich Einmischung in das Leben anderer Leute anzumaßen, er musste vielmehr sicherstellen, dass das Renommée seiner Landsleute auf dem Festland ohne Fehl und Tadel war – sein ohnehin angeschlagenes Ansehen war davon maßgeblich abhängig. Interessant dabei ist, dass es offensichtlich regen Austausch zwischen Südengland und dem Festland gab. Ganz *Francien und Italien* waren detailliert über den Sündenpfuhl am Hof von Mercia unterrichtet. Die frühmittelalterliche Welt war internationaler vernetzt, als wir heute glauben.

Der wahrscheinlich vom Donner gerührte Aethelbald bekam im Übrigen zu spüren, dass man die peinliche Angelegenheit durchaus nicht diskret behandelt hatte. Im Gegenteil – der Brief ging abschriftlich nicht nur an den Erzbischof Ekberht von York, sondern auch an den ehemaligen Abt Herefried von Lindisfarne, der einen guten Draht zum König hatte. Er sollte an den Hof reisen und ihm den

Inhalt nachdrücklich ans Herz legen. Da man schon dabei war, machte man gleich den ganzen Abwasch: *Außerdem hat man uns gemeldet, Du hättest viele Sonderrechte von Kirchen und Klöstern verletzt und daraus manches Stück Eigentum fortgeschafft. (...) Auch wird behauptet, dass Deine Vögte und Grafen Mönchen und Priestern gegenüber größere Gewalttätigkeit anwenden und Unterdrückung üben, als es die anderen christlichen Könige bisher getan haben.* Der Brief endet mit dem Wunsch: *Der allmächtige Gott bringe Dein Leben in einen besseren Stand, damit Du beim Herrn selbst ewigen Dank zu finden verdienst* (Briefe, S. 223). Das war wirklich sehr genierlich, zumal sich in Bonifatius' Fall einmal das Sprichwort „der Prophet gilt im eigenen Lande nichts" umgedreht hatte. Bonifatius galt im eigenen Lande sehr viel! Er genoss hohes Ansehen, war ein berühmter Mann mit erheblicher Strahlkraft, dem viele fromme Leute nachgezogen waren. Er stand in regem Briefkontakt mit der hohen Geistlichkeit seiner Heimat. Seine Schelte grollte wie Donnerhall und war wirklich sehr blamabel.

Auch andere Leute in England bekamen in diesem Jahr 746/747 ihr Fett weg. Man tuschelte in Franken nicht nur über das fidele Leben in Mercia, man erzählte sich auch Übles über die laschen Sitten der englischen Geistlichkeit. Sie würde zu großen Aufwand mit ihrer Kleidung treiben und ganz allgemein zu viel trinken. In einem langen Brief an Bischof Cuthbert von Canterbury, in dem Bonifatius zunächst seine eigenen Leistungen in Germanien herausstellt, ermahnt er ihn: *Die unnötige und gottverhasste Narrheit in der Kleidung trachte mit allem Nachdruck zu verhindern. Denn dieser Zierrat an den Kleidern (...), die übermäßig breiten Purpurstreifen an den Säumen, eilen der Ankunft des Antichrist voraus und sind von diesem überschickt. Dank seiner Schlauheit führt er durch seine Diener in die Zellen der Klöster die Unzucht ein und die Üppigkeit der jungen Leute in ihren reichgeschmückten Kleidern (...).* Wirklich erstaunlich, wie detailliert Bonifatius Bescheid wusste.

Es ist auch die Rede davon, dass in Euren Sprengeln das Laster der Trunkenheit allzu sehr zur Gewohnheit geworden sei, so dass manche Bischöfe, statt es zu verbieten, sich selbst durch allzu reiches Trinken berauschen und andere durch Darreichung größerer Trinkgefäße zwingen, sich zu berauschen (Briefe, S. 253/255). Es scheint hoch hergegangen zu sein in den kentischen Bischofshäusern! Gut möglich, dass der Entschluss, im Kloster Fulda keinen Alkohol zuzulassen, Bonifatius' Willen entsprach, auch in dieser Hinsicht aller Welt ein leuchtendes Beispiel zu sein.

Auch wenn er hier – was den Alkohol angeht – mahnend den Finger erhob, so missgönnte er es seinen Freunden durchaus nicht, einmal vom strengen monastischen Dasein auszuruhen. Der Schlusssatz eines Briefes an Erzbischof Ekberht von York lautet nämlich: *Außerdem haben wir durch den Überbringer dieses Briefes statt eines Kusses zwei Weinfässchen überschickt mit der Bitte, davon mit Euern Brüdern einen frohen Tag zu machen* (Briefe, S. 213).

Überall Mühsal, überall Leid

Der alte Mann fühlte sich von allen Seiten bedrängt und gehindert und saß schwermütig in seinem ungeliebten Bistum Mainz. Von seiner inneren Verfassung lesen wir in zahlreichen Briefen. Gegenüber den Lieben zu Hause offenbarte er seinen Kummer und sein Verzagen. In frappierender Unterschätzung seiner Lebensleistung klagt er im Jahr 747 anhand biblischer Vergleiche dem Freund Cuthbert in Canterbury sein Leid: *Das Umgraben und Herbeischaffen eines Korbes Dünger habe ich erledigt, aber nicht die Bewachung. Als ich darauf wartete, dass er Trauben trage, brachte er aber Herlinge; und wie ein anderer Prophet sagt: Die Leistung des Ölbaums enttäuscht und die Felder bringen keine Speise. Vielmehr scheint leider bei einer Vergleichung der Dinge die Arbeit, die ich leiste, am meisten Ähnlichkeit zu haben mit einem Hund, der bellt und sieht, wie Diebe und Räuber das Haus des Herrn aufbrechen und untergraben und verwüsten, aber weil er keine Helfer zur Verteidigung hat, nur knurrend wimmert und jammert* (Briefe, S. 245). Wirklich ein beklagenswertes Bild: Bonifatius als Hofhund, der hilflos winselnd an seiner Kette zerrt und zusehen muss, wie Räuber das Haus seines Herren ausräumen. Etwa um dieselbe Zeit schreibt er an Eadburg von Thanet: *Eurer Liebden Güte flehen wir mit innigsten Bitten an, für uns Fürbitte einzulegen beim Schöpfer aller Dinge. Damit auch der Anlass zu dieser Bitte nicht unbekannt bleibe, so wisset, dass, wie es unsere Sünden fordern, der Lauf unserer Pilgerschaft von mancherlei Stürmen gehemmt wird. Überall Mühsal, überall Leid. Außen Kämpfe, innen Ängste. Über allem das Schlimmste sind die Ränke falscher Brüder, die die Bosheit ungläubiger Heiden noch überbieten* (Briefe, S. 205). Auch Bischof Daniel in Winchester erhält einen solchen Klagebrief, in dem einmal mehr deutlich wird, wie sehr es Bonifatius belastete, immer wieder mit dem verhassten fränkischen Episkopat Umgang pflegen zu müssen. *Und statt zu bewässern, was wir pflanzen, damit es wachse, trachten sie danach, es auszureißen, damit es verwelke, indem sie den Leuten neue Irrlehren und Irrtümer verschiedenster Art anbieten und verbreiten. (...) Nun können wir, wenn wir Schutz und Hilfe in der Pfalz der Franken suchen, nicht, wie die kirchlichen Satzungen vorschreiben, uns des körperlichen Umganges mit solchen Leuten entschlagen und uns absondern; lediglich bei der Feier des Messopfers in den heiligen Geheimnissen von Leib und Blut Christi haben wir keine Gemeinschaft mit ihnen (...)* (Briefe, S. 189/191).

Er steckte in einem Gewissensdilemma. Erinnern wir uns: In dem Bischofseid, den er Ende November 722 abgelegt hatte, hatte er geschworen, mit solchen Menschen *keine Gemeinschaft oder Verkehr zu unterhalten, (...)* anderenfalls *will ich als schuldig erfunden werden im ewigen Gericht.* Das war aber ganz unmöglich. *Ohne den Schutz des Frankenfürsten kann ich weder das Volk der Kirche leiten, noch die Priester und Geistlichen, die Mönche und Gottesmägde beschirmen, noch ohne seinen Auftrag und die Furcht vor ihm heidnische Bräuche und die Greuel des Götzendienstes in Germanien verhindern. Wenn ich aber zu ihm komme mit einem Hilfsgesuch wegen dieser Sachen, kann ich mich unmöglich, wie es die Satzungen fordern, vom leiblichen Verkehr mit solchen Leuten fernhalten, höchstens von der Zustimmung für sie. Wegen dieses Verkehrs muss ich nun fürchten, schuldig zu werden, weil ich mich erinnere, dass ich zur Zeit meiner Weihe gemäß der Weisung des Papstes Gregorius auf den Leib des heiligen Petrus geschworen habe, den Umgang mit solchen Leuten zu meiden (...)* (Briefe, S. 191). Er empfand den Kontakt mit dem fränkischen Klerus als Sünde, die er gegenüber Papst Zacharias beichten musste: *In geistiger Hinsicht habe ich zwar den Eid gehalten, weil meine Seele nicht zum Einverständnis und zur Beratung mit ihnen gekommen ist, aber in leiblicher Hinsicht konnte ich mich nicht völlig von ihnen fernhalten, als ich, veranlasst durch die Notlage der Kirchen, zum Frankenfürsten kam, weil ich dort Leute traf, wie ich sie nicht wollte. Jedoch bei der heiligen Teilnahme am Leibe Christi habe ich keine Gemeinschaft mit ihnen gehabt* (Briefe, S. 289). Der päpstliche Legat hat also niemals gemeinsam mit einem Großteil der fränkischen Mitbrüder die Hl. Messe gefeiert! Man mag sich gar nicht vorstellen, wie das Zusammentreffen dieser Gegenpole bei Hofe oder auf einer Synode ausgesehen haben mag. Auf der einen Seite die adelsstolzen, reich gekleideten fränkischen Geistlichen in ihrem ureigensten Habitat. Auf der anderen Seite der regelgestrenge Benediktiner in seiner Kukulle, der alles, was sie repräsentierten, zutiefst verachtete und ernstlich befürchtete, allein durch die körperliche Nähe mit ihnen befleckt und schuldig zu werden. Die Luft zwischen beiden Parteien dürfte geknistert haben. Das waren wahrlich keine guten Voraussetzungen für erquickliches Zusammenarbeiten und die Hausmeier haben wahrscheinlich den

Zusammenkünften mit leisem Grauen entgegengesehen. Man kann sich leicht vorstellen, dass v.a. Pippin manchmal wünschte, der römische Legat wäre ein wenig umgänglicher.

Ein paar Zeilen weiter unten wird deutlich, dass das Älterwerden Bonifatius schwer zu schaffen machte. *Außerdem möchte ich die Güte eurer Väterlichkeit, wenn ich das wagen darf, inständigst nachdrücklich um einen Trost in meiner Pilgerschaft bitten, nämlich dass Ihr mir das Buch der Propheten überschickt, das mein alter Lehrer verehrungswürdigen Andenkens, Abt Winbert, als er aus diesem Leben zum Herrn einging, hinterlassen hat, in dem sich die sechs Propheten mit deutlichen, gesondert stehenden Buchstaben geschrieben finden. Und wenn Gott das zu tun Eurem Herzen nahelegt, so könnt Ihr mir keinen größeren Trost für mein Alter und keinen größeren Lohn für mein Verdienst übersenden, weil ich ein solches Buch der Propheten, wie ich es haben möchte, in diesem Lande nicht bekommen kann und mit meinen trüb werdenden Augen kleine aneinandergereihte Buchstaben nicht deutlich erkennen kann. Und deswegen bitte ich um das genannte Buch, weil es mit deutlich geschiedenen, gesonderten Buchstaben geschrieben ist* (Briefe, S. 193). Wir sehen ihn vor uns, wie er, traurig und resigniert, einen der schönen Codices seiner bemerkenswerten Büchersammlung zuklappt, weil er die fein ineinander verschachtelten Minuskeln nicht mehr auseinanderhalten kann. Der Verlust der Lesefähigkeit wird für den bekennenden Bücherliebhaber eine schwere Prüfung gewesen sein. Seinem Gedächtnis andererseits stellt dieser Brief ein exzellentes Zeugnis aus. Er erinnert sich tatsächlich noch eines ganz bestimmten in Unzialen geschriebenen Buches in der Bibliothek der Abtei Nursling, das er annähernd 35 Jahre früher zuletzt gesehen haben kann. Genau das wäre jetzt die Lösung seines Problems.

Der findige Daniel nahm übrigens die Sache mit dem Kontakt zu den bösen Bischöfen nicht allzu schwer und gab folgenden pfiffigen Rat, nämlich *dass zur rechten Zeit eine zweckmäßige Verstellung angewandt werden muss (...) und Joseph hatte seinen Spaß daran, als er mit seinen Brüdern sprach. Auch Israel bedeckte seine Glieder mit Ziegenfellen. Das tat er, um für den gehalten zu werden, der er nicht war* (Briefe, S. 201).

Man sollte denken, Bonifatius hätte Ruhe finden können in Mainz, dem ersten offiziellen Platz, der ihm wirklich zu eigen war. Mainz bedeutete ihm aber rein gar nichts, erinnerte ihn wahrscheinlich tagtäglich an die Schmach der Niederlage in Köln. Es scheint sogar, als wäre er lieber weiter heimatlos umhergezogen als hier zu verweilen. Gegenüber Bischof Cuthbert von Canterbury schüttete er sein Herz aus: *Furcht und Zittern ist über mich gekommen, die Finsternis meiner Sünden hat mich fast zugedeckt, und das einmal übernommene Steuer der Kirche gänzlich aus der Hand zu geben, wäre mir lieb und recht gewesen, wenn ich bloß das fertigbrächte und Beispiele der Väter oder entsprechende in der Heiligen Schrift fände* (Briefe, S. 251). Für das Zurücktreten vom Bischofsamt konnte er in der Heiligen Schrift keinen Beleg finden, sonst hätte er einen solchen als Präzedenzfall liebend gerne angeführt. (Er konnte ja nicht ahnen, dass am 28. Februar 2013 sogar ein Papst aus Altersgründen von seinem Amt zurücktreten würde.) Er jedenfalls hat seinem Papst diese Bitte vorgetragen und sie wurde ihm abgeschlagen. Zacharias schreibt im Mai 748: *Du hast aber die Bitte ausgesprochen, dass Du mit unserem Einverständnis bei Deinem hohen Alter, das über Dich gekommen ist, und bei der Fülle Deiner Tage und Deiner körperlichen Schwäche, wenn Du einen anderen finden kannst, diesen auf eben den Stuhl, den Du innehast, statt Deiner Person setzen darfst, während Du selbst, Geliebtester, wie seither der Beauftragte und Sendbote des apostolischen Stuhles bleibst.* Diese Bitte wurde ihm verwehrt: *Wir aber geben mit Gottes Beistand Deiner ehrwürdigen Heiligkeit den Rat, um des Seelenheiles derer willen, für die Du Rechenschaft schuldest, mit Christi Gunst den Stuhl der heiligen Mainzer Kirche, den Du einnimmst, auf keinen Fall zu verlassen, damit sich an Dir das Gebot des Herrn erfülle: Wer ausharrt bis ans Ende, der wird gerettet sein.* Er musste also im Amt und im ungeliebten Mainz bleiben. Immerhin machte der Papst ein Zugeständnis: *Andernfalls, wenn der Herr nach Deiner Bitte Dir einen vollkommenen Mann gibt, der bemüht und besorgt sein könnte um das Heil der Seelen, so magst Du ihn statt Deiner Person zum Bischof weihen und er mag in dem Dir anvertrauten Evangelium und im Dienste Christi mittragen, indem er bei jeder Gelegenheit die Sache der Kirche vertritt und sie stärkt* (Briefe, S. 269/271). Er durfte sich also als besonderes Zugeständnis einen Chorbischof weihen und ihn quasi als seinen Nachfolger heranziehen. Das hätte unter besseren Umständen Gregor sein sollen. Nachdem seine Familie diesem jedoch gründlich die Karriere vermasselt hatte, wählte Bonifatius sich seinen Schüler und Sekretär Lul.

Von ihm hatten wir zuletzt gehört, als Bonifatius ihn von seiner dritten Romreise mit sich zurückgebracht und zu Ausbildung ins Kloster Ohrdruf gegeben hatte. Wer war er? Möglicherweise gehörte auch er zum Verwandtenkreis des Bonifatius sowie des Bischofs Cyneheard von Winchester, war um 710 in Wessex geboren und im Kloster Malmesbury erzogen worden. In Malmesbury war auch er von der Sphäre der gelehrten Aldhelmnachfolge geprägt worden. Es ist in der Bonifatiusbriefsammlung ein Schreiben von ihm überliefert, das in seiner ondulierten Manieriertheit seinesgleichen sucht. 737/8 weilte er zusammen mit seiner Familie als Pilger am Petrusgrab in Rom, wo er Bonifatius kennenlernte und so fasziniert von ihm war, dass er sich ihm anschloss. Sein Spitzname *Lytel* sagt uns, dass er von kleinem Wuchs war. Irgendwann zwischen 739 und 741 bittet er seinen Meister Bonifatius, zum Studium noch etwas länger in Ohrdruf bleiben zu dürfen, *denn es war mir nicht möglich, mit solchem Eifer Sorgfalt auf das Lesen zu verwenden, wie ich wusste, dass ich es nötig hatte; denn zwei Gründe hinderten mich daran, die Augenschwäche und der Kopfschmerz, vor allem aber ein dritter Mangel in meinem Inneren, nämlich die Trägheit des Geistes. Darum möge mir*

Eure Väterlichkeit erlauben, noch etwas länger hier zu bleiben (...) (Briefe, S. 325). Bonifatius weihte ihn zunächst zum Diakon, später – Ende der 40er Jahre – zum Priester. Um das Jahr 748 dann zum Chorbischof in Mainz als seinen designierten Nachfolger. Lul tritt öfters als Briefbote in Erscheinung, z.B. nach Rom. Er war es beispielsweise, der das Fuldaer Exemtionsprivileg mit nach Hause brachte. Er hat für seinen Herrn die Korrespondenz besorgt und möglicherweise auch Bücher für ihn kopiert. Jedenfalls wissen wir, dass er um das Jahr 740 einen silbernen Schreibgriffel geschenkt bekam. Er war es, der nach Bonifatius' Tod dem Priester Willibald den Auftrag gab, seine Vita zu verfassen.

Bonifatius war ein alter Mann und ein Realist. Seinem eigenen Tod sah er kaltblütig ins Auge, wenn er aber an seine vielen angelsächsischen Freunde dachte, blutete ihm das Herz. Mit Lul hätte er vor Ort einen Angelsachsen etabliert, der sich um seine Landsleute kümmern würde. Das musste aber vom Herrscher genehmigt werden. Um sicherzugehen, dass dies geschehen würde, wandte sich Bonifatius an den engsten geistlichen Zirkel um Pippin. Bei Hof wirkte ein einflussreicher Priester namens Fulrad, aus hochadliger elsässischer Familie, der ihm wohlgesonnen war. An ihn richtete Bonifatius im Jahr 752 ein Schreiben, mit der Bitte, sich bei Pippin für ihn zu verwenden. Allein schon dieser Umweg zeigt uns, wie verunsichert Bonifatius war. Früher wäre er das Ziel direkt angegangen. Der Brief wirft ein interessantes Bild auf die Lebensumstände der Angelsachsen in Franken. Fulrad soll *in meinem Auftrag unseren ruhmreichen und geliebten König Pippin grüßen und ihm heißen Dank sagen für alle Werke der Liebe, die er mir getan hat, und ihm berichten, was mir und meinen Freunden wahrscheinlich zu sein scheint, dass ich nämlich mein zeitliches Leben und den Lauf meiner Tage wegen meiner Erkrankungen bald beschließen muss.* Pippin möge doch *jetzt, solange ich noch lebe,*

Im Jahr 748 – Bonifatius war mittlerweile in den Siebzigern – saß er im ungeliebten Mainz und fragte in Rom an, ob er sich zurückziehen dürfe. Wie gerne hätte er sich in Fulda zur Ruhe gesetzt. Das wurde ihm verboten, immerhin jedoch gestattete der Papst, als künftigen Nachfolger einen „vollkommenen Mann" zu wählen, der „bemüht und besorgt um das Seelenheil der Menschen" wäre. Die Wahl fiel auf den Angelsachsen Lul, gebürtig aus Wessex und wahrscheinlich auch dem weiteren Familienkreis des Bonifatius angehörend. Im Jahr 738 hatte er sich Bonifatius' Personal zugesellt, war in Ohrdruf ausgebildet worden und hatte bisher als persönlicher Adjutant Dienst getan. Er war Briefbote, Abschreiber und persönlicher Sekretär des großen Angelsachsen.

Als Bonifatius seinen Tod nahen sah, schrieb er einen Brief, in dem er die traurige Lage seiner angelsächsischen Mitarbeiter beschrieb. Er bat darum, dass Lul, den er als seinen Erben in Mainz und ganz allgemein als seinen Nachfolger und Oberhaupt der angelsächsischen Mission aufgebaut hatte, von Pippin bestätigt würde. Durch die Rückschläge der letzten Jahre verunsichert, richtete er diesen Brief nicht an den Hausmeier selbst, sondern an Fulrad von Saint Denis, einen der einflussreichsten Geistlichen des Frankenreiches. Dieser wurde um 710 im heutigen Elsass als Kind reicher Eltern geboren, lebte bei Hofe und war Pippins engster Berater. Er war Abt von Saint Denis und Vorsteher der Hofkapelle. Bonifatius hätte sich an keinen besseren Vermittler wenden können. Seiner Bitte wurde entsprochen und so war er wenigstens eine Sorge los. Wir sehen hier die Statue des Fulrad in der Abtei von Liêpvre im Elsass, die er im Jahr 774 gegründet hatte.

anzugeben und zu bestimmen geruhen betreffs meiner Schüler, wie er es später mit der Belohnung für sie zu halten gedenkt. Denn es handelt sich um fast lauter Landfremde. Einige sind als Priester an vielen Orten zum Dienst an der Kirche und den Leuten eingesetzt; andere sind Mönche in unseren Klöstern oder für Kinder bestellt, die lesen und schreiben lernen sollen; es gibt auch einige ältere Leute, die lange Zeit mit mir gelebt, gearbeitet und mir geholfen haben. Für sie alle bin ich bekümmert, damit sie nicht nach meinem Tode verlorengehen, sondern als Zeichen Eurer Belohnung den Rat und den Schutz Eurer Hoheit erfahren und nicht zerstreut sind wie die Schafe, die keinen Hirten haben und nicht die Völker unweit der Grenze gegen die Heiden hin das Gesetz Christi verlieren. Darum flehe ich inbrünstig zu der Gnade Eurer Hoheit in Christi Namen, Ihr möget meinen Sohn, den Chorbischof Lul, wenn es Gottes Wille ist und Eurer Gnade gefällt, für den Dienst an den Völkern und Kirchen bestimmen und einsetzen lassen als Prediger und Lehrer und Priester der Völker. Und ich hoffe, so Gott will, dass die Priester an ihm einen Meister, die Mönche einen Lehrer nach der Regel und die christlichen Völker einen getreuen Prediger und Hirten haben. Dass dies geschehen möge, darum bitte ich vor allem deswegen, weil meine Priester an der Heidengrenze ein armseliges Leben haben. Brot zum Essen können sie sich zwar verschaffen, aber Kleider können sie dort nicht bekommen, wenn sie nicht von anderer Seite Rat und Hilfe finden (Briefe, S. 315). In Thüringen und Hessen hatten seine Freunde also zum Leben zu wenig und zum Sterben zu viel.

Pippin, der bei allen Vorbehalten dem alten Bonifatius sicher keine vernünftige Bitte abschlagen wollte, segnete das ab. Lul wurde als Chorbischof von Mainz bestätigt und konnte somit nach Bonifatius Schutzherr für die Angelsachsen werden. Bonifatius bedankt sich artig: *Der Gnade Eurer Hoheit sagen wir innigen Dank, indem wir den Herrn Jesus Christus bitten, er möge Euch im Himmelreich unvergänglichen Lohn geben, weil Ihr geruht habt, unsere Bitten in Gnaden zu erhören und mich in meinem Alter und meiner Krankheit zu trösten* (Briefe, S. 337).

Bonifatius hatte mit Fulrad als Fürsprecher eine gute Wahl getroffen. Nicht alle fränkischen Geistlichen waren nämlich wie Milo. Im Gegenteil. Diese Leute mitsamt ihrer Lebensweise wurden mit Bonifatius alt und traten nach und nach ab. Bonifatius' Saat jedoch trieb mittlerweile Frucht. Er merkte es bloß nicht. Seine Einschätzung, dass *die Leistung seines Ölbaums enttäuschte, dass seine Felder keine Speise und seine Weinstöcke nur Herlinge brächten,* war durchaus falsch. Mittlerweile hatten er und seine zahlreichen Mitarbeiter über 35 Jahre auf dem Festland gewirkt und Heerscharen von Schülern ausgebildet, die ihrerseits bereits ihr Wissen weitergaben. Da wuchs eine ganz neue Generation heran, die Pippin und Karlmann auch gerne einsetzte. Leider immer öfter, ohne vorher den römischen Legaten zu Rate zu ziehen. Das war nicht gerade rücksichtsvoll, aber sicher zweckmäßig angesichts Bonifatius' allseits bekannter Sturheit. Die Hausmeier hatten z.B. viele Fragen an den Papst, wie das kirchliche Leben in ihrem Reich nach römischen Gesichtspunkten korrekt einzurichten sei. Einen umfangreichen Fragenkatalog sandten sie nicht durch Bonifatius' Personal, sondern durch den Boten Ardoban, einen Hofgeistlichen, nach Rom und erhielten detailreiche Antwort. Auch von Zacharias war es nicht nett, seinen Legaten komplett zu ignorieren. Hätte er doch der Mediator zwischen dem Papst und den Herrschern sein sollen. Aber ach! Das hatte sich inzwischen erledigt. Er hatte die Verbindung zwischen Franken und Rom so fest geknüpft, dass es mittlerweile ohne ihn ging.

Die fränkischen Adelsbischöfe hatten es versäumt, sich um die Ausbildung des Nachwuchses zu kümmern. In diese Bresche war Bonifatius gesprungen. Bei den heranwachsenden Geistlichen waren seine Ideen längst auf fruchtbaren Boden gefallen. Als Franken waren sie vertraut mit fränkischen Angelegenheiten und viel besser als der Angelsachse in der Lage, die Mentalität ihrer Freunde und Nachbarn sowie den politischen Standpunkt der Hausmeier einzuschätzen. Die Saat der Synoden ging auf. Frei werdende Bischofssitze wurden nach und nach an dieses Personal gegeben. Die Leitung und Reform der fränkischen Kirche ging langsam aber sicher in diese Hände über – ein klares Indiz dafür, dass Bonifatius' Lebenswerk erfolgreich war. Dazu gehörte leider, dass er, der alte Mann, zunehmend in den Hintergrund gedrängt wurde. Das tat weh, lag aber in der Natur der Dinge. Zwar gehörte diesen Leuten die Zukunft, seine Impulse waren es aber, die da Eigendynamik gewonnen hatten. Er hatte dem Schiff den Kurs eingegeben, registrierte nun gar nicht, dass es, mit seinen Steuerleuten am Ruder, längst Fahrt aufgenommen hatte. Welche Lebenstragik, dass er selbst seine bedeutsame Leistung nicht erkannte!

Nachdem sie zunächst noch gemeinsam ihren Bruder Grifo abserviert hatten, gerieten im Übrigen auch die Brüder Karlmann und Pippin untereinander in Zwistigkeiten. Der so fromme wie ungestüme Karlmann und der gewiefte Machtmensch Pippin standen sich wie zwei Gegenpole gegenüber. Karlmann wurde von Pippins Ambitionen zur Seite gedrängt und Bonifatius mit ihm.

Seine Nähe zum austrischen Hausmeier Karlmann hatte ihm stets Sicherheit gegeben. Der leidenschaftliche, fromme Mann hatte ihn unterstützt, ihm Fulda geschenkt und bereitwillig Kirchen und Klöster ausgestattet. Im Jahr 747 jedoch trieb er es mit seiner Gottesfürchtigkeit weiter, als es für Bonifatius gut war. Er traf eine spektakuläre Entscheidung: Mitte August 747 unterfertigte er seine letzte Regierungsakte, pilgerte über St. Gallen nach Rom, ließ sich die Tonsur scheren, nahm die Kutte und zog sich auf das Hausgut seiner Familie auf dem Monte Soracte bei Rom zurück. Dort gründete er ein Kloster, um hier fürderhin das heiligmäßige Leben eines Mönches zu führen. Wir wissen von frommen Königen aus Bonifatius' Heimat, die ihr Reich hinter sich gelassen und ihr Leben als Mönche am Petrusgrab in Rom beendet haben – es gab also durchaus solch radikale Lebensentscheidungen. Wie freiwillig Karlmanns Entschluss war, werden wir niemals wissen. Es gibt die Vermutung, dass schlechtes Gewissen ihn plagte, weil er 746 nach einem Aufstand in Alamannien praktisch die ganze dortige Führungsschicht hatte hinrichten lassen. Das Ereignis ging als das „Blutgericht von Cannstadt“ in die Geschichte ein. Oder war sein Bruder Pippin bei der Entscheidung behilflich? Generationen von Historikern haben sich über diese Frage die Köpfe zerbrochen. Die fränkischen Chroniken wissen nur von eitel Freude und Sonnenschein zwischen den Brüdern. Einhard schreibt etwas nebulös: *Doch entsagte Karlmann schließlich aus unbekannten Gründen, vielleicht aus Sehnsucht nach einem beschaulicheren Leben, den schweren Sorgen der Staatslenkung und zog sich nach Rom zurück. Hier legte er sein weltliches Gewand ab, wurde Mönch und baute am Berg Oreste (...) ein Kloster* (Einhard, S. 11).

Allein eine einzige Quelle lässt uns aufhorchen: Der Mönch Benedikt von Sant' Andrea auf dem Monte Soracte schreibt in seiner im 10. Jahrhundert entstandenen Klosterchronik: *Orta est intentio inter Pippinus et Carlomagno.* Aha! Ein Zerwürfnis also. Worüber wohl? Wir können uns mittlerweile recht gut vorstellen, um was es ging. Karlmann, acht Jahre älter als Pippin, hätte die angestrebte Königsstellung zugestanden. Aber er hatte in den letzten Jahren unklug agiert, war harsch und rücksichtslos im Umgang mit den anderen Magnaten gewesen. Auf dem *concilium Germanicum* im Jahr 743 hatte er mit seinen radikalen Beschlüssen viele Leute vor den Kopf gestoßen. Wir erinnern uns, dass nur

Bonifatius und sein engerer Kreis anwesend waren. Viele Bischöfe waren aus Protest ferngeblieben. Hinter jedem stand ein Familienclan. Das war eine starke Oppositionsgruppe! Wenn wir von dieser Versammlung im speziellen auf sein politisches Vorgehen im allgemeinen hochrechnen, dann ist es gut möglich, dass er inzwischen als zukünftiger Herrscher unmöglich geworden war. Die Quelle aus dem 10. Jahrhundert nennt ein weiteres interessantes Detail: *cum plurimis suis optimatibus* sei Karlmann nach Rom gezogen, *mit zahlreichen seiner Vornehmen.* Es hatte sich also eine Anhängerschaft aus dem Adelskreis um Karlmann gebildet, die nun gemeinsam mit ihm den Platz räumte.

Pippin stattete seinen Bruder jedenfalls für diese Reise mit reichlich Geschenken aus und ließ ihn mit Freuden ziehen. Zu dieser Zeit hatte er selbst noch keine Nachkommen – Karl, der später zu Karl dem Großen reifen würde – sollte erst im Jahr 748 zur Welt kommen. Karlmann jedoch hatte bereits Kinder, allen voran den erstgeborenen Drogo, den er seinem Bruder anvertraute. Seine Abdankung galt nur für ihn persönlich und ganz ausdrücklich nicht für seinen Sohn, der somit ernst zu nehmender Kandidat als Hausmeier in der Nachfolge seines Vaters war. Dachte der angehende Mönch tatsächlich, dass Pippin dem Jungen zu seinem Recht verhelfen würde? Wir können es kaum glauben ...

Auch Bonifatius ging davon aus, dass Drogo in Austrien den Platz seines Vaters einnehmen würde. Das beweist der Briefwechsel zweier seiner Schüler aus dem Jahr 747/748: *Berichte uns etwas von unserem Bischof, ob er zur Synode des Herzogs der westlichen Provinzen abgereist ist oder zu Karlmanns Sohn* (Briefe, S. 257). An dieser Stelle griff allerdings der Machtpolitiker Pippin ein. Ihm wurde die Chance zur Alleinherrschaft auf dem Silberteller präsentiert und er griff zu. Seinen Neffen wischte er kurzerhand beiseite, ließ ihm ebenfalls die Tonsur scheren und steckte ihn in ein Kloster. Man nimmt heute an, das es noch weitere Nachkommen gab, die früher oder später dasselbe Schicksal erlitten. Eigentlich war das ein erster kleiner Staatsstreich, der in Franken die Lage vereinfachte. Es gab nur noch einen Anwärter auf den Thron der schwächlichen Merowingerkönige, deren Zeit sich rasant ihrem Ende näherte. Mit dem Konkurrenten Karlmann hatte gleichzeitig eine ganze Gruppe Widersacher Franken verlassen. Das war für Pippin eigentlich alles viel zu schön, um wahr zu sein und günstig für die neue Dynastiebildung, förderte es doch ganz generell im Reich den Gedanken an einen Wechsel.

Wie ging es mit Karlmann weiter? Auf ihren Italienreisen hatten die Mitglieder der karolingischen Familie stets Unterkunft auf dem Monte Soracte genommen, der in günstiger Nähe etwas nördlich von Rom liegt. Einhard schreibt: *Einige Jahre genoss er zusammen mit anderen Brüdern, die mit ihm gekommen waren, die erwünschte Abgeschiedenheit. Da aber viele vornehme Franken Wallfahrten nach Rom machten, um ihre Gelübde zu erfüllen und darauf bestanden, dem ehemaligen Gebieter ihre Aufwartung zu machen, störten sie seine ersehnte Ruhe und*

Im Jahr 747 folgte nach mancherlei Enttäuschung der nächste schwere Schlag: Der Hausmeier Karlmann, stets tatkräftiger Unterstützer des bonifatianischen Reformeifers, wurde Mönch und ging ins Kloster. Wie freiwillig dieser Entschluss war und in wieweit sein Bruder Pippin ihn dazu drängte, darüber rätseln die Historiker. Der „Monte Soracte", heute Monte Soratte, ist ein alleinstehender Berg etwa 50 km nördlich von Rom im Latium. Er war im Besitz der Pippiniden und sie hatten ihn bisher immer als Stützpunkt und Unterkunft genutzt, wenn sie Kontakt zu Rom und den Päpsten suchten. Hierhin zog Karlmann sich also zurück – „aus Sehnsucht nach einem beschaulicheren Leben", wie Einhard schreibt? Wir dürfen das bezweifeln. Viel wahrscheinlicher ist, dass Karlmanns radikales Vorgehen und sein harscher Umgang mit den fränkischen Magnaten das ganze pippinidische Königsprojekt in Gefahr brachte. Er musste ausgeschaltet werden.

er sah sich deshalb gezwungen, den Wohnsitz zu wechseln. Um den zahlreichen Besuchern zu entgehen, verließ er den Berg und begab sich in die Provinz Samnium in das Kloster des heiligen Benedikt am Monte Cassino. Dort verbrachte er den Rest seines Lebens bei frommen Übungen (Einhard, S. 11). Das war im Jahr 750.

Nun, das ist eine sehr elastische Darstellung der Tatsachen. Es hatte sich vielmehr auf dem Monte Soracte ein fränkisches Widerstandsnest um Karlmann etabliert. Aus dem Jahr 747 wissen wir, dass urplötzlich König Ratchis der Langobarden mitsamt seiner Königin Tassila von der unstillbaren Sehnsucht nach Zurückgezogenheit im Gebet befallen wurde. Die suchte er zufälligerweise ausgerechnet auf dem Monte Soracte. Na so was! Haben die dort tatsächlich gemeinsam gebetet? Nein – Politik werden sie getrieben haben und zwar so offen, dass der Pontifex im nahen Rom langsam peinlich berührt wurde. Karlmann kam durchaus nicht von selbst auf die Idee, den Ort zu verlassen. Im Jahr 749 forderte Papst Zacharias ihn vielmehr auf zu gehen, weil diese aktive Exiliertengruppe direkt vor

Karlmann gründete auf dem Monte Soratte, den wir hier in einer Ansicht sehen, die der Heidelberger Landschaftsmaler Ernst Fries (1801-1833) geschaffen hat, im Jahr 748 das Kloster San Silvestro. Statt sich frommen Übungen zu widmen, etablierte er hier ein fränkisches Widerstandsnest. Dem Papst war dieses Treiben direkt vor seiner Haustür peinlich und so sorgte er dafür, dass Karlmann den Ort verlassen und nach Monte Cassino wechseln musste. Auch hier hielt es Karlmann nicht lange, die politischen Umstände zogen ihn noch einmal zurück nach Franken. Er wurde aber von seinem Bruder im Kloster Vienne festgesetzt, wo er schließlich im August 754 starb. Auf dem Monte Soratte gibt es noch das Kloster Sant'Andrea, in dem der Mönch Benedikt im 10. Jahrhundert den einzigen Hinweis auf den Bruderzwist niederschrieb.

seiner Haustüre mittlerweile ziemlich kompromittierend für ihn geworden war. Zacharias wollte es sich keinesfalls mit Pippin verderben!!

Das Ganze war ein schwerer Schlag für Bonifatius. Karlmann war ihm als wohlmeinender austrischer Hausmeier stets so nützlich gewesen! Nun war er buchstäblich von allen guten Geistern verlassen. Pippin würde nun noch weniger Rücksicht auf ihn nehmen. Er wurde immer kleinlauter. Das zeigt sich besonders bei der Planung der Synode von 747, der letzten, an der er teilnehmen sollte. Wie komplett man ihn mittlerweile ausgeschaltet hatte, zeigt der Brief des Zacharias vom Januar 747: *Unter diesen Voraussetzungen sollst Du, Teuerster, erfahren, dass der erlauchteste Hausmeier des Frankenvolkes Pippin durch seinen Mann, den frommen Priester Ardobanius, uns gebeten hat um einige Bestimmungen (...).* Hierbei handelte es sich um den oben erwähnten Fragenkatalog. Am korrekten Dienstweg vorbei hatte man Bonifatius hier glatt übergangen. Dem Papst war offenbar selbst nicht ganz wohl bei der Sache, jedenfalls versprach er, damit sein Legat nicht ganz außerhalb des Geschehens stehe, ihm *die apostolischen Bestimmungen in einer kurzen Zusammenfassung (zu senden).* Da die im Großen und Ganzen den Beschlüssen der vorangegangenen Synoden entsprachen, gab es keine Überraschungen. Doch dann muss man staunen. Im Zusammenhang mit der Planung der 747er Synode schreibt Zacharias: *(...) haben wir den Auftrag gegeben, auch Deine heilige Brüderlichkeit dazu einzuladen* (Briefe, S. 237). Wie bitte? Der höchstrangige Geistliche in Gallien und Germanien wird auf Ersuchen des Papstes zur Synode eingeladen? Hier wurde das Procedere wirklich auf den Kopf gestellt. Er hätte sie einberufen müssen! Es war wirklich nicht zu verstehen: Bonifatius hatte wahrlich oft genug darum gebeten, abgelöst zu werden. Jedes Mal hatte man ihm die Bitte verwehrt. Gehorsam harrte er aus, nur um nun von allen Seiten übergangen zu werden. Mit Burgheard von Würzburg war Bonfatius übrigens auf der Versammlung der einzige Angelsachse. Die Franken hatten das Ruder übernommen und wirkten in einem Tempo, das mit Pippins Plänen kompatibel war.

Staatsstreich

Im Januar 748 starb in Bayern Herzog Odilo. Über seine Mutter Swanahild, zweite Ehefrau Karl Martells, war Grifo dort erbfolgeberechtigt. Wir erinnern uns: Vor Jahren hatten ihn seine Halbbrüder Karlmann und Pippin in Klosterhaft gesteckt. Es gelang ihm jedoch die Flucht und er übernahm nun die Herrschaft in Bayern. Nachdem Pippin zuerst Karlmann und dann dessen Sohn Drogo elegant losgeworden war, fackelte er nun nicht lange. Er rüstete einen Feldzug nach Bayern, um auch mit dem letzten aufmüpfigen Familienmitglied aufzuräumen. Der Feldzug gelang, als fränkischer Vasall auf dem Herzogsthron Bayerns wurde Tassilo eingesetzt. Grifo wurde mit ein paar Grafschaften in Franken abgespeist. Um das Jahr 750-751 versuchte er ein letztes Mal, seine Rolle als drittes Rad am Wagen abzuschütteln und rüstete sich, um nach Aquitanien zu fliehen. Der Papst und der Kreis um Karlmann versuchten sich vergebens als Vermittler. Daran kann man gut erkennen, dass in den Augen der fränkischen Großen Grifo als durchaus gleichrangig mit seinen Brüdern galt. Bei St. Jean de Maurienne am Fluss Arc im schweizerischen Jura wurde er von zwei fränkischen Grenzgrafen gestellt und dort endete denn sein Leben gewaltsam. Seine zwei Angreifer nahm er mit in den Tod. Somit hatte Pippin sämtliche innerfamiliären Konkurrenten ausgeschaltet und stand allein an der Spitze der Karolinger. Es war jetzt an der Zeit, in der Dynastiefrage auf den Punkt zu kommen. Alles drängte darauf hin, den Hausmeier zum König zu wandeln.

Zu dieser Zeit gab es auf dem westlichen Festland drei wesentliche Machtfaktoren: die Franken, den Papst und dazwischen die Langobarden. Die Langobarden bedrängten die Gebiete des Papstes, Franken kam als einziger Beistand in Frage, nachdem Byzanz keine Sicherheit mehr garantieren konnte. Der apostolische Stuhl behauptete zwischen diesen weltlichen Machtpolen die Stellung der höchsten geistigen Instanz. Pippin saß inzwischen so fest im Sattel, dass seine Machtübernahme politisch kein Problem mehr war. Immer noch fehlte aber jene sakrale Weihe, das heilige königliche Blut, das seine Familie über die anderen Clans heraushob und einzigartig machte. Würde war eine andere Wertigkeit als Macht. In der geheiligten Person des Königs mit dem ihr innewohnenden Heil lagen die Sieghaftigkeit des Volkes, die Fruchtbarkeit der Felder, das allgemeine Wohlergehen des Reiches gebettet. Das konnte man nicht einfach auf eine andere Person übertragen. So armselig Childerichs Rolle auch war, so war er dennoch Abkömmling des sagenhaften Merowech, ein Teil dieses halbgöttlichen Wesens schlummerte ihn ihm. Dagegen konnte Pippin nichts aufbieten. Wer waren denn schon seine Leitahnen? Arnulf, Bischof von Metz und Pippin der Ältere. Schön und gut, aber es gab im Reich genug Gleich- oder Höherrangige. Da halfen auch keine militärischen Siege. Beides – Würde und Macht – mussten nun in einer Person zusammengebracht werden und Pippin gedachte, diese Person zu werden. Allein der Papst konnte ihm vermittels seiner gottgegebenen Kraft eine solche Segnung vermitteln. Darauf lief es also hinaus: Schutz gegen Weihe. In mehr als dreißigjähriger Arbeit hatte Bonifatius das Band zwischen dem apostolischen Stuhl und den Franken neu geknüpft und so die Grundlage geschaffen für das, was nun die logische Folge war.

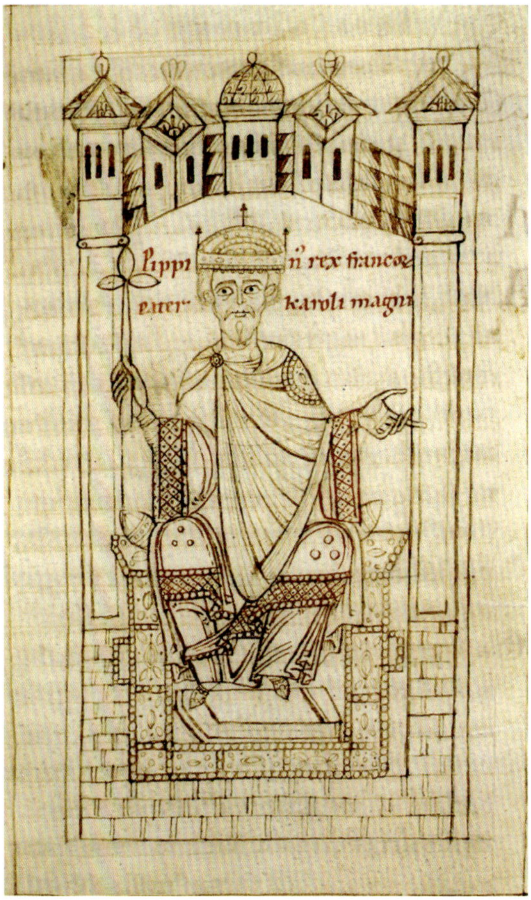

Im Jahr 751 schickte Pippin der Jüngere, der auch den Beinamen „der Kurze“ trägt, Burgheard von Würzburg und Fulrad von Saint Denis nach Rom zu Papst Zacharias, um ihm folgende Frage zu übermitteln: Wer soll König im Reich sein? Der die Macht hat oder der das rechte Blut hat? Zacharias gab die folgenschwere Antwort, es sei „besser, den als König zu bezeichnen, der die Macht habe, statt den, der ohne königliche Macht“ sei. Es ging dann alles sehr schnell. Noch im selben Jahr wurde Pippin auf der Reichsversammlung von Soissons zum König gewählt. Er starb am 24. September 768 in Saint Denis. „Pippin rex francae pater karoli magni“ lesen wir auf dieser Miniatur aus der sogenannten Anonymen Kaiserchronik, die im Corpus Christi College in Cambridge aufbewahrt wird.

Pippin formulierte einen Brief an Zacharias mit folgender zentraler Frage: Wer soll König sein im Reich? Der die Krone trägt oder der die Macht hat? Bonifatius, der päpstliche Legat, wurde weder um Rat noch um Vermittlung gebeten. Dass er in seinem Alter diesen Brief nicht mehr persönlich nach Rom bringen noch dort verhandeln würde, war klar, aber Lul als sein Stellvertreter hätte das durchaus tun können. Nein – ausgewählt für diesen diplomatischen Auftrag wurden Burgheard von Würzburg und Hofkaplan Fulrad, von dem wir früher schon gehört haben. Die Antwort des Papstes war klar und deutlich – die fränkischen Reichsannalen geben ihn wieder: *Und Papst Zacharias gab Pippin Bescheid, es sei besser, den als König zu bezeichnen, der die Macht habe, statt den, der ohne königliche Macht blieb.* Damit die heilige Ordnung der Welt nicht gestört werde, solle also der König sein, der auch über die Macht verfüge. Alles andere würde eine unnatürliche Spannung im Weltgefüge erzeugen. So wie viele Vasallen durch Treueid an ihn gebunden waren, so war Pippin eidlich an den König gebunden. Wollte der Papst ihn durch seinen Spruch von dieser Verpflichtung lösen? Mit seiner Antwort jedenfalls glich er die dynastischen Realitäten und die Zwänge des Faktischen einander an und machte damit tatsächlich seinem Namen „Pontifex" alle Ehre, wurde er doch tatsächlich zum Brückenbauer zwischen dem Namen und der Sache. Fulrad fiel nach dieser erfolgreichen Gesandtschaft übrigens die Karriereleiter hinauf und wurde Abt von Saint Denis, dem Hauskloster und Grablege der alten und der neuen Könige. Bonifatius spielte keine Rolle bei diesen Vorbereitungen.

Nun hatte Pippin die erwünschte Antwort vom Kirchenoberhaupt: Gott war einverstanden mit der Dynastiegründung durch die Pippiniden. Dann ging alles ganz schnell. Auf der Reichsversammlung von Soissons im Jahr 751 wurde er zunächst formell per Volkswahl zum König

Zu Anfang ihrer Zeit als Hausmeier nach dem Tod Karl Martells hatten die Brüder Karlmann und Pippin den bass erstaunten Childerich III. noch einmal aus seiner Klosterhaft hervorgeholt und ihn als Scheinkönig eingesetzt. Hinter dieser Fassade gedachten sie, ihre Zukunftspläne voranzutreiben. Im Jahr 751 war es dann soweit – Pippin hatte sein Ziel erreicht und wurde auf der Reichsversammlung per Volkswahl zum König gewählt. Damit hatte seine Marionette Childerich ausgedient. Auf der Miniatur der französischen Chronik, die in der Pariser Bibliothèque Sainte-Geneviève aufbewahrt wird, sehen wir unten Childerich noch in seiner ganzen Haarpracht, in der der Legende nach seine Königsmacht saß. Gleich wird sie ihm aber abgenommen werden, schon wird ihm der Bart geschoren. Oben sehen wir, wie Papst Stephan II. Pippin die Krone aufsetzt.

gewählt. Der letzte Merowingerkönig Childerich, Pippins Marionette, hatte ausgedient und es wurden ihm öffentlich – solche Gesten waren wichtig! – die langen Haare geschoren, in denen der Überlieferung gemäß seine Herrscherkraft saß. In seinem bis auf die Schultern herabwallenden Haar saß sein magisches Heil. Viele zeitgenössische Quellen bezeugen, dass es das typische Attribut der Königswürde war. Ohne sein langes Haar war der König jedem anderen gleichgestellt. Wahrscheinlich schnitt man ihm eine Tonsur. Samt seiner Sippe wurde er ins Kloster Prüm in der Eifel gesteckt. Diesmal endgültig. Die fränkischen Reichsklöster – auch Fulda – dienten den Herrschern häufig als Staatsgefängnisse.

Nun war auch eine kirchliche Weihe nötig, deren Ritus allen im Reich augenfällig dartat, dass die neue Ordnung Gottes Zustimmung hatte. Dafür musste erst eine Liturgie erfunden werden, da dieser Akt ja ganz einzigartig und noch nie dagewesen war. Als Vorbild kam die alttestamentarische Salbung Davids aus 2. Samuel 2.4 in Frage: *Und die Männer Judas kamen und salbten dort David zum König über das Haus Juda.* Die Parallelität der Fälle drängt sich in der Tat auf, löste doch auch der schöne Hirtenjunge David seinen Vorgänger Saul auf undynastische Weise ab. Er war wirklich ein treffliches alttestamentarisches Vorbild.

Diese Salbung wurde Pippin durch die fränkischen Bischöfe gespendet. Bonifatius war nicht anwesend. Befremdlich! Bei einer Weihehandlung dieser Größenordnung hätte er Leiter der Zeremonie sein müssen! Ohne sein Wirken wäre sie überhaupt nicht zustande gekommen. Wir wissen nicht, wo er sich in dieser Zeit aufhielt. In Mainz, Fulda oder unterwegs irgendwo in seinem Missionsgebiet? Jedenfalls weitab vom Hauptgeschehen.

Der seltsame Widerspruch zwischen Bonifatius´ Rang und seiner Abwesenheit in Soissons im November 751 spiegelt sich in der komplizierten Quellenlage. Die offizielle fränkische Geschichtsschreibung, die *Annales regni francorum,* sagen nämlich: *Pippinus secundum morem Francorum electus est ad regem per manus sanctae memoriae Bonifacii archiepiscopi (...).* Also: *Pippin wurde nach Art der Franken zum König gewählt und durch die Hand des Erzbischofs Bonifatius seligen Angedenkens gesalbt.* Wieso behauptet die heutige Forschung das Gegenteil? Die *Annales regni francorum* oder Fränkische Reichsannalen wurden etwa ab 790 am Hof Karls des Großen verfasst. Sie umgreifen rückblickend aber schon den Zeitraum ab etwa 740. Karl wollte naturgemäß, dass sie mit dem Dynastiewechsel und der Königserhebung seines Vaters begönnen. Natürlich dienten sie dazu, die Umstände von Pippins Machtergreifung zu schönen. Grifos Ansprüche z.B. wurden hier gänzlich unter den Tisch gekehrt und Pippin als der quasi naturgemäße Dynastiegründer dargestellt. Zur Zeit der Abfassung, im Jahr 790, genoss Bonifatius als Märtyrer bereits höchstes Prestige, zu seinem Grab in Fulda wanderten Heerscharen von Pilgern. Mittlerweile schmückte man sich wieder mit ihm. Die Annalen beschreiben also die Königsweihe vom November 751 so, wie sie korrekt hätte ablaufen sollen: Der ranghöchste Geistliche weiht und salbt als Stellvertreter des Papstes in dessen Auftrag den neuen König. Seine hohe Stellung vervollständigt die Szene und verleiht ihr zusätzliche Würde und Legitimation. Viele andere Geschichtswerke der Zeit wurden aus den Fränkischen Reichsannalen abgeschrieben, z.B. die Annales Fuldenses, die Chronik Einhards oder die Lorscher Frankenchronik. So ging man also lange davon aus, dass alles lege artis gelaufen sei und Bonifatius Pippin geweiht habe.

Höchstwahrscheinlich nicht. Zu viel spricht dagegen. Zunächst einmal die Chronik, die die tatsächlichen Zeitgenossen aufgeschrieben haben – die *continuationes Fredegarii.* Was ist das? Das ist die Fortschreibung der sog. Fredegarchronik, eine frühmittelalterliche fränkische Geschichtsquelle, die im Jahr 642 endet. Fränkische Adlige aus der engsten Hofumgebung, zunächst Pippins Onkel Childebrand, haben sie weitergeführt, so dass sie heute als die Chronik der frühen Karolinger gilt. Über die Weihe Pippins heißt es dort nur *cum consecratione episcoporum,* also *mit der Weihe der Bischöfe.* Bonifatius wird überhaupt nicht erwähnt. Erwähnt wird allerdings auch nicht sein allgemeines Wirken, noch nicht einmal sein spektakulärer Tod. Da die Autoren dieser Annalen sich aus der hofnahen Geistlichkeit rekrutierten, die Bonifatius kritisch gegenüberstanden, könnte man nun vermuten, dass seine Anwesenheit absichtlich verschwiegen wurde. Aber selbst Willibald schreibt in der Vita nichts von Bonifatius' Teilhabe an der Zeremonie: *Als aber Pippin, der glückliche Nachfolger seines genannten Bruders, durch des Herrn Gnade die Herrschaft im Frankenreich übernahm und nach kurzer Zeit, als der Aufruhr der Völker sich etwas gelegt, zum König erhoben war (...)* (Willibald, S. 509). Wirklich kurz und bündig. Das wichtigste Indiz seiner Abwesenheit ist jedoch Bonifatius' Briefwechsel. Was haben wir darin aus seiner eigenen Feder nicht alles über sein Leben und Wirken gelesen! Ausgerechnet diesen herausragenden Tag sollte er mit keinem Wort erwähnt haben? Nichts über vorbereitende Verhandlungen mit Hof und Kurie? Kein Bericht an den Papst über den Vollzug des Ritus? Keine Schilderung an die Freunde in England? Sollte zufällig dieses bedeutende Detail des Briefwechsels fehlen? Unwahrscheinlich – gerade die Jahre 751-752 sind recht dicht bestückt. Nein, wir können davon ausgehen, dass er nicht anwesend war.

Da stellt sich nun die Frage, ob er nicht eingeladen war oder ob er absichtlich fernblieb. Das wissen wir natürlich nicht, aber wir haben unsere Vermutungen. Gerade um die Zeit der Machtübernahme durch Pippin scheint sich Bonifatius vermehrt Gedanken über sein Verhältnis zum fränkischen Episkopat gemacht zu haben und formulierte das auch vielfach in seiner Korrespondenz. Er sah seinen einstmals abgelegten Eid gefährdet, keinen Umgang mit den Bischöfen zu pflegen, diesen *falschen Geistlichen, Heuchlern und Volksverführern* (Briefe, S. 289). Wenn er sich ihnen schon nicht gänzlich fernhalten konnte, so würde er sich doch mindestens nie so weit erniedrigen, in ihrer Gesellschaft das heilige Messopfer zu feiern. Und genau das war wahrscheinlich der Punkt, der ihn umtrieb.

Die Königssalbung war sicherlich in eine Messfeier eingebettet. Bonifatius hätte also - wenn auch als primus inter pares - mit Milo und seinesgleichen diese Messe feiern müssen. Genau das hatte er in den letzten 30 Jahren peinlichst zu vermeiden gewusst. An jenem Tag im Herbst des Jahres 751 hätte er also seinen Eid brechen müssen. Nach seiner Vorstellung wäre er dafür der ewigen Verdammnis anheimgefallen!

Im Übrigen ging ihm wahrscheinlich diese ganze neumodische Salberei gegen den Strich. Nichts, aber auch gar nichts stand hierüber in den kanonischen Schriften, der Papst in Rom hatte bisher nie solche Salbungen durchgeführt, in seiner Heimat England gab es sowas schon gar nicht. Wie die Inauguration der Merowingerkönige aussah, wissen wir leider nicht. Jedenfalls war das alles von vorn bis hinten unkatholisch und daher abzulehnen. Dafür stellte der höchstrangige Geistliche Frankens sich nicht zur Verfügung.

Im März 752 starb Papst Zacharias und es folgte Stephan II. auf den Stuhl Petri. Bonifatius schickte, einige Monate verspätet, ein Begrüßungsschreiben: *An die Milde Eurer Heiligkeit richte ich nachdrücklich die inständigste und herzlichste Bitte, dass ich das enge Verhältnis und die Einheit mit dem apostolischen Stuhl von der Gnade Eurer Huld zu erlangen und zu behalten gewürdigt werde (...), in derselben Weise, wie ich bisher unter Euren drei Vorgängern dem apostolischen Stuhl gedient habe, nämlich unter den beiden Gregorius und unter Zacharias ehrwürdigen Angedenkens, die mich immer durch ihre Aufmunterung und durch ihre brieflichen Entscheidungen gesichert und ermuntert haben. Dasselbe zu tun, bitte ich auch Eure Frömmigkeit, damit ich das Gebot Eurer Väterlichkeit umso besser ausführen und erfüllen kann. Denn wenn ich in meiner Stellung als Beauftragter Roms, die ich nun 36 Jahre innegehabt habe, der erwähnten Kirche irgendwelchen Nutzen gebracht habe, so möchte ich das noch vervollständigen und vermehren.* Sein Antrittsschreiben beim neuen Papst ist also gleichzeitig Rückschau und Zusammenfassung. Dann berichtet er, dass er trotz seiner Jahre noch immer im prallen Leben an der Missionsfront steht: *Indessen bitte ich, die Güte meines Herrn möge es mir nicht übel nehmen, dass ich so spät meinen Boten und Brief an Euch abgeschickt habe. Vielmehr ist das deshalb so gekommen, weil ich mit der Wiederherstellung von Kirchen in Anspruch genommen war, die von den Heiden in Brand gesteckt worden sind; sie haben von unseren Pfarreien und Klöstern mehr als dreißig Kirchen verheert und verbrannt. Und das war der Grund für die Verzögerung meines Schreibens und der Begrüßung Eurer Väterlichkeit und nicht irgendwelche Nachlässigkeit infolge Gleichgültigkeit* (Briefe, S. 339). Hierbei handelte es sich um den Sachsenüberfall von 753.

Stephan begann seine Regierungszeit mit einer beispiellosen Reise. Gleich zu Beginn seiner Amtszeit stand ihm das Wasser in Gestalt der Langobarden buchstäblich bis zum Halse. Heimlich ließ er in Franken anfragen, ob ihn eine Gesandtschaft dorthin in Sicherheit bringen könne. Das wurde so beschlossen.

Ein bedeutender weltlicher und ein geistlicher Repräsentant reisten ihm entgegen. Das waren Herzog Autchar und Bischof Chrodegang von Metz. Letzterer war Vertrauensmann sowohl des Königs als des Adels. Selbst aus dem Hochadel stammend, hatte er bereits unter Karl Martell der Familie gedient, übrigens durchaus in Bonifatius' Sinn. Trotz des vor der Tür stehenden Winters brach man am 14. Oktober 753 von Rom auf: Eine byzantinische Bedeckung brachte den Papst bis Pavia, wo sie zurückblieb. Ab hier übernahmen die Franken den Geleitschutz. Dieser Wechsel der Eskorte hatte sicher hohen kriegerisch-soldatischen Schauwert und noch höheren politischen Bedeutungsgehalt. Über seine Ausgestaltung werden die beteiligten Gesandtschaften sich vorher reichlich Gedanken gemacht und hart verhandelt haben. Schließlich galt es, einen bedeutungsschweren Augenblick in ein nachwirkendes Bild zu bannen: Der Papst begab sich heraus aus dem kaiserlichen Schutz und hinein in den der Franken. Hier standen sich eine große Anzahl kampferprobter Männer unter Waffen gegenüber. Eine missverstandene Geste, die kleinste Unstimmigkeit hätten ein Blutbad auslösen können. Das Stück musste gespielt werden, ohne dass einer dabei sein Gesicht verlor. Eine schwere Aufgabe für das diplomatische corps! Ein welthistorisch relevanter Moment und gleichzeitig klare Ansage an die Langobarden, die spätestens ab jetzt wussten, mit wem sie es in Zukunft zu tun bekämen.

Der erste Rastplatz auf fränkischem Boden war die damals schon ehrwürdige Abtei *Auganum*, heute St. Maurice d'Agaune, im heutigen Kanton Wallis in der Schweiz. Sie besteht noch heute und gilt als das älteste Kloster des Abendlandes, das ohne Unterbrechungen in Funktion ist. Seit mehr als 1500 Jahren wird dort monastisches Leben geführt. Dort erwarteten den Papst wiederum ein geistlicher und ein weltlicher Würdenträger: Fulrad kennen wir schon, inzwischen war er Abt von Saint Denis; und Herzog Rothard. Mit Pippin traf Stephan II. am Dreikönigstag, also am 6. Januar 754, in der Pfalz Ponthion zusammen, heute im Département Marne. Auf 100 Meter schickte der König dem Papst seinen ältesten Sohn Karl entgegen. Den Karl, der später der Große werden sollte. Vor den Toren der väterlichen Pfalz, dem Papst entgegenreitend, hatte der kleine Junge seinen ersten öffentlichen Auftritt. Vor der Pfalz erwartete schließlich Pippin mit Gefolge und dem Rest der Familie den hohen Besuch. In der Lebensbeschreibung des Papstes Stephan II. liest sich das so: *Er* (Pippin) *stieg vom Pferd, warf sich mit großer Demut auf die Erde zusammen mit seiner Gattin, Kindern und Großen und empfing so den Papst. Er leistete ihm den Dienst des Zügelhaltens und lief eine Strecke mit.* Dass der alte Bonifatius weder nach Rom noch nach Pavia gereist ist, erklärt sich von selbst. Hier aber, in Ponthion, hätte er anstelle von Fulrad seinen Chef begrüßen müssen.

In Ponthion schlossen der neue König und Stephan II. ein heiliges Freundschaftsbündnis und demonstrierten dies mit ausdrucksstarkem Zeremoniell. Pippin warf sich also dem Papst zu Füßen und leistete ihm den *Stratordienst*, d.h. er

Auf der folgenschweren Reise des Papstes Stephan II. von Rom ins Frankenland war die damals schon uralte Abtei „Auganum", heute St. Maurice d'Agaune im Kanton Wallis in der Schweiz, erster Rastplatz auf fränkischem Boden. Sie gilt als ältestes Kloster des Abendlandes, in dem ohne Unterbrechung – seit 1500 Jahren! – monastisches Leben geführt wird. In der Römerzeit war es Militärstützpunkt und hier meuterte die thebäische Legion unter Mauritius, weil sie nicht gegen Christen ins Feld ziehen wollte. Kaiser Maximian ließ daraufhin die ganze Legion hinrichten. Hier in St. Maurice d'Agaune wurde über dem Grab von Mauritius und seinen Freunden ein Kloster errichtet, das seither besteht, heute als Augustiner-Chorherren-Abtei. An diesem geschichtsträchtigen Ort wurde Stephan von zwei hochrangigen fränkischen Würdenträgern – Fulrad von Saint Denis und Herzog Rothard – empfangen.

führte sein Pferd am Zügel, um zu zeigen, dass seine Königswürde vom päpstlichen Segen abhing. Stephan wiederum trat dem König am nächsten Tag in einer typischen Unterwerfungsgeste, in grober Kutte und mit Asche bestreut, entgegen, um zu verdeutlichen, wie schutzbedürftig er war. Es wurde gleichsam ein Theater lebender Bilder von hohem Symbolgehalt aufgeführt, das die politischen Zusammenhänge zum Ausdruck brachte. Wir haben schon von der oralen Gesellschaft des Frühmittelalters gehört. In einer größtenteils nichtschriftlichen Welt waren es diese Bilder, die sich den Menschen in die Hirne brannten und politischen Willen Wirklichkeit werden ließen.

Bedeutende Akte mussten sinnfällig dargestellt werden, schließlich sollten sie für jeden verständlich sein, auch für den, der bei der Veranstaltung weit hinten stand und die gesprochenen Worte nicht verstehen konnte. Sie mussten eindeutig sein, Fehlinterpretationen konnten fatale Folgen haben. Gesten und von menschlichen Körpern gestellte Bilder machten verständlich, was genau vor sich ging, wer über-, wer untergeordnet war. Schließlich konnten die Leute nicht am nächsten Morgen die Zeitung lesen. In der nach Rängen geordneten Gesellschaft des Frühmittelalters dienten solche Aktionen sowohl der Selbstvergewisserung als der Demonstration. Die nur scheinbar spontanen Aktionen waren in Wahrheit vorher detailreich durchgesprochen und verabredet. Daher kam es selten zu dem Fall, dass sie nicht funktionierten. Für diese Art öffentlich sichtbarer Kommunikation gab es Gesetze, die jedermann kannte. Selbst wir wissen noch, was die Geste „Hand aufs Herz" bedeutet. Noch heute ist dieser mittelalterliche Gestus des Treuschwurs sprichwörtlich. Es gab ein ganzes Vokabular an Gesten und Gebärden, die im Bausteinprinzip variabel zusammengesetzt und ganz spezifisch für jede beliebige Situation angewendet werden konnten. Dafür gab es – im wahrsten Wortsinn – ungeschriebene Regeln. Jede neue Kombination ergab einen anderen Sinnzusammenhang. In diesen „Drehbüchern" erzwang eine Geste notwendig eine entsprechende Reaktion: Eine Unterwerfungsgeste im Büßergewand – am besten begleitet von lautem öffentlichem Weinen und Schluchzen – zog fast automatisch das Verzeihen nach sich. Die Fachleute sprechen geradezu von Ritualketten, die sich abspulten. Das System war sehr flexibel und die diplomatischen Mitarbeiter am Königshof waren geübt in seiner virtuosen Handhabung. Mit seiner Machtübernahme und all ihren völlig neuen und besonders gelagerten Umständen verlangte Pippin seinen Leuten wirklich Allerhand ab! Alles musste komplett neu choreographiert werden!

Das wohl berühmteste dieser öffentlichen Schauspiele hat es sogar in unseren Sprichwörterschatz gebracht. Weiß doch bis heute jeder, was es bedeutet, wenn einer „einen Gang nach Canossa" antreten muss. Richtig – er muss sich demütigen, Schuld eingestehen und um Verzeihung bitten. Heinrich IV. tat das seinerzeit, nachdem ihn der päpstliche Kirchenbann getroffen hatte und dieser Umstand ihm hinderlich in der Ausübung seiner Herrscherwürde war. Barfuß und im Büßerhemd lag er, frierend und weinend, drei Tage und Nächte lang zu Neujahr 1076/77 vor dem verschlossenen Tor des Burghofes von Canossa, wohin Papst Gregor VII. geflüchtet war, weil er exakt eine solche Szene gefürchtet hatte. Es ist wirklich paradox – aber mit dieser Demutsgeste setzte Heinrich den Papst derartig unter Druck, dass dieser schließlich klein beigeben und ihn wider besseres Wissen und gegen seinen Willen in den Schoß der Kirche zurücknehmen musste. Lambert von Hersfeld überlieferte uns diese Geschichte.

Der vor vielen Zeugen zelebrierte Akt band alle Beteiligten an die Absprache und die ausgehandelten neuen Verhältnisse. Wer teilnahm und nicht widersprach, verpflichtete sich zum Konsens. Fernbleiben bedeutete Ablehnung. Daher war der geringe Besuch des *concilium Germanicum* im Jahr 743 so problematisch für Karlmann und Bonifatius, denn bei dieser Art der Kommunikation war Öffentlichkeit von entscheidender Bedeutung. Man benötigte sie als Zeuge. Sie machte die

Handlung fest und verbindlich. Bonifatius hätte die Szene von Pippins Salbung unbedingt als Star vervollständigen müssen. Seine Abwesenheit indessen war eine klare Aussage: Er wollte in diesem Schauspiel keine Rolle spielen. Es passten ihm weder das Thema noch seine Bühnenkollegen.

Dies war am 7. Januar 754 und damit war der Bund besiegelt. Für den verdatterten fränkischen Adel bedeutete dieser Pakt die Ehre, nunmehr an Pippins Seite in Angelegenheiten des Papstes in den Krieg zu ziehen. Das wollte Pippin auch sogleich ins Werk setzen. Noch ein letztes Mal muckte der Adel auf, nötigte sogar Karlmann, aus Montecassino herbeizukommen, um sich gegen seinen Bruder ins Geschehen einzumischen. Das hätte für Pippin tatsächlich noch einmal gefährlich werden können. Nun ließ er alle Rücksichten fallen. Der entflohene Mönch Karlmann wurde in Vienne in Klosterhaft gesteckt, wo er bald darauf (im August 754) starb. Sein Sohn Drogo versuchte noch, zu den Langobarden zu entkommen, wurde aber zuvorkommenderweise von den Leuten seines Onkels auf der Flucht ermordet. Nun war keiner mehr übrig außer Pippin.

Stephan II. hatte sich derweil ins Kloster St. Denis bei Paris begeben, um dort die restlichen Wintermonate und den Frühling zu verbringen. Bonifatius, der dreimal zu seinem Papst nach Rom gezogen und sein Stellvertreter in diesen Gegenden war, ließ sich in all den Monaten nicht blicken. Er war in die entgegengesetzte Richtung gefahren. Ausgerechnet in dieser Zeit hatte er nämlich Wichtigeres zu tun. Er befand sich in Friesland. In Friesland? Was wollte er denn da, ausgerechnet während sein Dienstherr im Lande war? Wir ahnen es, er war buchstäblich geflüchtet vor all den ungeliebten und ungebetenen Ansprüchen, die die neue politische Situation an ihn stellte.

Willibald berichtet, in seinen letzten Lebensjahren hätte die Sehnsucht Bonifatius nach Friesland gerufen, dem Land, *das er einst zwar mit dem Leibe, nicht aber mit seinem Herzen verlassen habe* (Willibald, S. 509). Nun, einen einleuchtenderen Grund hatte er schon. Kurz vor der Abreise nach Franken hatte Stephan II. noch einen Brief seines germanischen Legaten erhalten, in dem von Misshelligkeiten in Betreff des Bistums Utrecht zu lesen war. Agilolf von Köln war mittlerweile gestorben und sein Nachfolger Hildegar erhob nun den Anspruch, dass Utrecht Köln zugeschlagen werden solle. *Der Frankenfürst Karlmann aber hat mir diesen Bischofssitz anvertraut, um dort einen Bischof einzusetzen und zu weihen, was ich auch getan habe. Nun aber nimmt der Bischof von Köln diesen Bischofssitz (...) für sich in Anspruch und behauptet, er stehe ihm zu (...).* Das kam überhaupt nicht in Frage! Willibrords Utrechter Bischofssitz in den Händen des Kölner Bischofs? Nachdem alle Welt sich gegen den Metropolitansitz Köln für ihn selbst ausgesprochen hatte? Bonifatius schreibt, mit welchen sachlichen Gründen er sich Hildegar widersetzt habe, *aber er ist nicht damit einverstanden. (...)* (Briefe, S. 341/342). Ob in dem ganzen Trubel um die bevorstehende Frankenreise Stephan auch nur den Hauch von Interesse an diesem Bischofssitz mit dem merkwürdigen Namen oben an der Nordsee aufbrachte, darf man bezweifeln. Sollte er geantwortet haben, so kennen wir diese Antwort nicht. Der zitierte Brief ist jedenfalls der letzte, den Bonifatius an einen Papst schrieb und mit oder ohne Antwort rüstete er sich zur Abreise. Etwas *hoffnungslos Verwegenes* haftete diesem ganzen Unternehmen an, wie Theodor Schieffer formulierte.

Hier kommt wieder Willibald zu Wort. Bonifatius spricht zu Lul: *Ich brenne vor Begierde, (...), meine beschlossene Wanderung anzutreten, ich werde mich im Entschluss zu der ersehnten Reise nicht mehr wankend machen lassen* (hatte Lul das versucht?), *denn schon steht der Tag meiner Auflösung bevor und die Zeit meines Hingangs naht heran, bald werde ich, aus dem Gefängnis dieses Körpers befreit, zum Siegesziel der ewigen Vergeltung eingehen. Du aber, teuerster Sohn, bring den Bau der von mir in Thüringen begonnenen Kirchen zum Abschluss, ruf das Volk von den Abwegen des Irrtums kräftig und anhaltend zurück, vollende auch die von mir an der Fulda bereits begonnene Kirche und führe dorthin meinen durch vieler Jahre Lauf gealterten Leib.* Dies war ein Statement: Bonifatius wollte in Fulda als Gleicher unter Gleichen begraben sein. Hier konnte er sich der Gebetsunterstützung der Mitbrüder sicher sein. In Mainz, dem Ort seines ungeliebten Pontifikates, wollte er jedenfalls nicht dem Jüngsten Gericht entgegenruhen.

(...) Mein Sohn, sorge mit Deiner klugen Umsicht für alles, was wir zu unserem Reisebedarf nötig haben, leg aber in meine Bücherkiste auch ein Leintuch bei, darin mein zermürbter Leib eingehüllt werden kann. Lul konnte angesichts dieser Worte *seine Seufzer über diesen so großen Jammer nicht bergen (...) und (...) brach sofort in Tränen aus.(...) und nach Verlauf weniger Tage (...) bestieg (Bonifatius) im Verein mit seinen Reisegefährten ein Schiff und drang auf des Rheines Strombett vor, des Nachts aber suchte er mit seinem Schiffe die Häfen auf, bis er nach der Friesen wasserreichen Gefilden gelangte (...)* (Willibald, S. 511).
Wer waren seine Reisegefährten? Willibald verrät es uns: *Eoba, dem er in der Stadt, die da Trecht genannt wird, das Bistum der Friesen übertragen hatte*, außerdem die Priester und Diakone *Wintrung, Waltheri und Aethelheri, (...), Hamund, Scirbald und Bosa* sowie die Mönche *Wacchar, Gundäcer, Illehere und Hathowulf* (Willibald, S. 513). Das waren allesamt Angelsachsen. Selbstverständlich war eine bewaffnete Eskorte dabei, schließlich stand Bonifatius unter dem *Schutz und Schirm* der Karolinger. Die Utrechter Frage hatte er kurzerhand geklärt, indem er Eoban dort als Bischof einsetzte. Nachdem das erledigt war, zog er mit seinem Tross wie weiland vor 35 Jahren kreuz und quer über Land, predigte, taufte und firmte. Während in Ponthion die Weltgeschichte so geschrieben wurde, wie er sie diktiert hatte, verbrachte er den Winter still in Utrecht.

Währenddessen traf sich im April 754 die Reichsversammlung in Quierzy (bei Laon), der wichtigsten Pfalz Pippins. Hier war im Jahr 741 sein Vater gestorben. Der Papst nahm an der Versammlung teil und hier musste der fränkische Adel zähneknirschend klein beigeben: Der langobardische Feldzug wurde beschlos-

Auf dem Gemälde „Die Salbung Pippins durch Papst Stephan II. in der Basilika Saint Denis am 28. Juli 754“ von Francois Dubois sehen wir, wie sich das 19. Jahrhundert diesen „folgenschwersten Tag des ganzen Mittelalters“ vorstellte. In größtmöglicher kirchlicher Prachtentfaltung kniet Pippin vor dem Papst, der ihm gerade die Krone aufgesetzt hat. Neben ihm steht ein hoher Geistlicher, der das Gefäß mit dem Salböl auf einem seidenen Kissen trägt. Im Rücken des Königs wartet Königin Bertrada mit den Söhnen Karlmann und Karl, die Stephan gleich im Anschluss salben wird. Mit der Salbung der Söhne wurde verdeutlicht, dass hier nicht nur ein König gemacht, sondern eine Dynastie begründet wurde. Stephan hat Karlmann, der zu dieser Zeit erst drei Jahre alt war, mit einiger Wahrscheinlichkeit an diesem Tag gefirmt. So wurde zwischen ihm und der neuen Königsfamilie ein enges politisch-religiöses Band geknüpft.

sen. Der Vertrag ist in der Geschichtsschreibung „Pippinsche Schenkung“ genannt worden. Pippin versprach, die unter langobardische Herrschaft geratenen Gebiete zurückzuerobern und dem Papst zurückzugeben. Dafür erhielt er den Ehrentitel *patricius Romanorum,* eine Bezeichnung, in der längst verhallte staatsrömische Beiklänge mitschwingen. Als Gegenleistung am 28. Juli dann noch einmal ganz großes Staatstheater in St. Denis: Stephan wiederholte die Königssalbung. Als liturgisches Material bediente man sich wahrscheinlich der Tauf- oder Firmsalbung. Dieses Mal enthielt der Ritus allerdings eine bedeutungsschwere Erweiterung. Er salbte auch die Söhne Karl und Karlmann, womit er die dynastische Erblinie der Karolinger begründete. So wurde dem gesamten versammelten Reich klargemacht, dass nach Pippins Tod seine Söhne die Nachfolge antreten würden. Schließlich tat hier der Apostelfürst Petrus höchstselbst durch die Hand seines Nachfolgers seinen Willen kund, dass die Pippiniden in Zukunft Könige von Franken sein sollten. Ab jetzt spätestens gelten sie im welthistorischen Vokabular als die *Karolinger.* Das bis in die Neuzeit wirkende Selbstverständnis der christlichen Monarchien, von Gottes Gnaden zu herrschen, also das Zusammenspiel von weltlichem Auftrag und Gottes Willen, gründet sich auf diesen Tag. Unter diesem Aspekt wurde die Königssalbung Pippins in der Literatur als die „folgenschwerste Tat des Mittelalters" bezeichnet. Übrigens hatte schon im Jahr 739 Papst Gregor III. eine Gesandtschaft mit dem Ansinnen an Karl Martell abgesandt, sich in Franken unter dessen Schutz stellen zu dürfen. Das hatte den noch völlig kaltgelassen und es war seither nicht mehr die Rede davon gewesen. Die Zeit war noch nicht reif – das Personal noch nicht versammelt. Die Weltgeschichte brauchte Pippin, Karlmann und Bonifatius, um den Wechsel zu bewerkstelligen.

Jedem, der einen anderen Clan protegierte, drohte Stephan mit Kirchenstrafen. Das war eine deutliche Warnung an den fränkischen Adel. Man geht davon aus, dass der Papst und die Familie Pippins auch ein geistliches Bündnis eingingen. Möglicherweise hat Stephan II. an diesem Tag den im Jahr 751 geborenen Karlmann gefirmt. Jedenfalls wird er in dem nun folgenden Briefverkehr öfters *compater* genannt. Das Verhältnis zwischen Rom und Franken wurde also auf zwei Säulen gebettet – eine formal-rechtliche und eine zeitlos-religiöse. Offenbar verpflichtete man sich, diesen Bund auch bei Personalwechsel in die Zukunft zu tragen, was nach Stephans Tod mit seinem Nachfolger Papst Paul I. auch sogleich verwirklicht wurde. Er übernahm als eine der ersten Amtshandlungen das Patenamt über eine neugeborene Tochter des Frankenkönigs. Solche politisch-religiösen Patenschaften sollte es in der Folge noch häufiger geben. Berühmt geworden sind die zwischen Karl dem Großen und seinem ehemaligen sächsischen Widersacher Herzog Widukind oder die Ludwigs des Frommen mit dem Dänenkönig Harald Klak. Stammesführer, die man vorher mit dem Schwert unterworfen hatte, hob man nun als Pate aus der Taufe und versah sie mit reichen Geschenken. Ein Doppelpakt religiöser und politischer Natur wurde da geschlossen – die Unterlegenen akzeptierten mit der Siegermacht auch den Siegergott.

In der Tat wurde der spezielle religiös-rituelle Akt der Salbung zunächst so eindeutig auf die Karolinger bezogen, dass der erste Repräsentant der neuen Sippe, der Sachse Heinrich I., im Jahr 919 ganz dezidiert und demonstrativ darauf verzichtete. Er wollte sich bei seiner Fritzlarer Königserhebung von den Karolingern, deren letzter Repräsentant in der Person Konrads I. gerade in Fulda begraben worden war, absetzen. Der Akt war also kennzeichnend. Das Weglassen ebenso.

Noch im selben Sommer 754 jedenfalls zog die fränkische Heeresmacht nach Italien. König Aistulf der Langobarden wurde besiegt und Stephan II. feierlich in sein nunmehr befreites und sicheres Rom zurückgeleitet. Sogleich setzte im Frankenreich übrigens eine Neuerung in der Verwaltungsstruktur ein: Pippin machte dem Hausmeierwesen ein Ende. Ab sofort wurden keine Hausmeier mehr eingesetzt. Er wird gewusst haben, warum.

Dokkum – 5. Juni 754

Diese prachtvolle Bildseite wurde um das Jahr 975 im Skriptorium des Klosters Fulda gemalt und leitet die Liturgie für den Bonifatiustag – den 5. Juni – ein. Links sehen wir die Taufzeremonie: Der erwachsene Täufling sitzt bis zu den Schultern im Taufbrunnen. Bonifatius spendet das Taufsakrament, kenntlich gemacht durch den Segensgestus mit den beiden ausgestreckten Fingern. Ganz rechts wartet eine verschleierte Frau mit einem Wickelkind. Ob es als nächstes an der Reihe ist? Rechts die dramatische Szene des Martyriums: Vergeblich hält Bonifatius sein Buch schützend vor den Oberkörper. Er fällt unter dem Schwerthieb des friesischen Kriegers. Auch von hinten wird er angegriffen – es trifft ihn ein Speer in den Rücken. Das Sakramentar wird in der niedersächsischen Staats- und Universitätsbibliothek Göttingen aufbewahrt.

Auch bei diesen staatsgründenden Aktivitäten war Bonifatius nicht anwesend. Sein Schicksal hatte sich inzwischen erfüllt. In St. Denis wird man längst davon gewusst haben. Was war geschehen?

Am 4. Juni hatte Bonifatius′ Reisegruppe am Fluß Borne bei Dokkum ein Lager aufgerichtet. Die Geistlichen, ihre Bediensteten sowie die militärische Bedeckung dürften zusammen etwa 50 Menschen gezählt haben. Am Tag darauf, dem 5. Juni, sollte sich dort eine Menge Leute zur Firmung einfinden. Am frühen Morgen dieses Tages wurde die Schar jedoch roh aus dem Schlaf gerissen. Willibald schreibt: *Als aber der bestimmte Tag dämmerte und des Lichtes Morgenröte mit der aufgehenden Sonne hervorbrach, da kamen umgekehrt statt der Freunde Feinde (...) und eine gewaltige Anzahl Feinde drang mit blinkenden Waffen, mit Speeren und Schilden in ihr Lager. Da stürzten sich ihnen sofort die*

Mehr in Nahsicht, aber in jeder Hinsicht von der Göttinger Seite inspiriert, malte ein Mönch etwa 100 Jahre später in derselben Fuldaer Schreibstube dieselben beiden Szenen in ein Sakramentar. Besonders freigiebig hat er die teure blaue Farbe eingesetzt. Oben sehen wir wieder die Taufe. Links hinter Bonifatius das Zelt, in dem der Täufling sich umkleiden konnte. Der Zuschauer rechts scheint mit seiner erhobenen Hand das Sakrament gutzuheißen.
Die Körperhaltung des Heiligen in seiner Todesstunde beweist, dass dem Künstler das Göttinger Sakramentar als Vorlage diente. Sie ist buchstäblich eins zu eins abgezeichnet. Auch hier erhält der Heilige gleichzeitig mit dem Schwerthieb einen Speerstich in den Rücken. Allerdings ist die Szene hier drastischer aufgefasst: Man sieht, wie sein Schädel gespalten wird und das Blut hervorspritzt. Das Sakramentar liegt in der Bamberger Staatsbibliothek.

Mannen aus den Zelten entgegen, zückten Waffen gegen Waffen und versuchten, die Heiligen und bald zum Märtyrertod Bestimmten gegen die wütende Macht des rasenden Volkes zu schützen. Der Mann Gottes jedoch sammelte sofort, als er das Andringen des tobenden Haufens gewahr geworden, seiner Geistlichen Schar, nahm die Reliquien der Heiligen, die er stets bei sich zu führen gewohnt war, schritt aus dem Zelte heraus und verbot sogleich den Mannen, sie hart anlassend, den Kampf, indem er sprach: Lasset ab, Mannen, vom Kampfe, tut Krieg und Schlacht ab, denn das wahre Zeugnis der heiligen Schrift lehrt uns, nicht Böses mit Bösem, sondern sogar Böses mit Gutem zu vergelten. Denn schon ist der lang ersehnte Tag da, und unserer Auflösung willig erwartete Zeit steht bevor. Darum seid stark in dem Herrn und ertragt dankbar, was er uns gnädig schickt (Willibald, S. 513/515).

Ein Raubüberfall auf Bonifatius und die Seinen! Heidnische Friesen in nackter Mord- und Zerstörungslust! Es ist unwahrscheinlich, dass Bonifatius angesichts der brüllenden Tatsachen Muße hatte, diese Rede zu halten und weder seine Eskorte noch seine jungen Mitreisenden dürften den Tag ihrer Auflösung tatsächlich so heiß ersehnt haben. Auch glauben wir nicht, dass er den Wunsch nach dem Martyrium hatte – wieso sollte er Interesse daran gehabt haben, seinen Personalbestand zu schmälern? Vor allem fehlt uns hier aber ein entscheidendes Detail. Wo bleibt die berühmte Szene mit dem Buch? Haben wir nicht alle das Bild vor Augen, auf dem Bonifatius sich mit einem Buch gegen seine Mörder zu schützen sucht? Es stellt sich heraus: Willibald kennt den Vorgang gar nicht. Woher kommt dann diese Erzählung? Ein anonymer Autor aus Utrecht schrieb um das Jahr 825 ebenfalls eine Bonifatiusvita. Dort heißt es: *Mir aber wurde, als ich in jenen Gegenden, um etwas über ihn niederschreiben zu können, Nachforschungen anstellte, berichtet, dass noch ein freilich schon ganz altersschwaches Weiblein am Leben sei, das eidlich versicherte, bei der Enthauptung des Streiters Christi gegenwärtig gewesen zu sein, und erzählte, er habe, als er das Schwert ge-*

So verzweifelt wie vergeblich versuchen zwei Mönche, den kräftigen friesischen Krieger von Bonifatius abzudrängen, aber gegen solch rohe Gewalt kommen sie nicht an. Das gerade noch eben auf der Brust des Märtyrers liegende Buch weist schon reichlich Einschnitte auf und ist im Begriff herabzurutschen. Auch Bischofsstab und Mitra sind bereits zu Boden gefallen. Die dramatische Szene spielt sich vor dem für die Firmung vorbereiteten Altar ab, auf dem wir Altartuch und Kelch erkennen. Die Abbildung stammt aus dem Lithographiezyklus nach Fresken in der Münchner Bonifatiuskirche.

gen sich gezückt sah, das heilige Evangelienbuch auf sein Haupt gelegt, um unter ihm den Streich des Mörders zu empfangen und den Schutz des Buches im Tode zu genießen, das er im Leben so gerne gelesen hatte.

Das könnte so gewesen sein. Eine junge Frau, am Firmtag schon in aller Frühe an Ort und Stelle, war, zitternd im Unterholz kauernd, Zeugin des grausamen Überfalls. Willibald schreibt, Bonifatius habe instinktiv versucht, sich mittels mitgeführter Reliquien zu schützen. So hätte es jeder Christ dieser Zeit erwartet. Willibald kannte also offenbar die lokale Überlieferung gar nicht. Ein wichtiges Indiz, das die Geschichte der alten Frau stützt, befindet sich seit dem frühen Mittelalter in Fulda. Zunächst als Teil des Stifts –, heute als Teil des Domschatzes: der sogenannte Codex Bonifatianus II oder Ragyndrudiscodex. Das berühmte Buch mit den Hiebspuren. Die Erinnerungen der Frau und dieses Buch sind es, von denen sich die gesamte historisch-ikonographische Tradition um Bonifatius' Tod herleitet: Der Mann, der sich mit seinem Buch verteidigt.

Verlassen wir kurz den Tatort und befassen uns mit diesem Buch und mit der Zeugenaussage. Was haben wir von der Sache zu halten? Kann die Geschichte reine Erfindung sein? Woher konnte die Frau überhaupt wissen, wer von den vielen Leuten in der chaotischen Szene Bonifatius war? Es wäre doch möglich, ein anderer

SIGNUM PUBLICÆ BIBLIOTHECÆ FULDENSIUM MDCCLXXVI
INCIPIT EPISTULA
RECTAM AD FLAUIAN
EPISCOPUM
ADDULF.

3

DILECTISSIMO FRATRI FLAVIANO EPISC CONSTANTINOPOLITANO

Abb.: Stadtarchiv Fulda

Abbildung Seite 222/223: *Der Codex Ragyndrudis oder Codex Bonifatianus II – das berühmte Buch mit den Hiebspuren. Ist es das Buch, das Bonifatius im Moment seines Todes in Händen hatte und schützend vor seinen Körper hielt? Das durch den kräftigen Schwertarm des friesischen Angreifers seine Wunden empfing? Wir werden es nie erfahren. Mit an Sicherheit grenzender Wahrscheinlichkeit hat das Buch aber dem Hl. Bonifatius gehört und hat ihn – verpackt in einer Kiste – auf seinen zahlreichen Wanderungen begleitet. Es beinhaltet eine Textsammlung gegen die arianische Glaubensrichtung, eine Erklärung des Glaubensbekenntnisses und einen Dialog des Isidor von Sevilla. Geschrieben wurde es in Luxueil oder in Mainz im letzten Viertel des 7. oder Anfang des 8. Jahrhunderts. Das Buch gehört dem Fuldaer Domkapitel.*

Der reich mit Punkten, farbigen Zierleisten, Auszeichnungsschriften, Kreisen und Fischen ausgestattete Codex weist tiefe Hiebspuren auf. Untersuchungen haben ergeben, dass sie zu einem frühmittelalterlichen Schwert passen. Es scheint, als wäre mit erheblicher Wut mehrfach auf das Buch eingeschlagen worden. Kein Wunder: Der Codex mit dem Kreuz auf dem Einband war dem Angreifer Sinnbild für den verhassten Christenglauben, den anzunehmen gleichbedeutend war mit Unfreiheit und Akzeptanz der fränkischen Herrschaft.
Es wurde die These formuliert, man hätte irgendwann im Lauf des Mittelalters dem Buch die Beschädigungen vorsätzlich beigebracht. Wir können das kaum glauben, zu wertvoll waren die Buchbestände der Klöster. Auch besaß man in Fulda ohnehin die wichtigste Reliquie des Bonifatius: seinen Märtyrerleib, an dessen Grab Tausende Pilger beteten. Warum hätte man eine weitere fälschen sollen? Als Besitztum des Heiligen besaß das Buch als Berührungsreliquie ohnehin höchstes Ansehen.

Geistlicher aus Bonifatius´ Gefolge hätte das beschriebene Schicksal erlitten. Dabei bliebe allerdings die Frage offen: Wieso hatte er frühmorgens ein Buch aus Bonifatius` Kiste in der Hand? – Nun, wir wissen, dass Bonifatius sehr hochgewachsen war, ein Riese geradezu zu seiner Zeit. Vielleicht hat er sich auch durch Befehle als Autorität zu erkennen gegeben. Vielleicht scharte sich die Garde um ihn. Vielleicht hatte die Frau ihn zuvor bereits kennengelernt, schließlich bewegte er sich seit Monaten mit seinen Leuten in der Gegend. Es kann also gut sein, dass sie ihn erkannte. Wenn er – wie es einem Benediktiner zukommt – mit der aufgehenden Sonne die Laudes gebetet hat, war er wach und gut möglich, dass er danach mit seinen Büchern beschäftigt war. Als vor dem Zelt die Hölle losbrach, stürzte er mit dem Buch nach draußen, das er gerade zur Hand hatte. Dass er es dann gegen die anstürmenden Mörder instinktiv vor oder über sich hielt, ist nur zu logisch. Die Geschichte ist also durchaus plausibel.

Nun zu dem Buch: *Ein heiliges Evangelienbuch* sei es gewesen, erinnert sie sich. Wie sollte sie das aus der Entfernung erkannt haben? Der Ragyndrudiscodex hat mit an Sicherheit grenzender Wahrscheinlichkeit zu Bonifatius´ Bücherbestand gehört und befand sich also bestimmt in seiner Reisekiste. Er ist kein Evangeliar, sondern eine Sammlung von Texten gegen die arianische Glaubensrichtung, eine Erklärung des Glaubensbekenntnisses und einem Dialog von Isidor von Sevilla. Geschrieben wurde es wahrscheinlich in Columbans Kloster Luxeuil im letzten Viertel des siebten oder Anfang des achten Jahrhunderts oder in Mainz von einem in Luxeuil ausgebildeten Mönch. Er besteht aus 143 Blättern und erhielt seinen Namen wegen der Stifterinschrift auf dem zweiten Blatt: *in honore dni nostri ihu xpi ego Ragyndrudis ordinaui librum istum = zu Ehren unseres Herrn Jesus Christus gab ich, Ragyndrudis, dieses Buch in Auftrag.* Wer diese Ragyndrudis war, wissen wir nicht. Vielleicht gehörte sie zu dem Familienkreis um Adele von Pfalzel, was erklären würde, wie Bonifatius in seinen Besitz kam. Farbig gestaltete Zierleisten der Kapitelanfänge, farbig hervorgehobene Auszeichnungsschriften, zahlreiche Punktverzierungen, Kreise und Fische machen die Handschrift besonders prächtig. Eine angelsächsische Hand des frühen achten Jahrhunderts hat vier Randglossen hineingeschrieben. Vielleicht war das Bonifatius. Auch zahlreiche Griffelglossen wurden an die Ränder des

Der Ragyndrudiscodex besitzt noch heute seinen immens wertvollen frühmittelalterlichen Einband – auch er ist von zwei Hieben getroffen worden. Er besteht aus zwei Holzdeckeln mit Ledermontierung, in die ein Tatzenkreuz eingestanzt ist. Noch heute lassen sich die Farben schwarz, rot und gold verifizieren. Wenn die Beobachterin von Weitem dieses Buch im Kampfgetümmel erblickt hat, ist es kaum verwunderlich, dass sie dachte, es handele sich um ein Evangeliar. Wir wissen nicht, wie Bonifatius in den Besitz dieses Buches gekommen ist. Die Stifterinschrift weist auf eine Ragyndrudis als Auftraggeberin hin. Wenn es stimmt, dass es sich hierbei um eine Dame aus dem Verwandtenkreis der Adele von Pfalzel handelt, dann wäre diese Verbindung zu Bonifatius eine Erklärung.

Satzspiegels geritzt. Für einen Missionar war dieser Band äußerst praktisch, weil seine Lehrsätze in Dialogform umgesetzt sind, so dass man sich fürs Glaubensgespräch Formulierungen einprägen konnte. Ideal, um sich auf einen anstrengenden Tag voller Überzeugungsarbeit vorzubereiten. Wie kam die Zeugin also darauf, es habe sich um ein Evangeliar gehandelt? Wahrscheinlich wegen des selten schönen Einbands, der vorn und hinten aus jeweils einem Holzdeckel besteht, auf den zwei Lederschichten montiert sind. In das obere Leder des Rückendeckels ist ein Tatzenkreuz eingestanzt, das einst mehrfarbig abgesetzt war – drei Farben kann man noch verifizieren: schwarz, rot und gold. Nebenbei bemerkt ist dieser Einband der älteste seiner Art überhaupt. Wenn dieses Kreuz in der Morgensonne gefunkelt hat, dann hätte jeder Beobachter gedacht, es handele sich um ein Evangeliar. Es sieht im Übrigen nicht danach aus, als hätte der Utrechter Autor von der Existenz des verwundeten Buches im Fuldaer Stiftsschatz gewusst. Anderenfalls hätte er wohl kaum von einem Evangeliar gesprochen und sicher hätte er einen Satz beigefügt, wie: „Im Kloster Fulda kann man das besagte Buch ansehen". Die Erzählung muss also unabhängig vom Ragyndrudiscodex entstanden sein.

Es sind vor allem die Hiebspuren, die das Buch so außergewöhnlich machen und es so eng an das Geschehen des 5. Juni 754 binden. Kehren wir also wieder ins Kampfgetümmel am Fluss Borne zurück und hören, wie Willibald uns das weitere Vorgehen der Angreifer beschreibt: *(...) stürzte der ganze wütende Haufen der Heiden mit Schwertern und voller Kriegsausrüstung über sie her und machte die Leiber der Heiligen nieder zu heilbringendem Morde. Darauf stürzte sich der Haufe der Heiden, frohlockend, die sterblichen Körper der Gerechten getötet zu haben, auf die Siegesbeute seiner Verdammnis, plünderte das Lager, verteilte die erraffte Habe; doch auch die Kisten, in denen viele Bücherbände lagen, und die Büchsen, die Reliquien enthielten, raubten sie in dem Wahne, sie hätten eine große Menge Gold und Silber gewonnen. (...) Als aber das Gerede über das vermeintlich viele Gold sich länger hinzog, begann man allmählich mit Schimpfworten aufeinander loszugehen, und endlich entstand so heftige Zwietracht, dass der von Wut und Tobsucht erfüllte Haufe sich in zwei Lager schied und zuletzt die Waffen, mit denen sie kurz vorher die heiligen Männer umgebracht, in grausenerweckendem Kampf gegeneinander kehrten. Nachdem dann der größte Teil des tobenden Haufens niedergehauen war, liefen die Überlebenden (...) freudig auf die Beute zu (...) und fanden (...) statt Gold Bücherbände, statt Silber Blätter göttlicher Weisheit. So in ihrer Hoffnung auf Schätze von Gold und Silber getäuscht, zerstreuten sie von den gefundenen Büchern einige weit und breit auf den Feldern, andere schleppten sie in das Röhricht der Sümpfe, andere endlich warfen sie in verschiedene Verstecke* (Willibald, S. 515/517).

Sie *stürzten sich auf die Siegesbeute, plünderten das Lager,* vergriffen sich an den *Kisten, in denen viele Bücher lagen,* verstreuten sie *weit und breit auf den Feldern.* Ganz offensichtlich handelte es sich also um einen Raubüberfall, nicht

Dokkum ist heute eine hübsche, gepflegte Kleinstadt in der nordniederländischen Provinz Fryslan. Ohne den Märtyrertod des Bonifatius hätte es hier womöglich nie eine Stadtgründung gegeben, jedenfalls markiert das Ereignis den Beginn der Ortsgeschichte. In den Bäckereien kann man Bonifatiuskuchen erwerben, in anderen Läden Bonifatiusbonbons und Bonifatiusbier. Durchzogen von den in dieser Gegend der Niederlande unvermeidlichen Kanälen, auf denen im Sommer reger Verkehr herrscht, gibt es überall Plätze, die zum Verweilen und Schauen einladen.

Der Ort, an dem Bonifatius und die Seinen ihr Lager aufgeschlagen hatten, war klug gewählt. In der Nähe des Flusses gab es eine Süßwasserquelle, hier war der etwa 50 Mann starke Trupp also für ein paar Tage bestens versorgt. Hinter dem Bonifatiusbrunnen sehen wir das Tor, das vor der runden Wallfahrtskapelle aufragt. Sie wurde im Jahr 1934 errichtet, sinnigerweise aus Ziegeln untergegangener Kirchen und Klöster Frieslands. Wir kennen den Namen des ersten Priesters, der hier nach Bonifatius´ Tod gewirkt hat: Es war Liudger, später Bischof von Münster und Biograf des unglücklichen Gregor.

um einen religiös motivierten Angriff. Das Großereignis der Firmung hatte sich herumgesprochen, man rechnete dort mit reicher Beute. Anstatt Gold und Silber fand man aber Bücher und Reliquien. Nehmen wir also an, Bonifatius hätte den Ragyndrudiscodex schützend vor sich gehalten – die Hiebspuren deuten darauf hin, dass er dies in geöffnetem Zustand tat – dann wäre das Buch nach dem Todesstoß zu Boden gefallen. Das Kreuz, verhasstes Symbol des Christentums, zu dem die fränkischen Eroberer ihn zwingen wollten, hätte den Mörder durchaus anregen können, noch ein paarmal darauf einzuschlagen. Äußerst befriedigend, dem Christengott einmal ordentlich zu zeigen, wie machtlos er war! Genauso sieht das Buch aus. Mehrere Hiebe haben es verwundet, allesamt scharfkantig und sauber abgegrenzt. Manche drangen nur einige Zentimeter in den Buchblock ein, ein wuchtiger Schlag jedoch sehr tief und dazu angetan, das Buch vollends zu zerstören. Auch der Einband wurde an zwei Stellen getroffen. Die Sauberkeit der Hiebe deutet die Kraft an, die in dem Schwertarm steckte und auf einen Krieger, der gut auf seine Waffe achtgab. Ein regelmäßiger Leser wird der friesische Kämpfer wohl nicht gewesen sein. Spezialisten für frühmittelalterliche Waffen haben den Codex untersucht und bestätigt, dass seine Einschnitte durchaus von frühmittelalterlichen Schwertern stammen könnten.

Nun gibt es natürlich die These, die Verletzungen seien eine Fälschung und die Hiebe dem Buch absichtlich zugefügt worden. Warum hätte man das tun sollen? Das Buch war doch nur eine Kontaktreliquie, ein Gegenstand, der seine Heiligung erhalten hatte, weil er einst in Bonifatius´ Besitz und von ihm berührt worden war. Man besaß doch etwas viel Bedeutenderes in Fulda: den kompletten Märtyrerleib, der in der Basilika ruhte, seit dem Sommer 754 Pilger in Mengen anzog und Stifter zu Schenkungen anregte. Außerdem hatte der Utrechter Autor von einem *Evangeliar* geschrieben. Wäre man vorsätzlich vorgegangen, hätte man dieses Detail nicht übersehen. Man weiß, dass sich in Bonifatius´ Bücherkiste auch ein Evangeliar befand, das ebenfalls nach Fulda zurückgekehrt war. Hätte man nicht besser dieses benutzt? Warum ausgerechnet den Ragyndrudiscodex mit seinen antiarianischen Lehrdialogen? Das hätte wirklich keinen Sinn gemacht. Die Bestände der Klosterbibliotheken waren der ganze Stolz einer Abtei und von unschätzbarem materiellen und ideellen Wert. Wer im Kloster Fulda hätte den Anschlag auf ein Buch befohlen? Sturmius? Oder sein Nachfolger, der sanfte Baugulf? Wer hätte die Untat ausgeführt? Etwa ein Mönch aus der Schreibstube? Oh nein! Kein Mönchlein hat halbherzig und skrupulös daran herumgesägt. Etwas Vergleichbares wäre aus keiner Bibliothek je überliefert worden. An dem Buch hat ein waffengeübter Arm mit gewaltiger Kraft ganze Arbeit geleistet.

Auf Blatt 142 des Codex findet sich ein eindrucksvoller Eintrag, der beweist, dass man im Mittelalter bis hinauf nach Friesland Kenntnis von diesem sehr besonderen Buch hatte. Irgendwann vor der Wende zum ersten Jahrtausend wurden dort die Namen lebender und verstorbener Mitglieder der Grafen von Stade eingeschrieben. Sie waren die Nachkommen der Mörder und wollten auf diese Weise Generationen später Schuld abtragen und Buße leisten – wahrscheinlich ging mit der Wallfahrt nach Fulda und dem Eintrag in das Buch eine großzügige Spende einher. Kleine Stückchen Pergament sind aus dem Codex herausgeschnitten worden. Waren Blutflecken darauf?

Zurück in den Sommer 754. Die Kunde vom Überfall auf den mächtigen alten Kirchenmann dürfte rasch die Runde gemacht haben. Pippin befahl stante pede eine Strafexpedition. Das übernahm wahrscheinlich ein in Utrecht stationierter Heeresverband. *Denn als die Kunde von dem unvermuteten zeitlichen Hinscheiden der heiligen Märtyrer durch die Gaue, Dörfer und das ganze Land flog, sammelten die Christen, nachdem sie den leiblichen Tod der Märtyrer erfahren, ein gewaltiges Heer, rückten alsobald, schnelle Krieger der künftigen Rache, gegen die Grenzgebiete an und nach Ablauf der obenerwähnten Zahl von Tagen betraten sie, wohlbehaltene, aber ungehaltene Gäste, das Land der Ungläubigen und brachten den ihnen auf verschiedenen Seiten entgegentretenden Heiden eine vernichtende Niederlage bei* (Willibald, S. 517/519). Die *ungehaltenen Gäste* vergalten hier also doch noch Böses mit Bösem. Bonifatius stand schließlich seit Karl Martells Garantiebrief *allzeit unangefochten und wohlbehalten unter unserem Schutz und Schirm.* Das war ihm hier oben in Friesland nicht gut bekommen und es war wichtig, die fränkische Autorität in diesem Landesteil umgehend und nachdrücklich wiederherzustellen. Zugegeben – der päpstliche Legat war zuletzt ziemlich lästig geworden, aber wo käme man hin, wenn der Mord an ihm ungestraft bliebe? Was wären karolingische Schutzversprechungen dann wohl noch wert? Die ausgesandte Mannschaft hatte außerdem den Auftrag, seinen Leichnam zu bergen, die anderen Toten ehrenvoll zu beerdigen und etwa noch auffindbare Gegenstände zu sichern.

Willibald beschreibt, wie die Heiden sich – nach Plünderung der Weinvorräte? –, *in grausenerweckendem Kampf gegeneinander kehrten.* Man darf das bezweifeln. Das ist ein typischer hagiographischer Topos, der einen negativen Gegenpol zum vorbildlichen Handeln der Christen herausarbeiten soll. Nein – wenn Leichen der Angreifer auf dem Schlachtfeld gefunden worden sind, dann kann es nur eine Erklärung dafür geben. Bonifatius' Mannen haben sich, anstatt *vom Kampf abzulassen, Krieg und Schlacht abzutun,* nach Kräften gewehrt. Dafür waren sie schließlich mitgekommen. Entgegen seiner Weisung hatten sie an jenem frühen Morgen des 5. Juni 754 durchaus nicht vor, *dankbar zu ertragen, was der Herr ihnen gnädig geschickt hatte.*

Die friesische Verwandtschaft wird sich um die sterblichen Überreste der toten Angreifer gekümmert haben. Die weniger bedeutenden christlichen Toten hat man wahrscheinlich an Ort und Stelle beerdigt. Bonifatius' Leichnam und mindestens die von Eoban und Aethelher brachte man nach Utrecht. Eoban ruhte hier allerdings nur kurz. An einem unbekannten Zeitpunkt im Lauf des Mittelalters wurde er nach Fulda überführt und von dort nach Erfurt gebracht, wo er etwa

Die Stelle des Martyriums im holländischen Dokkum (in den nördlichen Niederlanden in der Provinz Fryslan) markiert heute ein Park mit Wallfahrtskapelle, dem Bonifatiusbrunnen sowie der Statue aus dem Jahr 1962. Wir sehen den Heiligen, der das Buch schützend über seinen Kopf hält. Der Sockel trägt die Inschrift: „Hic Bonifatio lumen vitae extortum DCCLIV hic frisiae evangelii lumen exortum". Das bedeutet: „Hier wurde Bonifatius 754 das Lebenslicht genommen, hier wurde für Friesland das Licht des Evangeliums entzündet". Direkt nach dem Mord an Bonifatius und den Seinen wurde hier eine Kirche nebst Kloster gegründet, um die herum sich der Ort Dokkum gebildet hat.

seit dem Jahr 1100 liegt. An der Stelle des Martyriums wurde bald ein Hügel aufgeschüttet und darauf eine Kirche errichtet. Wir haben sogar bereits einen ihrer ersten Priester kennengelernt: Liudger, den Schüler und Biograph Gregors. Vor seiner Abreise von Utrecht nach Dokkum haben Bonifatius und er sich getroffen. Auch ein Kloster wurde bei der Kirche gegründet.

Im Mittelalter hat sich eine Wallfahrtstradition hierhin gebildet, die, zwischenzeitlich eingeschlafen, mittlerweile wieder aufgelebt ist. Die Wallfahrtskapelle von 1934, eine überlebensgroße Statue des Heiligen aus dem Jahr 1962 sowie der Bonifatiusbrunnen bilden einen Park, der noch heute den Platz markiert, an dem Bonifatius und seine Gefährten den Tod fanden. Sinnigerweise wurde die Kapelle aus Ziegelsteinen von Ruinen untergegangener Kirchen und Klöster Frieslands errichtet. Da sich um Kirche und Kloster die heutige Stadt Dokkum entwickelt hat, liegt dieser Gedächtnispark heute nahe der Innenstadt. *Hic Bonifatio lumen vitae extortum DCCLIV hic frisiae evangelii lumen exortum = Hier wurde Bonifatius 754 das Lebenslicht genommen, hier wurde für Friesland das Licht des Evangeliums entzündet*, lautet die Inschrift auf der Statue.

Die Bücherkiste des Bonifatius

Hat der Strafexpeditionstrupp weitere Gegenstände gefunden? Willibald berichtet, die Bücher seien wahllos verstreut oder in die Sümpfe geworfen worden. Und weiter: *Doch wurden sie (...) nach Verlauf von langer Zeit unverletzt und unversehrt gefunden und von den einzelnen Findern nach dem Hause, in dem sie noch bis zum heutigen Tage dem Heil der Seelen dienen, zurückgesandt* (Willibald, S. 517).

Während die irischen Missionare ihre schmalen Handbibliotheken in einem Fellsack – einer thiaga – mit sich herumtrugen, schreibt Willibald in Bonifatius' Fall eindeutig von einer *theca librorum* oder von einem *repositorium*, also von einem festen Behältnis, wahrscheinlich einer Kiste. Bonifatius reiste sein Leben lang mit dieser Bücherkiste umher, in der am Ende etwa 20 bis 25 Codices, wahrscheinlich mehrheitlich Sammelhandschriften, vereint waren. Das war wirklich bemerkenswert, pries sich doch so manche Abtei glücklich, wenn sie nur die Hälfte dieser Anzahl besaß. Seine Handbibliothek ist durch Quellen die am besten dokumentierte Büchersammlung des Frühmittelalters – viele Forscher haben sich mit ihr beschäftigt und sie zu rekonstruieren versucht. Sie war die Präsenzbibliothek eines Praktikers. Sie spiegelt seine geistige Welt. Er wiederum prägte und formte seine Mitarbeiter und wirkte durch sie erheblich auf den Bildungsstandard des Frankenreiches ein. Kein Wunder also, dass die Forscher es aufregend finden, sich mit dem Inhalt seiner Bücherkiste zu befassen. Die Rekonstruktion allerdings gleicht komplizierter Detektivarbeit.

Die seitenlangen Zitate, die er in seinen Briefen unterbrachte, weisen auf Werke, auf die er Zugriff hatte. Dabei ist es nicht immer ganz einfach, Bücher, die

Auf folio 77r des Weissenauer Passionales, einer lateinisch-deutschen Sammlung von Heiligenviten, die im 12. Jahrhundert möglicherweise im Kloster Weissenau geschrieben und gemalt wurde, beginnt das „liber de uita et uirtutibus sancti Bonifacii archiepiscopi et martyris". Hier sehen wir die Initiale, die das Kapitel einleitet: Bonifatius vor feierlich rotem Hintergrund. Er trägt Mitra und Pallium, in der Hand das unvermeidliche Buch. Sein Kopf ist vom Nimbus hinterfangen, ein Benediktinermönch mit Tonsur reicht in ehrerbietiger Haltung den Bischofsstab. An seiner linken Seite ist der Altar zum Messopfer vorbereitet. Das wertvolle Buch mit seinen reichen Initialen gehört zur Sammlung der Fondation Martin Bodmer in Cologny bei Genf, die im Jahr 2015 dem Weltkulturerbe der UNESCO beigefügt wurde.

er besessen hat, von solchen zu unterscheiden, zu denen er nur Zugang hatte. Schließlich standen ihm auf seinen langen Reisen die Bestände diverser Klöster zur Verfügung. Als Erzbischof von Mainz konnte er später dauernd auf die Mainzer Dombibliothek zugreifen. Befanden sich Werke dieser Sammlungen in seiner Kiste? All dies gilt es zu bedenken. Scheint ein Zitat nur einmal in seinen Briefen auf, so deutet das noch nicht auf seinen Besitz. Zitiert er aber öfter aus einer Schrift, so liegt die Vermutung nahe, er habe sie besessen. Welche codices genau ihm zu eigen waren, ist auch deshalb so schwer zu fassen, weil er so viele Texte auswendig kannte. Nur so können wir uns erklären, dass nirgends von einem Exemplar der *regula Benedicti* die Rede ist. Seine Bedürfnisse und seine Lebenspraxis machen den Besitz weiterer Bücher wahrscheinlich. Teilsammlungen der Bibel nannte er sein eigen, ebenso Psalter, Lektionar, Sakramentar, Passionale, Bibelkommentare und Synodalbeschlüsse. Wir hörten schon von dem Band Petrusbriefe in Goldschrift, den er bei Eadburg bestellt hat, ebenso von den Petrusbriefen in großer Unziale, den er sich von Daniel von Winchester erbat. Bei seinem ehemaligen Schüler Dudd – inzwischen zum Abt avanciert – bat er ganz allgemein, ihm zu senden *was Du in Deinem Klosterarchiv findest und Deiner Meinung nach für mich von Nutzen ist* (Briefe, S. 113). Bei Ekberht von York fragte er wegen exegetischer Werke Bedas an (Briefe, S. 311), der brave Gemmulus in Rom entschuldigte sich immer wieder, dass er wegen seiner Gicht so viel Zeit für die Abschriften der Briefe Gregors des Großen benötigte. Bonifatius besaß also auch Kirchenväterliteratur. So ergibt sich aus vielen Puzzlesteinen ein recht genaues Bild seiner Bibliothek. Dabei wird klar: Weltliche Wissenschaften, sofern sie nicht dem Verständnis der Hl. Schrift dienten, waren für Bonifatius uninteressant.

Eine Darstellung des Bonifatius aus dem 19. Jahrhundert. Vor einer Säulenstellung erblicken wir den Heiligen mit seinem ihm mittlerweile zugeordneten Attribut: dem vom Schwert durchbohrten Buch. Er war Autor von Schulbüchern, Kenner der heiligen Schrift, begnadeter Lehrer und Dichter kompliziertester Ellipsengedichte. Alles zur höheren Ehre Gottes! Er importierte seine hohe angelsächsische Gelehrsamkeit ins Frankenreich. Seine zahlreichen Schüler und Mitarbeiter wirkten als Verstärker auf Bischofssitzen, in Kirchen und Klöstern. Zunächst in seinem Missionsgebiet, später weithin gestreut im Reich. Fulda mit seiner berühmten Schreibschule wurde zu einer regelrechten angelsächsischen Schriftprovinz. Bonifatius hatte maßgeblich Anteil an der Entwicklung der karolingischen Bildungsrenaissance.

Die Mörder haben diese Bücher zerfetzt, zerhauen, überall herumgeworfen und nach Germanenart im Sumpf versenkt. Gut möglich, dass man damals noch mehr Bücher mit Hiebspuren auf dem Schlachtfeld fand. Dann wäre der Codex Ragyndrudis nur einer unter anderen und das originale Buch der Erzählung möglicherweise verloren. Weil solche Stücke hohes Prestige hatten, wären sie sicher nicht alle nach Fulda zurückgelangt, so manches dürfte in Utrecht geblieben und über die Jahrhunderte verlorengegangen sein. In seiner Bonifatiusvita, die der Regensburger Mönch Otloh während seines Aufenthaltes in Fulda zwischen 1062 und 1066 verfasste, schrieb er, jedermann könne nachprüfen, dass in der Fuldaer Bibliothek ein *Evangeliar*

Diese Steinplatte befindet sich in der sogenannten Liobakirche – eigentlich St. Peter – auf dem Petersberg. Sie wurde um das Jahr 1170 gefertigt. Hier sehen wir den Heiligen, angetan mit dem Pallium als Zeichen seiner Erzbischofswürde und mit dem Buch in der Hand. Es ist ihm als kennzeichnendes Objekt beigeordnet. Tatsächlich bezeichnete er sich selber als Liebhaber der Heiligen Schrift und Bücher begleiteten ihn das ganze Leben lang – buchstäblich bis in den Tod. Jegliche Wissenschaft sollte seiner Meinung nach der Erschließung des Evangeliums dienen. Weltliche Wissenschaften blieben ihm fremd.

liege, das *eine* Hiebspur aufweise, die wunderbarerweise *nicht die Schrift* berührt habe. Evangeliar? Nur eine Hiebspur? Die Schrift unverletzt? Er muss ein anderes Buch als den Ragyndrudiscodex gesehen haben.

Zur bonifatianischen Sammlung gehörten neben dem Ragyndrudiscodex zwei weitere Bände: der codex Bonifatianus I = der „Victor Codex" und der codex Bonifatianus III = das „Cadmug-Evangeliar". Sie befinden sich ebenfalls beide heute noch in Fulda. Weil alle drei *codices Bonifatiani* höchstwahrscheinlich vom Tatort geborgen *und nach dem Hause, in dem sie noch bis zum heutigen Tage dem Heil der Seelen dienen,* zurückgesandt wurden, galten sie stets als Berührungsreliquien. Daher gehörten sie glücklicherweise nie zum Bestand der verlorenen hochberühmten fuldischen Stiftsbibliothek, sondern zum Stiftsschatz. Nur so lässt sich erklären, dass sie auf uns gekommen sind. Gemeinsam sind allen drei Bänden ihre erhaltenen frühmittelalterlichen Einbände. Fulda besitzt mit ihnen einen unermesslich wertvollen Bücherschatz.

Der Victor-Codex wurde zwischen 541 und 554 für Bischof Victor von Capua geschrieben, der ihn höchstpersönlich durchkorrigiert und abgezeichnet hat. Er

Der Victor Codex oder codex Bonifatianus III wurde zwischen 541 und 547 für Bischof Victor von Capua geschrieben. Er galt also schon zu Bonifatius´ Zeiten als altehrwürdig. Er enthält Kanontafeln und die Evangelien in der Übersetzung des Hieronymus aus dem Ende des vierten Jahrhunderts, gemeinhin „Vulgata" genannt. Damit gehören die Texte des Victor Codex zu den ältesten Abschriften dieser Übersetzung überhaupt. Das Buch hat eine großzügige, hochästhetische Seitengestaltung und ist in einer wunderbaren, sauber abgesetzten italienischen Unziale geschrieben. Sie war besonders gut lesbar, was den alternden Bonifatius gefreut haben dürfte. Zwei angelsächsische Schreiber des 8. Jahrhunderts trugen auf die breiten Ränder des Satzspiegels Kommentare und Anmerkungen ein. Die Forscher gehen davon aus, dass einer der beiden Bonifatius war. Mit seinen Maßen von 28,5 x 14 cm hat das Buch ein merkwürdiges hochrechteckiges Format. Es liegt in der Hochschul- und Landesbibliothek Fulda als Dauerleihgabe des Domkapitels.

war also zu Bonifatius´ Zeit schon alt und ehrwürdig. Das Buch in dem merkwürdigen hochrechteckigen Format gehört zu den wertvollsten Codices der Welt. Vielleicht erwies sich dieses Format, das an unsere heutigen schmalen Taschenbücher erinnert, als besonders günstig fürs Reisegepäck. Der Band versammelt in Gegenüberstellung Texte des Neuen Testaments und Kanontafeln. Als Vorlage wurde die Vulgata benutzt und so gelten sie als die ältesten Vulgatatexte überhaupt. Durch diese Evangeliensynopsis war das Buch sehr praktisch für den täglichen Gebrauch. Es handelt sich um eine reine Texthandschrift ohne Abbildungen. Geschrieben ist es in einer wunderbar sauber abgesetzten Unziale, jede Seite ist ein kleines Kunstwerk. Von den zahlreichen Randglossen, die zwei angelsächsische Hände des frühen 8. Jahrhunderts eingetragen haben, stammen einige sicher von Bonifatius selber. Wenn die Forscher bei den beiden anderen Büchern mit hoher Wahrscheinlichkeit davon ausgehen, sie haben dem Hl. Bonifatius gehört, so gibt es beim Victor Codex einen regelrechten Indizienbeweis: In einem Schreiben an Erzbischof Cudberht von Canterbury zitiert Bonifatius einen Petrusbrief mit einem Zusatz, den ausschließlich dieser Codex enthält. Er ist Inhalt einer der erwähnten Randglossen. Der Einband stammt aus bonifatianischer Zeit – vielleicht hat ein northumbrischer Handwerker ihn gefertigt. Auch er besteht aus geprägtem Leder, diesmal mit Metallbeschlägen.

Das Cadmug-Evangeliar ist ein kleinformatiges irisches Taschenevangeliar, wie sie für die wandernden Missionare häufiger hergestellt wurden. Es wurde von dem Schreiber Cadmug in der ersten Hälfte des 8. Jahrhunderts geschrieben.

Auf folio 65, dem letzten Blatt dieses Buches, hat sich der Schreiber eingetragen: „finit. Amen. Deo gratia Cadmug scripsit." = „Ende. Amen. Mit Gottes Gnade schrieb Cadmug". Wir kennen also den Namen des Schreibers und so hat das Taschenevangeliar den Namen dieses sonst unbekannten irischen Mönchs erhalten, der es in der ersten Hälfte des achten Jahrhunderts geschrieben hat: das Cadmug-Evangeliar. Es handelt sich um einen reinen Textband mit Ausnahme der Evangelienanfänge, die jeweils durch eine ganzseitige farbige Evangelistendarstellung eingeleitet werden. Diese Darstellungen sind sehr einfach gehalten. Wahrscheinlich wurde eine Schablone verwendet, die farbig ausgemalt wurde. Bücher dieser Art waren ein beliebtes Hilfsmittel für wandernde Missionare. Durch ihr geringes Format – das Cadmug-Evangeliar misst nur 12,5 x 10 cm – waren sie ein praktisches Reisegepäck. Wie die beiden anderen codices Bonifatiani besitzt es noch seinen ursprünglichen Einband.

Manche Forscher gehen davon aus, dass die Verbindung von Bonifatius' Sterben und dem Buch nicht als Tathergang, sondern rein allegorisch aufzufassen ist. Das Buch wäre dann gleichsam als geistiges Schild zu verstehen, mit dessen Hilfe der Heilige dem Bösen entgegentrat. Im Ritus der Bischofsweihe wurde dem Kandidaten ein aufgeschlagenes Evangeliar über den Kopf gehalten, so dass die beiden Flügel seine Schultern beschirmten. Hat sich der Utrechter Vitenautor, bei dem allein die „Sache mit dem Buch" beschrieben wird, hiervon inspirieren lassen?

Wir kennen ihn, weil er sich auf folio 65, dem letzten Blatt, selbst verewigt hat: *finit. Amen. Deo gratia ago Cadmug scripsit.* Auch dies ist ein reiner Textband, mit Ausnahme der Anfänge der vier Evangelien. Dort ist jeweils eine ganzseitige Evangelistendarstellung vorgesetzt, flächig farbig gefasst und immer derselbe schematisch vereinfachte Typus: Ein stehender Schreiber mit langem Haar trägt ein Buch und eine Feder. Die Evangelistenattribute – Engel, Löwe, Stier und Adler – fehlen. Die Buchstaben sind eng gesetzt und schwer lesbar. Kein Wunder, dass der alternde Bonifatius manchmal schier verzweifelte. Auch dieses Buch besitzt noch seinen Einband aus dem 8. Jahrhundert. Auf Vorder- und Rückseite ist jeweils ein Andreaskreuz eingestanzt, in die freien Flächen zwischen den Kreuzarmen sind rudimentäre Dreipässe eingefügt.

Es wurde auch die Theorie formuliert, die Erzählung mit dem Buch sei überhaupt nicht als Tathergang, sondern rein allegorisch aufzufassen. Das Buch als Träger der Frohen Botschaft wird in dieser Lesart als geistiges Schild verstanden, mit dem der heilige Mensch dem Übel entgegentritt. Der Inhalt des Buches dient ihm also zur Abwehr des Bösen. Er bürgt gleichsam im Tod für das Buch, das er im Leben geliebt hat. Im Brief an die Epheser 6, 14-17 schreibt Paulus: *So steht nun fest, umgürtet an Euren Lenden mit Wahrheit und angetan mit dem Panzer der Gerechtigkeit und an den Beinen gestiefelt, bereit, einzutreten für das Evangelium des Friedens. Vor allem aber ergreift den Schild des Glaubens, mit dem Ihr auslöschen könnt alle feurigen Pfeile des Bösen.* In derselben Zeit, in der in Utrecht die anonyme Vita entstand, im Jahr 825 nämlich, schrieb Hrabanus Maurus in Fulda sein berühmtes Figurengedicht auf Ludwig den Frommen als Teil seiner Sammlung *in laudibus sanctae crucis.* Hier hält der Kaiser einen Schild mit der Inschrift: *Denn der Schild des Glaubens wehrt die Geschosse der Ruchlosen ab, er schützt den Kaiser und verleiht ihm herrlichen Sieg; das fromme Herz, das im Vertrauen auf das göttliche Geschenk unversehrt bleibt, triumphiert immer über das Lager der Feinde.* In dem Gedicht des Fuldaer Abtes finden wir also ebenfalls das Symbol des geistigen Schilds gegen das Böse. Seit dem vierten Jahrhundert wurde überdies im Ritus der Bischofsweihe dem Weihekandidaten ein aufgeschlagenes Evangeliar so über den Kopf gehalten, dass die beiden Flügel seine Schultern beschirmten – eine Bildmetapher für die Herabkunft des Heiligen Geistes auf den künftigen Bischof. Eine Kombination dieser beiden Traditionen könnte den Utrechter Vitenautor zu der Erzählung mit Bonifatius und seinem Buch inspiriert haben.

Der Heimweg nach Fulda: Von Dokkum nach Mainz

Der gestaltete sich schwierig, denn ein Märtyrerleib hatte für die Menschen damals eine Bedeutung, die wir heute nicht hoch genug einschätzen können. In der mittelalterlichen Vorstellungswelt war der Verstorbene Dank seines Lebensopfers Gott sofort und unmittelbar nahe. Für ihn gab es keinen Umweg über das Fegefeuer und keine Warterei auf das Jüngste Gericht. Er war daher geeignet, sogleich als Fürsprecher für die Lebenden zu fungieren. Mit ihm hatte man ein direktes, heilbringendes Band zu Gott. Bonifatius´ Sterben, einem Raubüberfall geschuldet, wurde sogleich als Märtyrertod umgedeutet. Da die große Zeit der Märtyrer schon lange vorbei war, bedeutete ein frisches Martyrium eine Sensation und jede Kirche wäre gerne Grablege geworden. Ein Märtyrergrab brachte handfesten Gewinn: Pilgerströme, Schenkungen, ganz allgemeinen Wirtschaftsaufschwung. In Dokkum, wo der größte Teil von Bonifatius´ Freunden begraben worden war, verfügte man wenigstens über deren Reliquien. In der hier gegründeten Abtei wurden die sterblichen Überreste von 30 Gefährten aufbewahrt. Eine spätmittelalterliche Quelle sagt sogar, dass einige Gegenstände aus seinem Besitz hier verblieben seien – Kelch, Hirtenstab, Messgewand, Stola, Albe, sein Ring, ein silberner Becher und ein Evangeliar. Von all dem findet sich heute keine Spur mehr.

Natürlich mussten die Friesen die wertvollsten Reliquien – die des Bonifatius, des Eoban sowie des Priesters Aethelher – herausgeben. Über die Zuidersee wurden sie nach Utrecht gebracht. Die beiden letzten blieben in Utrecht, wo sich ein Memorialkult um sie entwickelte. Was in den Tagen nach dem Überfall geschah, berichtet uns Eigil in seiner Sturmiusvita: *Als aber der Bischof und viele von seinen Genossen*

Utrecht war in römischer Zeit das am niedergermanischen Limes gelegene Kastell Ultra Traiectum (=jenseits des Flussübergangs), das um 45 n. Chr. gegründet wurde. Innerhalb der alten Kastellmauern ist zwar bereits für das frühe 7. Jahrhundert ein Kirchenbau nachgewiesen, die Christianisierung der Gegend gestaltete sich aber zäh. Nach mehreren gescheiterten Versuchen hatte erst Willibrord nachhaltigen Erfolg. Hinter der niedrigeren Buurkirche sehen wir den Martinsdomturm. Mit seinen 112 Metern ist er der höchste Kirchturm der Niederlande. Willibrord hatte die erste Kirche durch einen Steinbau ersetzt, der von Normannen zerstört wurde. Nach mehreren Brandkatastrophen wurde Mitte des 13. Jahrhunderts der Grundstein für den gotischen Neubau gelegt. Sein Mittelschiff stürzte im 17. Jahrhundert während eines schweren Sturms ein und wurde nie wiederaufgebaut. An seiner Stelle entstand der Domplatz. Heute beherbergt der Dom die evangelisch-reformierte Innenstadtgemeinde Utrechts.

die Krone des Märtyrertums gewonnen, kamen aus dem im oberen Friesland gelegenen Kloster Trech getreue Brüder, die die Leichen der heiligen Märtyrer bargen und einige derselben an Ort und Stelle begruben, andere aber, nämlich die des heiligen Bischofs Bonifatius und der heiligen Priester und Diakone, die mit ihm zugleich gelitten, und den eines Bischofs mit Namen Eoba mit sich nahmen. Des letzteren Körper aber nahmen sie ohne das Haupt, das die Feinde abgeschlagen hatten und das sie nirgends finden konnten. Als sie nun dorthin zurückgekehrt, setzten sie den Leichnam des heiligen Bischofs Bonifatius mitsamt der Bahre, auf der er im Schiffe gelegen, in eine kleine ihnen benachbarte Kirche, die Leichen der übrigen Märtyrer begruben sie. Dann traten alle Bewohner jenes Ortes zu einem großen Rat zusammen, um zu erwägen, wie sie die Ruhestätte des heiligen Märtyrers Bonifatius dauernd für ihren Ort sichern könnten, da sie wohl wussten, wie große Hilfe ihnen die Verwendung eines so hohen Märtyrers gewähren würde. Unter Fasten und Gebeten flehten sie zum Herrn, dass der heilige Märtyrer bei ihnen zu weilen sie würdigen möge, und rüsteten in der Hauptkirche einen Ort zu seiner Ruhestätte auf geziemende Weise.

Der heilige Märtyrer aber wollte, wie bald genug klar wurde, dass sein Leichnam zu dem in der Einöde gelegenen Ort, den er selbst sich nach Gottes Wink erkoren hatte, übertragen werde. Denn als sie ihn zur anderen Kirche tragen und dort in den Sarkophag beisetzen wollten und ihre Hände an die Bahre legten, waren sie nicht imstande, sie zu heben, und obschon noch viele andere sich mit ihnen vereinten, so konnten sie auch mit neuer Unterstützung die Bahre, auf der der heilige Leichnam ruhte, nicht von der Stelle rücken.

Sie sahen also ein, dass es nicht sein Wille sei, an diesem Ort zu bleiben, sondern verkündeten dann, dass er nach der Stadt Mainz gebracht werden müsse. Darauf erhoben sie die Bahre sofort ohne Schwierigkeit, trugen sie zum Fluss, setzten sie ins Schiff und begannen, den Rhein entlang und nach den oberen Gegenden zu ziehen (Eigil, S. 123-125).

Nicht das Wirken des Bonifatius, sondern der Wille zweier Personen sorgte dafür, dass der wertvolle Leichnam nach Mainz gebracht wurde. Das waren Lul, Bischof von Mainz und Sturmius, Abt von Fulda. Beide erhoben Anspruch, Hüter der Grablege des Bonifatius zu werden. Sturmius, weil es der Wunsch des Verblichenen war, in Fulda zu ruhen und Lul, weil er argumentierte, die Grablege des Bischofs von Mainz sei selbstverständlich in Mainz. Die Überführung von Utrecht nach Mainz wurde per Schiff auf dem Rhein bewerkstelligt. Ob der Leichnam tatsächlich auf offener Bahre reiste, wie Eigil schreibt, oder in einem mit Pech versiegelten Baumsarg, wie Hrabanus Maurus berichtet, muss offenbleiben. Am 30. Tag nach seinem Tod – dem 4. Juli – sei Bonifatius dort eingetroffen. Lul erwartete ihn schon. Seit er von den Geschehnissen des 5. Juni gehört hatte, war er in hektische Betriebsamkeit verfallen und ununterbrochen unterwegs gewesen. Er war nämlich zum Hof gereist, um persönlich bei Pippin mindestens die Nachfolge in Mainz zu sichern, gleichzeitig hatte er eine Gesandtschaft nach Friesland geschickt, die dafür sorgen sollte, dass die wertvollste Reliquie nach Mainz käme. Als er also am 4. Juli dort am Rheinufer parat stand, hatte er aufreibende Wochen hinter sich.

Im 8. Jahrhundert war es eigentlich nicht mehr üblich, den Märtyrertod zu sterben, das war Sache des spätrömischen Zeitalters. Der Raubmord an Bonifatius und seinen Freunden wurde jedoch als Märtyrium interpretiert, womit seine sterblichen Überreste immensen Wert erhielten. Jede Kirche hätte gerne ein Märtyrergrab beherbergt, war dies doch Garant für Pilgerströme, Schenkungen und ganz allgemeinen Wirtschaftsaufschwung. Die Utrechter wollten rasch Fakten schaffen und hatten schon eine würdige Grabstelle für Bonifatius hergerichtet. Das ließen Sturmius und Lul aber nicht zu. Schweren Herzens mussten die Utrechter den Leichnam auf ein Boot setzen und den Heiligen ziehen lassen. Von allen Kirchtürmen läuteten zu seinem Abschied die Glocken. Der Verewigte selbst mahnte mit diesem Getöne die Utrechter, seinen Leichnam freizugeben. Die Abbildung stammt von der Titelseite der Briefausgabe von Nikolaus Serarius.

Willibald erzählt in seiner Heiligenvita die Geschehnisse in Utrecht so, dass Lul in möglichst positivem Licht erscheint: *(...) Der Leich-*

Ein „frischer" Märtyrer im 8. Jahrhundert – das war wirklich eine Sensation! In der Vorstellungswelt der Zeit erhielt er als Lohn für sein Lebensopfer direkten Zugang zum Paradies und zu Gott, ohne den Umweg über das Fegefeuer oder das Jüngste Gericht nehmen zu müssen. Daher war er geeignet, den Menschen ganz aktuell als Fürsprecher an höchster Stelle zu dienen. In dieser unsicheren und gewalttätigen Epoche war er ein echter Hoffnungsträger und die Menschen pilgerten an sein Grab, um ihm nahe zu sein, seinen Sarg zu berühren, ihre Bitten und Sehnsüchte bei ihm loszuwerden. Das Bonifatiusgrab in Fulda hatte und hat noch immer eine erhebliche Ausstrahlungskraft.

nam des heiligen Bischofs aber wurde (...) wenige Tage darauf nach der oben erwähnten Stadt Trecht geführt und dort beigesetzt und bestattet, bis von Mainz einige fromme und im Herrn gläubige Brüder, die von dem Bischof Lul (...) gesandt waren, zu Schiff eintrafen, um den Leichnam des seligen Mannes nach dem Kloster zu schaffen, das er bei seinen Lebzeiten erbaut hatte und das nicht weit vom Ufer des Flusses, der Fulda genannt wird, liegt (Willibald, S. 519). Nach dieser Version hätten die Utrechter bereits Fakten geschaffen und den Leichnam einfach beigesetzt. Auch hier musste Bonifatius erst durch mahnendes Läuten einer *von keiner Menschenhand berührten* Glocke seine Abreise bei dem widerspenstigen Volk durchsetzen. *Da wurden alle plötzlich von heftiger Angst durchzuckt (...). So wurde denn der Leichnam sofort ausgeliefert und von jenen Brüdern heiligen Angedenkens unter Psalmen und Lobgesängen weggeführt und ohne großes Mühen der Ruderer am dreißigsten Tage nach seinem Hingange zur obengenannten Stadt Mainz gebracht* (Willibald, S. 519/521).

Auch Sturmius stand pünktlich zur Ankunft seines Mentors in Mainz bereit: Sein Neffe Eigil schreibt: *Sturmi aber ließ, nachdem er dies vernommen, es sich angelegen sein, von dem in der Einöde gelegenen Kloster Fulda ihnen entgegenzueilen, und schloss sich ihnen auf ihrem Wege an, bis sie nach einer glücklich und leicht vollbrachten Reise nach der Stadt Mainz kamen* (Eigil, S. 125). Es scheint also, als sei Sturmius auf der letzten Reiseetappe des Schiffskonvois sogar zugestiegen, um gemeinsam mit dem Leichnam in Mainz einzutreffen. Das war ein psychologisch kluger Schachzug. Damit setzte er gleich bei der Ankunft ein deutliches Zeichen, unter wessen Obhut Bonifatius stand. Er brachte seinen Abt ein letztes Mal zu seinem Bischofssitz, fest entschlossen, ihn auch wieder von dort fortzuführen.

In Mainz gingen die Diskussionen von vorne los. Die beiden Biografen Willibald und Eigil – parteiisch, wie sie nun mal waren – schildern die folgenden Tage in zwei unterschiedlichen Varianten. Willibalds von Lul beauftragte Mainzer Fassung lautet: *Und durch des allmächtigen Gottes wunderbares Walten geschah es, dass an ein und demselben Tage, den man keineswegs vorher festgesetzt hatte, als wie zu einer angeordneten und bestimmten Frist sowohl die Boten, die den heiligen Leichnam heimbrachten, als auch aus der Nähe und aus weiter Ferne viele gläubige Männer und Frauen zur Totenfeier des erhabenen Mannes zusammenkamen. Auch der genannte Bischof des Herrn, der Nachfolger des Heiligen im Amt, der zu jener Zeit sich in der Kaiserpfalz aufhielt und der dieser ganzen Sache gänzlich unkundig sowie von der Ankunft des heiligen Leichnams keineswegs benachrichtigt war, kam zu ein und derselben Stunde, ja, in demselbem Augenblicke in der genannten Stadt an. Alle fremden Gläubigen aber und auch die Bürger der Stadt waren, obschon tiefer Schmerz und Kummer auf ihnen lastete, doch von reicher, überströmender Freude beseelt; denn wie sehr sie angesichts der Leiche ihres großen Bischofs von Schmerz über seinen leiblichen Hingang erfüllt waren, vertrauten sie zugleich fest, dass er fürderhin ihnen und den ihren in alle Ewigkeit ein Fürsprecher sein werde. Aus diesem doppelten Beweggrunde also tief erschütterten Herzens brachten sie ihn mit den Presbytern, Diakonen und Leuten jeglichen geistlichen Standes nach dem Ort, den er sich bei seinen Lebzeiten ausgewählt* (Willibald, S. 521).

Lul wäre also ganz zufällig, obwohl gerade vom Hof kommend, pünktlich, in völliger Unkenntnis der Lage *und keinesfalls vorher festgesetzt*, in Mainz eingetroffen. So ein Zufall. Dort fand er eine fromme Volksmenge vor, *von reicher überströmender Freude beseelt*, den Leichnam bei sich zu wissen. Man besann sich aber selbstverständlich des Wunsches des Heiligen und brachte ihn nach Fulda. Es war natürlich kein Zufall, dass Lul, der Schiffskonvoi und die große Trauergemeinde am 5. Juli, dem 30. Tag nach dem Tod des Bonifatius, in Mainz zusammentrafen. Im Gegenteil war dies der vorgesehene Tag für die große Trauerfeier in der Bischofsstadt. Der Leichnam wurde im alten Dom St. Johannis aufgebahrt, gewaschen und das Waschwasser, in das sich wunderbarerweise sogar noch etwas Blut gemischt hatte, sorgsam aufgefangen. So stellte Lul sicher, dass er wenigstens eine Blutreliquie zurückbehielt.

Interessant zu hören, wie sich die fuldische Variante der gleichen Erzählung anhört: *Sofort zogen die Priester und die gesamte Geistlichkeit der Stadt ihnen entgegen, nahmen des heiligen Märtyrers Körper in Empfang und stellten ihn ehrenvoll in ihrer Kirche auf. Dann behaupteten alle Priester und Geistlichen wie auch das gesamte Volk in voller Übereinstimmung, es sei nicht rechtens, dass der heilige Märtyrer Gottes nach einem anderen Ort gebracht werde, sondern da, wo er lebend seinen Bischofssitz gehabt, müsse auch jetzt sein Leichnam ruhen. Überdies kam aus der Pfalz ein Bote vom Könige, der da meldete, der König habe befohlen, dass des heiligen Märtyrers Leichnam in dieser Stadt, wenn es sein eigener Wille gewesen sei, beigesetzt werden solle. Sturmi jedoch und die mit ihm aus der Einöde dorthin gekommen waren, behaupteten unentwegt, dass der heilige Bischof, der so oft bei ihnen geweilt, sowohl die Stelle bezeichnet, wo sie seinen Körper beisetzen sollten, als auch ausdrücklich den Willen ausgesprochen habe, dass er dort in der Einöde ruhen wolle.* Wieder muss Bonifatius eingreifen. Er erscheint einem Geistlichen im Traum und verlangt seine Auslieferung nach Fulda. *Alle wurden dann von großer Furcht ergriffen und scheuten sich, fernerhin gegen die Wegführung des heiligen Märtyrers von dort etwas einzuwenden. Lul jedoch, der dortige Bischof, wollte anfangs durchaus nicht an die Offenbarung des heiligen Märtyrers glauben.* Erst nachdem der Geistliche einen heiligen Eid am Altar geschworen hatte, gab er klein bei und gestattete, dass man Bonifatius wegführte. Es wurde Bonifatius' Leichnam *mit großer Pracht erhoben, unter geistlichen Gesängen bis an den Fluss getragen, in ein Schiff gestellt und bis zum Dorfe Hochheim, welches am Ufer des Main liegt, gefahren, von da brachte man nach wenigen Tagen (...) den heiligen Leichnam des Priesters zum Kloster Fulda und setzte ihn in einem neuen Grabgewölbe bei* (Eigil, S. 125/126).

Das hört sich ganz anders an: Lul samt seinem Klerus will sich über Bonifatius' letzten Wunsch hinwegsetzen, obwohl er als sein Sekretär sehr wohl weiß, dass Bonifatius sich in dieser Sache ihm selbst gegenüber mündlich, dem Papst gegenüber sogar schriftlich klar geäußert hat. Selbst als der Heilige sich aus dem Jenseits meldet, gibt er noch nicht auf. Auch bei Hof hat Lul offenbar versucht, seinen Willen durchzusetzen, anders wäre Pippins Einmischung nicht zu verstehen. Erst der heilige Rechtsakt am Altar lässt ihn einknicken.

Wäre Bonifatius unter normalen Umständen friedlich in seinem Bett gestorben, hätte Lul sicher keine Einwände gehabt, seinen Leichnam nach Fulda zu überführen. Sein Märtyrertod jedoch wandelte das Bild. Was galten angesichts dieser neuen Umstände die Worte von gestern? Der heilige Leib war zu wertvoll geworden, als dass man sich an einmal gemachte Absprachen halten würde. Das Bild, das hier von Lul gezeichnet wird, ist kennzeichnend für das Verhältnis, das das Bistum Mainz und die Abtei Fulda in Zukunft miteinander pflegen sollten. Sturm, der Erbe Fuldas und Lul, der Erbe des Bistums, waren und blieben sich spinnefeind.

Die letzte Etappe: Von Mainz nach Fulda

Liturgisch korrekt wäre eine Verweildauer von drei Tagen – ein Triduum – in Mainz gewesen, so dass die letzte Reiseetappe vermutlich am 9. Juli begann. Um noch ein Wegstück bequem auf dem Wasser voranzukommen, wurde Bonifatius wiederum auf ein Schiff gebracht, das bis Hochheim fuhr. Ab hier musste es über Land weitergehen. Angesichts der sommerlichen Temperaturen wird spätestens jetzt der Leichnam in einem versiegelten Sarg gelegen haben. Eskortiert wurde der Zug von Sturmius und Lul, Geistlichen aus Mainz und Fulda sowie zahllosen Leuten, die entlang der Strecke wohnten. Das Unternehmen gestaltete sich als festliche Wallfahrt, begleitet von Liedern und gemeinsamem Gebet. Die Plätze, an denen die wertvolle Fracht während der Übernachtungen und der Pausen abgestellt wurde, wurden für die Nachwelt kenntlich gemacht.

Der niederländische Kupferstecher Jakob Matham (1571-1631) schuf im Jahr 1612 einen Kupferstich mit Szenen aus dem Leben des Hl. Bonifatius. Auf diesem Ausschnitt sehen wir, wie das Boot mit dem Sarg seine Bischofsstadt Mainz verlässt, um über Rhein und Main nach Hochheim zu gelangen. Wir sehen die Menschenmenge am Ufer stehen, die ihn unter Gebeten und Gesängen verabschiedet. Die Legende sagt, das Wasser sei voller Begleitboote gewesen, die dem Märtyrer so lange wie möglich das letzte Geleit geben wollten. Das British Museum in London besitzt dieses Blatt.

Moderne Straßenforscher haben mit Hilfe ihrer wissenschaftlichen Standards, der Sichtung historischen Quellenmaterials, der Namensforschung sowie volkskundlicher Studien versucht, die genaue Strecke zu rekonstruieren, auf der Bonifatius´ sterbliche Überreste von Mainz nach Fulda gebracht wurden. Da die Menschen damals an manchen Rastplätzen Gedenkkreuze oder -kapellen errichtet haben, ergeben sich auf dem Weg zahlreiche malerische Ruhepunkte. Die Bonifatiusroute gilt heute als einer der schönsten Pilgerwege Deutschlands und im Buchhandel kann man mehrere Karten und praktische Reiseführer erwerben.

Moderne Straßenforscher, allen voran Christian Vogel in seinem Buch „Via Antiqua – Bonifatius` letzter Weg“, haben mit Hilfe ihrer wissenschaftlichen Standards, der Sichtung historischen Quellenmaterials, der Namensforschung sowie volkskundlicher Studien versucht, die genaue Strecke zu rekonstruieren. Man geht von sieben Reisetagen aus.

9. Juli: Nach Verlassen des Schiffs in Hochheim begab man sich auf die uralte Straße, die die Römer als Versorgungsweg ausgebaut hatten und die von Mainz zur Wetterau zog. Man nannte sie die Hohe Straße oder Steinerne Straße, im Mittelalter dann Elisabethenstraße. Auf ihr wanderte man eine Strecke von 13 km nach Kriftel zum ersten Übernachtungsplatz. Zur Erinnerung errichtete man an der Stelle eine Bonifatiuskapelle, die im Dreißigjährigen Krieg zerstört wurde. An sie erinnert heute ein kleines Denkmal. 1958 wurde das Gotteshaus durch die heutige Bonifatiuskapelle ersetzt. Der Rastplatz war günstig, da sich in unmittelbarer Nähe ein kleiner Wasserlauf befindet. Auf dem Marktplatz von Kriftel erinnert außerdem ein Steinkreuz, das im Jahr 1555 zuerst erwähnt wird, an Bonifatius´ ersten Rastplatz.

10. Juli: von Kriftel nach Kalbach, 18 Kilometer. Exakt in der Mitte zwischen den beiden Übernachtungsplätzen stand einst auf der Höhe von Eschborn und Sossenheim unmittelbar an der alten Elisabethenstraße eine Gruppe von drei Kreuzen. Die Stelle ist verloren, da sich heute ein Autobahnkreuz darüber befin-

Um noch eine Weile den bequemen Wasserweg zu nutzen, wurde Bonifatius' Sarg zunächst auf Rhein und Main bis Hochheim gebracht. Es heißt, das Wasser sei voller Schiffe und die Ufer voller Menschen gewesen. Unter Gesängen und Gebeten wurde der Mainzer Märtyrerbischof verabschiedet. Ab Hochheim ging es über Land weiter. Die erste Nachtrast wurde in Kriftel eingelegt. An der Stelle, an der der Sarg geruht hatte, wurde eine Kapelle errichtet. Sie wurde im Lauf des Mittelalters zerstört, auch der im 18. Jahrhundert erfolgte Nachfolgebau musste einer Straße weichen. Auf dem Marktplatz von Kriftel steht an nahezu originalem Standort ein Steinkreuz, dessen erste Erwähnung vom Jahr 1555 datiert. Es trägt den Namen Bonifatiuskreuz und die vielen kleinen Mulden auf seinen Armen beweisen, dass hier Generationen von Menschen Kerzen in der Hoffnung angesteckt haben, der Hl. Bonifatius möge ihnen in ihren Nöten beistehen.

det. Das mittlere Kreuz, das heute im Museum von Eschborn steht, trägt jedoch auffallende Einritzungen, die neuerdings als BBq = *Beatus Bonifatius quievit* oder HBq = *Hic Bonifatius quievit* gelesen werden. Andere Forscher sehen ein Messer – ebenfalls ein Bonifatiussymbol – darin. Die Kreuzgruppe wurde erstmals 1339 erwähnt. Hier nimmt man die Mittagsrast des zweiten Tages an. Endpunkt der Tagesetappe war Kalbach, wo der Bonifatiusbrunnen an den Heiligen erinnert. Der

Legende nach soll die Quelle in dem Augenblick entsprungen sein, als man seinen Sarg abstellte. Zwischenzeitlich in Vergessenheit geraten, wurde sie 1970 wiederentdeckt und im Jahr 2004 neu gefasst. Auch ein Steinkreuz in iroschottischem Stil wurde zum Gedenken an Bonifatius' letzte Reise in Kalbach aufgerichtet. Zu seinen Lebzeiten gab es hier eine Gerichtsstätte und eine Ansiedlung.

An der K 246 zwischen Heldenbergen und Karben steht seit dem Jahr 1909 zwischen zwei Bäumen dieses Kreuz im iroschottischen Stil mit der Aufschrift „Bonifatius Ruh". Hier, auf dem Bonifatiusacker, war der dritte Übernachtungsplatz des Leichenzuges nach Fulda. In nur 300 m Entfernung in westlicher Richtung ließ sich eine in Stein gefasste römische Brunnenanlage nachweisen. Die Reisegruppe orientierte sich also an den alten Römerstraßen und nutzte deren noch vorhandene Infrastrukturen. Der Ort Heldenbergen lag außerdem unmittelbar am Limes. Offenbar hat ein Pilger hier innegehalten, im Gedenken an den Hl. Bonifatius ein Gebet gesprochen und eine rote Rose abgelegt.

11. Juli: von Kalbach über Kloppenheim (Schäferköppel) nach Windecken, 14 km. Die Mittagsrast erschließt sich durch ihre herausgehobene Lage: unmittelbar an der Römerstraße und genau auf halbem Weg zum nächtlichen Rastplatz. Von hier aus hatte man einen kompletten Rundumblick und es kreuzten sich mehrere Wege. Übernachtet wurde am Ohlenberg bei Heldenbergen auf dem Platz, der heute Bonifatiusacker heißt. Zwischen zwei Bäumen steht seit dem Jahr 1909 ein Iroschottenkreuz mit der Inschrift *Bonifatiusruhe*. In unmittelbarer Nähe lag ein 1349 zuerst erwähnter Bonifatiusbrunnen, der heute allerdings nicht mehr existiert. Nahebei befand sich eine vorgeschichtliche Megalithgruppe.

12. Juli: Wegstrecke etwa 16 km. Endpunkt dieses Tagesmarsches war der Glauberg, von einer Mittagsrast wissen die Forscher nichts. Die Quellen sprechen an diesem Punkt von einem großen Innehalten – auch zwecks Proviantaufnahme – vor Eintritt in das Waldgebiet des Vogelsbergs. Der Glauberg war seit Urzeiten Kultstätte und seit merowingischer Zeit Verwaltungszentrum. Ein Stopp war geradezu zwingend und der Einzug wird feierlich gestaltet worden sein. Wahrscheinlich wurde hier noch einmal ein festlicher Gottesdienst zelebriert. Einen Memorialort gibt es hier zwar nicht, aber möglicherweise steht die Gründung der Glauberger Kirche mit dem Besuch des Bonifatius am 12. Juli 754 in Beziehung. Seit dem Jahr 2011 erinnert das Museum Keltenwelt am Glauberg an die lange und reiche Geschichte der Gegend.

13. Juli: Glauberg über Lißberg (13 km) nach Burkhards (weitere 12 km). Oberhalb Lißbergs steht die Kapellenruine „Schafskirche", Ersatz für einen ver-

Am vierten Tag erreichte der Prozessionszug den Glauberg. Hier – vor Eintritt in das Vogelsberggebiet – wurde innegehalten. Seit Urzeiten war der Tafelberg mit seinen nach drei Seiten steil abfallenden Flanken heidnischer Siedlungsplatz und Kultstätte. In merowingischer und karolingischer Zeit trug der Glauberg eine stark befestigte Großburg, in der reges Leben herrschte. Eine Rast hier war geradezu zwingend, schon allein wegen der Auffrischung der Proviantvorräte. Wir dürfen annehmen, dass der Zug hier erwartet und feierlich empfangen wurde. Sicherlich wurde noch einmal ein Gottesdienst gefeiert. Die Burg bestand bis Mitte des 13. Jahrhunderts. Die Staufer hatten sie in ihr Befestigungssystem eingegliedert. Aus jener Zeit stammt die Ruine dieses Gebäudes, dessen romanischen Torbogen wir noch erkennen können.

Geforscht hatten die Vor- und Frühgeschichtler am Glauberg bereits seit langem. Als im Jahr 1988 jedoch der erste der beiden riesigen keltischen Grabhügel entdeckt wurde, begann nochmals intensive Grabungstätigkeit. Man fand die prächtig ausgestatteten Gräber dreier keltischer Krieger aus dem 5. Jahrhundert v. Chr. Eine besonders spektakuläre Grabbeigabe war die im Juni 1996 geborgene überlebensgroße Sandsteinstatue eines Kriegers mit einer Mistelblattkrone. Wir sehen ihn in Rüstung und mit vorgehaltenem Schild. Dieser und andere Funde sowie die Entdeckung eines Kalenderbauwerks rechtfertigten den Bau einer eigenen Ausstellungsstätte für den Glauberg. Das Museum Keltenwelt am Glauberg mit angeschlossenem archäologischem Park wurde im Mai 2011 eröffnet.

lorenen Bau aus dem Mittelalter. Auf der Wegstrecke zwischen Glauberg und Lißberg gibt es zwei aufgegebene Kirchen, die als Bonifatiusgedenkstätten gelten können. Abendrast dann an der „Stumpe Kirche“ bei Burkhards, direkt an der Nidder. Diese einsam gelegene Kirchenruine liegt direkt an der alten Straße zum Glauberg. Wiederum lag in unmittelbarer Umgebung ein alter Gerichtsplatz.

14. Juli: Von Burkhards über den Grebenhainer Berg (12 km) bis Blankenau (weitere 16 km). Unterhalb des Grebenhainer Bergs liegt die Quelle der Schwarza. Heute heißt sie „Meyerbruchquelle“. Sie lässt sich als die „Bonifatiusquelle“ der fuldischen Grenzbeschreibungen identifizieren. In ihrer Nähe liegen Hügelgräber. Von dort ging es auf der Glaubergstraße – vorbei an einer vorgeschichtlichen Verteidigungsburg – zum Nachtrastplatz oberhalb von Blankenau. Die Stelle ist markiert durch ein rotes Sandsteinkreuz, dem sog. Kreppelstein, der direkt an dem alten Straßenzug steht. In dieses Kreuz, vermutlich aus dem Spätmittelalter, ist ein Schwert eingeritzt.

15. Juli: Von Blankenau nach Fulda (16 km). An diesem Tag wurde durchmarschiert. Von Westen kommend, näherte man sich auf dem alten Weg, der zwischen dem Schulzenberg und dem Haimberg (beides vorgeschichtliche Stätten) hindurchlief, dem Kloster. Eine mittelalterliche Passio erzählt folgende Legende: Als man singend über die Fuldabrücke ging, streckten die Fische ihre Köpfe aus dem Wasser, so dass man sie nur einsammeln musste. Das war sehr zuvorkom-

Am sechsten Reisetag hatte man die Strecke von der Stumpe Kirche bis Blankenau zu überwinden. Auf halber Strecke machte man Rast unterhalb des Grebenhainer Bergs an der Quelle der Schwarza. Zwar heißt sie heute Meyerbruchquelle, doch lässt sie sich als die „Bonifatiusquelle“ der fuldischen Grenzbeschreibungen identifizieren. Heute ist die Quelle schön angelegt und eine Bank lädt zum Verweilen ein.

Das Schaugehäuse für die Kopfreliquie des Bonifatius wird an hohen Feiertagen in den Silberaltar des Domes integriert. Es wurde im Jahr 1854 gefertigt. Zu Fronleichnam wird diese Monstranz in der Prozession durch Fuldas Straßen getragen.

mend, denn die Reisegesellschaft war, nachdem es die letzte Fourage am Glauberg gegeben hatte, sicher hungrig. Wahrscheinlicher aber ist, dass Sturmius einen Boten vorausgeschickt hatte, der den Klosterfischer dazu anhielt, genügend Fische vorzuhalten.

Beim Durchsehen des Fuldaer Urkundenbuches fällt auf, dass auffallend viele der hier genannten Rastplätze unmittelbar nach Bonifatius´ Tod zum Kloster Fulda in besondere Beziehung traten. In vielen Fällen ist von diesen Orten aus eine besonders hohe Schenkungsquote an die Abtei zu verzeichnen.

Die Bonifatiusroute von Mainz nach Fulda gilt als eine der schönsten Pilgerwanderrouten Deutschlands und ist hervorragend markiert. Mehrere detaillierte Wanderführer und -karten können im Buchhandel erworben werden.

Bonifatius´ Ruhe wurde im frühen Mittelalter noch einmal während des Sachsenaufstands vom Jahr 778 gestört. Die Mönche in Fulda waren unmittelbar bedroht und erwarteten jeden Augenblick einen Überfall, *denn das verdorbene und schlechte Volk der Sachsen war von dem Glauben an Christus abgewichen und hatte beschlossen, eine aus dem Heere ausgewählte Schar von Männern nach diesem Kloster zu schicken, die alles, was sie fänden, verbrennen und die Knechte Gottes mit dem Eisen niedermetzeln sollten. Der heilige Sturmi jedoch berief sofort, als er dies erfahren, die Brüder zu sich, eröffnete denselben die ihnen drohende Gefahr und riet, des heiligen Märtyrers Körper zu nehmen und nach Hamelanburg* (= Hammelburg, das im Jahr 777 durch eine Schenkung Karls des Großen an Fulda gegangen war) *zu ziehen. (...) Wir Brüder aber, seine Schüler, begannen, nachdem wir des heiligen Märtyrers Leichnam aus dem Grabe, in dem er seit vierundzwanzig Jahren beigesetzt war, an uns genommen, samt allen Knechten aus dem Kloster fortzuziehen. In der ersten Nacht blieben wir bei der ersten Zelle, wo das Wasser der Fledena* (= Fliede) *sich in das Bett der Fulda ergießt, von dort, des Morgens aufbrechend, kamen wir zur unteren Sinna* (= Sinn) *(...).* Sie übernachteten also in Bronnzell und schlugen dann im Sinntal ihr Lager auf. Am vierten Tag die erlösende Nachricht: Die Sachsen waren geschlagen *und nachdem wir dies vernommen, erhoben wir die heiligen Gebeine des seligen Märtyrers, kehrten freudig zum Kloster, aus dem wir ausgezogen, zurück und beerdigten die heiligen Gebeine des Gottesmärtyrers in ihrem alten Grabe (...)* (Eigil, S. 135/136). Das Kloster wurde also evakuiert und man nahm das Wertvollste mit, was man hatte: den Leib des Bonifatius, auf den sich Wachstum und Prosperität der Gemeinschaft gründeten.

Das Grab scheint mehrfach geöffnet worden zu sein, jedenfalls wurden immer wieder Bonifatiusreliquien weitergegeben. Die Nebenklöster Freckenhausen und Holzkirchen sowie Mainz wurden bedacht. In Fritzlar wird eine Armreliquie in einem wertvollen Reliquiar aufbewahrt, in der Bonifatiuskirche in Crediton befinden sich ebenfalls zwei Reliquien.

Das Bonifatiusgrab und die Bonifatiusverehrung

Die Ankunft des Leichenzuges am 15. Juli 754 in Fulda wäre genau 40 Tage nach dem Martyrium erfolgt. Die 40 ist eine der symbolträchtigsten Zahlen des Christentums. Zahlreiche Festtage des liturgischen Jahres werden mit ihrer Hilfe berechnet – sie symbolisiert Umkehr, Buße und Neuanfang. Zu diesem inhaltsschweren Datum hieß man in Fulda den heiligen Bonifatius also willkommen, feierte noch einmal den Totenritus und *dort setzten sie ihn, der Sitte gemäß, in einem neuen Sarkophag in der Kirche bei und kehrten dann, von des Glaubens Kraft gestärkt, nach ihrer Heimat zurück* (Willibald, S. 521). Eigil setzt noch hinzu *in einem neuen Grabgewölbe*. Nur wenige Tage darauf, am 22. Juli 754, setzte die lange Reihe von Schenkungen für die Abtei ein, die das ganze Mittelalter hindurch nicht abreißen sollte. Ganze Urkundenbücher wurden gefüllt mit den Beschreibungen der gespendeten Güter, Ländereien, Kirchen und Menschen. Das war doppelt bitter für Lul. Die Donationen hätten seinem Bistum gelten können, aber was noch schlimmer war: Durch die erheblichen Gebietszuwächse wuchs Fulda wie ein Krebsgeschwür in seine Diözese hinein. Eigil berichtet darüber: *Es begann aber nach der Ankunft des heiligen Märtyrers der von Gott geheiligte und erwählte Ort zu wachsen und bei allen in ein großes Ansehen zu kommen, auch hob sich das Kloster zusehends, da viele Edle in gewaltigem Wetteifer dorthin eilten und sich und all ihr Gut dem Herrn widmeten. Indem so täglich die heilige Zahl der Mönche wuchs, erstarkte sie im Herrn und die dort dem Herrn dienenden Brüder hielten in unermüdlicher und unbeirrbarer Ausdauer die Lehre des heiligen Wandels fest* (Eigil, S. 126/127).

Gleich die erste Donation – von einem gewissen Rantulf, der einen Weingarten bei Bodenheim schenkt – sagt: *(...) dono ad monasterium sancti salvatoris, quod*

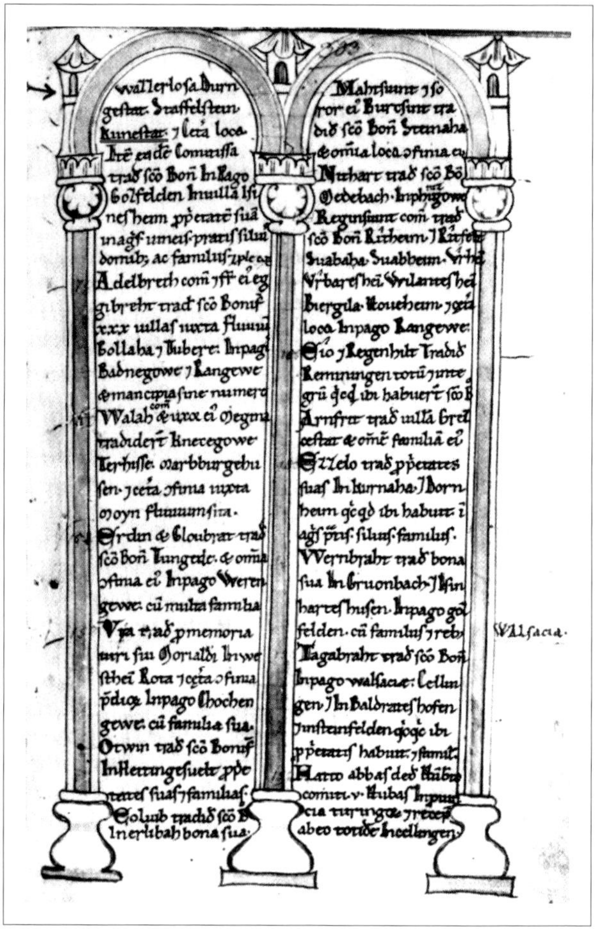

Unmittelbar nach Bonifatius' Beisetzung im Sommer 754 setzte die lange Reihe an Schenkungen an das Kloster Fulda ein. Im hohen Mittelalter war die Masse an Einzeltraditionen so unübersichtlich geworden, dass so mancher Landbesitz und zahlreiche dem Kloster zustehende Einkünfte in Vergessenheit geraten waren. Als die finanzielle Lage der Abtei unter Abt Marquardt I. besonders angespannt war, ordnete er an, die Vielzahl an einzelnen Schriftrollen in ein Buch zu versammeln, um sich einen Überblick zu verschaffen. Der Kanzlist, der mit dieser Aufgabe betraut wurde, war der Mönch Eberhard, sodass wir diese Sammlung heute den „Codex Eberhardi" nennen. Er stellt eine der bedeutendsten Quellen zur Geschichte Fuldas dar.

dicitur Fulda, ubi ipse sanctus martyr sacro requiescit corpore (...) = Ich schenke *dem Erlöserkloster, das Fulda genannt wird, wo der heilige Märtyrer ruht (...).* Schon am nächsten Tag, dem 23. Juli, heißt es bei Graf Leidrat, der einen Weingarten bei Dienheim gibt: *dono ad monasterium sancti Bonifatii, quod constructum est in pago Grapfeld super fluvium Fulda, ubi ipse Christi martyr sacro requiescit in corpore (...)* = Ich schenke dem Bonifatiuskloster, das im Gau Grabfeld beim Fluss Fulda errichtet steht, wo der Körper des Märtyrers Christi ruht (...).

Diese beiden Formulierungen vom 22. und 23. Juli 754 deuten den Wandel an, der nun begann und schließlich im Bau des barocken Domes vollzogen war. Lesen wir genau: Aus dem *Salvatorkloster* war bereits das *Bonifatiuskloster* geworden. Das Bedeutungsgewicht im Kirchenraum neigte sich durch die immense Popularität des Märtyrergrabes zunehmend nach Westen. Eine seltsame Spannung herrschte im Mittelalter also in der Fuldaer Stiftskirche. Im Osten stand der Hauptaltar. Da Fulda Reichskloster war, übernahm die Ostapsis zusätzlich die Aufgabe, die Teilhabe des Herrschers am Ritus zu verdeutlichen. Die Heiligenver-

Eingefasst von einer Blumenrabatte und um einige Stufen erhöht, steht in Newcombes Meadow, dem Stadtpark von Crediton, diese Statue des Heiligen Bonifatius. Stünde sein Name nicht auf dem Sockel, könnten wir ihn kaum identifizieren. Hier sehen wir nicht den Mönchsheiligen in seiner Kutte mit aufgespießtem Buch. Nein, wir erblicken einen in mittelalterlicher Tracht bekleideten Mann, der mit lässig übergeschlagenem Bein an einer Säule lehnt. Er schaut von dem Buch auf, in dem er gerade noch gelesen hat. Ein Gedanke scheint ihn zu fesseln und er schaut sinnend in die Ferne.

ehrung, also das liturgische Bedürfnis der Menschen, verlangte jedoch im Westen gleichsam einen zweiten Hauptaltar, einen, an dem sie ihre persönlichen Wünsche und Nöte niederlegen konnten. Heute gilt in unseren Gedanken der Dom zu Fulda als der „Bonifatiusdom". In Wahrheit ist aber das Salvatorpatrozinium, das die besondere Nähe zu Rom in sich trägt, niemals aufgegeben worden.

Die Kunde von Bonifatius' Tod brach sich in Windeseile nach England Bahn. Sehr bald nach dem 5. Juni schreibt Erzbischof Cudberht von Canterbury an Lul nach Mainz: *Wir haben darum auf unserer allgemeinen Kirchenversammlung (...) den Tag, an dem er und seine mit ihm den Märtyrertod erleidende Schar ihre*

Wiedergeburt erlebten, bestimmt und beschlossen, ihn alle Jahre durch ein Fest feierlich zu begehen, zumal wir ihn neben dem seligen Gregorius und Augustinus als unseren besonderen Schutzpatron wählen (...). Außerdem wollen wir auch des Vorbilds wegen öfters ins Gedächtnis rufen, wie und mit welchem Eifer der vortreffliche Meister und Märtyrer unvergesslichen Angedenkens, der selige Bo-

Nach seinem Tod wurde Bonifatius in England per Synodalbeschluss zum Apostel der Briten erhoben, d.h. es wurde „von oben" ein Heiligenkult um ihn etabliert durch Eintrag seines Namens in Memorialbücher und Kalendarien. Da sein Grab nicht auf der Insel lag, konnte sich eine echte Tradition jedoch in der Volksfrömmigkeit nicht festsetzen. Nach der Eroberung Englands durch die Normannen im Jahr 1066 war es mit dem Andenken an den Angelsachsen ohnehin vorbei. In

nifatius, sich mit der Lehre Gottes befasste, was für Gefahren und Misslichkeiten er aus Liebe zu Christus und für den Gewinn der Seelen sogar bis zu seinem Tode willig ertragen hat. Er sei nun ein *Hausgenosse des Allmächtigen geworden* und *je mehr er in das Haus dessen aufgenommen worden ist, den er über alles geliebt hat, desto Größeres wird er bei ihm erreichen können* (Briefe, S. 345/349). Hier wird

Crediton jedoch, dem Ort, in dem er mutmaßlich geboren wurde, halten die Menschen im Gedenken an ihren Landsmann, der in der Ferne sein Schicksal fand, fest. In einem Andenkenladen kann man dieses Geschirrhandtuch erwerben, auf dem in Wort und Bild die gesamte Lebensgeschichte des Wynfreth-Bonifatius festgehalten ist.

Nicht nur in Fulda, auch in Crediton wird am 5. Juni des Heiligen Bonifatius gedacht. Im Park Newcombes Meadow, in der Nähe der Bonifatiusstatue, findet eine Gedenkfeier statt, öfters sogar von einer historischen Aufführung umrahmt. Eine Creditoner Konditorei bäckt diese Feiertagsmuffins mit Buch und Schwert und verteilt sie an die Besucher.

deutlich, wie konkret sich der frühmittelalterliche Mensch das Märtyrerschicksal vorstellte: Der Tote wird Hausgenosse Gottes und so ist es ihm möglich, direkt vor Ort Gutes zu bewirken für seine Freunde auf Erden.

Auch Bischof Milret von Worcester schickte ein Kondolenzschreiben: *(...) ist hier noch kein Jahr abgelaufen, seit die traurige Botschaft zu uns kam, der seligste Vater sei aus diesem Kerker des Fleisches gen Himmel gegangen, sofern man das überhaupt als etwas Trauriges bezeichnen darf, wenn wir es verdient haben, dass wir einen solchen Schutzherrn ins Himmelreich vorausgesandt haben, durch dessen heilige Fürbitten wir mit sicherer Gläubigkeit darauf vertrauen, mit Gottes Hilfe überall eine Stütze zu haben.* Eine *Zierde und Stütze aller, die unser Vaterland hervorgebracht hat* (Briefe, S. 353), sei Bonifatius gewesen. Hier bricht sich der Nationalstolz der Angelsachsen Bahn, einen Märtyrer hervorgebracht zu haben.

Bereits im Sterbejahr wurde Bonifatius also von der englischen Bischofssynode zum Apostel der Briten erhoben, zu einem der wichtigsten Heiligen überhaupt, gleichgestellt mit Gregor dem Großen und Augustinus, dem Englandmissionar. Das bedeutete die Einführung eines Kultes zu seinem Todestag und der Eintrag seines Namens in die Kalendarien und Memorialbücher der Kirchen und Klöster. Auffallend ist, dass die Verehrung hier von oben verordnet wurde. Da keine Reliquien vor Ort waren, konnte sich hier keine volksfromme Tradition ausbilden wie auf dem Kontinent, wo das Märtyrergrab zur Pilgerstätte und zum Hoffnungsort für die Menschen wurde. So konnte es auch geschehen, dass mit der Einnahme Englands durch Wilhelm den Eroberer im Jahr 1066 die Bonifatiusverehrung sogleich zurückging. Die Normannen wollten von dem Angelsachsen nichts wissen

– das goldene Zeitalter seines Volkes auf der britischen Insel war vorbei.

Für den kleinen Ort Crediton ist bereits für das Jahr 739 – also noch zu Bonifatius' Lebzeiten – eine königliche Schenkung nachgewiesen. In einer Sammlung von Heiligenlegenden aus den dreißiger Jahren des 14. Jahrhunderts, die in der Kathedrale von Exeter verlesen wurde, taucht erstmals wieder Crediton als Geburtsort und der 5. Juni als Todestag des Bonifatius auf. Es muss also über die Zeit der normannischen Eroberung hinweg eine lokale Erinnerung gegeben haben, anderenfalls wäre die Überlieferung verlorengegangen. Heute jedenfalls wird in Crediton des Bonifatius gedacht, man glaubt sogar, seinen genauen Geburtsort zu kennen: in der Nähe der Mill Street. Die St. Boniface Church beherbergt zwei Bonifatiusreliquien und man hat einen Stein vom Fuldaer Grabmal im Kirchengebäude vermauert. Die Mönche der nahen Buckfast Abbey – eine der letzten aktiven Benediktinerabteien Englands – haben die acht bunten Glasfenster mit Schlüsselszenen aus dem Leben des Heiligen geschaffen. Die St. Boniface Society ließ das Boniface Centre errichten, den zentralen Treffpunkt der Gemeinde. In Creditons Stadtpark Newcombes Meadow steht, von Blumenrabatten umgeben, die Statue des Bonifatius. Hier wird einmal nicht der Märtyrer gezeigt, der im Sterben das Buch über seinen Kopf hält. Hier lehnt ein Mann in mittelalterlicher Kleidung entspannt an einer Säule und schaut, ein geöffnetes Buch in der Hand, in die Ferne – der Angelsachse, der die hohe Gelehrsamkeit seines Volkes mit sich genommen und so den ungeheuren Bildungsaufschwung unter den Karolingern möglich gemacht hat. In seiner unmittelbaren Nähe plätschert der Bonifatiusbrunnen.

Dieses Gipsmodell der Ratgarbasilika fertigte im Jahr 1944 der Modellbauer Otto Berndt aus Gelnhausen nach Entwürfen von Baurat Joseph Schalkenbach. Es steht heute im Vonderaumuseum in Fulda und zeigt den Zustand des Kirchenbaus um das Jahr 1000. Wir sehen in Richtung Westen ins Mittelschiff hinein. Das Kreuz in der Mitte des Schiffs markiert die Stelle des Kreuzaltares, den Bonifatius im Jahr 751 noch persönlich geweiht hatte und mithin die Lage des ursprünglichen Bonifatiusgrabes. Als die Ratgarbasilika im Jahr 819 fertiggestellt war, wurden seine Gebeine am 1. November feierlich erhoben und in den Westchor gebracht. Die Ratgarbasilika musste im ersten Jahrzehnt des 18. Jahrhunderts dem barocken Dom des Bamberger Baumeisters Johannes Dientzenhofer weichen.

Als die Sturmiuskirche niedergelegt und die große Ratgarbasilika an ihrer Stelle fertiggestellt war, wurde Bonifatius nach 65 Jahren, am 1. November 819, aus seiner Ruhestätte erhoben und unter den Klängen des Te Deum in feierlichem Zug zu seinem neuen Grab im Westchor geleitet. Wir kennen seine Sargträger. Es waren Hrabanus Maurus, Erzbischof Haistulf von Mainz, Abt Eigil von Fulda (der

Als Sturm seine Kirche baute, konnte er nicht ahnen, dass Bonifatius den Märtyrertod sterben würde, sonst hätte er in ganz anderen Dimensionen gedacht. Als Grablege des Bonifatius war die Abtei jedoch innerhalb einer Generation auf 500 Menschen angewachsen und eine nicht enden wollende Menge an Pilgern verlangte Zugang zum Grab und benötigte Unterkunft und Verpflegung. Ein Neubau wurde also rasch nötig. Ratgar, der dritte Abt Fuldas, war ein ehrgeiziger Bauherr, dem die Fertigstellung seiner riesigen Basilika mehr am Herzen lag als das geordnete benediktinische Klosterleben. Er überforderte die Mönche, sie begehrten gegen ihr hartes Dasein auf und brachten es schließlich dazu, dass er seinen Abtsstuhl im Jahr 817 vorzeitig räumen musste. Die herrliche Ratgarbasilika wurde unter seinem Nachfolger Eigil fertiggestellt, der die Krypten zufügte. Im Jahr 819 war das Bauwerk vollendet.

Sturmiusvitenautor), Bischof Erkanbert von Minden, Abt Theotgar von Herrieden und Abt Brunwart von Hersfeld. Alle anwesenden Geistlichen folgten der Prozession zur neuen Grabstätte und das Volk drängte von allen Seiten heran, um unter Jubelgesang den Sarg mit der Hand zu berühren. So beschreibt Candidus Brun, fuldischer Mönch, in seiner Vita des Eigil die festliche Szene. Direkt westlich hinter der neuen Grabstelle schlossen sich die Wohngebäude der Mönche an, so dass der Heilige in ihrer unmittelbaren Nähe ruhte und positiv auf seine Lieblingsgründung einwirken konnte. Irgendwann im Lauf des späteren Mittelalters – wir kennen weder Grund noch Datum – wurde das Grab zunächst in eine Confessio und dann ein Stockwerk tiefer in die Westkrypta verlegt, wo bereits Reliquien des Ordensgründers Benedikt von Nursia lagen.

Über die Jahrhunderte ist das Wissen um die Lage des ersten Bonifatiusgrabes verlorengegangen, bis der fuldische Vorgeschichtsforscher Prof. Josef Vonderau es im Jahr 1929 anlässlich einer Domgrabung fand. Es lag genau auf der Mittelachse der Sturmiusbasilika, 2,40 m von deren Westwand entfernt in unmittelbarer Nähe des Kreuzaltares, dessen Fundamente damals ebenfalls entdeckt wurden. Bis auf eine regellose Bestattung verschiedener Skelettteile war dieses Grabgewölbe leer.

Anlässlich einer Domgrabung im Jahr 1929 fand der Fuldaer Vor- und Frühgeschichtsforscher Prof. Josef Vonderau das Felsengrab, in dem Bonifatius im Sommer 754 beigesetzt worden war. Es lag in der Dommittelachse, die auch die Mittelachse der Vorgängerkirchen war. Die Sturmkirche war bedeutend kleiner als ihre Nachfolger. Kreuzaltar und Bonifatiusgrab lagen in dieser ersten Kirche nah an der Westwand, in der Baugulfkirche lagen sie etwa in der Mitte des Hauptschiffs, in der Ratgarbasilika lag das Bonifatiusgrab schließlich im Westchor. Von 754 bis 819, also etwas über 65 Jahre, hatte der Tote hier geruht, nur einmal gestört, als die Mönche seinen Sarg vor dem Sachsenangriff des Jahres 778 in Sicherheit bringen mussten.

In der Folge wurde das Bonifatiusgrab Ort kirchlicher Weihe- und weltlicher Rechtshandlungen. Hier fand die Inthronisation der neuen Äbte statt. *Super reliquias suas* leistete man Schwüre. Bei Zuwiderhandlungen wurde mit dem Zorn des Bonifatius gedroht. Der 5. Juni wurde, da sich ohnehin alle Welt zum Todesgedenktag in Fulda traf, zum Zinstermin gewählt. An diesem Datum musste der Abt zwingend vor Ort sein, weil zahlreiche Rechtshandlungen vorgenommen wurden, die seine Anwesenheit voraussetzten. Nur dringender königlicher Befehl konnte ihn ausnahmsweise fortrufen. Eines der wenigen Ausstattungsstücke, die aus der alten Stiftskirche in den Dom übernommen wurden, ist die Schwurplatte im Fußboden unter der Vierung. In diese kreisrunde Sandsteinplatte sind vier Hände eingelassen, die in die vier Himmelsrichtungen weisen. Auf dieser Platte stehend, haben vermutlich die Vasallen des Fuldaer Fürstabts den Treueid geleistet. Viele Gäste reisten jedes Jahr zum Bonifatiusgedenken an, zum 100. Jubiläum kam sogar der heilige Ansgar aus dem fernen Bremen.

Zweimal hat das Kloster in seiner Geschichte Brandkatastrophen erlebt. Sollte es dem reichlichen Zugriff auf den Abtsweinkeller geschuldet sein, dass dies beide Male um den 5. Juni herum geschah? Ab dem 12. Jahrhundert erhielten die Fuldaer Mönche zum Fest eine *caritas* – das ist eine zusätzliche Lebensmittelzu-

Alljährlich in der ersten Juniwoche wird in Fulda zu einem großen Fest gerüstet. Die Stadt macht sich schön, auf dem Domplatz werden Fahnen gehisst, vor der Domfassade wird der berühmte silberne Altar gerichtet und mit Blumen geschmückt. Sternförmig, aus allen Himmelsrichtungen kommend, wallen schließlich am frühen Morgen des ersten Junisonntags die Menschen aus den Fuldaer Pfarreien dem Bonifatiusgrab zu und aus tausenden Kehlen wird die „Fuldaer Nationalhymne" gesungen:
Oh Glaubensvater, sieh die Not, in der wir uns befinden!
Still' Gottes Zorn, wenn er uns droht zu strafen uns're Sünden.
Bitt' ihn, dass seine starke Hand uns schütze samt dem Vaterland!
Für uns, die wir noch ringen nach unserm Heil im Erdental,
Bitt Gott, dem wir hier singen dort in dem großen Himmelssaal,
o heil'ger Bonifatius!

wendung – aus den persönlichen Weinbeständen des Abtes. Es wurden vermehrt Kerzen abgebrannt – eine gefährliche Mischung.

Hrbanus Maurus, fünfter Abt des Klosters Fulda, auch als Erzbischof von Mainz Nachfolger des Bonifatius, dichtete den Hymnus *in laudem sancti Bonifatii martyris*, der zum Gedenktag gesungen wurde. In seiner Predigtsammlung zum Kirchenjahr ist auch eine zum Bonifatiusgedenktag enthalten. Hierin wird das Leben des Bonifatius den Fuldaer Mönchen als Beispiel vorgehalten. Ganz Germanien sei glücklich, eines solchen Apostels würdig zu sein. 100 Jahre nach Bonifatius' Tod wird seiner Person hier also ein neuer Aspekt beigefügt: Er wird als Fürsprecher für das Vaterland benannt. Das ist interessant. Bonifatius bezeichnete das Gebiet links des Rheins ganz selbstverständlich als Gallien, seine Missionsgebiete rechts des Rheins jedoch als „Hessen und Thüringen", empfand sie offenbar nicht als Einheit, schon gar nicht als „Germanien". Um seine Person entwickelte sich also schon früh ein neuer Schwerpunkt. Im Jahr 1126 heißt er im Fuldaer Urkundenbuch bereits: *patronus noster et totius Galliae et Germaniae apostolus.* Das ist nicht mehr weit zum *Apostel der Deutschen*, als den wir ihn heute bezeichnen.

Sicher hat Pippin auch sogleich staatlicherseits einen Memorialkult bei Hof angeordnet. Nun war dieser schwierige Mann also tot und das auch noch auf spektakuläre Weise, die sich politisch ausschlachten ließ. Dem Reich war ein neuer, einigender Nationalheiliger geschenkt worden. Im Kalendarium des berühmten Godescalc-Evangeliars, das um das Jahr 780 unter seinem Sohn Karl geschrieben wurde, ist das Bonifatiusfest eingetragen.

Wie es mit Fulda weiterging

In Mainz organisierte Lul die Briefsammlung, eine Leistung, für die ihm höchster Dank gebührt. Da die Briefe nicht für die Nachwelt geschrieben waren, bieten sie ein ungeschöntes und authentisches Bild der frühmittelalterlichen Missions- und Kirchengeschichte und lassen uns ganz unmittelbar an Bonifatius' Lebensumständen, Sorgen und Nöten teilhaben. Dem Priester Willibald befahl Lul die Abfassung der Vita. In seinem Brief hatte Bischof Milret darum gebeten: *(...) befindet sich* (Bonifatius) *nun als getreuer Fürsprecher, wie ich glaube, im himmlischen Jerusalem für unsere Sünden, falls Gottes Güte das zulässt, fröhlich in der himmlischen Burg bei Christus, durch das glücklichste Los vereint mit den heiligen Bürgern. Soviel von unserem geliebtesten Vater, über dessen ehrwürdiges Leben und ruhmvolles Ende ich nähere Kenntnis von Dir zu bekommen wünsche* (Briefe, S. 353). Dies war aber beileibe nicht die einzige Veranlassung. Vielmehr brauchte Lul ganz dringend eine Stärkung seiner etwas unklaren Situation in Mainz. Die sollte die Vita liefern. Sie offenbart seine persönliche Nähe zu Bonifatius und erhöhte damit sein Ansehen als dessen Nachfolger auf dem Bischofsstuhl. War er es nicht höchstpersönlich gewesen, der dem zukünftigen Märtyrer die Reisekiste packte und sogar das Leichentuch zu den Büchern legte? Lul hat sorglich darauf geachtet, dass solche Details – in direkter Rede! – Eingang in die Lebensbeschreibung fanden. Auffallend ist auch, wie deutlich Bonifatius' Auftrag betreffs Fulda formuliert wird. Wir erinnern uns: Er befahl ihm, die dortige Basilika zu vollenden und für seine Grablege zu sorgen. Das erscheint beinahe wie ein Testament und zielte darauf ab, dass Lul neben Mainz auch Fulda erben wollte.

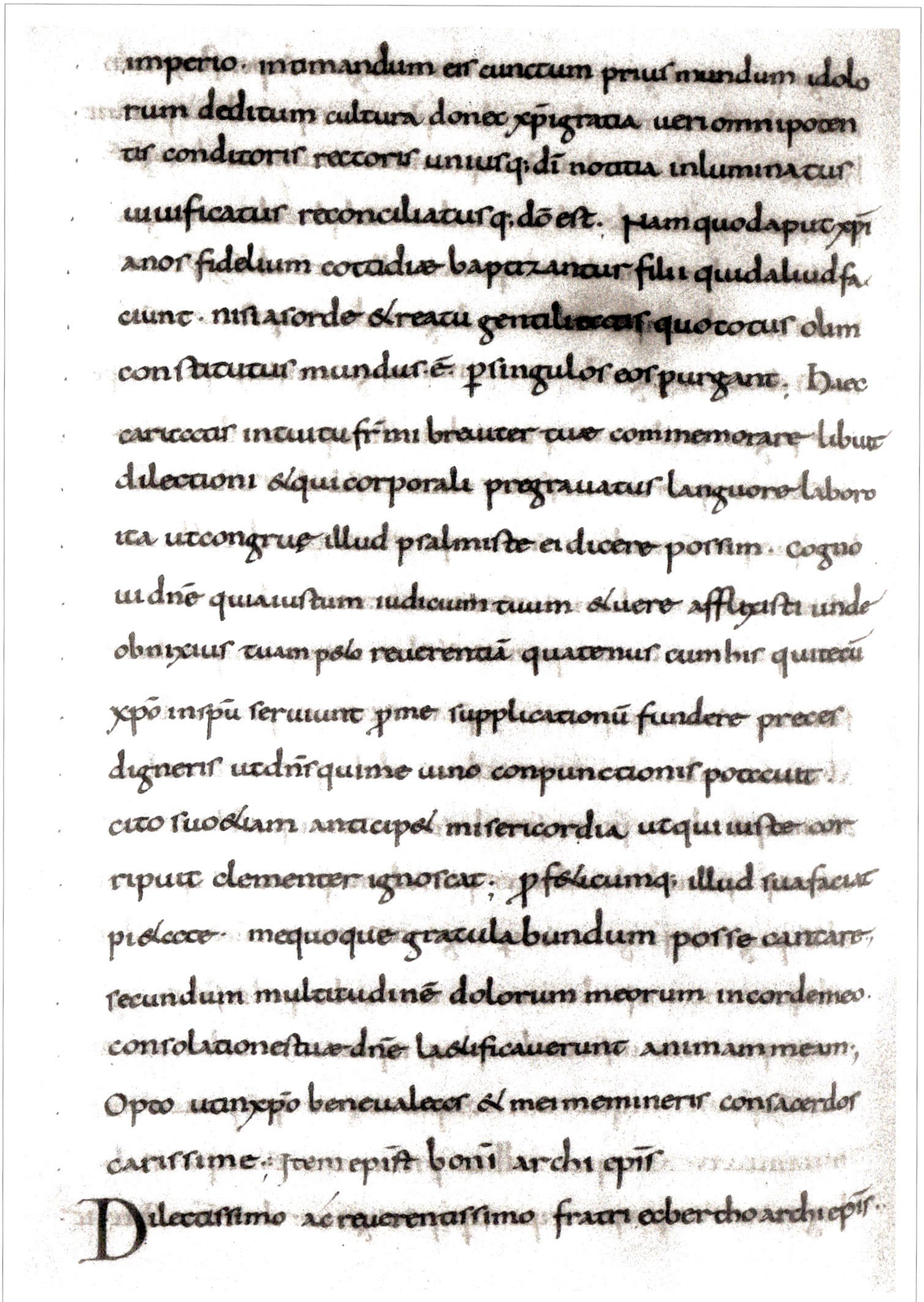
imperio. in mandum est cunctum prius mundum idolo
rum deditum cultura donec xpi gratia ueri omnipoten
tis conditoris rectoris uniusq; di notitia inluminatus
uiuificatus reconciliatusq; dō est. Nam quod apud xpi
anos fidelium cotidie baptizantur filii quid aliud fa
ciunt. nisi a sorde et reatu gentilitatis quo totus olim
constitutus mundus ē. p singulos eos purgant. Haec
caritatis intuitu frīmi breuiter tuae commemorare libuit
dilectioni et qui corporali pregrauatus languore laboro
ita ut congrue illud psalmistae ei dicere possim. cogno
ui dnē quia iustum iudicium tuum et uere afflixisti unde
obnixius tuam posco reuerentiā quatenus cum his qui tecū
xpō in spū seruiunt p me supplicationū fundere preces
digneris ut dns qui me uino conpunctionis potauit
cito suo etiam anticipet misericordia ut qui iuste cor
ripuit clementer ignoscat; p felicumq; illud sua sicut
pi&cce mequoque gratulabundum posse cantare;
secundum multitudinē dolorum meorum in corde meo.
consolationes tuae dnē laetificauerunt animam meam;
Opto ut in xpō beneualeas et mei memineris consacerdos
carissime.; Item epist boni archi epis
Dilectissimo ac reuerentissimo fratri ecbercho archiepis.

Luls großes Verdienst ist es, die Briefe des Bonifatius gesammelt und für uns aufbewahrt zu haben. Sie bieten ein weit geöffnetes Zeitfenster in die Welt der frühmittelalterlichen Mission, in die Sorgen und Nöte des Bonifatius. Da er engen Kontakt mit der alten Heimat hielt, sind sie überraschenderweise auch die inhaltsreichste Quelle für die weibliche religiöse Lebenswelt im Wessex des Frühmittelalters. Lul beauftragte den Mainzer Priester Willibald, Bonifatius' Lebensgeschichte aufzuschreiben, der die Briefe dafür als Grundlage heranzog. Die vielen Übereinstimmungen beweisen, dass er es mit den Fakten ziemlich genau nahm – daher wird seiner Bonifatiusvita ein hohes Maß an Wahrheit beigemessen.

Unmittelbar nach Bonifatius' Tod hob über die Zukunft seiner Lieblingsgründung ein mehrjähriger erbitterter Streit zwischen Lul und Sturmius an, der in der Vita Sturmi breit ausgewalzt wird, wobei der Mainzer Bischof in denkbar schlechtem Licht erscheint: *Lul missfiel sein guter Ruf und stets handelte er aus Neid gegen ihn* (Eigil, S. 127). Lul wollte seine Hand auf Fulda legen. Der König mischte sich ein, indem er das Exemtionsprivileg einzog. Damit machte er deutlich, dass das Kloster, das schließlich auf eine karolingische Stiftung zurückging, weder dem einen noch dem anderen gehörte, sondern als Reichskloster verstanden wurde. Gegen Sturmius, den Bayern, wurde intrigiert. Es hieß, er habe mit Herzog Tassilo III. von Bayern gegen Pippin eine Verschwörung angezettelt. In der Tat hatten Pippin und Tassilo in genau dieser Zeit Ärger miteinander. Es heißt, der Bayernherzog habe sich bei der Heerfahrt nach Aquitanien mit seinem Truppenkontingent von der fränkischen Hauptstreitmacht entfernt, sich also der *harisliz* - der Fahnenflucht und somit des Hochverrats - schuldig gemacht. Schwer vorstellbar, Sturmius mit dieser militärischen Aktion in Verbindung zu bringen. Tatsächlich ließ Pippin jedoch den fuldischen Abt für zwei Jahre - von 763 bis 765 - in die Abtei Jumièges in der Normandie verbannen und unterstellte in dieser Zeit die Abtei dem Lul. (Auch Tassilo verschwand übrigens, 788 von Karl dem Großen verurteilt, für immer in dieser selben Abtei.)

Als aber die Brüder aus dem Kloster Fulda dies vernommen hatten und ihnen gemeldet war, auf welche Weise ihnen ihr Abt entzogen, wurden sie ungemein bewegt und mehr als man sagen kann, in Traurigkeit versetzt. Eine große Verwirrung entstand dann im Hause des Herrn, einige wollten das Kloster verlassen, andere zur Königspfalz ziehen (...). Dann hatte vorzugsweise das Gerücht aller Ohren und Herzen auf gleiche Weise erfüllt, dass der heilige Abt Sturmi vom Kloster Fulda durch den Rat des Bischofs Lul entfernt worden sei. Der schien einstweilen obsiegt zu haben und entsandte einen seiner Priester, Marcus, als Abt nach Fulda. *Da jedoch die Brüder ihre Herzen von ihm aus Liebe zu ihrem früheren Abt abwandten, war er ihnen wie ein Fremder, auch stimmte sein Wesen mit dem ihren nicht überein. (...) Als sie nun in solcher Zwietracht hinlebten und die Brüder immer darauf sannen, wie es ihnen durch die Gnade vergönnt sein könnte, wiederum ihren Abt Sturmi zu erlangen, fassten sie, da es ihnen unmöglich war, die Feindseligkeit des Marcus, den sie gegen ihren Willen zum Abte empfangen hatten, länger zu ertragen, einen guten Entschluss, vertrieben ihn und erklärten sich freimütig dagegen, dass er ferner ihr Abt sei* (Eigil, S. 128/129). Lul gestattete ihnen hierauf, einen Mönch aus ihren eigenen Reihen zum Abt zu wählen. Sie entschieden sich für Prezzold, *den der heilige Sturmi seit seiner Kindheit erzogen und besonders lieb hatte*, jedoch nur, um es auf die Dauer dazu zu bringen, *dass sie vom König Pippin die Rückführung ihres alten Meisters Sturmi fordern dürften* (Eigil, S. 129). Die Fuldaer Mönche waren aus hartem Holz geschnitzt, hielten loyal zu Sturm. Sie lehnten alle Alternativangebote ab. Ihn und sonst keinen wollten sie wiederhaben.

Es kommt noch ärger. Eigil verdächtigte Lul sogar der Korruption: *Inzwischen setzte Lul es beim König Pippin durch, indem er Geschenke unrechtmäßig verteilte, dass das Kloster Fulda in seine Gewalt gegeben wurde* (Eigil, S. 128). Das ist ein starkes Stück: Hier wird schließlich nicht nur Lul der Bestechung, sondern der engste Kreis um Pippin der Bestechlichkeit beschuldigt.

Ob Bonifatius wohl in seiner Gruft rotiert ist? Kaum hatte er die Augen geschlossen, herrschten chaotische Zustände in seinem geliebten Fulda. Seine beiden Protegés lagen im Streit miteinander, seine Mönche planten offene Meuterei! Sturmius und Lul repräsentierten zwei komplett unterschiedliche Schülertypen des Bonifatius: Auf der einen Seite der feingebildete Angelsachse, bischöflicher Sekretär mit Hang zu *Augenschwäche, Kopfschmerz und Trägheit des Geistes* und Liebhaber hermetischer Poesie. Auf der anderen Seite der Bayer Sturmius, Tatmensch, der nach Jahren härtesten Eremitendaseins in Hersfelds Einöde als Pionier in Fulda das benediktinische Musterkloster aufgebaut hatte. Dieser gestählte Charakter sollte dem angelsächsischen Verseschmied das Feld überlassen? Niemals!

Schließlich musste die Situation bereinigt werden und Pippin befahl den Sturmius in seine Pfalz. Eines Morgens, bevor der König sich zur Jagd aufmachte und *nach seiner Gewohnheit im Morgengrauen zur Andacht kam,* trafen sich die beiden in der Kapelle und versöhnten sich. *(...) wohlwollenden Blickes Sturmi anschauend, sprach* Pippin: *Der Herr hat uns jetzt zusammengeführt (...). Und wenn Du auch einst gegen mich einen bösen Gedanken gehabt oder ein Unrecht begangen hast, so möge Gott es Dir ganz erlassen, ich verzeihe Dir aus ganzem Herzen und Du wirst künftig (...) solange ich lebe, in Gunst und Freundschaft bei mir stehen. (...) Nach kurzer Zeit (...) übertrug (er) ihm das früher von ihm geleitete Kloster von neuem und beauftragte ihn, frei von der Oberherrschaft des Bischofs Lul in allen Ehren sich nach dem Kloster Fulda zu begeben und dieses Kraft des Privilegs, das der selige Papst Zacharias (...) dereinst dem heiligen Bonifatius verliehen hatte – welches Privileg die Brüder bis zum heutigen Tage im Kloster aufbewahren – zu leiten; auch befahl er ihm, Recht und Schutz des Klosters bei keinem anderen als beim Könige zu suchen* (Eigil, S. 130-132). Sturm erhielt also das Exemtionsprivileg zurück, das das Kloster in geistlichen Angelegenheiten direkt dem Hl. Stuhl unterstellte. Mit seiner zusätzlichen Anweisung nahm der König die Abtei in allen weltlichen Angelegenheiten unter seinen Schutz. Damit wurde sie endgültig zur Reichsabtei, wurde also ab sofort als königlicher Besitz verstanden, beruhte sie doch schließlich auf Karlmanns Landschenkung an Bonifatius. Dieser hatte das Kloster in angelsächsischer Manier als Eigenkirche besessen. Dieses Erbe wurde nun frei. Weder Sturmius noch Lul erhielten es, es fiel ans Reich zurück. Sturmius erhielt die Abtswürde. Von Pippin war das ein kluger Schachzug: Hatte er nun doch nicht nur Frieden in diesem aufstrebenden Kloster und mit Sturmius einen fränkischen und nicht einen der ungeliebten Angelsachsen an der Spitze. Überdies stabilisierte es am östlichsten Rand des Reiches die Ausweitung der königlichen Kirchenhoheit und band dadurch das Gebiet ganz allgemein in die Reichskirche ein. Lul hatte – was Fulda betraf – auf ganzer Linie verloren.

Nachdem dies geklärt war – wie ging es mit ihm weiter? Von dem gewaltigen Erbe des Bonifatius blieb Lul nicht viel. Metropolit von Austrien wurde Chrodegang von Metz, Fulda war auch verloren. Blieb nur noch Mainz. Da auch der Titel „Erzbischof" an die Person des Bonifatius und nicht an das Bistum gebunden war, war er fürderhin nur Bischof von Mainz. Erst in hohem Alter, im Jahr 782, unter Karl dem Großen, als seine Herkunft aus Wessex keine Rolle mehr spielte, wurde er Metropolit. Papst Hadrian I. schickte ihm das Pallium. Ein stolzer Tag! Der Erzbistumsstatus verblieb Mainz für die nächsten 1000 Jahre, in denen es zur größten Kirchenprovinz nach Rom heranwuchs, bis es Napoleon im Jahr 1802 neu ordnete und wieder zurückstufte. Lul gelang es, seinen Machtbereich zu vergrößern, indem er sich nach dem Tod bzw. der Resignation von Witta und Willibald Büraburg und Erfurt einverleibte. Was für Gewilib dazumal noch energisch hintertrieben worden war, machte nun Sinn. Zwei Stacheln in seinem Fleisch blieben allerdings die immer mächtiger werdenden Abteien Fulda und Lorsch. Beide fraßen tiefe Schneisen in sein Territorium und auf keins von beiden hatte er Zugriff. Auf Fulda nicht wegen des Exemtionsprivilegs, auf Lorsch nicht, weil es Pippins Protegé Chrodegang von Metz gehörte.

In der Fuldaer Überlieferung, vor allem in der Sturmiusvita des Eigil, kommt Lul nicht gut weg. Tatsächlich hatte dieser Bonifatiusschüler, als Ersatz für den tragisch gescheiterten Gregor ohnehin nur „zweite Wahl", ein schwieriges Erbe angetreten. Die Stellung der Angelsachsen im Reich war schwierig, nach vielem Hin und Her wurde die rasch wachsende Abtei Fulda aus seinem Erbe herausgeschnitten, was einen empfindlichen Keil in seine Diözese trieb. Eigil warf ihm sogar vor, Geschenke unrechtmäßig verteilt zu haben. Jeder konnte diesen unverhohlenen Korruptionsvorwurf in der Sturmiusvita nachlesen. Nachfolger als Metropolit von Austrien wurde Chrodegang von Metz. Mit Bonifatius war auch der Erzbischofstitel für Mainz dahingegangen. Viel war von Bonifatius´ Machtfülle wahrlich nicht auf ihn übergegangen. Diese Statue krönt den Hersfelder Lullusbrunnen.

Fulda und Chrodegangs Kloster Lorsch fraßen immer tiefere Lücken in die Mainzer Diözese des Lul und wenigstens im Westen musste er einen Riegel vorschieben. In angelsächsischer Manier gründete er daher auf Sturmius´ alter Einsiedelei in Hersfeld sein „Trutzfulda“, sein Eigenkloster, in dem er einst bestattet werden wollte. Da ihm dort zur Ausstattung Reliquien fehlten, wählte er den nach Bonifatius in der Gegend populärsten Heiligen: Wigbert. Er machte sich bei den Fritzlarern nicht beliebt, als er im Jahr 775 dessen Gebeine von dort entführen und in seinem neuen Kloster bestatten ließ. Karl der Große war Lul wohlgesonnen, förderte ihn, wo er konnte und erhob Hersfeld zur Reichsabtei. Im Jahr 782 lebten hier 150 Mönche. Am Ende seines Lebens wurde Lul doch noch Erzbischof, auch mit Fulda scheint er seinen Frieden gemacht zu haben. Die herrliche Hersfelder Stiftsruine ist alljährlich Schauplatz der renommierten Hersfelder Sommerfestspiele.

Wenigstens im Westen wollte er unbedingt einen Riegel vorschieben, weshalb er im Jahr 769 an der Stelle von Sturmius´ alter Einsiedelei das Kloster Hersfeld – „*Trutzfulda*“ – gründete. Heute nimmt man an, dass Sturms Eremitage niemals verlassen war, sondern dass nach ihm andere Eremiten die Fahne der einsamen Gottesschau an diesem Platz hochhielten. Somit ist Hersfeld, streng genommen, acht Jahre älter als Fulda. Genau wie bei Bonifatius mit Fulda lag Luls Motivation sicher auch in dem typisch angelsächsischen Wunsch begründet, ein Eigenkloster als Rückzugsort und Grablege zu besitzen. Was ihm dort allerdings fehlte, waren irgendwelche attraktiven Reliquien. In Fritzlar ruhte seit dem Jahr 747 Wigbert vor dem Dom in einer schlichten Grabstelle, die hohe Verehrung genoss. Gegen den erbitterten Widerstand der Fritzlarer und Büraburger ließ Lul im Jahr 775 Wigberts sterbliche Überreste nach Hersfeld bringen, wodurch das neue Kloster zum Wallfahrtsort werden konnte. Den Fritzlarern wurden nur einige Reliquien zurückgelassen. Karl der Große, der Lul wohlgesonnen war, erhob Hersfeld zur Reichsabtei und stattete es reichlich mit Schenkungen aus, überall im Reich, aber vor allem in Thüringen. Es galt ihm als missionarischer Brückenkopf zu den Sachsen. Im Jahr

782 lebten hier 150 Mönche. Im Alter wurde Lul also mit so mancher Lebensenttäuschung ausgesöhnt. Auch scheint er seinen Frieden mit Fulda gemacht zu haben: Möglicherweise noch zu Sturmius' Lebzeiten, jedenfalls zwischen 779 und 785, weihte er in der Abtei Eigil, den jungen Blutsverwandten seines Erzfeindes, zum Priester. Offenbar hatte man ihn eigens dazu eingeladen, denn zuständiger Bischof wäre eigentlich Berowulf von Würzburg gewesen. Am 16. Oktober 786 starb Lul und wurde an der Seite seines englischen Freundes Witta in Hersfeld begraben. Seine Vita schrieb Lambert von Hersfeld zwischen 1063 und 1073.

Die Ausgrabungen von Prof. Josef Vonderau vom Jahr 1922 brachten in Hersfeld sowohl Spuren von Sturmius' erstem Kirchlein als auch von Wittas Grabnische zutage, nicht jedoch die von Lul – sie ist bis heute verschollen. Die herrliche Ruine der Hersfelder Klosterkirche, die alljährlich als spektakuläre Kulisse der Theaterfestspiele dient, stammt vom Neubau aus dem 11. Jahrhundert, der nach einer Brandkatastrophe notwendig wurde. Jedes Jahr am 16. Oktober, an den höchsten kirchlichen Feiertagen sowie zum Jahreswechsel läutet die Lullusglocke, die älteste datierte Glocke Deutschlands aus dem Jahr 1038. An den Tagen um sein Sterbedatum herum wird seit dem frühen Mittelalter in Hersfeld das

Jedes Jahr um den Todestag des Lul, dem 16. Oktober, wird in Bad Hersfeld seit dem frühen Mittelalter das Lullusfest gefeiert. Es ist eines der ältesten Volksfeste Deutschlands, denn es geht zurück auf die Erhebung der Gebeine Luls, Wigberts und Wittas sowie ihrer anschließenden Translation in die neu erbaute Hersfelder Basilika am 16. Oktober 852. Dies führte zu einem alljährlich wiederkehrenden Kirchenfest, zu dem zahlreiche Pilger zusammenströmten. Da alle versorgt und unterhalten werden mussten, kamen Kaufleute und Schausteller hinzu. Im 16. Jahrhundert erhielten die Händler amtlicherseits die „Lullusfreiheit" gewährt, durften ihre Waren also steuerfrei verkaufen. Mit der Zeit verlor das Fest seinen kirchlichen Charakter. Heute ist es ein großes Volksfest mit jährlich 500.000 Besuchern. Das Anzünden des Lullusfeuers und das Ausrufen des jahrhundertealten „Lollsrufes" lassen sich die Hersfelder jedoch nicht nehmen.

Für Luls Andenken in der Geschichtsschreibung war es ungünstig, dass er im Schatten eines Größeren stand. Auch, dass er nach Gregors unfreiwilligem Ausscheiden als Nachfolger des Bonifatius nur zweite Wahl war, dürfte seinem Selbstverständnis abträglich gewesen sein. Trotz aller Widrigkeiten und Zurücksetzungen jedoch zog dieser Mann ein hartes Leben in der Fremde dem geborgenen Klosterdasein in Wessex vor. Trotz seinem breit aufgestellten Interesse an weltlichen und geistlichen Wissenschaften harrte er in der geistigen Ödnis Germaniens aus. Er wirkte mit an dem großen Projekt der politischen und intellektuellen Erneuerung des Frankenreiches. Alljährlich zu seinem Todestag am 16. Oktober läutet die Lullusglocke, die älteste datierte gegossene Glocke Deutschlands aus dem Jahr 1038, diese Botschaft vom Katharinenturm der Hersfelder Stiftsruine herab.

Lullusfest gefeiert, das damit als eines der ältesten und traditionsreichsten Volksfeste überhaupt gilt. So wird des etwas glücklosen Kirchenmanns aus Übersee, dessen Ruf in den zeitgenössischen Quellen nicht gerade der Beste ist, heute wenigstens freundlich gedacht. Gut so. Was hatte er für eine beeindruckende Lebensspanne: Zusammen mit Burgheard, dem späteren Bischof von Würzburg, hat er in jungen Jahren einige Jahre im Kloster Bukberrow zusammengelebt. Als belesener Klosterschüler im schönen Wessex lässt er zu Hause alles stehen und liegen, pilgert nach Rom, wo er den charismatischen Bonifatius trifft. Der erfindet ein komplett neues Leben für ihn, steckt ihn nach Ohrdruf und Fritzlar zum Weiterstudieren. Wie bei Bonifatius, so sind wir auch bei ihm durch brieflich geäußerte Bücherwünsche über seine Lesevorlieben unterrichtet. Und siehe da – es ergibt sich ein ganz anderes Bild als bei seinem Lehrer. Seine Denkungsart scheint freier gewesen zu sein, seine Interessen breiter aufgestellt. Er beschäftigte sich mit Naturwissenschaften, erbat sich Werke der Kosmologie und allgemeiner Dichtung, las die weltlichen und historischen Werke Bedas. Auch medizinische Fachbücher interessierten ihn. Die bonifatianische Büchersammlung hat nichts von dieser gedanklichen Weite. Im Gegensatz zu seinem Mentor war Lul ein der Welt zugewandter Gelehrter und es ist bezeichnend für beide, dass sie sich trotz ihrer unterschiedlichen Gedankenwelt gegenseitig liebten und respektierten.

Dann geht es mit seinem Mentor über Stock und Stein durch Germanien, als Postbote ist er bis nach Rom unterwegs. Stets an seiner Seite, führt er für ihn die Korrespondenz und fungiert ganz allgemein als Sekretär und Assistent. Am Ende seines Lebens ist er erster Erzbischof von Mainz und Abt eines Reichsklosters. Sein Pech war, dass er im Schatten eines Größeren stand.

Der Dom zu Fulda

Als Johann Dientzenhofer den barocken Neubau der Salvatorbasilika anpackte, galt als ausgemacht, dass die Tradition möglichst nicht gestört und das Bonifatiusgrab nicht angerührt werden dürfe. Die Krypta wurde barock überwölbt und nach Westen verlängert, so dass eine eigenständige kleine kreuzförmige Kapelle daraus entstanden ist. Zugänglich ist sie über je eine nördliche und südliche Treppe, die wegen der großen Menschenmengen an Wallfahrts- und Festtagen besonders großzügig bemessen wurde. Der Raum wurde mit einem Skulpturenprogramm aus Märtyrerpäpsten und heiligen Bischöfen ausgestattet, die sich zu einer Prozession zum Grab zusammengefunden haben. Hrabanus Maurus und Freund Eoban von Utrecht nehmen teil. Das Grab liegt an der Ostwand des Raumes, so dass hier der kuriose Fall eintritt, dass in den gewesteten Dom die geostete Märtyrergrabkapelle integriert ist.

Das prächtige Altarretabel wurde von Johann Neudecker d. Ä. um 1710 über dem Grab errichtet. Das Alabasterrelief zeigt die dramatische Szene des Martyriums. Bonifatius fällt unter dem Hieb des Angreifers, das Buch gleitet aus seiner Hand. Man sieht im Hintergrund das geöffnete Zelt, aus dem er gerade hervorgestürzt ist. Schon eilen von oben Engel herbei, die seine Seele in Empfang nehmen und Krone und Siegespalmzweig mitbringen. Das Antependium darunter ist ein wahrer Geniestreich: Man blickt in den Sarg hinein, dessen Deckel gerade von zwei Engeln aufgestemmt wird. Einer zieht von oben, der andere – zum Zwecke optimaler Kraftwirkung hat er einen Fuß in den Sarg hineingesetzt – drückt von unten. Bonifatius, ernst in seinem prachtvollen Bischofsornat, macht sich eben daran, seiner Ruhestätte zu entsteigen.

Der hohe Dom zu Fulda, der unter dem Fürstabt Adalbert von Schleifras von 1704-1712 durch den Bamberger Architekten Johann Dientzenhofer errichtet wurde, ersetzt die Vorgängerkirchen, die hier standen: Sturms erste Steinbasilika, Baugulfs vergrößerte Kirche und schließlich die mächtige Ratgarbasilika. Alle wurden sie über derselben Mittelachse erbaut. Bonifatius weihte die erste Fuldaer Kirche Jesus Christus, dem Weltenretter, und so lautet sein Patrozinium auch heute noch St. Salvator. Das Bonifatiusgrab hat dem Gotteshaus jedoch einen neuen Schwerpunkt verliehen und so ist es für die meisten Besucher der „Bonifatiusdom“. Nicht nur gedanklich drückt sich diese Gewichtung aus, auch der Umstand, dass der Hauptaltar über dem Bonifatiusgrab im Westen liegt, sorgt für die unübliche Situation, dass der Dom gewestet und nicht geostet ist.

Johann Dientzenhofer wollte die Tradition möglichst nicht stören und das Bonifatiusgrab nicht anrühren. So wurde die Krypta barock überwölbt und nach Westen verlängert, so dass eine eigenständige kleine kreuzförmige Kapelle entstanden ist. Zugänglich ist sie über je eine großzügig bemessene nördliche und südliche Treppe. Das Grab liegt an der Ostwand des Raumes, so dass hier der kuriose Fall eintritt, dass in den gewesteten Dom die geostete Märtyrergrabkapelle integriert ist.

Johann Neudecker der Ältere schuf den Alabasteraltar in der Bonifatiusgruft um das Jahr 1710. Das Retabel zeigt die dramatische Szene des Martyriums. Eine ganze Gruppe Angreifer drängt von links heran. Der vorderste versetzt Bonifatius den tödlichen Stich mit dem Schwert in den Kopf. Das Buch, mit dem er sich zu schützen versuchte, entgleitet ihm im Fallen. Im selben Augenblick kommen vom Himmel schon zwei Engel herangeflogen, die Siegespalme und Märtyrerkrone herbeibringen. Hinter Bonifatius sehen wir das Zelt, aus dem er kurz zuvor hervorgestürzt ist. Aus seinem Inneren schauen entsetzt drei Personen heraus, einer davon mit Bischofsmitra. Das wird Eoban sein, den Bonifatius gerade zum Bischof von Utrecht geweiht hat. Wir wissen es: Das letzte Stündlein dieser drei wird jeden Augenblick geschlagen haben.

Das um 1710 geschaffene Antependium des Bonifatiusaltars ist ein besonderer Geniestreich barocker Bildhauerkunst: Man blickt in den sich öffnenden Sarg hinein. Zwei Engel stemmen ihn auf. Links zieht einer von oben, rechts hat einer, dem man die Anstrengung im Gesicht ablesen kann, zwecks größerer Kraftwirkung einen Fuß ins Sarginnere gestellt. Der Hl. Bonifatius, angetan mit dem festlichen Bischofsgewand, hat das Leichentuch schon zurückgeschlagen und ist – ernsten Antlitzes – gerade im Begriff, herauszusteigen.

Bonifatius setzte dem Hausmeier Karlmann im Frühjahr des Jahres 743 in den Kopf, eine allgemeine Versammlung aller weltlichen, geistlichen und militärischen Größen Austriens nach dem Modell eines angelsächsischen Witenagemot zusammenzurufen. Im Rahmen dieser Reichsversammlung trat das concilium Germanicum, die erste Bischofssynode auf dem späteren deutschen Boden, zusammen. Der Vorsatz, dies von nun an alljährlich zu wiederholen, wurde nicht umgesetzt. Seit dem Jahr 1867 jedoch tritt hier, am Bonifatiusgrab, jeden Herbst die Vollversammlung der deutschen Bischöfe zusammen. Der Raum wurde von dem Bildhauer Andreas Balthasar Weber mit einem Skulpturenprogramm aus 16 Märtyrerpäpsten und heiligen Bischöfen ausgestattet, die sich zu einer Prozession zusammengefunden haben. Da sehen wir die Mainzer Erzbischöfe Hrabanus Maurus und Bardo sowie Freund Eoban von Utrecht dem Grab zuwallen. Auf diesem Foto aus dem Jahr 1957 sehen wir die Bischöfe betend in der Bonifatiusgruft in Gesellschaft ihrer steinernen heiligen Vorgänger.

Die Bonifatiusgruft ist zum nationalen Zentrum der deutschen Katholiken geworden und hier in Fulda tritt seit dem Jahr 1867 alljährlich im Herbst die Vollversammlung der deutschen Bischöfe zusammen. Die Synode der Bischöfe also, zu der Bonifatius, Karlmann, die fränkischen Bischöfe und die Großen des Reichs beim *concilium Germanicum* im Jahr 743 zum ersten Mal zusammengekommen waren.

Unter Napoleon wurde der Dom als Pferdestall und Magazin benutzt und den französischen Verkündern einer neuen, besseren Weltordnung fiel nichts Intelligenteres ein, als das Grab zu öffnen und zu zerwühlen. In den 50er Jahren des 19. Jahrhunderts wurden die Überreste aus dem Grab schließlich wieder in eine Holzkiste gelegt und neuerlich in dem Altar verschlossen.

Im November 1980 besuchte Papst Johannes Paul II. Fulda. Nach dem Pontifikalamt sehen wir ihn hier in der Bonifatiusgruft vor dem Märtyreraltar des großen Angelsachsen ins Gebet vertieft. Die Bonifatiusgruft ist zum nationalen Zentrum der deutschen Katholiken geworden.

Schluss

Am 28. Oktober 1964 wurde der Fuldaer Dom von einem furchtbaren Donnerschlag erschüttert: Aus ungeklärter Ursache hatte sich das schwere Altarretabel aus seiner Fassung gelöst, war hinabgestürzt und in viele Stücke zersprungen. Zum Glück kam das Antependium dabei nicht zu Schaden. Nach dem ersten Schock wurden sogleich die Renovierungsarbeiten durch den Restaurator Lonz begonnen. Man nahm diesen Unfall zum Anlass, den Inhalt des Altares zu untersuchen. Da die deckende Grabplatte ebenfalls zertrümmert war, wurde eine Neuweihe des Altars ohnehin notwendig. Was fand man? Zunächst einen Altarstein von 1854, unter dem ein kleines Metallkästchen mit drei Reliquien lag: von Sturmius, Bonifatius und dem Märtyrer Antonius. Das Kästchen war verschlossen vom Siegel des Christoph Florentius Kött, Bischof von Fulda von 1848 – 1873. Was hatte es damit auf sich? Nach der Entweihung während der französischen Besatzungszeit war eine Neukonsekration erfolgt. Der Fund stammte von dieser Weihehandlung.

Darunter kam ein spätmittelalterlicher Altarkern zum Vorschein, der bei Beklopfen einen Hohlraum vermuten ließ. Am 1. April 1966 öffnete man unter Anwesenheit des Bischofs Dr. Adolf Bolte und des Domkapitels diesen Hohlraum und fand darin einen Holzkasten mit der Aufschrift *Reliquiae Sanctorum*, verschlossen mit dem roten Lacksiegel des Dompfarramtes. In andächtiger Stille hob der Bischof den Kasten heraus. Er war randvoll mit Gebeinen, kleineren Knochenpartikeln und Asche gefüllt. Dabei lag eine Notiz aus dem Jahr 1854, die bestätigte, dass hier der Inhalt des in der Franzosenzeit entweihten Schreines wieder zusammengeführt worden war. Prof. Dr. med. Hans Reitter von der medizinischen

Mittwoch, 28. Oktober 1964 — Fuldaer Zeitung / Hünfelder Zeitung / Kinzig-Zeitung — Nummer 248 — Seite 5

Relief über dem Bonifatiusgrab in der Krypta des Domes zerschellte

Die Kerzen am Altar waren schon angezündet – Wertvolles Barockkunstwerk zerbarst in Stücke
Die Bonifatiusgruft wurde für Besucher gesperrt – Schwierige Restaurierung soll sofort beginnen

Fulda (ham). — In der Bonifatiusgruft des Fuldaer Domes, dem Nationalheiligtum des katholischen Deutschland, ereignete sich in den frühen Morgenstunden des Dienstags ein katastrophaler Vorfall. Gerade hatte Domküster Machens die Kerzen auf dem Altar in der Krypta angezündet, denn in nur wenigen Minuten sollte dort der Gottesdienst beginnen. Da donnerte plötzlich das über eine Tonne schwere Retabel — ein Reliefbild — von der Wand herab auf die Altarplatte und die Stufen. Das kostbare Kunstwerk zerbrach in mehrere Stücke und kleinere Splitter. Helle Aufregung herrschte am Dienstag im Domkapitel, denn das Alabaster-Relief über dem Grab des Apostels der Deutschen ist nach Meinung der Kunsthistoriker das herrlichste Kunstwerk des Domes und das beste Werk, das der Bildhauer Johannes Neudecker aus Hadamer schuf. Das Reliefbild stellte in bewegter barocker Szene den Augenblick dar, in dem Bonifatius den Schwertstreich des Mörders empfängt. Noch ist er nicht zu Boden gesunken, da stürzen schon die Engel des Himmels herunter, die Palme und die Krone des Märtyrers zu bringen. — Die Bonifatiusgruft wurde sofort für alle Besucher abgesperrt.

Da war das berühmte Bonifatiusrelief von Johannes Neudecker über dem Altar am Grabe des Apostels der Deutschen in der Krypta des Fuldaer Domes. Seine Zerstörung ist ein unersetzlicher Verlust. Foto: Archiv

Wenige Minuten später hätte an der Stelle, wo die schweren Bruchstücke liegen, der Päpstliche Protonotar aus Paderborn beim Stufengebet gestanden, da er am gestrigen Morgen die heilige Messe vor dem Bonifatiusgrab feiern wollte.

Zerschellt liegt das über eine Tonne schwere Alabasterrelief auf den Stufen des Altars.

Schulklassen und einzelne Besucher des Domes standen am Dienstag vor der verbarrikadierten Treppe, die zur Bonifatiusgruft führt. Ein schwerer dunkelroter Vorhang versperrte die Sicht in die halbdunkle heilige Stätte, die schon so viele Gläubige in tiefer Ergriffenheit betraten. Es ist ein weihevoller und historischer Ort, der nun der Öffentlichkeit für einige Zeit unzugänglich sein wird.

Es war kurz nach sechs Uhr am frühen Morgen. Der Grabaltar des hl. Bonifatius war bereitet für das hl. Meßopfer. Der zur Zeit in Fulda weilende frühere Generalsekretär des Bonifatiusvereins, der Apostolische Protonotar Alexander Gabriel aus Paderborn, legte gerade in der Sakristei des Domes die liturgischen Gewänder an, um Minuten später die hl. Messe in der Krypta zu feiern. Er konnte nicht ahnen, daß zur gleichen Zeit — glücklicherweise noch vor Beginn der Meßfeier — das schwere Reliefbild sich von der Wand löste und mit aller Wucht auf den Altarraum niederschlug.

Glücklicherweise ist das Antependium des Altartisches, in dem Neudecker den Augenblick festgehalten hat, da sich der Märtyrer zur ewigen Auferstehung erhebt, nur am oberen Rand leicht beschädigt worden.
Fotos (4): Hubert Weber

Rost fraß Spangen durch

Große Besorgnis herrschte im Generalvikariat. Wie konnte dieses Unglück geschehen? Die „FZ" sprach mit dem Baudezernenten der Diözese Fulda, Domkapitular Msgr. Professor DDr. Ludwig Pralle.

Die Ursache des tragischen Geschehens liege darin, daß drei an der Rückseite des Bildwerks in der Wand hinter dem Altar verankerte Eisenbügel im Laufe der letzten 250 Jahre verrosteten, so daß sich das Retabel löste. Vorher waren keine Anzeichen für eine Lockerung vorhanden, erklärte Prof. Pralle. Das Kunstwerk war etwa im Jahre 1710 vollendet worden. Das Alabastermaterial war damals aus einem Bruch in der Nähe von Nordhausen/Thüringen beschafft worden.

Antependium noch heil

Einem Ort der Verwüstung glich nach dem Vorfall der sonst sehr weihevolle Raum. Zwischen den Säulen, die das Mittelteil der kreuzförmigen Gruft tragen, lagen Alabasterbrocken und feine Splitter. Das niederstürzende schwere Reliefbild hatte außerdem das auf dem Altar stehende wertvolle moderne Kreuz und einen Kerzenhalter zerstört oder teilweise schwer beschädigt. Diese Ausstattung war in der Werkstatt der Fuldaer Benediktinerinnen von Lioba Munz OSB geschaffen worden. Glücklicherweise erlitt das Antependium, das ebenfalls von Johannes Neudecker aus dem gleichen Alabastermaterial gearbeitet worden ist und den auferstehenden Bonifatius darstellt, keine wesentliche Beschädigung. Nur der Antependium-Rahmen wurde in seinem oberen Teil angeschlagen.

Die großen Bruchstücke des Reliefs bieten einen erschütternden Anblick. Ob man sie wieder wird zusammenfügen können?

Rettung möglich?

Das Bischöfliche Domkapitel nahm sofort mit Regierungsoberbaurat Odenwald, der für das Land Hessen die Bauverwaltung des Domes wahrnimmt, Verbindung auf. Nach dem Staatsvertrag des Landes Hessen mit den drei hessischen Diözesen ist der Fuldaer Dom das einzige Baudenkmal des Bistums, dessen Baulast weiterhin vom Land Hessen zu tragen ist. Auch Landeskonservator Dr. Feldtkeller aus Wiesbaden wurde noch in den Morgenstunden in die Maßnahmen der Wiederherstellung eingeschaltet.

Man hofft, das Kunstwerk wieder in seine alte Form bringen zu können. Die Schwierigkeiten scheinen freilich auf den ersten Blick nahezu unüberwindlich. Baudezernent Prof. Pralle meinte: „Grundsätzlich soll mit den zur Verfügung stehenden Möglichkeiten der Behandlung antiken Kunstgutes eine Wiederzusammenfügung des Werkes erfolgen; dabei werden winzige Einzelteile ergänzt werden."

Damit Einzelteile nicht verschleppt werden oder eine weitere Zerstörung durch unachtsame Besucher der Bonifatiusgruft entsteht, hat das Domkapitel die Gruft abschließen lassen. Der Restaurator wird die Bruchstücke unverändert vorfinden. Er kann auf diese Weise die Zusammensetzung leichter vornehmen. Bis es soweit ist, bangen die Kunstsachverständigen und mit ihnen viele Gläubige, die das künstlerisch hochbedeutungsvolle Werk sehr schätzen, um die weitere Zukunft des Reliefs.

Wahlergebnisse einwandfrei

Fulda (rn). Auch chronische Zweifler müssen sich jetzt geschlagen geben: Am Dienstagabend um 17 Uhr liefen die Wahlergebnisse der Stadt Fulda durch die letzte Kontrollinstanz und wurden für richtig befunden. Unter Leitung von Bürgermeister Gellings prüfte der Wahlausschuß, wie das Gesetz es befahl (binnen drei Tagen), die Richtigkeit der Wahlergebnisse. Alle Mitglieder der Ausschüsse waren bei der öffentlichen Sitzung anwesend und bestätigten einstimmig, daß das Wahlergebnis einwandfrei sei. Bürgermeister Gellings dankte den Mitarbeitern und der Presse für ihre Unterstützung.

Wahrscheinlich aufgrund verrosteter Eisenbügel an seiner Rückseite, glitt im Oktober 1964 Johannes Neudeckers barockes Retabel des Bonifatiusaltars aus seiner Halterung und zersprang auf dem Boden der Bonifatiusgruft in mehrere große Teile und zahlreiche kleine Splitter. Nach dem ersten Schock wurde schnell klar, dass das Kunstwerk wiederhergestellt werden konnte, was der Restaurator Lonz sogleich in Angriff nahm. Glücklicherweise wurde niemand verletzt, obwohl kurz zuvor noch der Küster die Altarkerzen angezündet hatte. Auch das Antependium blieb unbeschädigt.

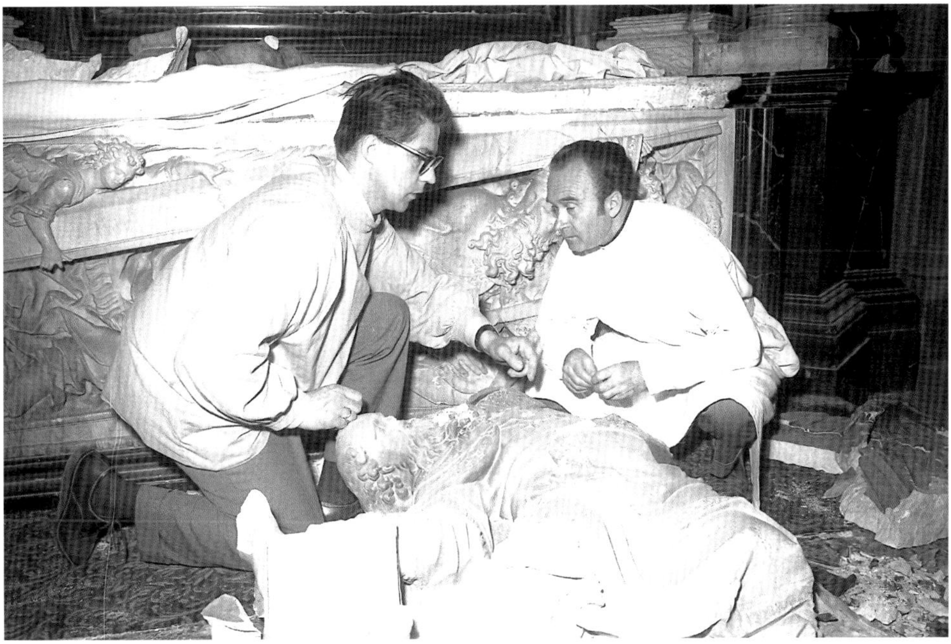

Da war guter Rat teuer. Mit großer Bestürzung wurde die schwere Zerstörung des barocken Altarretabels, Kern und Zentrum fuldischer Frömmigkeit, in der Stadt wahrgenommen. Unter den sachkundigen Händen der Restauratoren konnte das unersetzliche Barockkunstwerk glücklicherweise jedoch rasch wiederhergestellt werden.

Abb.: Stadtarchiv Fulda, Hubert Weber

Fakultät Düsseldorf übernahm die Untersuchung und fasste seine Beobachtungen in einem mehrseitigen Gutachten zusammen. Zunächst stellte er heraus, dass alle Knochen bis auf einen zu einem männlichen Individuum gehörten. Man verglich sie mit einer Bonifatiusreliquie aus dem Domschatz und konnte nachweisen, dass es sich bei beiden Proben um Überreste derselben Person handelte. Dieser im 8. Jahrhundert in hohem Alter verstorbene Mann war überraschend groß gewachsen, nämlich zwischen 1,85 – 1,90 m und dürfte damit seine Zeitgenossen erheblich überragt haben. Anhand von Knochenstruktur und Sehnenansätzen konnte Prof. Dr. Reitter auf ein ganz außerordentlich muskelstarkes Individuum schließen. Den sehr kleinwüchsigen Menschen des Frühmittelalters, die im Durchschnitt mit 30-40 Jahren starben, muss dieser Mann als wahre Sagengestalt erschienen sein.

Ganz nah kommt er uns durch Prof. Reitters Diagnose einer starken Arthrose im Bereich der Brustwirbelsäule und mehrerer Gallen- und Nierensteine. Vor allem im Alter dürften ihm Schmerzen vertraute Begleiter gewesen sein.

Was für Vermutungen hat man angesichts der Knochenasche geäußert? Das Kloster hat im Mittelalter zweimal gebrannt, wobei auch die Altäre in Mitleidenschaft gezogen wurden. Tatsächlich handelt es sich bei den Splittern um Knochen-

Gutachten

In dem mit Reliquiae Sanctorum bezeichneten Holzkästchen aus dem Jahre 1854 wurde nach Öffnung eine große Anzahl verschiedenartiger Knochenteile gefunden, durchmischt von kleineren Partikeln, sowie von Knochenasche. Beim Untersuchen der einzelnen Bestandteile gelang es, unter den Knochenresten größerer Ordnung zwei durch Farbe, Größe und Erhaltungszustand vollkommen verschiedene Gruppen voneinander zu trennen.

Die erste Gruppe betraf die zum Teil gut erhaltenen Knochen eines außerordentlich muskelstarken Mannes von der Größe zwischen 185 und 195 cm. Von diesem Mann, der offenbar ein höheres Alter erreicht hat, fand man zunächst das obere Drittel des rechten Oberarmknochens. Dieser Knochen war durch besonders stark ausgeprägte Wülste gekennzeichnet, die den Ansatz der Sehne des doppelköpfigen Oberarmmuskels kennzeichnen (M. Bizeps). Desgleichen war die Muskelrauhigkeit des Oberarmknochens sehr stark ausgeprägt; der Kopf des Knochens war sehr gut entwickelt und weist an den Rändern teilweise Auflagerungen auf, die einer Arthrose entsprechen. Als nächstes war das obere Drittel des rechten Oberschenkelknochens erhalten, das den gleichen Erhaltungszustand aufweist und ebenso wie der Oberarmknochen von einem großen und äußerst muskelkräftigen männlichen Individuum stammt. Der Schenkelkopf ist gut ausgeprägt, ebenso der Schenkelhals; die Gewebe der beiden großen Oberschenkelrauhigkeiten sind ausgesprochen stark entwickelt, so daß auch hier mit dem Ansatz sehr starker Muskeln zu rechnen war.

- 2 -

In seinem mehrseitigen forensischen Gutachten kam Prof. Dr. med. Hans Reitter zu dem Schluss, dass es sich bei den in der Kiste enthaltenen Knochen um die Überreste eines außerordentlich muskelstarken und großgewachsenen männlichen Individuums handelte, das im Frühmittelalter gelebt hat, sehr alt geworden ist und zuletzt an einer starken Arthrose im Bereich der Brustwirbelsäule gelitten haben muss. Probenvergleiche mit Bonifatiusreliquien aus dem Domschatz ergaben eine genaue Übereinstimmung. Vor allem gegen Ende seines Lebens waren Schmerzen also ständige Begleiter des Bonifatius.

Das Fuldaer Bonifatiusdenkmal wurde im Jahr 1842 errichtet, aber eine lange Finanzierungs- und Planungsphase war dem vorausgegangen. Im Jahr 1828 hatte sich in Fulda ein „Verein zur Errichtung des Denkmals des Hl. Bonifatius" gegründet, der einen Spendenaufruf „an alle Bewohner Buchenlands, an alle Hessen, Thüringer, Sachsen und sämtliche Deutsche initiierte". Man hatte richtig kalkuliert. Über Konfessionsgrenzen, über Bonifatius´ ehemaliges Missionsgebiet und über das engere Fuldaer Umfeld hinweg hatte der Heilige längst nationale Bedeutung erlangt und galt als Apostel der Deutschen. Die Menschen spendeten freigiebig und bald konnten Verhandlungen mit Künstlern für Probeentwürfe geführt werden. Den Zuschlag bekam der Kasseler Bildhauer Johann Werner Henschel, dessen populärstes Kunstwerk die Bonifatiusstatue denn auch werden sollte.

material, das vor vielen Jahrhunderten einem Verbrennungsvorgang ausgesetzt war. Ob diese Partikel alle zu einer Person gehörten, gar zu der vorher beschriebenen, ließ sich nicht klären. Angesichts einiger größerer Teile von Röhrenknochen schloss Prof. Reitter allerdings auf eine zartgliedrige, kleinwüchsige Frau, die im achten Jahrhundert gelebt hat. Sollten die Fuldaer Mönche am Ende doch ein Einsehen gehabt und Liobareliquien zu Bonifatius gelegt haben?

Der letzte Beweis kann niemals erbracht werden, sehr vieles spricht aber dafür, dass es sich in diesem Reliquienschrein tatsächlich um die sterblichen Überreste des heiligen Bonifatius handelt. Die Überreste von einem, dessen Leben den Lauf der Geschichte verändert hat, einem wahren Monolithen unter seinen Zeitgenossen. Wir sehen ihn vor uns: Wie er zusammen mit Dudd in Nursling über verschachtelten Figurengedichten brütet. Wir sehen ihn an Bord eines Seglers der grünen Küste seines Heimatlandes nachblicken. Wie er, von beeindruckender Körpergröße und alle überragend, die Axt in der starken Faust, vor einer Horde aufgebrachter Germanen die Donareiche fällt. Bei Wind und Wetter unterwegs. Bei Schnee, Eis und Wind auf dem Alpenpass. Auf den Marktplätzen mit seiner Glocke die Menschen zusammenrufend. In leidenschaftlichem Streit mit jedem, der nicht seiner Meinung war. Ein *guter Freund und ein begabter Hasser,* wie ihn ein Historiker einmal genannt hat. In seiner starren Kompromisslosigkeit seinen Herrschern und seinen Päpsten mindestens lästig, wenn nicht gar peinlich. Wir sehen ihn herrisch auftreten als vorsitzenden Kirchenpolitiker bei Synoden und bei Hof angesichts des missgelaunten fränkischen Hochadels. Als engagierten Lehrer, als stillen, konzentrierten Leser und Briefautor. Schließlich sehen wir den traurigen Greis, der wegen seines schwindenden Augenlichts frustriert seinen Folianten zuklappt. Und dem ob seiner Enttäuschung über das Scheitern der Sachsenmission die realistische Einschätzung seines gigantischen Lebenswerks verstellt ist. Schließlich sehen wir ihn vor uns, wie er im dramatischen Augenblick des Todes seinem Mörder sein Buch entgegenstreckt.

Tapfere Männer und Frauen waren es, felsenfest von ihrem Glauben überzeugt, die sich im frühen Mittelalter auf den Weg gemacht haben, die Stammesbrüder auf dem Festland dem Höllenschlund zu entreißen. Vor Bonifatius waren schon Wilfried v. York, Willibrord und in dessen Gefolge die beiden tollkühnen Ewalde aus Northumberland herübergekommen. Dass sie alle ganz maßgeblich an der Formung des christlichen Europa mitgewirkt haben, ist ihnen sicher nie aufgegangen. Am Ende nahm Bonifatius seinen Lebensauftrag als gescheitert wahr: Er hatte die Sachsen nicht bekehrt. Frustriert und traurig trat er seine letzte Reise nach Friesland an. Es war ihm nicht vergönnt zu erkennen, dass durch sein Reformwerk der Weg zur Etablierung der neuen Dynastie und damit der Beginn des karolingischen Zeitalters ermöglicht wurde. Es erging ihm wie Moses, der das gelobte Land nicht betreten sollte.

Literatur

Dieses Buch soll absichtlich nicht durch einen Anmerkungsapparat beschwert werden. Es basiert jedoch auf einer Vielzahl an gelesenen Büchern und Aufsätzen. Die zugrundeliegende Literatur sei hier zum interessierten Nachlesen, nach Sachgebieten geordnet, vorgestellt:

Quellen:

Die Lebensbeschreibungen:

Die Bonifatiusbriefe und -vita aus der Ausgabe: Briefe des Bonifatius, Willibalds Leben des Bonifatius nebst einigen zeitgenössischen Dokumenten, deutsch-lateinisch, in: Ausgewählte Quellen zur Deutschen Geschichte des Mittelalters, Freiherr-vom-Stein-Gedächtnisausgabe, Band IVb, Darmstadt 1968. *In diesem Band sind dankenswerterweise auch die Bruchstücke der bonifatianischen Grammatik sowie die Akten der Synoden zusammengefasst, außerdem der Indiculus Superstitionum und das altsächsische Taufgelöbnis.*

Die anderen Bonifatiusviten sowie die Sturmiusvita und die Vita der Hl. Lioba aus: Leben des h. Bonifazius von Willibald bis Otloh, der h. Leoba von Rudolf von Fulda, des Abtes Sturmius von Eigil, nach den Ausgaben der Monumenta Germaniae Historica, Die Geschichtsschreiber der deutschen Vorzeit, Bd. 13, Achtes Jahrhundert, zweiter Band, Leipzig 1920

Alkuins Lebensbeschreibung des Willibrord und Liudgers Vita des Gregor von Utrecht aus: Die Lebensbeschreibungen des hl. Willibrord, Gregors von Utrecht, Liudgers und Willehads von Bremen aus derselben Reihe: nach den Ausgaben der Monumenta Germaniae Historica, Die Geschichtsschreiber der deutschen Vorzeit, Bd. 14, Leipzig 1941

Die Vita des Eigil von Candidus Bruun in: Dominikus Heller: Die ältesten Geschichtsschreiber des Klosters Fulda, 30. Veröffentlichung des Fuldaer Geschichtsvereins, Fulda 1952

Konrad Lübeck: Fuldaer Heilige, Fulda 1948

Weitere:

Aus folgender Ausgabe wurden die Bibelstellen entnommen: Die Bibel. Nach Martin Luthers Übersetzung neu bearbeitet, Deutsche Bibelgesellschaft, Stuttgart 1985

Urkundenbuch des Klosters Fulda, erster Band, 1. Hälfte, Die Zeit des Abtes Sturmi, bearbeitet von Edmund E. Stengel, Marburg 1913

Die Regel des heiligen Benedikt, Beuron 1990

Einhard: Vita Karoli Magni - Das Leben Karls des Großen, Lateinisch/Deutsch, Stuttgart 1996

Gregor von Tours: Historiarum Libri Decem - Zehn Bücher Geschichten, Lateinisch/Deutsch, ausgewählte Quellen zur deutschen Literatur des Mittelalters, Freiherr-vom-Stein-Gedächtnisausgabe, hrsg. von Rudolf Buchner, Darmstadt 1956

Der Heliand und die Bruchstücke der Genesis, aus dem Altsächsischen und Angelsächsischen übertragen von Felix Genzmer, Stuttgart 1955

Der Artikel über die Öffnung des Bonifatiusgrabes und das medizinische Gutachten Prof. Dr. Hans Reitters aus der FZ vom 20. April 1966

Nachschlagewerke:

Josef Leinweber: Die Fuldaer Äbte und Bischöfe, Frankfurt am Main 1989

Konrad Lübeck: Die Fuldaer Äbte und Fürstäbte des Mittelalters, 31. Veröffentlichung des Fuldaer Geschichtsvereins, Fulda 1952

Reclams Lexikon der Päpste, Stuttgart 1988

Reallexikon der Germanischen Altertumskunde

Sandmann, Mechthild: Die Folge der Äbte, in: Die Klostergemeinschaft von Fulda im frühen Mittelalter, hrsg. von Karl Schmid, Bd. 1, München 1978, S. 178-204

Zur Genealogie der Herrschergeschlechter: H. Grote: Stammtafeln, Leipzig 1877

Vier Ausstellungskataloge wurden benutzt, die folgendermaßen abgekürzt werden:

Bonifatius. Vom angelsächsischen Missionar zum Apostel der Deutschen, Katalog und Begleitband zur Fuldaer Bonifatiusausstellung des Jahres 2004, Petersberg 2004 = Kat. Bonifatius

Credo. Christianisierung im Mittelalter, Ausstellung im Erzbischöflichen Diözesanmuseum Paderborn im Jahr 2013, 2 Bde., Petersberg 2013 = Kat. Credo

Die Franken. Wegbereiter Europas, Ausstellung im Reiss-Museum, Mannheim/Petit Palais, Paris/Kulturforum, Berlin Tiergarten im Jahr 1997, 2 Bde., Mainz 1996 = Kat. Franken

Karl der Große, Lebenswerk und Nachleben, 5 Bde., hrsg. von Wolfgang Braunfels, Katalog der Aachener Karlsausstellung vom Jahr 1966, Düsseldorf 1967 = Kat. Karl

1. Allgemein benutzte Literatur zum Leben des Bonifatius und zur Missionierung im Frühmittelalter:

Aus der beinahe unüberschaubaren Masse an Literatur zum Thema herausgehoben, grundlegend und inspirierend waren vor allen anderen:

Arnold Angenendt: Das Frühmittelalter: Die abendländische Christenheit von 400 bis 900, Köln 1995, dritte Auflage 2001

Franz Flaskamp: Das hessische Missionswerk des hl. Bonifatius, Duderstadt 1926

Wilhelm Levison: England and the Continent in the eight Century – the four Lectures delivered in the University of Oxford in the Hilary Term 1943, Oxford 1946

Lutz E. v. Padberg: Bonifatius, Missionar und Reformer, München 2003

Lutz E. v. Padberg: Christianisierung im Mittelalter, Darmstadt 2006

Theodor Schieffer: Winfried-Bonifatius und die christliche Grundlegung Europas, Freiburg 1954

2. Speziellere Literatur zum Thema:

Gerd Althoff: Strategien und Methoden der Christianisierung einer kriegerischen Gesellschaft, in: Kat. Credo, Bd. 1, S. 310-320

Arnold Angenendt: Bonifatius und das Sacramentum initiationis. Zugleich eine Geschichte der Firmung, in: Ders.: Liturgie im Mittelalter – Ausgewählte Aufsätze zum 70. Geburtstag, (Ästhetik – Theologie – Liturgik 35), hrsg. von Thomas Flammer und Daniel Meyer, Münster 2004, S. 35-87

Arnold Angenendt: Credo. Die Taufe als Sakrament des Glaubens, in: Kat. Credo, Bd. 1, S. 53-66

Arnold Angenendt: Libelli bene correcti. Der „richtige Kult" als ein Motiv der karolingischen Reform, in: Ders.: Liturgie im Mittelalter – Ausgewählte Aufsätze zum 70. Geburtstag, (Ästhetik – Theologie – Liturgik 35), hrsg. von Thomas Flammer u. Daniel Meyer, Münster 2004, S. 227-243

Arnold Angenendt: Mission und Opfer, in: Kat. Credo, Bd. 1, S. 67-74

Karl Bosl: Die ältesten sogenannten germanischen Volksrechte und die Gesellschaftsstruktur der Unterschichten. Bemerkungen zur Kulturkontinuität der Spätantike im fränkischen Reich der Merowinger und zu den Formen und Phasen ihrer Umwandlung, in: Gesellschaft. Kultur. Literatur, S. 129-152

Karl Bosl: Die „Familia" als Grundstruktur der mittelalterlichen Gesellschaft, in: Zeitschrift für bayerische Landesgeschichte 38, 1975, S. 403-424

Olivier Bruand: Klientelverhältnisse, Herrschaft über Grund und Boden und wirtschaftliche Macht der fränkischen Aristokratie im 7. und 8. Jahrhundert, in: Kat. Franken, Bd. 1, S. 534-539

Heinrich Büttner: Die Franken und die Ausbreitung des Christentums bis zu den Tagen von Bonifatius, in: Hessisches Jahrbuch für Kirchengeschichte 1, 1951, S. 8-24

Heinrich Büttner: Bonifatius und die Karolinger, in: Ders.: Zur frühmittelalterlichen Reichsgeschichte an Rhein, Main und Neckar, Darmstadt 1975, S. 129-144

Heinrich Büttner: Mission und Kirchenorganisation des Frankenreichs bis zum Tode Karls des Großen, in: Kat. Karl, Bd. 1, S. 454-487

Alain Dierkens: Die Taufe Chlodwigs, in: Kat. Franken, Bd. 1, S. 183-191

Kassius Hallinger: Römische Voraussetzungen der bonifatianischen Wirksamkeit im Frankenreich, in: Sankt Bonifatius, Gedenkgabe zum 1200. Todestag, Fulda 1954, S. 320-361

Karl Heinemeyer: Bonifatius - Mönch und Reformer, in: Kat. Bonifatius, S. 63-94

Otto Höfler: Der Sakralcharakter des germanischen Königtums, in: Das Königtum - seine geistigen und rechtlichen Grundlagen, Mainvorträge 1954, Vorträge und Forschungen 3, Konstanz 1956, S. 75-104

Michael Imhof: Christianisierung in der Spätantike und im frühen Mittelalter, in: Kat. Bonifatius, S. 7-38

Jörg Jarnut: Bonifatius und die fränkischen Reformkonzilien (743-748), in: Zeitschrift der Savigny-Stiftung für Rechtsgeschichte 109, Kanonistische Abteilung 66, 1979, S. 1-26

Friedrich Laux: Die Sachsen - Nachbarn und Gegenspieler der Franken, in: Kat. Franken, Bd. 1, S. 330-337

Stéphane Lebecq: Franken und Friesen, in: Kat. Franken, Bd. 1, S. 338-340

Régine Lejan: Austrasien - Versuch einer Begriffsdefinition, in: Kat. Franken, Bd. 1, S. 222-226

Lutz E. v. Padberg: Bonifatius - das Leben des Missionars, in: Kat. Bonifatius, S. 39-62

Lutz E. v. Padberg: Das Christentum als missionierende Religion. Missionskonzepte von Bonifatius bis ins späte Mittelalter, in: Kat. Credo, Bd. 1, S. 130-139

Lutz E. v. Padberg: Die Persönlichkeit des Bonifatius im Spiegel seines Umgangs mit Freunden und Feinden, in: Archiv für mittelalterliche Kirchengeschichte 57 (2005), S. 63-87

Friedrich Prinz: Die Rolle der Iren beim Aufbau der merowingischen Klosterkultur, in: H. Löwe: Die Iren und Europa, Bd. 1, S. 202-218

Timothy Reuter: The greatest Englishman - Essays on St Boniface and the Church at Crediton, Exeter 1980

Michel Rouche: Die Bedeutung der Taufe Chlodwigs, in: Kat. Franken, Bd. 1, S. 192-199

Michael Ryan: Bekehrung, Gesellschaft und Kunst im frühmittelalterlichen Irland, in: Kat. Credo, Bd. 1, S. 222-238

Georg Scheibelreiter: Der frühfränkische Episkopat. Bild und Wirklichkeit, in: Frühmittelalterliche Studien 17, 1983, S. 131-147

Rudolf Schieffer: Christianisierung Europas, in: Kat. Credo, Bd. 1, S. 44-52

Theodor Schieffer: Der Gottesmann aus Übersee, in: Bonifatius und Fulda, Archiv für mittelrheinische Kirchengeschichte 57 (2005), 56. Jahrestagung der Gesellschaft für mittelalterliche Kirchengeschichte, S. 4-16

Karl Schmid: Zur Problematik von Familie, Sippe und Geschlecht, Haus und Dynastie beim mittelalterlichen Adel, in: Zeitschrift f. Geschichte des Oberrheins 1957, S. 1-62

Karl Schmid: Über das Verhältnis von Person und Gemeinschaft im frühen Mittelalter, in: Frühmittelalterliche Studien 1, 1967, S. 225-249

Berthold Schmidt: Das Königreich der Thüringer und seine Eingliederung in das Frankenreich, in: Kat. Franken, Bd. 1, S. 285-297

Kurt-Dietrich Schmidt: Bonifatius und die Sachsen, in: Sankt Bonifatius, Gedenkgabe zum 1200. Todestag, Fulda 1954, S. 227-246

Christopher Scull: Die Bekehrung der Angelsachsen, in: Kat. Credo, Bd. 1, S. 193-201

Josef Semmler: Bonifatius, die Karolinger und „die Franken", in: Mönchtum - Kirche - Herrschaft 750-1000, hrsg. von Dieter Bauer/Rudolf Hiestand/Brigitte Kasten/Sönke Lorenz, Sigmaringen 1987, S. 3-49

Edmund Stengel: Der Stamm der Hessen und das Herzogtum Franken, in: Zeitschrift des Vereins für hessische Geschichte und Landeskunde 70, 1959, S. 19-67

Wilhelm Störmer: Entwicklungstendenzen in der ostfränkischen Klosterlandschaft der Karolingerzeit, in: Mönchtum - Kirche - Herrschaft 750-1000, hrsg. von Dieter Bauer/ Rudolf Hiestand/Brigitte Kasten/Sönke Lorenz, Sigmaringen 1987, S. 77-97

J. M. Wallace-Hadrill: A background to St. Boniface´s mission, in: Early Medieval History, Oxford 1975, S. 138-154

Reinhard Wenskus: Die deutschen Stämme im Reiche Karls des Großen, Kat. Karl, Bd. 1., S. 178-219

Karl-Ferdinand Werner: Bedeutende Adelsfamilien im Reich Karls des Großen, Kat. Karl, Bd. 1, S. 83-142

3. Literatur zu Personen des Bonifatiuskreises:

Gerd Althoff: Verwandte, Freunde und Getreue. Zum politischen Stellenwert der Gruppenbindungen im frühen Mittelalter, Darmstadt 1990

Arnold Angenendt: Willibrord im Dienste der Karolinger, in: Annalen des Historischen Vereins für den Niederrhein 175, 1973, S. 63-113

Arnold Angenendt: Die irische Peregrinatio und ihre Auswirkungen auf den Kontinent vor dem Jahr 800, in: Die Iren und Europa im frühen Mittelalter, Hrsg. Heinz Löwe (Veröffentlichungen des Europazentrums Tübingen, Kulturwissenschaftliche Reihe), Stuttgart 1982, S. 52-79

Albrecht Classen: Frauenbriefe an Bonifatius. Frühmittelalterliche Literaturdenkmale aus literaturwissenschaftlicher Sicht, in: Archiv für Kulturgeschichte 72 (1990), S. 251-273

Harald Dickerhoff: Zum monastischen Gepräge des Bonifatiuskreises, in: 71./72. Sammelblatt des Historischen Vereins Eichstätt, 1987/89, S. 61-80

Alain Dierkens: Willibrord und Bonifatius – Die angelsächsische Mission und das fränkische Königreich in der ersten Hälfte des 8. Jahrhunderts, in: Kat. Franken, Bd. 1, S. 459-465

Pius Engelbert O.S.B.: Die Vita Sturmi des Eigil von Fulda, Marburg 1968

Eugen Ewig: Milo et eiusmodi similes, in: Sankt Bonifatius, Gedenkgabe zum 1200. Todestag, Fulda 1954, S. 412-440

Franz Flaskamp: Willibrord-Clemens und Wynfreth-Bonifatius, in: Sankt Bonifatius, Gedenkgabe zum 1200. Todestag, Fulda 1954, S. 157-172.

Dieter Grossmann: Anfang und Ende von Sturms Einsiedelei in Hersfeld, in: Zeitschrift des Vereins für hessische Landeskunde 65/66, 1954/55, S. 209-216

Sr. Hieronyma Hieber: Hl. Lioba – Dokumentation einer Sammlung, Tauberbischofsheim 1991

Eduard Hlawitschka: Die Vorfahren Karls des Großen, in: Kat. Karl, Bd. 1, S. 51-72

Petra Kehl: Die Verehrung der Hl. Lioba, in: Fuldaer Geschichtsblätter 1961, 67. Jg., S. 141-150

Jean Krier: Echternach und das Kloster des hl. Willibrord, in: Kat. Franken, Bd. 1, S. 466-478

Gisela Muschiol: Königshof, Kloster, Mission - die Welt der Lioba und ihrer geistlichen Schwestern, in: Franz J. Felten (Hrsg.): Bonifatius - Apostel der Deutschen. Mission und Christianisierung vom 8. bis zum 20. Jahrhundert, Wiesbaden/Stuttgart 2004, S. 99-114

Wilhelm Levison: Das Glaubensbekenntnis Luls, in: Abhandlungen der Geistes- und Sozialwissenschaftlichen Klasse, Jahrgang 1950, Nr. 20, S. 7-103

Hanns Leo Mikoletzky: Karl Martell und Grifo, in: Festschrift Ed. E. Stengel zum 70. Geburtstag, hrsg. von E. Kunz, Münster-Köln 1952, S. 130-156

Ulrich Nonn: Die Nachfolge Karl Martells und die Teilung von Vieux-Poitiers, in: Matthias Becher/Jörg Jarnut (Hrsg.): Der Dynastiewechsel von 751. Vorgeschichte, Legitimationsstrategien, Erinnerung, Münster 2004, S. 61-73

Dáibhí Ó Cróinín: Willibrord und die frühe angelsächsische Missionierung Kontinentaleuropas, in: Kat. Credo, Bd. 1, S. 239-249

Lutz E. v. Padberg: Christen und Heiden. Zur Sicht des Heidentums in ausgewählter angelsächsischer und fränkischer Überlieferung des 7. und 8, Jahrhunderts, in: Iconologica Sacra. Mythos, Bildkunst u. Dichtung in der Religions- u. Sozialgeschichte Alteuropas. Festschrift f. Karl Hauck zum 75. Geburtstag. Hrsg.: Hagen Keller/Nikolaus Staubach (Arbeiten zur Frühmittelalterforschung 23), Berlin-NY 1994, S. 291-312

Lutz E. v. Padberg: Heilige und Familie - Studien zur Bedeutung familiengebundener Aspekte in den Viten des Verwandten- und Schülerkreises um Willibrord, Bonifatius und Liudger, Mainz 1997

Dieter Riesenberger: Zur Geschichte des Hausmeiers Karlmann, in: Westfälische Zeitschrift 120, 1970, S. 271-285

Friederike Sauerwein: Religiöse Identität oder Heiliger Schein? Weibliche Lebensgestaltung und hagiographische Überlieferung am Beispiel der hl. Lioba, in: Dieter R. Bauer/ Klaus Herbers (Hrsg.): Hagiographie und Kontext. Wirkungsweisen und Möglichkeiten historischer Auswertung (Beiträge zur Hagiographie 1), Stuttgart 2000, S. 46-57

Georg Scheibelreiter: Der Missionar im Frankenreich im siebten und achten Jahrhundert - Typus und Individuum, in: Willibrord, zijn Wereld en zijn Werk, Hrsg: P. Banje/Anton Weiler, Middeleewse Studies 6, Nijmegen 1990, S. 328-347

Theodor Schieffer: Angelsachsen und Franken - zwei Studien zur Kirchengeschichte des 8. Jahrhunderts, in: Abhandlungen der Geistes- und Sozialwissenschaftlichen Klasse, Jahrgang 1950, Nr. 20, S. 7-103

Stefan Schipperges: Bonifatius ac socii eius - Eine sozialgeschichtliche Untersuchung des Winfried-Bonifatius und seines Umfeldes. Inaugural-Dissertation zur Erlangung der Doktorwürde an den Philosophischen Fakultäten der Albert-Ludwigs-Universität zu Freiburg, Mainz 1996

Wilhelm Störmer: Eine Adelsgruppe um die Fuldaer Äbte Sturmi und Eigil, in: Gesellschaft und Adel. Forschungen zu sozial- und landesgeschichtlichen Problemen vornehmlich in Bayern. Festschrift Karl Bosl, München 1988, S. 1-34

Catherine Wybourne: Leoba. A study in humanity and holiness, in: M. Schmidt/ L. Kulzer: Medieval Women Monastics, Collegeville 1996, S. 81-95

Barbara Yorke: The bonifacian mission and female religious in Wessex, in: Early Medieval Europe 7 (1988), S. 144-172

Barbara Yorke: "Sisters under the skin"? Anglo-Saxon Nuns and Nunneries in Southern England, in: Reading Medieval Studies 15 (1989), S. 95-113

4. Zu den Klosterregeln

Arnold Angenendt: Kloster und Klosterverband zwischen Benedikt von Nursia und Benedikt von Aniane, in: Hagen Keller/Franz Neske: Vom Kloster zum Klosterverband. Das Werkzeug der Schriftlichkeit, München 1997, S. 7-35

Dagmar-Beate Baltrusch-Schneider: Die angelsächsischen Doppelklöster, in: Kaspar Elm/ Michael Parisse (Hrsg.): Doppelklöster und andere Formen der Symbiose männlicher und weiblicher Religiosen im Mittelalter (Berliner Historische Studien 18, Ordensstudien 8), Berlin 1992, S. 57-79

Augustin Blazovich: Soziologie des Mönchtums und der Benediktinerregel, Wien 1954

F. Büll: Die Klöster Frankens bis zum 9. Jahrhundert, in: Studien und Mitteilungen zur Geschichte des Benediktinerordens und seiner Zweige 104 (1993)

Pius Engelbert O.S.B.: Regeltext und Romverehrung. Zur Frage der Verbreitung der Regula Benedicti im Frühmittelalter, in: Römische Quartalsschrift f. christliche Altertumskunde und Kirchengeschichte 81, 1986, S. 39-60

5. Zu den Reisewegen zwischen England und dem Kontinent:

Michael Pye: Eine Geschichte der Nordsee - Am Rand der Welt, Frankfurt/M. 2017

6. Zu Fulda und Büraberg

Maria-Elisabeth Brunert: Fulda als Kloster *in eremo*. Zentrale Quellen über die Gründung im Spiegel der hagiographischen Tradition, in: Kloster Fulda in der Welt der Karolinger und Ottonen, Fuldaer Studien 7, hrsg. von Gangolf Schrimpf, Frankfurt/M. 1996, S. 59-78

Eckhard Freise: Zur Datierung und Einordnung fuldischer Namensgruppen und Gedenkeinträge, in: Die Klostergemeinschaft von Fulda im frühen Mittelalter, hrsg. von Karl Schmid, München 1978, Bd. 2.2, S.526-570

Eckhard Freise: Studien zum Einzugsbereich der Klostergemeinschaft von Fulda, in: Die Klostergemeinschaft von Fulda im frühen Mittelalter, hrsg. von Karl Schmid, München 1978, Bd. 2.3

Johannes Fried: Fulda in der Bildungs- und Geistesgeschichte des frühen Mittelalters, in: Kloster Fulda in der Welt der Karolinger und Ottonen, Fuldaer Studien 7, hrsg. von Gangolf Schrimpf, Frankfurt/M. 1996, S. 3-38

Dieter Geuenich: Die personelle Entwicklung der Klostergemeinschaft von Fulda bis zum Jahr 1000, in: Kloster Fulda in der Welt der Karolinger und Ottonen, Fuldaer Studien 7, hrsg. von Gangolf Schrimpf, Frankfurt/M. 1996, S. 163-176

Hans-Wilhelm Hammerbacher: Studien zur Geschichte der Reichsabtei Fulda bis zur Jahrtausendwende, in: Archiv für Diplomatik 31, 1985, S. 1-225

Walter Heinemeier/Berthold Jäger: Fulda in seiner Geschichte. Landschaft, Reichsabtei, Stadt, Veröffentlichung der Historischen Kommission für Hessen 57, Marburg/Fulda 1995

Franz-Josef Jakobi: Die geistlichen und weltlichen Magnaten in den Fuldaer Totenannalen, in: Die Klostergemeinschaft von Fulda im frühen Mittelalter, hrsg. von Karl Schmid, München 1978, Bd. 2.2, S. 792-887

Franz-Josef Jakobi: Zu den Amtsträgerlisten in der Überlieferung der Fuldaer Totenannalen, in: Die Klostergemeinschaft von Fulda im frühen Mittelalter, hrsg. von Karl Schmid, München 1978, Bd. 2.2, S. 505-525

P.J. Jörg: Würzburg und Fulda, in: Quellen und Forschungen zur Geschichte des Bistums und Hochstifts Würzburg 4, Würzburg 1951, S. 26-38

Theo Kölzer: Bonifatius und Fulda. Diplomatische, rechtliche und kulturelle Aspekte, in: Amrh. KG 57, 2005

Otto Gerhard Oexle: Die Überlieferung der Fuldaer Totenannalen, in: Die Klostergemeinschaft von Fulda im frühen Mittelalter, hrsg. von Karl Schmid, München 1978, Bd. 2.2, S. 447-504

Otto Gerhard Oexle: Memorialüberlieferung und Gebetsgedächtnis in Fulda vom 8. bis zum 11. Jahrhundert, in: Die Klostergemeinschaft von Fulda im frühen Mittelalter, hrsg. von Karl Schmid, Bd. 1, München 1978, S. 136-177

Werner Rösener: Die Grundherrschaft des Klosters Fulda in karolingischer und ottonischer Zeit, in: Kloster Fulda in der Welt der Karolinger und Ottonen, Fuldaer Studien 7, hrsg. von Gangolf Schrimpf, Frankfurt/M. 1996, S. 209-224

Mechthild Sandmann: Wirkungsbereiche fuldischer Mönche, in: Die Klostergemeinschaft von Fulda im frühen Mittelalter, hrsg. von Karl Schmid, München 1978, Bd. 2.2, S. 692-781

Rudolf Schieffer: Fulda, Abtei der Könige und Kaiser, in: Kloster Fulda in der Welt der Karolinger und Ottonen, Fuldaer Studien 7, hrsg. von Gangolf Schrimpf, Frankfurt/M. 1996, S. 39-58

Karl Schmid: Die Frage nach den Anfängen der Mönchsgemeinschaft in Fulda, in: Die Klostergemeinschaft von Fulda im frühen Mittelalter, hrsg. von Karl Schmid, Bd. 1, München 1978, S. 108-135

Karl Schmid: Mönchslisten und Klosterkonvent von Fulda zur Zeit der Karolinger, in: Die Klostergemeinschaft von Fulda im frühen Mittelalter, hrsg. von Karl Schmid, München 1978, Bd. 2.2, S. 571-639

Gangolf Schrimpf: Das Kloster Fulda in der Welt der Karolinger und Ottonen, Fuldaer Studien 7, Frankfurt/M. 1996

Josef Semmler: *Instituta sancti Bonifatii*, Fulda im Widerstreit der Observanzen, in: Kloster Fulda in der Welt der Karolinger und Ottonen, Fuldaer Studien 7, hrsg. von Gangolf Schrimpf, Frankfurt/M. 1996, S. 79-104

Herrad Spilling: Angelsächsische Schrift in Fulda, in: Von der Klosterbibliothek zur Landesbibliothek. Beiträge zum 200-jährigen Bestehen der Hessischen Landesbibliothek Fulda, Hrsg. Arthur Brall (Bibliothek des Buchwesens 6), Stuttgart 1978, S. 47-98

Edmund Stengel: Die Reichsabtei Fulda in der deutschen Geschichte, in: Abhandlungen und Untersuchungen zur Geschichte der Reichsabtei Fulda, 37. Veröffentlichung des Fuldaer Geschichtsvereins, Fulda 1960, S. 1-26

Josef Vonderau: Die Gründung des Klosters Fulda und seine Bauten bis zum Tode Sturms, Fulda 1941

Josef Vonderau: Die Ausgrabungen am Büraberg bei Fritzlar 1926/31. Die freigelegten Festungsanlagen sowie die Grundlinien der ersten Kirchenbauten am ersten hessischen Bischofssitz inmitten des Kastells, 22. Veröffentlichung des Fuldaer Geschichtsvereins, Fulda 1934

Norbert Wand: Die Büraburg bei Fritzlar, Burg – oppidum – Bischofssitz in karolingischer Zeit, Marburger Beiträge zur Vor- und Frühgeschichte 4, Marburg 1974

Norbert Wand: Der Büraberg bei Fritzlar, Führer zur Nordhessischen Ur- und Frühgeschichte, Heft 4, Kassel 1974

7. Zur karolingischen Machtübernahme

Arnold Angenendt: Das geistliche Bündnis der Päpste mit den Karolingern (754-796), in: Historisches Jahrbuch 1980, 100. Jg., S. 1-94

Arnold Angenendt: Pippins Königserhebung und Salbung, in: Matthias Becher/Jörg Jarnut (Hrsg.): Der Dynastiewechsel von 751. Vorgeschichte, Legitimationsstrategien, Erinnerung, Münster 2004, S. 179-209

Arnold Angenendt: Taufe und Politik im frühen Mittelalter, in: Frühmittelalterliche Studien, 1973, S. 143-168

Werner Affeld: Untersuchungen zur Königserhebung Pippins. Das Papsttum und die Begründung des Karolingischen Königtums im Jahre 751, in: Frühmittelalterliche Studien 14, 1980, S. 95-187

Hans-Werner Goetz: Der Dynastiewechsel von 751 im Spiegel der früh- und hochmittelalterlichen Geschichtsschreibung, in: Matthias Becher/Jörg Jarnut (Hrsg.): Der Dynastiewechsel von 751. Vorgeschichte, Legitimationsstrategien, Erinnerung, Münster 2004, S. 321-363

Jörg Jarnut: Wer hat Pippin 751 zum König gesalbt?, in: Frühmittelalterliche Studien 16, 1982, S. 45-57

Kurt-Ulrich Jäschke: Bonifatius und die Königssalbung Pippins des Jüngeren, in: Aus Geschichte und ihren Hilfswissenschaften, Veröffentlichung der Historischen Kommission für Hessen 40, S. 25-54

Eckehard Kaufmann: Über das Scheren abgesetzter Merowingerkönige, in: Zeitschrift der Savigny-Stiftung für Rechtsgeschichte, Germanische Abteilung 72, 1955, S. 177-185

Theo Kölzer: Die letzten Merowingerkönige: rois fainéants? in: Matthias Becher/Jörg Jarnut (Hrsg.): Der Dynastiewechsel von 751. Vorgeschichte, Legitimationsstrategien, Erinnerung, Münster 2004, S. 33-60

Rudolf Schieffer: Die folgenschwerste Tat des ganzen Mittelalters in: Matthias Becher/Jörg Jarnut (Hrsg.): Der Dynastiewechsel von 751. Vorgeschichte, Legitimationsstrategien, Erinnerung, Münster 2004, S. 1-13

Olaf Schneider: Die Königserhebung Pippins 751 in der Erinnerung der karolingischen Quellen, in: Matthias Becher/Jörg Jarnut (Hrsg.): Der Dynastiewechsel von 751. Vorgeschichte, Legitimationsstrategien, Erinnerung, Münster 2004, S. 243-269

8. Zur Kommunikation im Frühmittelalter

Gerd Althoff: Die Veränderbarkeit von Ritualen im Mittelalter, in: Formen und Funktionen öffentlicher Kommunikation im Mittelalter. Vorträge und Forschungen, Bd. 51, Konstanzer Arbeitskreis für mittelalterliche Geschichte, hrsg. von Gerd Althoff, Stuttgart 2001, S. 157-176

Gerd Althoff: Spielregeln der Politik im Mittelalter. Kommunikation in Frieden und Fehde, Darmstadt 1997

Matthias Becher: Cum lacrimis et gemitu. Vom Weinen der Sieger und der Besiegten im frühen und hohen Mittelalter, in: Formen und Funktionen öffentlicher Kommunikation im Mittelalter, Vorträge und Forschungen, Bd. 51, Konstanzer Arbeitskreis für mittelalterliche Geschichte, hrsg. von Gerd Althoff, Stuttgart 2001, S. 25-52

Wilhelm Kamp: Die Macht der Zeichen und Gesten, in: Formen und Funktionen öffentlicher Kommunikation im Mittelalter. Vorträge und Forschungen, Bd. 51, Konstanzer Arbeitskreis für mittelalterliche Geschichte, hrsg. von Gerd Althoff, Stuttgart 2001, S. 125-155

Ursula Schäfer: Zum Problem der Mündlichkeit, in: Modernes Mittelalter. Neue Bilder einer populären Epoche. Hrsg: Joachim Heinzle, Frankfurt/Leipzig 1994, S. 357-375

Ruth Schmidt-Wiegand: Gebärdensprache im mittelalterlichen Recht, in: Frühmittelalterliche Studien 16, 1982, S. 363-379

Klaus Schreiner: Nudis pedibus – Barfüßigkeit als religiöses und politisches Ritual, in: Formen und Funktionen öffentlicher Kommunikation im Mittelalter, Vorträge und Forschungen, Bd. 51, Konstanzer Arbeitskreis für mittelalterliche Geschichte, hrsg. von Gerd Althoff, Stuttgart 2001, S. 53-124

9. Zur Sprache

Michel Banniard: Die Franken zwischen Spätlatein und Altfranzösisch, in: Kat. Franken, S. 574-578

Wolfgang Haubrichs: Sprache und Sprachzeugnisse der merowingischen Franken, in: Kat. Franken, Bd. 1, S. 559-573

Stefan Müller: Mission und Volkssprache. Entwicklungen der deutschen Sprach- und Textkultur im Kontext der Christianisierung, in: Kat. Credo, Bd. 1, S. 111-120

10. Zu Tod und Nachleben des Hl. Bonifatius

Marc-Aeilko Aris: Der Tod des Bonifatius im Spiegel der Bonifatiusviten, in: Kat. Bonifatius, S. 111-126

Gereon Becht-Jördens: Die Ermordung des Erzbischofs Bonifatius durch die Friesen. Suche und Ausgestaltung eines Martyriums aus kirchenpolitischer Notwendigkeit? in: Archiv für mittelrheinische Kirchengeschichte 75 (2005), S. 87-125

Gereon Becht-Jördens: Heiliger und Buch: Überlegungen zur Tradition des Bonifacius-Martyriums anlässlich der Teilfaksimilierung des Ragyndrudis-Codex, in: Hessisches Jahrbuch für Landesgeschichte 46 (1996), S. 1-30

Petra Kehl: Kult und Nachleben des Hl. Bonifatius im Mittelalter (754-1200), Quellen und Abhandlungen zur Geschichte der Abtei und der Diözese Fulda, Fulda 1993

Petra Kehl: Entstehung und Verbreitung des Bonifatiuskultes, in: Kat. Bonifatius, S. 127-150

Ingrid Retterath: Bonifatius-Route von Mainz nach Fulda, Welver 2010

Gregor K. Stasch: Der Dom als Grabstätte des Hl. Bonifatius, in: Kat. Bonifatius, S. 151-178

Christian Vogel: Via Antiqua – Bonifatius' letzter Weg, Assenheim und Lißberg 2004

11. Bonifatius' Bücher

Marc-Aeilko Aris: Der Trost der Bücher. Bonifatius und seine Bibliothek, in: Kat: Bonifatius, S. 95-110

Lutz E. v. Padberg/Hans Walter Stork: Der Ragyndrudis-Codex des Hl. Bonifatius, Paderborn/Fulda 1994

Hermann Schüling: Die Handbibliothek des Bonifatius. Ein Beitrag zur Geistesgeschichte der ersten Hälfte des 8. Jahrhunderts, in: Börsenblatt des Deutschen Buchhandels 17, 1961, S. 1687-1718

Ortsregister

Personenregister